기업창업론

기업창업론

이 계 열 저

전남대학교출판부

| 서문 |

지나간 20세기 후반 40여년에 걸친 한국의 경제성장은 눈부신 것이었다. 일본의 침략과 곧 이은 한국전쟁 등 국가적 위기를 극복하고 세계 14위의 경제대국으로 성장한 것은 한국인의 저력을 그대로 보여준 것이다. 그러나 1997년 IMF 외환위기 이후 한국 사회는 많은 변화를 겪고 있다. 산업구조의 고도화는 본격적인 저성장 시대로 접어들었으며, 고용 없는 성장은 수많은 젊은이들을 실업의 고통으로 몰아가고 있다. 특히 2000년 이후 진행된 세계화와 개방화는 노동시장의 구조를 변화시켜 비정규직의 확산과 조기퇴직의 악순환을 연출하고 있다. 이제는 전통적인 직업관과 직장에 대한 패러다임이의 변화가 불가피하게 되었다. 창업의 주요성이 부각 되는 이유이다.

본서는 이러한 시대적 요구에 맞추어 언젠가는 자신의 기업을 창업하고자 하는 이들에게 창업에 대한 기본적인 이론과 실제의 실무영역에 이르기까지 체계적 지식을 전달하고자 하였다. 무엇보다도 예비창업자로서 자신감을 갖도록 하는 것이 우선적 목표로 하였다.

본서의 내용은 첫째, 기업가정신의 본질과 기업가정신의 핵심요소로서 창의성, 혁신 등에 대한 이해에 중점을 두었다. 둘째, 구체적 창업계획과 사업의 타당성 분석에 대한 기본개념으로 사업의 핵심요소에 대한 이해와 창업시 업종선택의 중요성, 사업아이템의 선정 방법, 고려할 사항들에 대한 이해를 높이고자 하였다. 셋째, 사업계획서의 작성사례를 통한 실무능력배양에 중점을 두었다. 넷째, 지속가능한 기업으로서 성장하기 위한 기업의 자질, 리더쉽이 조직성장에 미치는 영향 등에 대한 이해를 높이고자 하였다.

부족한 부분이 많지만 본서를 통해서 창업에 대한 기본적 원리와 실무적 능력을 개발하여 자신감과 함께 미래의 비전을 열어가기를 기대해 본다.

저자

| 목차 |

chapter 01 창업과 경영환경

1-1. 기업환경의 의의 14
1. 기업환경의 정의 14
2. 경쟁환경의 변화 15
1-2. 외부환경(external environment) 17
1. 업무환경 17
2. 거시환경 23
3. 산업환경 26
1-3. 내부환경 32
1. 내부환경의 개념 32
2. 내부환경의 구성요소 33
1-4. 국제기업환경 34

chapter 02 중소기업 창업이론

2-1. 창업의 정의 42
1. 창업이론 42
2. 창업의 정의 43
2-2. 창업의 동기와 중요성 45
1. 창업의 동기 45
2. 창업의 중요성 46

2-3. 창업가의 정의와 역할 50
1. 창업가의 정의 50
2. 창업가의 역할 53
3. 창업가의 장단점 54
2-4. 창업의 방법 56
2-5. 창업의 핵심요소 58
1. 창업자 58
2. 사업아이디어 59
3. 자본 59
4. 기타 핵심요소 60
5. 창업기업의 성장 단계 61

chapter 03 창업자와 기업가정신

3-1. 기업가정신의 의의 68
1. 기업가의 정의 68
2. 기업가의 신화 70
3-2. 기업가의 특성 72
1. 기업가의 자질 72
2. 기업가가 갖추어야 할 능력 76
3-3. 성공한 창업가의 특성과 자질 79
1. 성공한 창업가의 특성 79
2. 성공한 창업가의 공통적 자질 80
3. 실패한 창업가의 특성 83

chapter 04 창업기회의 발견과 사업아이디어

4-1. 창업기회의 발견 ········· 94

1. 창업기회의 출처 ········· 94

4-2. 사업아이디어의 선정과정 ········· 96

1. 창업아이디어의 개발 ········· 96
2. 사업아이디어의 선정방법 ········· 98
3. 사업아이디어의 평가 방법 ········· 99

4-3. 창업의 순서 ········· 103

1. 롱-오타니의 창업순서 ········· 103
2. 콜린스-무어의 창업순서 ········· 104
3. 스웨인-터커의 창업순서 ········· 106

4-4. 창업 가능한 사업들 ········· 108

chapter 05 사업타당성 분석

5-1. 사업타당성 분석 ········· 122

1. 사업타당성 분석의 의의 ········· 122
2. 사업타당성 분석의 필요성 ········· 123

5-2. 사업타당성 분석 절차 ········· 125

1. 후보아이템의 탐색 ········· 125
2. 후보 아이템의 결정 ········· 129

5-3. 시장성 분석 ········· 130

1. 시장성 분석의 의의 ········· 130

5-4. 기술성 분석 ········· 134

1. 기술성 분석의 의의 ········· 134
2. 기술성 분석의 평가 요소 ········· 134

5-5. 경제성 분석 ········· 136
1. 경제성 분석의 의의 ········· 136
2. 경제성 분석의 평가 방법 ········· 137
5-6. 공익성 분석 ········· 143

chapter 06 사업계획서 작성

6-1. 사업계획서의 의의 ········· 152
1. 사업계획서의 개요 ········· 152
2. 사업계획서의 작성 원칙 ········· 153
6-2. 사업계획서의 작성 절차 ········· 155
1. 사업계획서의 작성 요령 ········· 155
2. 일반적인 사업계획서의 구성내용 ········· 157
3. 사업계획서 양식 ········· 159

chapter 07 기업의 창업절차

7-1 기업의 창업 방법 ········· 176
1. 인수창업 ········· 176
2. 신설 창업 ········· 179
7-2. 기업의 설립 방법 ········· 181
1. 기업의 조직구조 ········· 181
2. 개인 기업의 설립 ········· 182
3. 주식회사의 설립 ········· 182
4. 합명회사 설립 ········· 186
5. 합자회사의 설립 ········· 187
6. 유한회사의 설립 ········· 187

7-3. 업종별 창업절차 ········ 188
1. 제조업의 창업 절차 ········ 189
2. 유통업의 창업 절차 ········ 192
3. 서비스업의 창업절차 ········ 195
7-4. 상권분석과 입지선정 ········ 197
1. 상권분석 ········ 197
2. 입지 선정의 절차 ········ 201

chapter 08 창업지원제도

8-1. 차업지원제도의 의의 ········ 212
1. 창업지원제도의 의의 ········ 212
2. 창업지원제도의 내용 ········ 214

chapter 09 벤처기업의 창업

9-1. 벤처기업의 정의 ········ 232
1. 일반적 정의 ········ 232
2. 법률적 정의 ········ 233
3. 벤처기업의 특징 ········ 233
4. 벤처 비즈니스의 경제적 역할 ········ 235
9-2. 벤처기업의 창업과정 ········ 237
1. 벤처기업 창업의 기본 요소 ········ 237
2. 벤처기업의 창업 형태 ········ 239
3. 벤처기업의 창업 절차 ········ 240
4. 벤처기업의 성공요인과 실패요인 ········ 242
5. 성장하는 벤처기업의 특성 ········ 246

9-3. 벤처캐피탈 248
1. 벤처캐피탈의 개념 248

chapter 10 프랜차이즈 창업

10-1. 프랜차이즈 비즈니스의 정의 264
1. 프랜차이즈의 개념 264
2. 프랜차이즈 용어 267
3. 프랜차이즈 프로그램의 유형 270
4. 프랜차이즈 시스템의 특징 272
5. 프랜차이즈 시스템의 장·단점 274
10-2. 프랜차이즈 가맹점 창업 278
1. 가맹본부와 가맹사업자의 역할 278
2. 프랜차이즈 경영전략 278

chapter 11 창업과 세무관리

11-1. 부가가치세 실무 296
1. 부가가치세의 의의 296
2. 납세의무자 297
3. 과세대상 297
4. 과세의 특례 298
5. 신고납부 300
6. 가산세 301
11-2. 소득세 실무 302
1. 소득세의 의의 302
2. 소득의 종류 302

3. 과세기간 ··· 303
4. 납세의무자 ··· 303
5. 신고와 납부 ··· 304
6. 소득세 계산방법 ··· 304
11-3. 법인세 실무 ··· 305
1. 법인세의 의의 ··· 305
2. 법인세의 신고와 납부 ··· 306
3. 세율 ··· 306
4. 가산세 ··· 307
5. 법인세의 계산 ··· 307
11-4. 중소기업 및 창업자 조세지원 제도 ··· 308
1. 중소기업 조세지원 제도의 의의 ··· 308
2. 조세지원 제도의 내용 ··· 309
3. 기타 조세지원 제도 ··· 311

부록 중소기업창업 관련 법령

중소기업기본법 ··· 324
중소기업기본법 시행령 ··· 330
중소기업창업 지원법 ··· 345
중소기업창업 지원법 시행령 ··· 379
중소기업창업 지원법 시행규칙 ··· 405

chapter 01

창업과 경영환경

1-1. 기업환경의 의의

1. 기업환경의 정의

환경(environment)이란 일반적으로 인간을 중심으로 할 때 인간의 생명활동을 뒷받침하는 외부적 상황으로 정의할 수 있다.[1] 기업환경이란 기업이라는 행동주체를 전제로 할 때 인식되는 기업의 내외부에 있어서 기업활동에 영향을 미치는 모든 요인이라고 정의할 수 있다. 따라서 기업환경에는 어떠한 형태로든 기업과 관련을 가지거나 영향을 주고 받고 있는 사회적, 정치적, 법률적, 문화적, 경제적, 기술적, 자연적 제 측면의 모든 분야가 포함된다.

기업환경은 그것이 지니고 있는 변화특성에 따르면 크게 다음과 같은 세 가지의 유형으로 나눌 수 있다.[2]

첫째는 확실성환경으로서 환경의 상태가 어떻게 될 것인가 미리 확정되어 있어서 쉽게 예측될 수 있는 환경이다.

둘째는 위험성환경으로서 그 환경의 상태가 어떻게 될 것인지 예측하기는 어려우나 확률적으로 여러 가지 상태를 예측할 수 있는 환경이다.

셋째는 불확실성환경으로서 환경의 상태에 대해 예측할 수 있으나 각 상태가 발생할 확률을 추정할 수 없거나 또는 어떠한 상태가 생길 것인지 예측할 수 없는 환경이다.

대다수의 산업환경의 성격은 불확실성환경에 속한다.

최근에 일어나고 있는 이러한 기업환경 변화의 특징은 그 대부분이 불확실성이 높은 환경이어서 유동성이 높고 항상 변동하고 있다는 데 있다. 그 변화의 특징을 살펴보면 다음과 같다.

① 이의 변화속도는 종래에는 비교적 완만하였으나 오늘날에는 변화의 가속성이 아주 높다는 특성을 가지고 있다.

② 이러한 환경의 변화는 오랫동안 계속하는 지속성을 가지지 못하고 일시적으로 변화하는 변화의 일시성이라는 특성을 가지고 있다.

③ 종래의 환경변화는 그 원인을 비교적 쉽게 알 수 있었으나 오늘날에는 자원부족이나 공해문제처럼 그 변화의 다양성이 있다는 특성이 있다.

④ 오늘날의 환경변화의 발생빈도는 옛날에 비해 훨씬 높아서 변화의 빈발성이라는 특성을 가지고 있다.

⑤ 종래의 환경 변화는 영향을 미치는 범위가 좁았으나 오늘날의 환경의 변화는 그 영향의 범위가 다원적, 복합적이라는 의미에서 변화의 다원성 내지 복합문제성이라는 특성을 가지고 있다.

그렇다면 이러한 특성을 가지고 변동하고 있는 기업환경의 변화에 대응할 수 있는 산업의 능력으로는 어떠한 유형이 있을까?

첫째, 기업이 새로운 기술이나 시장을 개발할 수 있어서 기업 자체 환경을 변화시킬 수 있는 능력을 가지고 있는 경우

둘째, 환경의 변화에 유연하게 적응할 수 있는 능력을 가진 경우

셋째, 다른 기업의 행동이나 사회의 변화를 뒤따르면서 이에 그대로 순응할 수밖에 없는 경우

넷째, 기업의 능력으로서는 이러한 환경의 변화에 적응할 수 있는 능력을 가지지 못한 경우

따라서 기업으로서는 환경대응능력을 갖추고 있지 않으면 기업환경의 변화에 창조적으로 적응할 수 없게 된다.

2. 경쟁환경의 변화

이러한 기업환경 변화의 특징은 경쟁환경의 변화를 가져오고 있다. 최근의 경쟁환경 변화의 요인은 세계화(Globalization), 지식기반경제

의 도래, 정보혁명(Digitalization)의 가속화, 고용 없는 성장(Jobless Growth), 혁신성에 기초한 경쟁우위의 부각이다.

첫째, 세계화의 영향은 경영활동의 공간적 경계가 붕괴 되고 그 영역이 확대되고 있다. 세계화는 새로운 성장기회를 제공하지만 동시에 전면적이고 무차별적 경쟁 양상을 보이게 된다. 국경 없는 경제체제 하에서 무한경쟁의 결과는 경쟁력을 갖추지 못한 경쟁당사자자들의 희생과 몰락을 가져올 수 있다. 따라서 기업의 규모를 불문하고 산업 내에서 경쟁력을 갖추지 못한 기업은 미래를 기약할 수 없게 된다. 다라서 시장을 둘러싼 기업의 경쟁은 가속화 되고 있으며, 국내 시장의 한계는 세계시장의 개척으로, 생산과정에 있어서 열세에 있는 생산요소는 비교우위를 지닌 다른 국가에서 유입하는 식으로 기업들의 국제간 결합과 제휴가 가속화 되고 있다.

둘째, 지식기반경제의 도래는 기존의 패러다임을 부정하고 지식이 새로운 생산요소로 부각되고 있으며 전문화, 다양화, 차별화 등의 소프트한 경영자원이 중요성을 갖게 되었다. 가장 중요한 변화는 지식혁명으로 정보처리기술, 정보산업의 비약적 발전에 의하여 노동 및 직업·교육과 학습의 개념이 바뀌고 있다. 지식이 가장 중요한 자원이 됨에 따라 지식은 개인의 전유물이 아니라 사회 전체의 공유물이 되는 것이다. 지식사회는 지식노동자가 중심이 되는 사회이며, 지식과 기술을 가진 지식노동 관련자의 수가 폭발적으로 증가하게 될 것이다.

셋째, 디지털 사회로의 진입은 기존 거래관계에서 벗어나 거래비용의 절감과 새로운 거래관계의 구축이 요구되고 있으면 전자상거래와 무점포 거래의 확산 등 유통경로의 변화는 신규창업자에게 기회가 될 수 있다. 오늘날 급속하게 나타나는 기술·사회의 변화는 새로운 가치관, 새로운 이데올로기에 의한 탈규격화, 다양화, 탈집중화, 분권화의 형태로 구체화 되고 있다. 산업화 시대의 표준화, 전문화와 같은 특징은 사라지고 새로운 생활양식과 사회구조가 형성되고 있다.

넷째, 산업구조의 고도화와 극단적 효율성 추구의 성장패턴은 고용없는 성장시대를 가져 왔다. 따라서 신규창업을 통한 고용창출이 무엇보다 필요한 시대가 되었다.

다섯째, 경쟁력의 원천이 혁신성에 기초하는 시대가 되었다. 소비자욕구의 변화와 제품주기의 단축, 브랜드가치의 중요성이 증대됨에 따라 기업들도 이러한 환경변화에 신속하게 유연하게 대응할 필요성이 증가하고 있다.

1-2. 외부환경(external environment)

기업환경(business environment)이란 기업활동에 직·간접적으로 관련을 맺고 있는 내·외부의 상황을 의미하며, 그 중에서도 기업활동에 영향을 미칠 수 있는 힘을 지닌 상황요인을 말한다.[3)]

기업의 환경은 외부환경과 내부환경으로 분류할 수 있다. 외부환경은 기업의 경영활동에 영향을 미치는 요소로서 업무환경(operating environment)과 거시환경(general environment)으로 분류할 수 있다.

1. 업무환경

업무환경은 기업목적을 달성하기 위한 수단으로서 수행하는 경영활동에 직접적인 영향을 미치는 요인으로 구성되는 환경을 말하며, 과업환경(task environment)과 제약환경(constraint environment)이 있다. 과업환경은 기업과 교환을 통해 자원을 주고받은 모든 활동주체인 개인이나 조직체를 말하는데 이러한 환경은 기업의 목적 달성과 직접적 또는 잠재적 관련성을 가지고 있다.

구체적으로는 공급업체, 판매업체, 대체상품, 지역사회, 타 기업의 시장진입 위협, 소비자, 노동조합, 정부, 채권자 등이 있다.

예컨대, 경영활동은 법적, 정치적 범주 내에서 수행되기 마련이다. 또한 기업이 생산한 것을 받아들이는 시장과 관련을 갖는 국민소득이나 고용수준 등을 결정지어 주는 경제의 움직임 등에 따라서도 상당한 영향을 받게 됨은 물론 생산할 상품이나 사용할 기술적 공정들을 경정지어 주는 중요한 요인인 과학이나 기술의 진보·발전이라든지 또한 노동조합이나 소비자단체 등과 같은 여러 기관이나 단체의 압력에 의해서도 영향을 받게 되며, 나아가서는 여론과 같이 눈에 보이지 않는 요인에 의해서도 영향을 받는 것이다. 이처럼 어떠한 형태로든지 기업활동과 관련을 가지고 있는 모든 요인은 기업의 환경적 요인이라 할 수 있다.

이와 같은 산업환경은 한 면에서는 기업에 대해 성장의 기회를 줌과 아울러 다른 한 면에서는 기업이 수행하는 산업활동에 대해서 위협을 주거나 이를 제약하는 요인이 되는 것이므로 기업은 이와 불가분의 관계를 가지지 않을 수 없다. 따라서 그 시점에서 산업화환경의 제특징을 잘 인식하고 이에 적응하여야만 한다. 만약 이 적응행동의 환경에의 작용이 적절하다면 환경과 산업행동의 합성된 결과인 산업성과는 높아질 것이다.[4]

1) 과업환경

(1) 과업환경의 구성요인

과업환경이란 기업과 자원의 교환을 통해 주고 받는 모든 활동주체인 개인이나 조직체를 말하는데, 이러한 환경은 기업의 목적달성과 직접적 또는 잠재적인 관련을 가진다. 이처럼 환경은 기업의 목적달성과 직접적 또는 잠재적인 관련을 가진다. 이러한 과업환경은 기업목적을 달성하기 위해 사업활동을 수행하는 것과 관련된 외부환경이므로 이를 사업영역이라고 한다. 이에는 다음과 같은 환경요인이 포함된다.[5)]

① 공급업자

이는 기업이 기업활동을 수행하는데 필요한 기업자원을 공급하는 활동주체로서 이들 공급업자의 자원공급능력과 안정성 및 가격은 기업의 코스트와 가격안정성 등에 큰 영향을 미친다. 이런 환경은 어떤 자원을 제공하느냐에 따라 다음과 같이 나누어진다.

- 납품업자 : 원자재나 설비 및 시설 등과 같은 물적 자원을 제공하는 기업이다.
- 주주 : 자금 중 자기자본에 해당하는 부분을 제공하는 사람 또는 기관으로서 이들은 주식시장을 통해 기업에 직접 투자한다.
- 채권자 : 자금 중 타인자본에 해당하는 부분을 제공하는 사람 또는 기관으로서 금융업, 보험업 등이 이에 해당한다.
- 노동자 : 인적 자원인 노동을 제공하는 환경주체이다.
- 서비스업자 : 소비자에게 상품이나 서비스가 원활이 유통·판매되도록 이의 촉진, 보관, 운송, 하역 등의 서비스를 제공하는 기업이다. 광고업, 운송업, 보관업, 하역업 등이 이에 속한다.

② 취급업자

제조기업이 생산한 제품이나 서비스를 전담하여 소비자에 유통·판매하는 기업으로서 도매업과 소매업으로 나누어진다.

③ 소비자

기업의 제품을 반복 구매하여 준다는 의미에서 고객이며, 자기 나름대로의 생활스타일을 가져 삶을 꾸려나가는 생활인이다. 이들의 집합이 소매시장을 형성한다.

(2) 시장

시장이란 기업이 생산한 제품이나 서비스를 구매하여 주는 모든 사람이나 산업체 또는 기관 등을 말한다.

이러한 시장은 어느 의미에서 특정산업에 속하거나 또한 경쟁관계에 놓여 있는 산업에 속하는 기업들이 서로 경쟁적으로 접촉하고 시장점유분 내지 지분을 많이 얻으려고 활동하는 장이다. 그러므로 이러한 시장의 폭이 넓고 제품이나 서비스를 받아들이는 깊이가 깊을수록 산업의 성장기회는 더욱 높아질 수 있다. 이러한 시장은 크게 최종소비자가 소비용품을 구매하게 되는 소비시장과 기업체 및 기관소비자가 재생산을 위해 산업용품을 구매하는 산업시장으로 나누어진다.

소비시장은 기본적으로 인구와 소득에 영향을 받는다. 따라서 인구의 규모와 그 분포, 인구의 자연적 증가, 지역별 · 교육수준별 · 연령별 분포, 인구의 이동, 가구수와 가족규모 등은 시장의 동태적 성격을 결정지어 주는 첫째 요인이 된다. 그러나 인구가 아무리 많다 하더라도 그것만으로 시장의 비옥도가 결정되는 것은 아니다. 소득이 없으면 그들은 소비를 할 수 없으므로 소득이 시장의 비옥도를 결정지어 주는 둘째 요인이 된다. 따라서 일국의 소득수준이나 이러한 소득이 사회적으로 어떻게 골고루 분배되고 있는가를 나타내는 가처분소득의 소득계층별 분포와 그들이 이러한 소득을 어떻게 분배 · 지출하는가 하는 소비지출의 패턴이 기업의 성장에 큰 영향을 미치게 된다.

소비시장을 형성하는 소비자는 구매력을 가지고 있으므로 기업이 생산한 상품이나 서비스를 구매할 수 있다. 그런데 구매력은 고용, 세금, 저축 및 물가 등에 의해 영향을 받으며, 구매의욕은 제품에 대한 선호와 앞으로의 경제적 요인에 대한 기대 등에 의해 영향을 받는다.

이에 대해 산업시장은 다른 상품이나 서비스를 생산하거나 일반적인 업무활동을 수행하거나 혹은 재판매를 위해 상품이나 서비스를 구매하는 산업체로 구성되는데, 이를 사업시장으로 불린다. 이 시장은 앞서 본 소비시장과는 달리 지역적으로 집중되어 있고, 기업의 규모에 따라 구매량에 큰 차이가 있으며 주로 합리적인 동기에 의해 전문적인 관점에서 구매하는 특성을 가지고 있다. 그러므로 기업이 속해 있는 산업의 시장이 어떻게 변화하는가 하는 점을 올바르게 파악하지 못하면 산업은 시장기회를 성장을 할 수 없게 되기 쉽다.

2) 제약환경

(1) 제약환경의 구성요인

제약환경이란 기업이 기업목적을 달성하기 위하여 기업활동을 수행할 때 이에 대하여 제약적인 영향을 미치는 환경으로서 다음과 같은 요인이 포함된다.

① 경쟁업자

특정의 기업이 제공하는 상품이나 서비스를 구매하여 주는 시장에서 비슷한 상품이나 서비스를 판매하는 다른 기업으로서 소비자가 자신들의 요구를 이 기업과 마찬가지로 충족하여 줄 수 있다고 지각하고 있는 다른 산업을 말한다.

흔히 동일한 제품이나 서비스를 생산·판매하는 동업종의 기업으로 보지만, 대체적으로 쓰이는 상품이나 서비스 간에도 경쟁이 있을 수 있으며, 특정의 욕구를 충족하는 다른 수단 간에도 있을 수 있다. 예컨대 여가를 어떻게 보낼까 하는 소비자에게 있어 영화관과 서점 및 여행사 사이에는 경쟁이 생길 수 있는 것이다.

② 공중

기업의 고객이 가진 가치체계에 있어서 간접적인 영향을 미치는 개인집단으로서 이들이 가지는 의견이 바로 여론인데, 이는 이들 공중이 가지는 기업이미지에 따라 달라진다. 이 때문에 이들과의 사이에 형성되는 공중관계가 좋아야 함은 앞서 본바와 같다.

③ 정부

정부는 오늘날 공익을 대표하여 기업력을 남용하여 소비자이익을 침해하거나 공정거래질서를 어지럽히거나 생태적 환경을 파괴하는 것과 기업활동에 대해 공공규제를 가하게 된다.

(2) 경쟁

기업의 입장에서 볼 때 동일한 고객에게 비슷한 상품을 생산·판매하는 기업이 자기기업 밖에 없다고 한다면 경쟁은 있을 수 없다. 그러나 자유경쟁을 바탕으로 하는 자유경제체제하에 있어서는 영업의 자유가 보장되므로 하나의 산업 안에는 여러 기업이 있다. 따라서 그들이 생산한 제품을 소비자에게 판매하려고 서로 경합을 하고 있다. 오늘날의 기업은 이러한 경쟁에 대처하지 않으면 안 된다. 다시 말하면 어떤 기업이 경영활동을 수행할 때에는 반드시 경쟁업자가 어떠한 활동을 하고 있는지 고려해야만 한다. 이러한 면에서 본다면 어떤 산업에 속하든 기업들은 사실상 서로 영향을 주고 받는 상호의존의 관계에 놓여 있다고 할 수 있는데, 이것은 곧 모든 기업이 경쟁을 전제로 기업활동을 전개하고 있음을 의미한다. 이와 같은 경쟁적 상황으로 인해서, 기업은 다른 경쟁기업에 대한 차별적인 우위성을 얻고자 혁신을 도모하지 않을 수 없는 것이다. 그러므로 어느 의미에서는 이것 또한 기업의 성장을 이끌어 주는 하나의 요인인 것이다.

2. 거시환경

거시환경은 기업의 외부 요인으로 시장수요 등 기업에 기회의 제공과 함께 위협적 요인을 포함한다.

1) 경제환경

경제적 환경요인은 국내외 경제의 제 조건, 즉 경기상황, 물가동향, 금융사정, 고용상태, 임금동향, 수출입상황 등을 포함한다.[6)]

① 경제성장률

경제가 성장하게 되면 소비지출이 늘어나게 되고, 또한 이것은 기업에게 확장의 기회를 준다. 반대로 경제적 불황은 반대의 결과를 초래하게 되며, 그로 인해 극심한 가격경쟁이 야기된다.

② 금리

금리는 제품의 수요수준에 영향을 미칠 수 있다. 왜냐하면 소비자들이 돈을 차입하여 구입하는 경우 금리가 중요한 구매결정요인으로 작용하기 때문이다. 또한 금리는 기업의 자본비용을 결정하는 요인이기 때문에 투자전략에 주요한 영향을 미친다. 일반적으로 금리가 하락하면 통화량은 증가하고 주가는 상승하며, 결과적으로 기업의 자금사정을 호전시켜 경기를 부추길 수 있다.

③ 환율

환율의 변동은 무역기업뿐만 아니라 국내시장만을 상대하고 있는 기업들에게도 직·간접적인 영향을 미친다. 특히 이러한 환율의 변동은 수출시장에서 제품의 경쟁력에 큰 영향을 미친다. 예를 들어 한 나라의 통화가치가 다른 나라에 비해 낮으면 그 나라 기업의 제품가격은 상대적으로 다른 나라 기업의 제품보다 싸게 된다. 그러므로 환율의 평가절하는 가격경쟁력을 증대시킨다.

④ 인플레이션율

인플레이션은 일반적인 가격수준의 상승을 말하며, 기업경영에 지대한 영향을 미친다. 잘 운영되는 경제에도 다소의 물가상승은 있기 마련이다. 그러나 문제는 임금의 상승률이 물가상승률을 따라 주느냐에 달려 있다. 임금상승률이 물가의 상승률을 따르지 못하면, 이는 결국 가처분소득의 저하로 이어진다. 가처분소득이 저하되었을 때 소비자의 구매빈도나 물량도 줄어들 가능성이 높아지며, 이외에도 가격에 대한 탄력성, 점포의 선택 등 다른 소비자 행동에도 많은 변화를 불러오게 된다.

또한 인플레이션은 경제를 불안하게 한다. 경제성장 속도를 더디게 하고 또한 금리를 상승시킨다. 그리고 인플레이션은 무엇보다도 미래 예측을 어렵게 만듦에 따라 기업의 투자의욕을 감소시키고 경제전반을 위축시키게 된다.

2) 경쟁환경

기업의 경영에 가장 큰 위협이 되는 것은 경쟁력의 악화이다. 한 산업내에서 경쟁환경의 변화되는 기업의 존속, 유지, 발전에 큰 영향을 미치게 된다.

3) 정치 · 법률환경

정부와 기업사이의 상호관계는 정치와 법률의 매개작용으로 이루어진다. 정부는 공정거래제도의 확립, 소비자 보호, 노동자 권익보호, 조세, 산업정책 등 다양한 정책을 통해 기업에 영향을 미치게 된다. 오늘날 정부의 역할이 강화되면서 조세정책이나 금융정책 등은 기업활동에 많은 영향을 미치게 된다. 따라서 사회의 틀 속에 존재하게 되는 기업은 사회질서를 유지하기 위한 법이라는 환경에 잘 적응할 필요가 있다.

4) 과학 및 기술적 환경

과학, 기술적 환경이란 신소재의 개발, 생산방식의 변동, 첨단 기술산업에서의 급속한 기술혁신이 기업에 미치는 영향이다. 이러한 환경은 신기술을 개발하고 신제품과 시장기회를 창조하는데 영향을 미치게 된다. 최근 기술의 변화는 빠른 속도로 진화하고 있다. 변화속도의 촉진을 가져오는 기술적 환경의 변화는 기존의 제품을 진부화시키고 수명주기를 단축시키게 된다. 즉, 경쟁자가 어떠한 기술을 개발하고 어떤 제품을 만들어 언제, 어떤 시장에 내놓는가 하는 것은 그 기업에 치명적인 영향을 줄 수도 있다.

5) 사회 및 문화적 환경

사회·문화적 환경은 사회구성원의 이념, 가치관, 태도 등에 영향을 미침으로써 기업에게 기회와 위협의 요인으로 작용할 수 있다. 최근 소비자와 국민들의 기업에 대한 사회적 책임의 요구나 여가와 건강에 대한 관심, 자연보호에 대한 적극적 자세 등은 정의 사회의 실현과 삶의 보람을 추구하는 국민의식의 발현으로 볼 수 있다.

따라서 경제단체, 소비자단체, 노동조합, 종교단체 등 각종 이익집단들의 역할이 증대된다. 이들 이익집단은 자신들의 이익을 추구하는 과정에서 기업에 압력 요소로 작용할 수 있다.

또한, 사회·문화적 환경의 변화는 사회구성원의 가치관에 변화를 가져오며, 이에 따라 소비자들의 소비패턴에도 영향을 미치게 된다. 기업의 일반환경에 포함되는 요소들을 [표 1-1]로 살펴보면 다음과 같다.

[표 1-1] 일반환경요소

경제적 환경	사회적 환경	정치적 · 법적 환경	기술적 환경
· 국민총생산 · 가처분소득 · 경제성장률 · 이자율 · 저축률 · 통화공급량 · 물가상승률 · 실업률 · 에너지비용 · 환율 · 무역수지 · 예산수지 · 경제동맹	· 생활양식 · 소비자 행태 · 인구성장률 · 출생률 · 평균수명 · 연령별 인구분포 · 지역별 인구분포 · 성별 인구분포 · 인종구성 · 교육수준 · 건강에 대한 관심 · 환경에 대한 관심 · 마약중독률	· 독점규제 · 규제완화 · 환경보호법 · 세법 · 무역규제 · 대 외국기업 정책 · 고용 및 승진법규 · 정부의 안정성	· 기술혁신 · 연구개발비 지출 · 기술적 초점 · 특허권 보호 · 신제품 · 기술이전 · 생산자동화 · 산업재해

자료 : 박준용(2007), 전략경영, 청람, p.60.

3. 산업환경

산업환경은 동일한 산업에 속하는 이해관계자들의 관계를 의미한다. Michael Porter는 산업내 경쟁을 유발하는 여러 요인들은 유형별로 제시하고 있다.[7)]

그에 따르면 산업내 경쟁상황과 경쟁정도는 기존기업 간 경쟁, 신규진입기업의 위협, 대체품의 압력, 구매자의 교섭력, 공급자의 교섭력이라는 다섯 가지 요인들에 의해서 좌우된다고 한다. 기업의 산업내 경쟁에서 유리한 고지를 점하고 성장해 나가기 위해서는 이등요인들의 효과와 장호작용을 이해하고 있어야 한다. 상기한 다섯 가지 요인들 각각의 영향력이 강력하면 할수록 기업을 가격을 올린다든지 또는 이윤을 확대할 여지가 줄어들고, 궁극적으로 기업경쟁력을 상실할 수 있다. 산업 내 경쟁을 유발하는 환경요소에 대하여 상술하면 다음과 같다.

1) 기존기업간 경쟁

대부분의 산업에서 기업들의 행동은 상호의존적이다. 한 기업이 경쟁상의 우위를 점하기 위한 조취를 취하면 이는 타 경쟁기업들에게 지대한 영향을 미치고, 결과적으로 그들의 경계를 불러일으키거나 보복조치를 낳게 된다. 기존기업간 경쟁은 다음 일곱 가지 상황하에서 더욱 치열해진다.[8)]

① 많은 경쟁기업들

다수의 경쟁기업이 존재하는 경우 전략적 경쟁이 고조될 여지가 많다. 더구나, 경쟁기업들의 규모나 세력이 서로 비슷할 때에는 경쟁이 한층 치열해진다. 왜냐하면 서로 비슷한 기업들 간에는 상대기업의 움직임이 자신에 지대한 영향을 미칠 것으로 예상되므로 서로를 예의 주시하는 등 경쟁이 심화될 것이기 때문이다.

② 낮은 산업경쟁률

산업성장률이 낮은 경우, 성장지향적 기업들 간에는 시장점유율이 확대하기 위한 경쟁이 치열해진다. 왜냐하면, 산업이 침체된 경우, 한 기업이 매출을 확대하려면 타 경쟁기업들의 매출을 잠식해야만 하기 때문이다. 반대로 산업이 빠르게 성장하고 있을 때에는 사업기회가 불어나 많은 기업들의 동시성장이 가능하다.

③ 비차별화 또는 낮은 전환 비용

제품의 차별화가 어려운 일상제의 경우, 구매자는 제품 자체의 질이나 성능보다는 그 제품의 가격이나 서비스에 따라 선택 여부를 결정하게 된다. 따라서 제품의 비차별화가 심할수록 가격이나 서비스 경쟁은 더욱 치열해질 것을 예상할 수 있다. 또한 전환비용이 낮은 제품의 경우, 구매자는 비용최소화를 달성할 수만 있다면 언제라도 공급업체를 교체하려 할 것이다. 따라서 고객을 빼앗기지 않으려는 공급업체들 간 경쟁은 더욱 치열해질 것은 당연하다.

④ 높은 고정비용

고정비용이 전체 비용에서 차지하는 비중이 높은 기업일수록 최소한 그 고정비용이라도 보전하기 위해서 가격을 낮추려는 경향이 있다. 따라서 기업간 경쟁은 한층 고조될 것이다. 하지만, 산업 전반적으로 고정비용의 비중이 높은 경우에는 타 기업의 진입을 억제하게 되어 경쟁을 완화시키기도 한다.

⑤ 과잉생산능력

제품생산에 규모의 경제를 누릴 수 있을 때 기업은 생산시설을 늘리고 이를 최대한 가동하여 제품단위당 원가를 낮추려 들것이다. 생산확대에 동참하는 기업이 늘어날 경우 그 산업에는 사장수요보다 더 많은 양이 공급되는 결과가 빚어져 가격의 저하와 이에 따른 경쟁의 격화가 발생한다.

⑥ 높은 철수장벽

철수장벽(exit barriers)이란 진입 장벽(entry barriers)에 반대되는 개념으로, 기업이 자신이 종사하는 산업에서 이탈하는 것을 어렵게 만드는 요인들을 일컫는다. 그 예로는 전문화된 자산, 사업단위간 상호연관성, 과도한 해직수당, 기존사업에 대한 경영층의 지나친 집착, 정부의 철수규제 등을 들 수 있다. 철수장벽이 높은 경우, 기업은 큰 손실을 보지 않는 한 기존의 사업을 계속 영위할 수밖에 없다.

⑦ 다양한 경쟁기업들

경쟁기업들이 전략이나 출신, 그리고 기업문화 면에서 다양할 경우, 그들은 서로 상이한 경쟁방안을 모색하게 되어, 사업상 충돌하거나 혹은 자신도 모르게 서로의 영역을 침범하기도 한다. 특히 색다른 환경에서 색다른 목표를 가지고 운영되어 온 해외 경쟁기업들의 산업참여는 이러한 다양성을 더욱 심화시킬 것이다. 이렇게 여러 부류의 경쟁기업들이 존재하는 경우, 이들은 몇 개의 전략군(strategic group)으로 나누어 관찰하는 것도 특정 산업의 분석에 상당한 도움이 된다.

2) 신진진입기업의 위협

특정 산업에 새로이 진입하는 기업들은 통상 새로운 생산능력, 시장탈취욕망, 또는 상당한 자원을 가지고 있어서 산업 내 기존기업에게 위협요소가 되기 쉽다. 이러한 진입위협의 정도는 현존 진입장벽에 높이와 기존기업의 반응에 달려있다. 다시 말하자면, 진입장벽이 높거나 신규진입기업에 대한 기존기업으로부터의 강력한 반발이 예상될 때에는 진입위협이 줄어든다.

여기서 진입장벽이란 새로운 산업에의 참여를 어렵게 만드는 요인들을 일컫는다. 이것이 높으면 높을수록 그 산업에의 신규진입이 어려워지며, 반면에 산업 내 기존기업들은 계속해서 높은 이익을 누리게 된다. 진입장벽을 구성하는 요소로는 대체로 다음 일곱 가지를 뽑을 수 있다.[9)]

① 규모의 경제

규모의 경제는 일정기간 동안 총생산량이 증가할 대에 제품단위당 원가가 하락하는 현상을 가리키는 것으로, 사업의 모든 영역에 걸쳐서 작용할 수 있다. 이 효과가 큰 사업의 경우 신진기업의 진입이 억제된다. 왜냐하면, 이러한 산업에 성공적으로 진입하기 위해서는 대구모의 시설을 갖추어 규모의 경제를 누릴 수 있어야 하며, 불가피하게 소규모로 진입하는 경우에는 비용상의 불이익을 감수할 수밖에 없기 때문이다.

② 제품차별화

제품차별화는 기업이 보유하고 있는 기술을 포함한 다양한 경영자원에서 비롯되기도 하지만, 선전이나 고객서비스로 만들어질 수도 있고 혹은 선발기업으로서 상표인지도와 고객충성도를 확보한 경우 발생하기도 한다. 기존의 기업들이 확보하고 있는 이러한 시장장악력을 극복하려면 신규진입기업은 진입초기에 많은 지출을 할 필요가 있다. 그러나 제품차별화 및 상표확립을 위한 초기투자는 많은 비용과 시간을 요할 분만 아니라 실패하는 경우 크나큰 손실을 감수해야 하는 위험이 도사리고 있으므로, 신규진입기업에게는 높은 제품차별화가 작용하게 된다.

③ 필요자본

새로운 산업에 진입하여 경쟁하기 위해서 많은 자본투자를 필요로 한다면, 진입장벽이 형성되어 있다고 할 수 있다. 특히, 이들 투자가 광고나 연구개발비와 같이 모험적이고 회수 불가능한 성행투자의 성격을 띠고 있을 때 진입장벽은 더욱 높아진다. 오늘날 세계의 주요 기업들이 거의 모든 산업에 진입할 수 있을 정도의 자금을 확보하고 있다고는 하지만, 컴퓨터제품이나 광물채취와 같이 엄청난 자본투자를 요하는 산업에 진출할 수 있는 기업은 그리 많지 않을 것이다.

3) 대체품의 압력

넓은 의미에서, 한 산업 내의 모든 기업들은 그 대체품을 생산하는 산업과 경쟁관계에 있다고 할 수 있다. 여기서, 대체품이란 타 제품과 동일한 기능을 갖추고 있거나 유사한 용도에 쓰일 수 있는 제품을 의미한다. 대체품의 존재는 기업이 매길 수 있는 가격에 상한선을 긋게 되므로, 결국 산업의 잠재수익률을 제한하는 결과를 초래한다. 더구나, 대체품이 가격이나 효능 측면에서 우위성을 가지고 있는 경우 그 산업의 잠재수익률을 아주 낮아진다. 전환비용이 낮은 한 대체품은 산업에 큰 영향을 미칠 수 있다. 그 예로는 전동타자기를 대체한 워드프로세서, 설탕을 대체한 뉴트라스워트, 페더럴익스프레스의 속달우편 사업을 대체한 팩스기계의 일잔화 등을 들 수 있다.[10)]

4) 구매자의 교섭력

고객인 구매자는 가격을 낮추고 보다 높은 품질과 나은 서비스를 얻기 위해 협상을 하거나 기업들 상호 간에 경쟁을 붙임으로써 산업에 영향을 미칠 수 있다. 다음과 같은 경우에 구매자의 교섭력을 강화된다.

- 구매자가 공급자시장에 큰 비중을 차지하는 경우
- 구매제품이 구매자비용 중 상당부분을 점하고 있어 구매자가 보다 유리한 구입가격을 추구하는 경우
- 구매제품이 규격제품이거나 차별화되지 않아 대체 공급원이 풍부한 경우
- 공급자가 전환하는 비용이 적게 드는 경우
- 구매자의 이윤이 낮아 구입가격에 민감한 경우
- 구매자가 후방통합으로 구매제품을 자신이 직접 생산할 가능성이 있는 경우
- 구매제품이 구매자가 만드는 최종생산물의 품질이나 가격에 별로 영향을 미치지 않을 경우
- 구매자가 시장수요 및 가격, 공급자의 원가구조 등을 훤히 알고 있는 경우

5) 공급자의 교섭능력

공급자는 공급제품의 가격을 높이고 품질을 낮추기 위해 온갖 방

안을 동원함으로써 산업에 영향을 미칠 수 있다. 다음과 같은 경우에 공급자의 교섭력을 강화된다.[11]

- 공급자는 소수이나 구매자는 다수인 경우
- 대체품과의 경쟁이 적은 경우
- 공급자가 여러 산업에 걸쳐서 판매하고 있어 특정 산업에의 판매가 그리 중요한 비중을 차지하지 않는 경우
- 공급제품이 구매자의 사업에 중요한 투입요소인 경우
- 공급제품이 차별화되어 있거나, 다른 제품으로의 전환비용이 많이 드는 경우
- 공급자가 전방통합으로 고객들과 직접 거래할 가능성이 있는 경우

1-3. 내부환경

1. 내부환경의 개념

내부환경(internal environment)은 기업이 그 구성 요인과의 사이에 가지는 내부적 상호관계라고 할 수 있다.[12]

우리는 앞에서 기업환경을 주로 외부환경과 관련시켜 살펴보았다. 그러나 오늘날의 협동적 생산실체로서의 기업에는 내부에도 이와 비슷한 환경이 있는데 이것이 기업내부환경이다.

기업내부환경이란 기업내부에 있는 요인이지만 마치 기업외부환경처럼 임의로 제어 내지 통제할 수 없는 요인을 말한다. 종래 기업에 종사하는 종업원, 즉 노동자는 노동력상품관이 그러하였듯이 이는 마치 물적 요인과 마찬가지로 임의로 통제할 수 있는 요소로 보아 왔었고 또한 그렇게 다루어져 왔다. 그러나 오늘날 이들은 저마다 한 사

람의 인간으로서 인권을 가지고 있는 자주적인 존재이며 더구나 그들이 가진 가치관의 변화에 따라 이들이 일이나 직무를 대하는 태도가 달라졌을 뿐만 아니라 기업에 대해 가지는 기대나 요구도 다양화되고 있다.

2. 내부환경의 구성요소

1) 경제적 관계자

이는 욕구충족주체로서의 기업구성원은 경제적 욕구의 충족을 위해 경제적 보답(경영자와 종업원은 봉급·임금 등, 주주는 배당, 채권자는 이자 등)를 원하는데, 이의 배분은 이들 사이의 역관계에 의해 규정되므로 이러한 역관계를 말한다.

2) 비공식적 인간관계

기업구성원은 비경제적 욕구충족도 원하는데, 이는 곧 대인적 접촉에서 얻어지는 만족을 말하며, 비공식적 인간관계시스템이란 이에 대응하는 하위내부시스템이다. 이에는 경영자의 공식조직에 있어서의 관념·태도·행동 및 이에 대응하는 종업원의 이해와 태도 사이에 형성되는 심리적 기반에 입각하는 인간관계는 물론, 구성원 상호간에 형성되는 내부적 내지 대인적 인간관계가 포함된다.

3) 산업 가치(문화)

이는 사람들의 구체적인 욕구와는 직접적인 관련을 가지지 않는 하위내부환경시스템으로 특정기업에 교유한 전통적인 기풍, 풍토, 또는 가치관 등으로 불리어지는 것이다. 이러한 요인은 기업구성원의 행동양식을 통해 직접적으로, 또는 그들의 욕구에 간접적으로 영향을 미침으로써 기업에 대해 영향을 미친다.

이러한 내부환경 요인으로는 다음과 같은 것을 들기도 한다.

① 조직목적, 제품 또는 서비스의 특징

② 경영방침	③ 조직구조
④ 인 재	⑤ 기술시스템
⑥ 재무상태	⑦ 정보시스템

1-4. 국제기업환경

앞에서 본 바와 같은 여러 환경요인을 포함하는 기업환경은 국내산업환경이다. 이와는 달리 기업이 국경을 넘어 수출입을 하거나 자본투자를 하는 것과 같이 국제기업활동을 전개할 때 당면하게 되는 기업환경이 국제산업환경이다. 그러므로 흔히는 국제무역이나 국제기업활동을 하여야만 비로소 국제기업환경의 중요성을 인식하게 되는 것으로 보기 쉽다. 그러나 비록 국내 기업활동을 중심으로 하는 기업이라 하더라도 이에 대해 관심을 가지지 않으면 안된다. 종래 우리나라는 저개발국의 입장에서 자국 산업의 보호・육성을 위해 외국상품의 수입을 금지하거나 허가하여 주었으므로 이들 외국기업과의 경쟁에 관심을 쏟지 않아도 되었으며 기술도입도 정부의 정책을 따랐으므로 외국에서 기술혁명이 이루어져 이 때문에 기술수준이 상대적으로 낮아져서 기술격차가 커지더라도 국내 기업활동을 하는데 있어 큰 문제가 생기지는 않았다. 그러나 오늘날과 같이 점차 개방체제를 취하여 적극적으로 국제분업의 이익을 좇아 수출입활동과 아울러 국제 산업활동을 수행하게 된 단계에서는 호혜적으로 외국의 산품의 수입자유화나 시장개방, 외국의 기술이나 자본도입을 자유로이 허용하는 자본자유화를 하지 않을 수 없다. 그러면 당연히 국제 기업활동을 하는 수출기업은 물론이고 국내 기업활동만 하는 내수산업의 경우에도 국내시장에 진출한 외국상품이나 외국기업과 경쟁하지 않으면 안 되는 것이다. 더구나 원자재 등의 기업자원의 해외의존도가 높은 내수산업의 경우에는 마땅히 이러한 국제산업환경의 동향에 적응하지 않으면 안 되는 것이다.[13)]

'사고 전환'이 성공 비결

인적자원 관리 전문가인 앨런 짐머맨 박사는 성공과 실패를 가르는 차이는 삶의 태도에 있다고 말했다. 그는 자연을 지배하는 모든 현상의 중심에는 '축'이 있게 마련이며, 개인의 성공과 실패를 좌우하는 삶의 중심축을 '피벗(Pivot)'이라고 명명했다. 그는 삶의 중심축을 크게 '사고의 축', '변화의 축', '지속의 축'으로 나누어 정리했다. 즉, 긍정적인 사고와 태도는 변화의 원동력이 되며 이는 곧 성공을 지속적으로 유지하는 힘으로 작용한다는 것이다.

피벗이란 원뿔을 의미하며, 이는 모든 동력의 축이 돼 이와 연결된 모든 장치가 작동하게 만드는 근원이다. 피벗에 연결된 모든 장치는 피벗에 의해 틀어지고 비틀어져 방향이 바뀌게 된다. 모든 힘은 틀어지고 비틀어져 방향이 바뀜에 따라 생성되고 있는 것이다.

성공하려면 변화 수용해야

창업 현장에서도 피벗의 원리는 성공의 근원이 되는 동력이다. 점포 창업에서 자신의 입지 현장 조건에 맞게 사업 방향을 바꿔 재편집할 수 있다면 보다 나은 성과를 기대할 수 있다. 이는 업종보다 업태, 즉 어떤 방식으로 운영하는가에 따라서 성패가 결정된다는 이야기다.

성북구청 주변에 있는 '카페퓨리떼'에는 언제나 10대에서 50대까지 다양한 연령층이 즐겁게 담소를 나누고 있다. 서빙으로 바쁜 종업원들 사이에서 이곳을 운영하는 사장을 찾기란 쉬운 일이 아니다. 모두가 20대 초중반으로 보이는 종업원 사이에 30대인 장성환 사장(32)이 있다. 워낙 동안인 데다 사장, 종업원 구분 없이 움직이는 탓에 구면인 사람도 금방 알아보기가 힘들다.

지난해 크리스마스 무렵, 지금의 현장에 건물이 들어설 때 장 사장을 처음 만났다. 그는 자신에게 맞는 아이템 찾기에 골몰하고 있었다. 이미 새 건물로 입지를 결정했기에 입지에 맞는 아이템을 골라야 한다는 부담이 있었다. 또한 자신이 직접 운영할 수 있는 아이템이어야 했다.

당시 장 사장은 카페 문화의 변화에 주목하고 커피 전문점 혹은 젤라토 전문점을 복합화한 이탈리안 카페를 운영하고 싶어 했다. 하지만 당시의 시장 상황을 살펴보면 메이저 브랜드가 입점하기 전에는 성공을 장담할 수 없었다. 이때 필자는 단순한 아이템보다는 복합화한 업태로 승부할 것을 주문했다. 즉, 주력 아이템에 변화를 줘야 수익성을 보전할 것이라는 지극히 당연한 이야기였다.

얼마 후, 그로부터 개업을 준비한다는 연락을 받았다. 그리고 매장을 방문하자마자 무릎을 쳤다. "그래 이거야, 이거!" 매장 안 진열대에는 커피, 아이스크림은 물론 도너츠까지 진열돼 있었다. 요즘 상한가를 치고 있는 패스트푸드는 도너츠다. 트랜스지방 문제로 패스트푸드점 입지가 좁아지고 있지만, 그런 와중에도 도너츠의 시장 장악력은 변함이 없으니 카페와 도너츠의 접목이야말로 10대를 비롯한 젊은 층의 수요를 만족시킬만한 아이템이다.

물론 이전에도 커피 전문점과 기타 외식 아이템을 접목한 복합화 바람은 제법 거세게 불었다. 아이스크림, 토스트, 샌드위치 등을 메뉴에 편입해 여러 가능성을 열어뒀지만 괄목할 만한 성과를 낸 곳은 그리 많지 않았다. 특히 도너츠는 대표 브랜드인 'D'의 브랜드 파워와 시장 장악력이 워낙 막강해 복합화 메뉴로 꺼려 왔던 게 현실이었다.

그러나 시장은 언제나 바뀐다. 지금 가장 선호도가 높은 상품을 집중적으로 판매하는 것이 판매 촉진의 제일 원칙이듯, 도너츠의 접목은 예상 매출을 두 배 이상으로 견인하는 원동력이 됐다.

그렇다면 장 사장은 어떻게 이런 생각을 하게 됐을까. 그는 창업을 준비하며 성북구청 주변의 직장인 수요를 위해 휴게 편의 시설인 카페를 아이템으로 선정했다. 하지만 시장조사를 하면서 관공서뿐만 아니라 적지 않은 중고등학교 수요까지 확인하고 고민에 빠졌다. 결코 포기할 수 없는 수요층이었기에 이들을 수용하기 위한 아이템 접목을 구상하기 시작했다. 조사 결과 샌드위치나 토스트보다 도너츠를 선호한다는 사실을 알게 됐다.

열정만이 변화 가능케 해

그러나 도너츠와의 접목이 쉬운 것도 아니었다. 시장 여건상 도너츠 전문점이 아니면 경쟁력을 갖기 힘들기 때문이다. 품질 좋은 도너츠의 공급이 관건이었다.

그는 인터넷 등 온갖 정보 채널을 동원한 끝에 지금의 공급자인 'W도너츠'를 알게 됐다. 이곳 역시 공급 조건이 까다로워 거래처 뚫기가 쉬운 것은 아니었다. 하지만 장 사장에겐 신념이 있었다. 자신의 사업 성패가 '도너츠'에 달렸다고 굳게 믿었다. 지인들을 동원해 'W도너츠' 유치에 전력을 기울였다. 공장을 방문하고 설득하길 몇 차례, 장 사장의 매장을 답사한 'W도너츠' 관계자는 매장 운영 제안을 듣고서야 공급을 수락했다.

도너츠는 매장 내 판매도 가능하지만 테이크아웃 판매가 많다. 홍보가 무엇보다 중요한 이유다. 테이크아웃 판매를 적극 활용하기 위해 인근 학교의 체육부를 비롯한 동아리 회장을 직접 찾아가 홍보하는 등 직접적이며 공격적인 홍보에 열중했다.

특히 최근 학부모들이 학생들에게 선물하는 1호 품목이 '도너츠'라는 점에 주목했다. 이유는 간단하다. 야간 자율학습이나 특별활동 시간 등에 간식으로 먹기에 '도너츠'보다 간단하고 편리한 간식이 없기 때문이다. 무엇보다도 10대들이 선호한다.

여기에 빼놓을 수 없는 게 장 사장의 '열정'이다. 열정 없이 달성되는 위대함은 없다고 했다. 어떤 사업가든 열정을 빼면 성공 비결이 성립되지 않는다. 장 사장은 지난겨울 내내 자신의 캐릭터와 입지에 맞는 아이템을 찾아 골몰하며 플러스 알파를 찾기 위해 노력했다. 그 결과 지금의 '카페퓨리떼'를 만들었다.

사실 '카페퓨리떼'가 다른 점포와 다른 것은 품질 좋은 도너츠 한 가지 뿐이다. 그런데도 사업은 승승장구하고 있다. 단순 명쾌한 사고와 신념, 그리고 추진력이 오늘의 성공을 이끌어낸 '피벗'이라고 할 수 있다. 장 사장의 '피벗'은 이탈리안 카페이지만 방향을 틀고 비틀어 학생층이 공감할 수 있는 '캐주얼 카페'로 재탄생한 것이다.

프랑스의 한 신문에서 상금을 건 퀴즈를 냈다. '만약 프랑스 최대 박물관인 루브르 박물관에서 불이 났는데, 상황이 긴급해 단 한 폭의 그림만을 가지고 나올 수 있다면 당신은 어떤 것을 가지고 나오겠는가?'

수천수만의 답변 중 프랑스의 유명 작가인 베르네의 답이 가장 합당한 정답으로 뽑혀 상금을 받았다. 그의 답은 다음과 같았다. "나는 출구에서 가장 가까운 곳에 걸려 있는 그림을 갖고 나오겠소."

이는 고명의 〈경영우화〉에 소개된 이야기다. 성공의 가장 합당한 목표는 가장 어렵고 가치 있다고 느껴지는 것이 아니라 가장 실현 가능성이 높은 것임을 강조하고 있다. 장 사장의 성공 역시 가장 실현 가능성이 높은 현실적 해답을 찾았기에 가능했다.

미래는 또다시 변화할 것이다. 하지만 오늘이 없는 내일이 없듯, 성공은 항상 가장 가까이에 있는 답을 찾아야 함을 명심할 필요가 있다.

2007. 8. 한경비즈니스 (고경진 · 고경진창업연구소장)

학습문제

1. 기업환경이 기업경영에 미치는 영향에 대하여 설명하시오.

2. 기업경영의 업무환경의 유형에 대하여 설명하시오

3. 거시적 환경의 유형에 대하여 설명하시오.

4. 최근 환경의 변화가 창업조건에 미치는 영향은 무엇인가?

5. 기업활동과 환경적응과의 관계에 대하여 설명하시오.

참고문헌 및 자료

1) 김원수(1991), 기업환경론, 다산출판사, p.49.
2) 같은 책, p.137.
3) 신유근(1996), 현대의 기업과 사회, 경문사, p.138.
4) 김원수, 앞의 책, p.298.
5) 김원수, 앞의 책 p.307.
6) 김희철(2004), 창업경영론, 두남, p.146.
7) Poter, M(1980), Copetitive, strategy, New york : Free Press : p.4.
8) 박준용((2007), 전략경영, 청람, p.64.
9) 같은 책, p.66.
10) 같은 책, p.68.
11) 같은 책, p.69.
12) 김원수, 앞의 책, p.58.
13) 같은 책, p.400.

chapter 02

중소기업 창업이론

2-1. 창업의 정의

1. 창업이론

경제성장 요인으로써 기업가의 기능은 중요함에도 불구하고 최근까지 경제이론이나 경영학 분야에서 학문적 연구의 대상으로 깊이 다루어지지 않았다. 그러나 1970년대에 들어서면서 기업가의 창업활동에 관한 연구가 중소기업 경영학자들에 의하여 활발하게 이루어지기 시작하여 창업에 관한 이론적 연구뿐만 아니라 교육훈련에 관한 실무적 교과과정이 개설되고 있다.

최근 IMF경제체제를 경험한 우리도 경제적 위기를 극복하기 위하여 경제구조의 개혁, 기술혁신과 경영합리화, 벤처기업을 중심으로 한 중소기업 육성 등을 경제정책의 중요 과제로 삼고 기업가 정신의 발휘를 강조하고 있다.

창업의 정의는 다양하다. 그것은 창업자체가 창업자의 특수한 동기, 개성, 특성, 태도, 배경 등을 기반으로 해서 이루어지는 창조적 활동이기 때문에 그 과정에 깔려있는 정신, 태도, 결단 등을 포괄하는 개념이 되어야 하기 때문이다. 그러나 기업과 기업가 연구에 가장 큰 영향을 미친 슘페터는 창업을 하나의 과정으로서 그리고 기업가는 창업의 과정을 이용하여 자원의 신결합과 신산업의 방법으로 현상유지를 파괴 하는 혁신가(innovator)로서 기술하고 있다.[1] 그에 의하면 창업은 새롭고 보다 나는 일처리 방법의 창출을 가지고 기존의 방법을 파괴하는 '창조적 파괴(creative destruction)'의 힘으로 간주하고 있다. 따라서 슘페터는 통상적인 사업의 과정에서 이루어지는 신규사업 활동과 창업활동과를 구분하고 있다. 이점에 있어서 드러커도 같은 입장을 취하고 있다. 이미 잘 형성되어 있는 시장, 예컨대 음식점을 신규로 시작하는 것은 단순한 개업(start-up)에 불과하고 창업이라고 볼 수 없다는 것이다. 따라서 창업의 개념규정에 있어서 중요한 것은 혁신(innovation)이다. 슘페터의 혁신의 견지에서 볼 때 창업은 음식점이라도, 맥도널드 햄버거는 창업이다. 햄버거는 오래전부터 팔아 온 음식이지만, 맥도널드는 그 제품을 표준화하고 그 제조과정과 장비를 새롭게 설계를 하고 새로운 시장과 새로운 고객을 창출하는 데 경영개념과 기법을 적용했다는 점에서 단순한 다른 음식점과 다른 것이다.[2] 혁신은 새로운 아이디어를 구상하는데 머무는 것이 아니라 아이디어나 자원을 가지고 신제품, 서비스 또는 과정으로 전환시키는 행동을 의미한다. 이 점에서 무엇인가 새로운 것을 창조하여 신지식을 창출하려는 발명과 구별된다. 물론 발명가도 신제품을 만들고 새로운 디자인을 개발할 수 있다. 그러나 그것을 사업화하는 창업활동의 위험부담과 마케팅의 경영능력을 발휘하지 않은 한 단순한 발명이나 신공정, 신디자인의 지식만으로 부가 창출되는 것은 아니다. 따라서 창업이란 기업가가 자원을 새로운 방법으로 재결합 내지 재분배함으로서 부의 창출과 증식의 기회를 만들어 주는 혁신의 수단을 가지고 새로운 모험적 사업을 시작하는 창조적 활동으로 정의 할 수 있다. 이렇게 볼 때 창업과정에서 핵심적 주체는 기업가가 아닐 수 없다.

2. 창업의 정의

창업이란 새로운 기업을 세운다는 것이다. 전혀 새로운 사업을 시작(Start-up)하거나 기존의 업체를 인수(Buyout)하여 사업을 시작하는 것을 말한다.

창업은 기업과 같은 뜻으로 쓰이기도 한다. 재화와 서비스를 생산・판매하는 기업조직을 새롭게 창출하는 과정이며 기업가로서 경험이나 능력, 자질을 갖춘 창업자가 사업기회를 발견한 후 사업목표를 세우고 적절한 절차를 거쳐 사업을 시작하는 것이다.

기업을 하나의 생명을 가진 유기체로 인식할 때 창업은 하나의 생명체의 탄생 과정으로 볼 수 있다. 국민경제의 출발은 기업이요, 기업은 창업활동을 통해 탄생되는 조직이기 때문에 중소기업의 창업은 국민경제 발전의 토대가 된다고 볼 수 있다.

위에서 살펴본 바와 같이, 피터 드러커(P.F Drucker)는 창업가란 변화를 탐지하고, 그 변화에 대응하며 또한 변화를 기회로 이용하는 사람으로 정의하고 있다. 그리고 창업가란 자원의 생산성에 변화를 가져오는 사람이라고 지적하고 있다.

창업의 개념에 대한 보다 구체적인 정의는 재화나 용역을 생산하거나 판매하는 영리추구 행위를 하기 위해서 새로운 기업을 설립하는 것을 말한다. 일반적으로 사용하는 창업의 용어는 이와 같은 좁은 의미의 개념인 것이다. 그러나 넓은 의미로 창업을 정의할 때는 새로운 기업조직을 설립하는 것은 물론 기존의 기업이 이제까지와는 전혀 다른 새로운 종류의 제품을 생산하거나 판매하는 일을 시작하는 것까지 포함한다.[3)]

1986년에 제정된 "중소기업창업지원법" 제2조에 따르면 창업이라 함은 중소기업을 새로이 설립하는 것을 말하며, 창업자란 중소기업을 창업하는 자 및 중소기업을 창업하여 사업을 개시한 날로부터 7년이 경과하지 않은 자를 말한다고 규정하고 있다.

결국 창업은 창업자가 기업설립에 필요한 유형·무형의 자원(resource)을 동원하고, 이들을 적절히 결합하여 기업이라는 시스템을 만들고, 설립된 기업이 의도한 대로 기능을 발휘하도록 관리하는 역할을 해야 한다.[4)]

2-2. 창업의 동기와 중요성

1. 창업의 동기

기업의 창업 동기는 부를 창출하고, 자신의 꿈을 실현 시키는 등 개인적인 동기에서 출발하지만, 그것은 개인의 차원을 넘어 사회적으로도 중요한 의미를 지니게 된다. 창업의 동기를 구체적으로 열거하면 다음과 같다.

1) 자아실현욕구

인간은 누구나 자신의 꿈을 현실에 실현시키고 싶은 욕구가 있다. 개인의 경험과 지식 및 아이디어를 사업현장에 접목시켜 사업적으로 성공하고자 하는 욕구이다. 창업은 자신의 기업을 소유하고 경영자로서 능력을 발휘하고자 하는 창업가에게 기회를 제공하는 것이다. 특히, 현대의 청년들은 유리한 급여조건에 만족하지 않고 독립하여 자영하려는 경향이 강한데, 창업은 이들에게 능력발휘의 장을 제공하고 기업가적 재능에 대한 시험장이 되고 있는 것이다.[5]

2) 부의 축적

창업을 하는 이유 중 가장 중요한 것은 부를 축적하는 것이다. 최근에 일어나고 있는 가장 큰 변화는 고용시장의 불안정이다. 실직에 대한 불안과 미래의 불확실성은 많은 봉급생활자에게 창업에 대한 관심을 고조시키고 있다.

3) 사회봉사

자신의 사업가적 능력을 발휘하며 기업을 창업하고 성공적 경영을 함으로써 기업성장에 따른 사회적 책임을 실현하고 지역사회 발전에 기여함으로써 사회에 봉사하려는 동기를 갖게 된다.

4) 모험심

창업가 본인이 가지고 있는 사업아이디어나 기술의 활용을 통해서 기회를 포착하고 사업화하려는 모험심이 동기가 될 수 있다. 이들은 사회의 이노베이터로서 역할을 하게 되는데, 환경변화에서 오는 위험을 적극적으로 수용하여 창조성을 발휘하여 혁신을 추진함으로서 성장의 묘상(seedbed of growth)이 되고 있는 것이다.[6] 모든 창업은 이러한 모험심이 발현되지 않으면 성공하기가 어렵다.

2. 창업의 중요성

기업의 창업은 개인적인 활동 차원을 넘어 국민경제의 관점에서도 중요한 의미를 갖는다.

창업의 직접적인 목적은 개인의 부(Wealth)를 창출하는 것이지만 국민경제의 관점에서 보면 대기업의 묘상이 된다.

현재의 대기업들도 창업기에는 소규모 기업으로 출발하여 지속적으로 성장, 발전해 온 것이다. 따라서 유망한 중소기업의 창업이 많아질수록 국민경제의 잠재력은 보다 커질 것이다. 국가가 중소기업의 창업에 관심을 갖고 지원에 나서는 것도 국민경제의 발전에 중소기업의 역할이 크기 때문이다.[7]

또한 크고 작은 기업들은 일자리를 창출한다. 근로자에게 일자리를 제공하는 것은 그 개인의 생계수단을 제공하는 것이 된다. 일자리의 창출은 실업을 낮추고 경제성장에도 기여하게 된다.

무역의존도가 높은 우리나라의 경우 중소기업수출이 전체 수출에서 차지하는 비중이 높다. 따라서 중소기업의 창업은 국제수지개선에도 많은 영향을 미치게 된다.

기업의 창업은 새롭고 독특한 기술을 활용하는 경우가 많으며, 이러한 기술을 이용한 창업은 해당분야 기술수준을 향상시키게 된다. 기업 활동은 새로운 기술의 발달을 요구하게 되고 이에 따라 사회전반의 기술수준이 향상될 수 있다.

1) 중소기업의 경제적 역할

중소기업이 국민경제에서 차지하는 비중과 역할은 막대하다. 중소기업은 한 사회의 경제력의 집중과 부의 편중현상의 시정과 예방, 지역간의 불균형 해소 등 그 경제적 역할은 매우 크다.

미국의 조지 길더(G. Gilder)는 기업가들을 "경제생활의 영웅들(the heroes of economy life)"이라고 평가하면서 그들 없이는 소위 말하는 생산수단은 부와 발전을 창출해 낼 수 없음을 강조하고 있다.[8] 산업발전의 핵심적 요소는 돈이나 기계가 아니라 마음과 정신이며, 이러한 활력적인 기업의 영역 내에서 미국이 제1의 자리를 유지한다고 말하고 있다.

이처럼 기업가들이 경제성장에 있어서 담당하는 역할과 업적은 참으로 지대한 것으로 중요한 것들을 요약하면 다음과 같다.[9]

① 창업활동은 기술 및 다른 형태의 혁신을 통하여 생산성을 제고시킨다.

② 창업활동은 직업창출의 강력한 도구이다.

③ 창업활동은 기술이전을 촉진시킨다.

④ 기업가는 신발명과 신제품을 상업화하는데 있어서 전략적 역할을 수행한다.

⑤ 기업가는 경제의 재편성과 전환에 있어서 결정적 역할을 한다.

⑥ 기업가는 기존의 사회제도와 경제력 집중의 화석화를 저지시키는데 기여한다.

⑦ 창업활동과 기업가의 활동은 대기업과 공기업에 활력을 불어넣어 준다.

⑧ 기업가는 시장의 경쟁성을 높여 줌으로써 정태적 및 동태적 시장비능률을 저하시킨다.

⑨ 비공식부문에서 활동하는 영세기업가들은 정부나 정부의 정책이 경제발전을 저지할 때에는 기존의 정부권한의 통제를 우회한다.

⑩ 기업가들은 경제적으로 긍정적이면서 정치적으로는 혼란을 야기 시킴이 없는 방법으로 사회 내에서 부, 소득 및 권력의 재분배를 촉진한다.

⑪ 기업가는 휴면상태에선 간과해 온 인재들을 활용함으로써 국가의 사회 복지를 향상시킨다.

이러한 경제적 역할 이외에도 중소기업들이 경제발전에 있어서 수행하는 역할들은 더 추가될 수도 있을 것이다.

그러나 중소기업이 사회전체에 미치는 역할 중에서 가장 중요한 것은 경제력 집중을 완화시키는 것일 것이다. 역사적으로 보더라도 자유방임주의하의 자본주의는 정치권력과 부가 편중됨으로써 도덕성의 문제제기와 함께 평등 및 사회정의의 기본가치가 훼손되게 되었다. 그 결과로 인류는 이념적 대립과 갈등·냉전의 소용돌이에서 많은 희생과 대가를 치르게 되었다.

경제력의 집중은 사회적인 비능률화를 가중시킴은 물론 사회전체의 불균형과 정치적 불안을 높이게 된다.

최근 우리가 겪어낸 IMF의 경제위기도 그 동안 우리사회가 대기업의 경제력 집중 현상과 지역간, 산업간, 계층간의 부의 격차에 그 문제의 근원이 있음을 부인할 수 없을 것이다.

대기업에 의한 경제력 편중현상을 시정하고 예방하기 위해서 보다 합리적 정책대안들이 모색되어야 하는 이유가 여기에 있는 것이다.

그 동안 우리 경제는 대기업을 중심으로 한 고도성장정책과 수출

제일주의를 지향해 온 결과 대기업에 의한 경제력 집중을 초래하게 된 것이다.

2) 중소기업의 사회적 역할

중소기업의 사회적 역할은 다양하다. 그러나 가장 중요한 역할은 저학력, 미숙련공, 신체장애자, 부녀자, 노인 등 한계노동력에 대한 고용창출일 것이다.

중소기업은 소자본, 저기술, 무경험 등 열악한 지역자원을 활용하여 그 지역의 시장을 대상으로 창업할 수 있다는 가능성 때문에 실업자, 부녀자, 노인 등에게 창업동기를 부여할 수 있고 노동의식과 저축심 등을 고양시켜 적극적 삶을 영위할 수 있도록 기능 한다.

중소기업은 지역사회와 거래 및 고용 등의 측면에서 많은 관련을 맺고 있으므로 지역경제의 기반이 되고 있다. 지역사회에 경제적 기반을 둔 중소기업은 지역의 소비수요의 충족, 고용의 흡수, 소득의 증대 등을 통하여 중요한 역할을 하게 된다.[10)]

3) 중소기업의 정치적 역할

중소기업자는 민주정치의 지주로서 역할을 담당 한다.[11)] 한 사회의 정치이념은 경제활동 일반과 기업의 존재양식 및 역할에 결정적인 영향을 미친다. 특히 경제정책과 기업의 경영에 영향을 미치는 정치지도자나 행정 관료들의 정치적 이념이나 태도는 기업의 역할 내지 사회적 책임의 규정에도 직접적인 변수로 등장한다. 즉 창업이나 중소기업에 어떤 정치적, 사회적, 경제적 역할을 부여할 것이냐는 넓게 보면 정치이념 보다 구체적으로 보면 정치인이나 행정 관료들의 태동에 좌우된다. 역사적으로 보면 중소기업에 대한 학자들의 이념적 입장이나 관점에 따라 다양한 견해가 표출되었다. 칼 마르크스 이래 환경 결정론적 변증론자들은 중소기업은 사회경제의 전근대적 구조에 얄팍하게 뿌리 내리고 있고 체질이 취약하기 때문에 대기업 중심의 자본주의체제가 확대되어 가면 중소기업은 쇠퇴하고 그 기반을 상실할 것으로 보았다. 그러나 근대자본주의 형성과정에서 중소기업은 국민경제의 기반을 구축하는데 결정적 역할을 담당했을 뿐 아니라 그들 중산층을 근간으로 하는 민주주의 체제를 형성하는데 불가결의 역할을 했음을 부인할 수 없는 사실이다. 자본주의는 자유기업제도(free enterprise system)를 기반으로 하고 있다. 자유기업제도의 본질은 자유로운 창업과 공정한 경쟁을 통한 존속과 성장을 보장하는데 있다.

서구자본주의의 성장과정에서 중소기업은 중산층형성의 주역을 맡았고 민주주의는 이들 중산층을 기반으로 정착되었다. 따라서 중소기업을 바탕으로 한 중산층의 지지 없이 정치적 안정과 사회 경제 발전은 기대할 수 없다는 것이 그들의 신조가 되고 있다.

한나라의 정치적 진보는 국민의 정치의식 수준의 향상만으로 이루어지지 않는다. 국민 각자의 자아실현을 가능하게 하는 기회와 여건이 조성될 때 가능해진다. 이러한 관점에서 중소기업의 창업과 육성지원정책은 민주정치 발전에 있어서 중요한 의미를 지닌다. 이렇듯 중소기업은 경제력의 집중과 부의 격차를 완화하고 예방할 수 있는 가장 합리적 제도이며, 사회적 활력과 역동성을 촉진시켜 주는 추진력이 된다.

2-3. 창업가의 정의와 역할

1. 창업가의 정의

창업을 통한 중소기업인, 그들은 어떤 성격의 소유자이며 어떤 특성을 지니고 있는가. 창업가들은 어떤 동기와 배경을 가지고 기업을 창업하여 현재에 이르렀는가. 창업 기업인들은 다양하고 복잡한 양상을 보이고 있다.

수많은 사람들이 창업에 도전하였으나 크게 성공한 기업인은 그렇게 많지 않다. 성공한 기업인들이 보여주는 특성을 기업가 정신이란 말로 표현하고 있다. 때문에 중소기업인은 기업가 정신의 소유자이며 실천자라고 볼 수 있다. 따라서 기업인의 특성을 알기 위해서는 기업가 정신의 속성을 이해할 필요가 있다. 기업가 정신에 관한 학문적 연구는 오래전부터 행해져 왔기 때문에 일반적 특성은 이미 널리 알려져 있다.

그러나 기업가 정신도 시대적 환경의 산물이기 때문에 환경의 변화에 따라 새로운 특성이 추가되거나 새로운 의미와 중요성이 부여되는 등 그 개념이 변천되어오고 있다.

우선 창업가들은 강한 성취동기의 소유자들이다. 자기의 전 재산과 전 생애를 걸고 사업을 시작했기 때문에 강한 사업욕을 가지는 것은 당연할 것이다. 타인과의 경쟁에서 한발 앞서고 기업의 목표를 점검하면서 행동노선을 수정하는 데 열정적인 사람은 대체로 강한 성취동기의 소유자들이다. 강한 성취동기를 가지고 자기 사업에 확신을 가지고 있기 때문에 그렇지 못한 사람들이 볼 때에는 위험성이 높은 불확실한 사업분야에 진출하게 된다.

창업가에게 이처럼 강한 성취동기가 나타나는 이유는 무엇일까. 사회적 인정, 독립심, 자아실현 등으로 설명되고 있으나, 한마디로 말하면 힘에 대한 갈망이라고 할 수 있다. 지위, 권위, 부, 명예 등의 배후에는 남을 움직이는 힘이 있게 마련이다. 그 힘을 의식하든 안하든 창업가는 그 힘을 얻기 위해 분투하는 것이다. 건강의 힘, 지식의 힘, 인격의 힘, 자본의 힘, 과학기술의 힘… 이런 힘들을 기업인은 추구하고 확보하려 한다. 힘에 대한 강한 열망과 동기 없이 기업을 성공적으로 끌고 갈 수 있는 열정을 갖을 수는 없다.

창업가는 기회를 포착하고 개발하는 능력의 소유자다. 기업가와 샐러리맨의 차이는 주어진 시간과 환경을 어떻게 받아 들이냐에 있다. 기업가는 기회포착에 집중하고 있다. 남들이 모두 불황이라고 할 때, 실제의 불경기로 많은 중소기업이 도산해 갈 때 돌파구 즉 새로운 기회를 포착하고 새로운 활로를 개발하는 사람이 바로 성공한 기업인들의 특성이다. 기회를 놓치는 것은 경쟁력을 상실하는 것이나 다름없다.

창업가는 확신과 자신감의 소유자이다. 자신의 기업, 종업원, 자사제품, 자기의 고객에 대한 확신을 가지고 기업을 경영하고 있기 때문에 경쟁을 두려워하거나 피하려고 하지 않는다.

창업가는 가능한 것과 불가능한 것, 해야 할 일과 해서는 안 될 일 등에 확신과 자신감을 가지고 결단 한다. 때문에 책임을 타인에게 전가하기 보다는 자신의 잘못으로 받아들인다.

한마디로 그들은 낙관주의자이며 외유내강형의 사람들이다.

창업가는 창의력과 혁신의 추진력을 소유한 사람들이다. 이들은 상상력이 풍부한 창의력을 바탕으로 기존의 기술을 혁신해 가며 경영방법을 합리화해 간다.

창업가는 열정과 건강한 신체의 소유자들이다. 기업인들은 일인다역을 해야 하기 때문에 출퇴근 시간이 따로 없다. 때로는 판매일선에서, 때로는 생산현장에서, 때로는 관공서에서, 때로는 노조와 더불어 시간을 보내야 한다.

이러한 특성을 경영자와 비교하여 설명하면 [표 2-1]과 같다.

[표 2-1] 창업가와 경영자의 비교

항 목	기 업 가	경 영 자
적응대상	환경에 적응	조직에의 적응
적응방식	사전대응적(preactive)	사후반응적(reactive)
환경변화	비연속적	연속적
역 할	전략중시	관리중시
결정대상	목적	수단
성과척도	효과성	효율성
목표의 중점	성장 혁신	안정성, 수익성
결정영역	신사업에 진입, 기존사업에서의 철수, 대규모적 기술혁신	생산성향상, 생산기술개선, 원가절감
위험부담	개인적	
필요분야	성장산업, 쇠퇴산업	
사업환경	불안정	

2. 창업가의 역할

아래의 특성들은 성공한 기업가들의 연구를 통해 추출된 것들이기 때문에 이외에도 더 추가될 수 있을 것이다.

기업가로서 성공하기 위해서 이상과 같은 특성과 특질을 모두 갖추고 있거나 개발할 수 있는 잠재능력은 필요하다.

그러나 이러한 특질을 고루 갖추고 있지 못한 개인들이라도 성공한 기업인들과의 접촉, 창업지원에 대한 정부의 정책을 비롯한 각종 정보의 입수, 창업교육과 훈련과정에의 참가 등의 과정을 거치게 되면 창업을 하겠다는 성취동기나 욕구가 내적으로 조성되고 창업의 꿈을 실현시키는 방향으로 자기의 에너지 또는 정열을 쏟게 된다. 이러한 전제하에서 창업지원의 하나로 기업가 양성의 교육과 훈련프로그램을 개발하여 지속적으로 지원하는 정책이 정착되어야 할 것이다.

[표 2-2] 기업가 특성

특성(Characteristics)	특질(Traits)
자신감	1. 성공의 확신(기회포착, 자원동원, 시장개척, 조직관리 등) 2. 독립심, 개별성 3. 낙관주의, 직업만족감
과업-결과 지향적	4. 성취욕구, 창업과 관련된 경험의 활동 5. 이윤 지향적 6. 지구력, 인내심, 결단력 7. 근면, 추진력, 정력 8. 솔선
위험감수	9. 위험부담을 개의치 않는 성향과 능력 10. 도전의 환영태도
지도력	11. 지도력 발휘의 행동과 책임성 12. 타인과의 원만한 인간 관계 13. 건의와 비판의 수용태도
독창성	14. 혁신성, 창의력 15. 융통성(개방적 믿음) 16. 지모의 풍부성 17. 다재다능, 풍부한 지식
미래지향적	18. 전망 19. 지각

3. 창업가의 장단점[12)]

1) 장점

• 만족

자신이 잘 하는 일이나 하고 싶은 일을 사업으로 하게 되면 남을 위해 일하는 것보다 훨씬 더 만족스럽다. 한 국가의 부와 재산은 대부분 기업가들에 의해 만들어졌다.

• 금전적 보상

열심히 일하기만 하면 엄청난 성공을 거둘 수 있다. 게다가 해고를 걱정할 필요도 없다.

• 자율성

사업주는 남의 명령에 따르거나 남이 정해 놓은 근무시간을 준수할 필요가 없다. 사업주는 성공하려면 고객을 만족시켜야 하지만 몇 시간을 근무할 것이냐는 전적으로 자신의 판단에 따라 결정한다.

• 자부심

가치 있는 무엇인가를 해냈다는 생각에 큰 성취감을 얻을 수 있다.

2) 단점

• 사업실패 위험

수많은 소규모 사업체들이 도산한다. 사업가는 자신의 돈뿐만 아니라 다른 사람의 돈까지 잃어버릴 위험을 무릅써야 한다.

• 난관

기업가는 해결해야 할 예기치 못한 문제들에 봉착할 수도 있고, 주변의 반대에 부딪칠 수도 있다.

• 외로움

사업의 성공과 실패에 대해 자신이 전적으로 책임을 져야 한다는 것은 기업가에게 외로움을 줄 수 있다.

• 생활의 불안정

기업가의 수입은 사업의 성패에 따라 늘어나기도 하고 줄어들기도 할 것이다.

• 고된 업무

사업을 본 궤도에 올려놓기 위해서는 밤낮 없이 일해야 할지도 모른다. 어떤 기업가는 일주일에 겨우 하루를 쉬거나 심지어 하루도 못 쉬고 일하기도 한다.

이러한 단점에도 불구하고 열심히 일하면 커다란 보상을 받을 수 있으며 경영상의 많은 난관과 어려움을 극복함으로써 내면적으로 강해질 수 있다. 무엇보다도 기업가가 됨으로써 직면하게 되는 도전과 위험들은 새로운 재능과 능력을 계발하는 데 도움이 될 수 있다.

2-4. 창업의 방법

1) 신규창업

전혀 새로운 기업을 설립하는 것이다. 따라서 창업가가 본인의 아이디어와 사업구상을 가지고 현실에 구현시켜가는 과정이 된다. 신규창업의 장점과 단점을 정리해 보면 다음과 같다.

• 신규창업의 장점

① 창업자의 사업구상을 자율적으로 실현시킬 수 있다.

② 새롭고 신선한 상품전략을 선택할 수 있다.

③ 가장 최신의 기술과 장비 및 원재료 등을 선택할 수 있어 기술적 우위를 누릴 수 있다

④ 시장의 선택이 자유롭고 유연하다.

⑤ 기업의 입지가 자유롭다.

• 신규창업의 단점

① 창업계획이 정밀하지 않으면 실패위험이 높다.

② 이익목표나 매출액의 달성에 대한 예측이 어렵다.

③ 창업준비에 많은 시간이 필요하다.

④ 창업자본의 확보가 어렵다.
⑤ 유통경로와 시장확보가 어렵다.

2) 가맹점 창업

가맹점 창업은 프랜차이징(franchising) 창업을 말한다.

프랜차이징(franchising)는 모기업(franchisor)과 계약을 통해 가맹점사업자(franchisee)가 모기업의 경영노하우, 명성, 로고, 생산기술 등을 그대로 이용하게 되는 사업방식이다.

처음 창업하는 창업가에게는 사업실패에 대한 위험성을 낮추어 주는 효과가 있다. 그러나 가맹점 창업도 장단점이 있으며, 먼저 장점을 살펴보면 다음과 같다.

- 가맹점 창업의 장점
  ① 사업위험성이 낮다.
  ② 판매촉진과 광고에 유리하다.
  ③ 제품과 원재료 구성이 용이하다.
  ④ 판매독점권이 보장된다.

- 가맹점 창업의 단점
  ① 사업의 아이템이 모기업에 있어 자율성이 없다.
  ② 제품과 물품구매에 제약이 많다.
  ③ 가맹점가입비용이 높다.
  ④ 로얄티의 지급 등으로 수익성이 낮다.

3) 인수창업

인수창업은 기존의 사업체를 인수하여 창업하는 것으로 비교적 안전하고 신속하게 사업을 시작할 수 있으나 단점도 있다. 먼저 장점을 살펴보면 다음과 같다.

- 인수창업의 장점
  ① 다른 창업에 비해 시간을 절약할 수 있다.
  ② 수익이 즉시 발생한다.
  ③ 기업의 성장 속도를 유지할 수 있다.
  ④ 기존의 유통경로, 시장이 확보된다.

- 인수창업의 단점
  ① 창업자의 사업구상을 반영하기 어렵다.
  ② 기존의 건물이나 기술적 진부화에 따른 비용이 발생한다.
  ③ 인수가격이 미래의 잠재수익까지 반영되어 수익가치가 낮다.
  ④ 기존기업이 가진 약점들로 그대로 인수하게 된다.

2-5. 창업의 핵심요소

창업은 기업활동의 개시를 의미한다. 기업은 인적자원과 물적자원 및 기술적 요인이 결합되어 새로운 가치를 창조해 가는 과정이다. 따라서 창업에 필요한 3요소는 창업자, 자본, 아이디어를 포함하는 개념이다.

1. 창업자

창업자는 창업의 주체로서 사업의 성패를 좌우라는 핵심적 요소이다. 따라서 창업자는 기업가정신의 발휘는 물론 경영자로서 능력, 지식, 자질을 갖추고 있어야 한다. 창업자는 기업설립에 필요한 유·무형의 자원을 동원하고 이들을 적절히 결합하여 기업시스템이 성공적으로 작동되도록 작용하여야 한다.

2. 사업아이디어

사업아이디어는 창업여부를 결정하는 중요요소이다. 사업아이디어는 설립되는 기업의 최종 산출물을 결정하는 요소이다. 사업아이디어의 원천은 창업자 자신일 경우도 있으며, 제3자로부터 얻어지는 경우도 있다. 물론 사업아이디어만으로 창업의 조건이 충족되는 것은 아니며 창업의 목적을 달성하기 위해서는 수익을 발생시킬 수 있는 여건이 형성되어야 한다.

3. 자본

자본은 창업활동의 초석이다. 사업아이디어만으로는 기업을 설립할 수 없으며 이를 뒷받침할 수 있는 물적 토대가 구축되어야 한다. 창업자금의 조달에 있어서 고려되어야 할 사항은 ① 창업자금의 적정규모 ② 창업자금의 조달방법 ③ 자기자본의 비중 등이다.

창업자금의 규모는 사업계획서상의 소요 자금규모를 통해서 확인할 수 있다.

문제가 되는 것은 소요자금 대비 어느 정도의 자금을 미리 확보해야 하는가의 문제이다. 사업준비 과정에서부터 자금의 압박에 시달리게 되면 성공적인 창업이 되기 어렵다.

창업자금의 적정규모는 일률적으로 규정할 수 없으나 충분한 자금의 확보와 자금조달 가능 금융기관의 섭외 등을 통하여 창업자금 확보에 특별히 관심을 가져야 한다. 또한 창업자금의 조달방법에 대해서라도 사전에 충분한 대비를 해야 한다. 우선 창업자는 자기자본의 조달에 역점을 두어야 한다. 창업을 염두에 둔 예비창업자는 종자돈(Seed money)의 축적에 노력해야 한다. 타인자본은 투자자나 금융기관 등의 차입을 통해서 조달할 수 있다. 특히 최근에는 국민경제의 발전에 창업의 중요성이 강조되면서 지원제도의 수혜도 함께 고려하면서 자본조달계획을 준비하여 한다.

4. 기타 핵심요소

1) 기술적 노하우(technical know-how)

창업자는 창업하려는 사업이나 서비스에 대한 전문적인 지식이나 기술을 갖도록 해야 한다. 제조업이라면 기술의 성격을 불문하고 해당 업종의 기술과 특성을 충분히 파악하고 있어야 한다. 기술적 능력을 갖추지 못했다면 그 기술을 습득해야 한다. 만일 가스 배관업을 하려면 파이프를 잘 연결하는 방법을 알고 있어야 한다. 서비스업의 경우도 하려는 사업의 본질과 특성을 이해하고, 서비스하는 방법을 배워 두어야 한다. 여행업을 창업하려면 항공, 선박, 지상교통수단에 대하여 소상히 알고 있어야 한다.

2) 제품이나 서비스 아이디어(product or service idea)

성공적인 창업이 되기 위해서는 우선 제품이나 서비스의 개념이 무엇인지 명확히 알고 있어야 한다. 제공할 제품이나 서비스의 가치가 무엇인지 알고 있어야 한다.

3) 인적 유대(personal contacts)

사업은 업종을 물문하고 타인의 도움 없이는 성공하기가 쉽지 않다. 창업은 처음 시도 단계에서 개업에 이르기까지 과정마다 다른 사람의 도움을 필요로 한다. 사업아이디어의 획득과정, 사업계획서의 작성과정, 자금의 조달과정, 시장의 개척 등 단계마다 타인의 조력이 필요하다. 따라서 평소에 인간적 접촉을 중요시하는 태도와 인적 네트워크의 형성에 노력을 기울려야 한다.

4) 고객의 주문

제품이나 서비스를 사주려는 고객이 없다면 창업도 불가능하다. 주문을 찾아내는 방법의 창의성이 창업자들에게는 필요하다.

5. 창업기업의 성장 단계

창업 후 기업은 성장과정에서 여러 국면을 거쳐 가야하는데, 각 국면마다 내리는 의사결정은 창업기업의 생존과 성장에 결정적인 영향을 미치게 된다. 그 이유는 창업기업으로서는 매 국면에 깔려 있는 특수한 위험을 제대로 파악하기 어렵기 때문이다. 따라서 성장관리는 창업기업의 성패를 가름하는 요소가 될 수 있다. 창업기업의 성장단계는 5단계로 구분할 수 있는데 단계별 특성을 살펴보면 다음과 같다.[13)]

1) 사업개발단계

이 단계는 창업전략을 계획하고 구상하는 단계이다. 창업하고자 하는 제품이나 서비스에 대한 풍부한 상상력과 창의력뿐만 아니라 성패에 대한 검토도 이루어져야 한다. 창업전략을 구상하는 단계인 만큼 이 단계에서 마음에 그리고, 결심하는 꿈, 경영철학, 기업의 범위, 경영조직과 인적자원 등에 대한 전략구상은 중요하다. 이 단계는 경영자원의 축적 및 확장단계라고 할 수 있다.

2) 창업활동단계

이 단계에서는 구체적인 사업계획서의 작성이 필요하다. 사업계획에는 소요자금과 조달방법, 마케팅전략, 생산계획, 창업팀의 구성, 법적 요건 등을 검토해야 한다. 동시에 창업투자회사, 지원기관, 정부기관으로부터 얻을 수 있는 모든 지원을 최대한 확보하면서 진행해야 한다. 경영자원을 합리적으로 동원하는 것이 필요한 시기이며 경쟁력을 형성하는 초기단계라고 할 수 있다.

3) 성장단계

창업기업이 성공적으로 이 단계에 이르면 제2의 창업정신과 활동이 필요해 진다. 성장과 더불어 생산설비나 경영조직의 재편 등 새로운 도약을 위한 기업의 정비가 필요하다. 이 단계에서는 창업자의 일인체제의 경영에서 벗어나 팀조직에 따른 경영체제의 형성, 업무의 분담, 신제품의 구상과 개발, 기존제품의 혁신, 마케팅 전략의 보완책을 마련해야 한다. 이 과정이 중요한 이유는 창업기업의 실패가 가장 많은 단계이기 때문이다. 이 단계에서는 창업가의 경영 통솔력이 성패의 관건이 된다.

4) 기업의 안정 단계

시장의 여건이 급격한 변화가 일어나지 않은 한 이 단계에 들어서면 창업기업은 존립기반을 구축하고, 그 기반 위에서 기업경영의 안정을 확보하게 된다. 이 단계에 접어들면 새로운 경쟁자들이 진입해오고 사내문제도 제기 되며 신규투자계획 등을 착수하는 등 새로운 도약을 준비해야 한다. 즉 혁신이 미래 성공을 위한 결정적 요인으로 등장하는 시기이다.

5) 혁신 또는 쇠퇴의 단계

혁신에 실패하면 기업은 실패한다. 피터 드러커는 경영의 핵심으로 혁신과 마케팅을 들고 있다. 현상유지를 위해서라도 기존의 제품이나 서비스의 혁신이 필요하다. 기술의 변화가 빠르게 진행되고 그 변화의 폭이 확대되는 경제환경 하에서 혁신이 경쟁의 요체가 되고 있다.

창업에세이

성공한 창업가 정주영

정주영 회장은 한국 재계의 큰 별이었다. 불도저처럼 살아왔던 그의 86년의 삶은 한국경제의 신화였다. 그러면 과연 그는 오늘을 사는 한국의 경제인들에게 어떠한 교훈을 남겼을까? 성공한 창업가 정주영 회장의 경영교훈 5가지를 살펴보자.

첫째, 정주영은 우리에게 성공하려면 위험을 감소하라는 교훈을 남겼다. 경영학자 히스리치와 브러쉬는 "기업가 정신을 위험부담과 그에 상응하는 보상을 전제로 하여 가치 있는 그 무엇을 새로이 창조하는 과정이다."라고 정의한다. 정 회장이야말로 위험을 두려워하지 않는 경영인이었다.

그는 자서전 '시련은 있어도 실패는 없다'에서 이렇게 말했다. "내가 살아있고 건강한 한 나한테 시련은 있을지언정 실패는 없다. 낙관하자. 긍정적으로 생각하자." 이러한 그의 자세를 외국의 경영학자는 '할 수 있다'(Can do spirit)정신이라고 표현했지만, '할 수 있다'는 정신의 근저에는 위험을 기꺼이 감수하는 정 회장특유의 기업가적 근성이 있는 것이다. 그가 1970년 조선사업에 진출하기로 결정한 후 거북선이 그려져 잇는 500원짜리 동전을 보여주며 차관을 얻고, 조선소와 배를 동시에 만드는 위험을 감수한 일은 유명한 일화이다.

그러나 위험의 감수에는 반드시 치밀한 전략이 필요하다. 단지 모험심만으로 기업을 경영할 수 있다면 지난 99년 이후 우후죽순처럼 생긴 벤처기업들이 모두 성공했어야 마땅하다. 여기에 바로 두 번째 교훈이 있다. 성공은 '만들어 가는 것'이지 결코 '주어지는 것'이 아니라는 점이다.

그는 종종 외국인들이 한국경제의 성장을 '한강의 기적'이라고 표현하는 것에 거부감을 나타냈다. 왜냐하면 그에게는 기적이 아니라 '치밀한 검토와 확고한 신념'으로 성공시킨 것이다. 정주영이 불도저라는 별명을 얻었다고 해서 그가 기업전략의 핵심 프로세스인 계획(plan) → 실행(do) → 검증(see)의 세 단계 중에서 계획을 항상 생략했다고 말하는 것은 잘못이라는 말이다.

정주영은 평소에 말했다. "불굴의 도전과 모험정신, 이것으로 다 성공할 수 있는 것은 아니다. 그 이면에는 치밀한 검토와 확고한 신념이 있어야 한다. 다른 사람들은 현대를 모험을 하는 기업이라고들 한다. 그러나 현대는 모험을 하는 일은 없다."

정주영의 경영학의 세 번째 교훈은 결국은 용병형(mercenary) 경영자 보다는 전도사형(missionary) 경영자만이 승리한다는 사실이다. 실리콘 벨리의 유명한 벤처캐피탈리스트 존 도어는 기업가의 유형을 두가지로 나눈다.

용병형 경영자는 기회주의적인 이익을 노리는 단기 경주마인 반면, 전도사형 경영자는 사업에 대한 열정을 갖고 장기적인 관점에서 전략적인 의사결정을 내리는 사람이다. 돈을 벌기보다는 '사업한다는 자체'에 의미를 두고 장기마라톤 경주를 벌이는 사람이 전도사형 경영자이다.

웅장하기 보다는 소박하기 이를 데 없는 정주영의 청운동 집에서 볼 수 있듯이 그는 결코 돈을 위해서 단기적인 이익을 추구한 것이 아니다. 그가 건설에서부터 조선, 자동차에 이르기 까지 다른 재벌그룹들이 결코 꿈도 꾸지 못했던 중후장대(重厚長大)한 사업을 한국에 세운 것은 그가 비전과 열정의 경영자였음을 보여준다.

특히 그는 70이 넘는 나이에도 신입사원들과 어울려 씨름을 벌일 만큼 행동하는 리더십을 보였다. 전도사형 경영자는 부하를 이용하지만, 전도사형 경영자는 운동경기팀의 코치처럼 행동한다. 부하에 앞서 행동하고 모범을 보임으로서 부하들에게 귀감을 주는 그런 유형의 경영자인 것이다.

네 번째 정주영 경영학의 교훈은 '궁핍을 조직화하라(Organize insufficiency)'하는 점이다. 정주영이 이룬 일은 모두가 '無'에서 '有'를 창조한 것이다. 자원이라는 측면에서 볼 때 항상 모자라기 짝이 없는 상황에서 사업을 벌여나갔다. 이러한 자원부족상태는 오히려 조직에 위기감과 긴장감을 심어줄 뿐 아니라 자원의 부족을 극복하기 위한 혁신적인 발상을 탄생시킬 수도 있다.

예를 들어 제철소도 시멘트도 없는 한국에서 자갈과 모래로 만드는 사력(砂礫)댐을 건설하겠다는 발상, 주베일 항만공사에서 철구조물을 한국에서 실어 나른다는 생각, 서산간척지에 유조선을 활용해서 물을 막는다는 혁신 등은 모두가 '조직화된 궁핍'의 결과이었다.

다섯 번째 교훈은 경영자는 항상 시대의 흐름을 앞서 읽어야 한다는 점이다. 현대그룹은 사실 90년대를 전후해서 새로운 성공사례를 등록하지 못했다. 시대가 중후장대형(重厚長大型)에서 경박단소형(輕薄短小型)로 전환되고, 하드웨어중심에서 소프트웨어 중심으로 변해가는 일대 전환기에 제대로 적응하지 못했다는 뜻이다.

특히 과거 개발독재 시대와는 전혀 달리 정경유착의 고리가 느슨해지고 기업이 여론의 직접적인 공격을 받는 새로운 사회적 분위기도 미리 읽지 못했다. 패러다임이 바뀌면 과거의 성공경험은 오히려 짐이 될 수 있다. 기존 전략과 조직의 파괴를 통해 기업을 재창조해야 하는 것이다. 정회장이 이룬 업적에 비해서 그의 실패는 오히려 작게 느껴질 수도 있으나 우리가 이러한 점에서 분명한 교훈을 얻어야 할 것이다.

2001. 3. 21. 매일경제

학습문제

1. 최근 세계적으로 창업학이 각광을 받게 된 배경에 대하여 설명하시오.
2. 창업이 갖은 의미에 대해서 개인의 관점과 국가적 관점으로 나누어 설명하시오.
3. 창업가와 경영자의 차이점에 대하여 설명하시오.
4. 창업가의 장점과 단점에 대하여 설명하시오.
5. 창업에 필요한 핵심요소들에 대하여 설명하시오.

참고문헌 및 자료

1) 어윤배(1994), 복지국가와 중소기업, 책세상, p.101.
2) P.F. Drucker(1985), Innovation and Entrepreneurship: Practice aand Principles(New York: Harper &Row) p.1.
3) 박정기 · 박봉규(2005), 창업과 경영실무, 두남, p.24.
4) 노재건 외 4인(2006), 창업 · 경영론, 무역경영사, p.25.
5) 조관행(1982), 현대중소기업론, 에코노미아, p.22.
6) 같은 책 p.20.
7) 중소기업창업지원법 제2조
8) George Gilder(1984), The Spirit of Enterprise, The Penguin Business Library), p.19.
9) 어윤배(1994), 복지국가와 중소기업, 책세상, p.62.
10) 조관행, 앞의 책, p.25.
11) 조관행, 앞의 책, p.24.
12) 신은종(2005), 창업경영MBA2020, Y&P, p.10.
13) 어윤배, 앞의 책, p.127.

chapter 03

창업자와 기업가정신

3-1. 기업가정신의 의의

기업활동은 물적 자원과 인적 자원을 결합하여 가치를 창조하는 것이다. 창업가는 스스로 사업을 시작하여 자신을 위해 일하는 사람이다. 이들이 바로 기업가(entrepreneur)로 불리는 사람들이다. 기업가는 소유주이자 동시에 종업원이다. 기업가는 자기사업의 성공과 실패에 대해서 책임을 진다. 성공적인 사업이란 고객이 필요로 하는 제품이나 서비스를 고객이 지불하고자 하는 가격으로 판매하여 수익을 남기는 사업이다. 결국 기업가란 사업체를 소유하고 경영함으로써 새로운 가치를 창조하여 소비자에게 만족을 준다. 또한 경쟁에서 이기기 위한 새로운 변화를 추구하며, 도전과 위험을 극복하면서 자신만의 꿈을 실현시킨다.[1]

한 개인이 이와 같은 기업가가 되기 위해서는 대체로, 자신감, 과업-결과 지향적 태도, 위험감수능력, 지도력, 독창성, 미래지향적 태도 등과 같은 특성을 갖추고 있음이 성공적인 기업가들의 실증적 연구를 통해 나타나고 있다. 기업가의 특성에 대한 기존의 연구에 대해서 살펴보면 다음과 같다.

1. 기업가의 정의

1) 슘페터의 기업가 정의

슘페터(J. A. Schumpeter)는 기업가를 소유주 또는 경영자와 구별되는 실체로서 파악하고, 창조적 파괴(creative destruction)과정에서 리더로서의 공헌자를 기업가로 정의하였다.[2] 그는 기업가를 생산수단의 새로운 결합을 수행하는 역할을 하는 사람으로 보았다. 즉, "기업가는 신상품의 생산을 위해서 혹은 기존의 상품을 새로운 방식으로 생산하기 위해서 발명이나 아직까지 시도해 보지 않은 기술적 가능성을 발굴함으로서 새로운 자원공급원이나 제품의 새로운 판로를 개발함으로서 생산방식의 개혁 내지 변혁을 추구하는 개인이다."고 주장하고 있다. 따라서 그는 새로운 결합으로 ⓐ 신자원의 개발, 확보 ⓑ 신제품의 생산 ⓒ 신생산방식의 도입 ⓓ 신시장의 개척, 확대 ⓔ 신경영방식 등을 통해서 이루어진다고 주장하였다.

2) 드러커의 기업가 정의

드러커(Peter F. Drucker)는 기업가를 새롭고 이질적인 것, 유용한 가치를 창조해 내고 있는 경영자로 규정하고 있다.[3] 변혁을 일으키고 새로운 가치를 창조하지 않으면 안된다. 따라서 기업가란 변화를 탐구하고 변화에 대응하며, 도전하고 또한 변화를 기회로써 이용하는 자이다.

드러커는 기업가의 역할이란 이윤의 극대화보다는 기회의 극대화이며, 실천하는 것이 사명이라고 보았다. 기업가정신은 과학이 아니며, 그렇다고 예술도 아니며, 그것은 실천이다.

기업가정신은 종합적인 경영의 실천이다. 기업가정신이 없는 기업은 망한다. 기업가정신의 실천 속에 이익도 생성되고, 사회적 책임도 갖게 되고 노사의 화합도 갖게 되며, 기업의 성장도 이루게 된다. 현대의 기업가정신이란 전문경영자의 능력을 갖고 있는 총체적 리더의 기준이라고 규정한다.[4]

3) 론스타드의 기업가 정의

벤처비즈니스 연구가인 미국 뱁슨대학(Babson Coollege)의 론스타드(Ronstadt) 교수는 "기업가정신이란 빨간 신호등 앞에서도 때로는 이를 무시하고 돌진하는 것과 같다고 하였다. 기업가정신은 스스로 사업을 일으키는 것, 그리고 이를 자기 인생에서 가장 즐거운 일로 여기는 것이다"라고 정의하고 있다.[5]

기업가는 자본출자자이던 경영능력의 소유자이던 스스로 사업을 일으켜 경영을 최대로 하는 사람이다. 그리고 사업을 자기 인생의 전부로 알고, 자기 인생에서 즐거운 일로 행동하는 전문적인 사업가를 총칭하고 있다. 때로는 저돌적이며, 때로는 심오하게 생각하고, 손익과 관계없이, 바른 경영을 하는 자를 기업가라고 칭한다.

2. 기업가의 신화[6)]

많은 사람들이 자신의 기업(사업)을 개척하고 훌륭한 기업가정신을 펼치는 것을 꿈꾼다. 뿐만 아니라 훌륭한 리더십을 발휘하여 인생이나 사업에서 크게 성공하기를 기대하고 있다. 그러나 이러한 것들은 그렇게 쉽게 달성할 수 있는 것이 아니다.

기업가로서 성공하려면 적어도 다음과 같은 기업가의 신화를 고려해야 한다.[7)]

- 신화 1 : 기업가는 항상 생각이 많고 조심성이 많다.
  기업가는 조심성이 많고 항상 생각하는 사람이다. 살얼음판을 걸어가듯이 돌다리도 두드려 보고 건너가듯이 조심성이 있어야 한다.
- 신화 2 : 기업가는 만들어지는 것이 아니라 타고(선천적)나는 것이다.
  기업가의 특성은 가르치거나 배울 수 없는 타고난 사고(思考)와 능력이다. 그들의 타고난 특성은 위험대처능력, 분석적 능력, 인간관계에 대한 적극성, 주도권, 추진력 등이 포함된다.
- 신화 3 : 기업가는 언제나 발명가이다.
  기업가는 오해와 암흑의 비전(tunnel vision)에 대한 혁신자(inventor)이다(기술, 제품, 경영 등).

• 신화 4 : 기업가는 학구적이거나 사회친화적이지 못한 경우가 많다.

성공기업의 기업가 중에는 학교낙오자이거나. 직장의 중도퇴직자가 많다. 사실, 역사적으로 볼 때 특정인의 교육과정이나 사회생활 이력은 크게 부각되지 않는 것에 비해 성공한 기업가는 영웅(사회적 · 경제적 · 학술적)으로 배려된다.

• 신화 5 : 기업가는 특성적으로 적합한 인물이라야 한다.

기업가는 성취지향적이라야 한다. 즉 적극적 사고를 가져야 한다.

• 신화 6 : 기업가에게 필요 한 것은 자금(돈)이다.

많은 기업이 실패하게 되는 대부분의 이유는 자금이고. 또한 모험에 대처할 수 있도록 하는 힘도 자금이라고 할 수 있다.(예: 한보, 진로, 기아 등)

• 신화 7 : 기업가에게는 행운이 따라야 한다.

적시적소에서 모든 일을 처리할 수 있다는 것은 큰 장점이나 그런 기회를 맞는다는 것은 큰 행운이다(준비, 결정, 지식, 기술혁신 등에서). 또한 언제 올지 모르는 기회에 대처하기 위해서는 적절한 능력, 자격, 전문지식을 항상 갖추고 있어야 한다.

• 신화 8 : 무지(無知)는 기업가에게 다시없는 행복이다.

무지(無知)가 용(勇)이다. 환경변화가 격심하고 경쟁이 치열한 시장에서는 때로는 무지가 필요할 수도 있다.

• 신화 9 : 기업가는 실패의 경험이 아니라, 성공을 추구하는 것이다.

많은 기업가는 성공하기 전에 수많은 실패를 경험하였다. 과정에 불과하다.

• 신화 10 : 기업가는 극단적인 위험을 취하는 사람(도박사)이다.
위험은 기업에서 중요한 요소이다. 기업가는 거친 기회(계산된 위협)에 도박하는 것이다. 즉, 기업가는 Entrepreneur이다

3-2. 기업가의 특성

1. 기업가의 자질

1) 추진력

기업가는 추진력과 정력이 풍부해야 한다. 사업가들은 장시간 동안 일할 수 있는 능력이 있어야 하며 필요한 경우에는 적은 수면을 취하면서 수일씩 계속해서 일에 몰두할 수도 있어야 한다. 추진력과 정력은 투자가들이 투자 결정을 하기 전에 유념하여야 할 사업가의 특성이다.

2) 자신감

성공한 사업가들은 자신감이 충만 되어 있으며 자신이 세운 목표를 달성할 수 있다고 굳게 믿고 있다. 그들은 또한 그들 주변에서 일어나는 사건들은 주로 그들 자신에 의해서 결정되며, 그들의 운명을 좌우하는 것은 주로 그들 자신이라고 믿고 숙명이라는 것을 믿으려 하지 않는다. 자본가 혹은 금융 기관의 여신부서에서도 사업에 자신감을 갖고 있는 사업가들에게 자금을 융자해 주고 싶어 한다. 그러나 과신, 오만 혹은 겸양의 결여 등은 투자가들로 하여금 현실감이 부족한 사업가라는 판단을 내리게 할 것이다.

3) 인내력

기업가는 일시에 돈을 벌려고 하는 재주꾼들과는 달리 사업에 장기적으로 참여하여야 한다. 유망한 기업가는 가볍게 행동하지 않고 그가 설정한 목표를 향하여 꾸준히 매진한다. 기업을 성공적인 단계에까지 이르게 하려면 그 사업에 전적인 몰입과 정신 집중이 있어야 할 것이다. 이와 같은 장기적인 참여가 성공적인 기업가가 가지는 특성이라는 것이 여러 연구가들에 의하여 확인되었다.

4) 경제적 보상

이들은 자신이 세운 목표가 얼마나 잘 추진되고 있는가를 평가하기 위해 봉급, 이익, 자본 증식 등을 평가의 척도로 삼는다. 기업가는 이윤추구에 목표를 세우고, 돈을 벌면 재투자하는 일을 반복하는데서 희열을 느끼는 사람들이다. 그러나 그들은 돈을 활동의 최후 목적으로 생각하지는 않는다.

5) 문제해결 능력

성공적인 창업가들은 장애를 극복하고 문제를 해결하여 주어진 일을 완성하는데 있어서 남다른 강한 의욕을 가지고 있다. 기업가들은 자신감과 낙관적인 사고방식 때문에 불가능한 것이란 보통 문제에 비해 시간을 더 필요로 하는 일이라고만 생각한다. 그러나 기업의 장래를 헤쳐 나가는데 있어 맹목적이지는 않다. 그렇다고 실패가 없는 것도 아니다. 문제가 너무 어렵거나 혹은 풀리지 않으리라고 생각되면 남보다 먼저 포기하는 태도를 취한다. 일반적으로 성공적인 기업가는 문제 해결에 있어서 끈기가 있는 반면, 그가 해결할 수 없는 문제를 판단하는 데 있어서 현실적이며, 어려우면서도 꼭 풀어야 할 문제인 경우에는 도움을 얻을 수 있는 곳을 빨리 알아낸다.

6) 목표설정

기업가는 명확한 목표를 설정할 수 있는 능력과 결단력을 가지고 있다. 보통 이런 목표는 높은 수준의 것들이며 또한 도전적인 것들이기도 하지만 실현 가능한 것들이다. 기업가는 목표 지향적인 행동가이다. 그들은 그들이 진행하고 있는 방향을 항상 의식하고 있으며 시간을 아껴 쓴다. 지각하는 일이 없도록 하기 위해서 시간을 빠르게 맞춰 놓는 기업가도 있다.

7) 모험심

성공적인 기업가는 너무 쉽지도 않고 또 성공 가능성이 너무 적지도 않은 그런 종류의 일에 모험을 걸기를 좋아한다. 그들이 좋아하는 모험의 대상은 성패가 단순히 우연에 의하여 좌우되는 일보다는 자신들의 노력으로 성공의 가능성을 높일 수 있는 것들이다. 이와 같은 온건한 모험적 기질은 기업가로서의 가장 중요한 특성이다. 왜냐하면 이러한 특성은 사업에 필요한 여러 가지 의사 결정을 하는 데 있어서 중요한 영향력을 미치기 때문이다. 기업가는 "산에 가야 범을 잡는다."라는 말의 뜻을 새겨들을 줄 알아야 한다.

8) 경험의 활용

기업가는 자신이 겪은 실패를 하나의 경험으로 삼아 차후에 이와 비슷한 실패를 다시 하지 않도록 노력하다. 따라서 실패를 초래하게 된 원인, 즉 자신의 역할과 타인의 역할에 있어서의 문제점을 밝혀내는 능력은 성공적인 기업가가 가지는 또 하나의 중요한 특성이다. 말에서 떨어진 경험이 없는 사람은 말을 많이 타보지 않은 사람이라는 말이 있다. 시행착오적인 여러 활동을 통한 후회와 실망은 성공적인 기업가가 되기 위한 핵심적인 학습 과정이다. 유능한 기업가는 이와 같은 어려움이 있다는 것을 알만큼 현실 감각이 있다. 또 실패가 있을 경우에는 실망하거나 좌절하지 않는다. 그들은 역경 속에서도 새로운 기회를 포착하며, 대부분의 사람들이 패배의 고통 속에 있을 때도 새로운 성공을 위하여 부단히 노력하다. 기업가는 실패를 두려워하지 않는다. 그들은 성공에 대단히 집착함으로써 실패의 가능성을 두려워하지 않게 된다. 실패를 두려워하는 사람들은 그들이 가진 성취욕을 둔화시킨다.

9) 피이드백(feedback)의 활용

기업가들은 그들 자신의 성과에 많은 관심을 가진다. 특히 그들은 그들이 성취하려는 일에 대해서 얼마나 많은 능력이 있는가에 대하여 관심이 크다. 이러한 태도는 기업가들이 피이드백을 활용하려고 하는 특성에서 연유한다. 성공적인 기업가는 피이드백을 활용하여 개선해야할 문제를 파악하고 시정 조치를 한다.

10) 혁신과 책임감

역사적으로 볼 때 기업가는 독립심이 강하고 자기 의존적인 혁신가였으며, 자유 경제 체제하에서의 승리자였다. 기업가의 성격에 관한 현대연구는 이와 같은 역사적인 관점과 일치한다. 그러나 자기 의존적인 특성에 관하여는 더 깊이 연구되었다. 유능한 기업가는 주도권을 잡으려고 능동적으로 노력하며 또한 주도권을 잡는다. 그들은 그들 자신이 성공과 실패를 책임질 수 있는 위치에 있기를 희망한다. 어떤 경우에나 리더쉽(leadership)을 발휘하려고 하며, 문제 해결에 있어서 주도권을 잡고 일한다. 그들은 또한 개인적인 영향력과 행동이 평가되는 것을 좋아한다.

11) 동원가능한 자원의 활용

성공적인 기업가는 기업을 설립하는 데 필요한 사내외(社內外)의

도움이 필요한 시기와 방법을 알고 있다. 이런 특성은 대단히 개인주의적이며 자기 의존적인 기업가 특성에 대하여 다른 측면이 되고 있다. 이와 같이 외부의 도움을 적시에 얻어 활용하는 적극성은 성공적인 기업가의 주요한 특성이 된다.

12) 운명의 주인

성공하는 기업가들은 기업의 성패가 행운, 숙명 등 어쩔 수 없는 외적인 요인들에 달려 있다고 생각하지 않는다. 그들은 성공이나 실패를 그들이 좌우할 수 있는 일이라고 생각하고 있다. 이와 같이 성공과 실패의 결정 요인을 자신이라고 생각하는 태도는 앞에서 말한 기업가의 자신감과 관련이 있다. 잘되면 운이 좋아서, 안되면 운이 나빠서 그렇게 되었다고 생각하는 성향의 기업가는 실패하기 마련이다.

2. 기업가가 갖추어야 할 능력

사업성공을 위하여 기업가 개인이 성격적으로 갖추어야 할 능력과 특성은 다음과 같다.

1) 강한 의욕

기업가의 강한 의욕은 사업과 일에 열정적으로 몰입하는 데 도움을 준다. 특히 새로운 사업을 설립하고 운영하는 데는 많은 노력과 열정이 필요하기 때문에 이러한 개인특성은 중요한 역할을 한다. 그러나 열심히 일만 한다고 성공이 보장되지 않듯이 강한 의욕만으로는 부족하다. 많은 경우 합리적인 계획과 판단이 결여된 채 의욕만 앞세운 결과 실패하는 수가 있다.

2) 정신적 능력

기업가의 정신적 능력이란 IQ와 지적 능력, 창조적 사고력, 분석적 사고력 등을 의미한다. 기업가는 이러한 정신적 능력에 의하여 사업의 당면문제를 체계적으로 분석해 내고 창조적인 문제해결책을 제시하며 합리적인 일처리를 할 수 있다. 이러한 능력은 기회를 포착하여 현실화하는 데 중요한 역할을 한다.

3) 인간관계 능력

인간관계 능력은 주로 정서적 안정성, 대인관계의 기술, 사교성, 타인에 대한 배려도, 감정이입 능력 등을 의미한다. 예를 들자면 감정이입 능력이 뛰어난 기업가의 경우 타인의 입장에서 사물을 바라보고 생각하기 때문에 타인의 느낌과 생각을 효과적으로 파악할 수 있다. 이러한 인간관계 능력은 고객과 종업원의 생각과 입장을 이해하게 함으로써 사업운영에 많은 도움을 줄 수 있다. 기업가는 궁극적으로 고객이나 종업원 등 이해관계자들과 좋은 관계를 유지하여야 하기 때문에 인간관계 능력은 사업성공에 중요한 영향요인이 된다.

4) 의사소통 능력

의사소통 능력은 문서 또는 말로써 자신의 의사를 효과적으로 전달하는 능력을 말한다. 기업가는 사업을 원활하게 운영하기 위하여 고객, 종업원, 공급자, 채권자 등과 효과적으로 의사소통을 하여야 한다. 따라서 이러한 능력은 성공적 사업운영을 위해 필요한 요소라고 할 수 있다.

5) 기술적 능력

사업이 성공하기 위해서는 궁극적으로 시장에서 판매될 수 있는 제품과 서비스를 실제로 만들어내야 한다. 이러한 기술적 지식은 고객이 원하는 제품과 서비스를 만들어서 판매하는 과정에서 필요한 기술과 기법을 포함한다. 예를 들자면 제품제조 기술, 설비가동 기술, 판매기법, 재무분석 기법 등이 그것이다.

6) 의사결정 능력

기업가가 사업운영과 관련하여 정확한 의사결정을 시의 적절하게 내리는 것은 사업성공에 중요한 영향을 미친다. 이러한 의사결정을 통하여 회사는 여러 가능한 대안 중 가장 적절한 방향으로 나아갈 수 있다.

7) 개념적(Conceptual) 능력

개념적 능력은 복잡한 현상의 핵심을 간파하고 그것을 간결한 형태로 재구성함으로써 보다 효과적인 문제해결책을 제시할 수 있는 능력을 말한다. 기업가는 이러한 개념적 능력에 기초하여 아무도 간파하고 있지 못한 기회를 포착하고 효과적인 전략적 대안을 제시할 수 있다. 또한 회사내부에 관한 문제에서도 전체 조직의 특성과 문제점을 파악하여 조직의 각 부문들이 사업성공을 향해 함께 힘을 모을 수 있는 방법을 강구할 수 있다.

위에서 제시한 7가지 능력은 사업성공의 필요충분조건은 결코 아니다. 즉 기업가가 위의 능력과 특성을 모두 갖추었다고 하여도 성공이 보장되지는 않는다는 것이다. 그 이유는 능력을 보유하였다고 반드시 그것이 발휘되는 것이 아니기 때문이다. 또한 사업성공에는 이러한 개인특성과 함께 외부환경과 같은 상황요인이 중요한 영향을 미치기 때문이다.

그럼에도 불구하고 이러한 능력을 많이 갖춘 기업가는 그렇지 못한 기업가에 비해 성공할 확률이 그만큼 더 높다고 할 수 있다.

기업가의 강한 의욕, 정신적 및 개념적 능력은 기회의 포착과 사업

구상에, 사업의 실제수행에는 강한의욕 및 정신적 능력과 함께 기술적 지식과 의사결정 능력이 필요하다. 또한, 대인관계 업무와 리더십 발휘에는 인간관계 능력과 의사소통 능력이 중요하다.

3-3. 성공한 창업가의 특성과 자질

1. 성공한 창업가의 특성

앞에서 설명한 능력과 특성을 갖춘 기업가라도 실제 창업을 하여 성공적으로 사업을 수행하기 위해서는 기본적으로 두 가지 수단을 더 필요로 한다. 그것은 창의력과 경영기술이다.

뛰어난 창업가는 창의력과 혁신성, 경영기술과 노하우 모두를 겸비하여야 한다. 반면에 창의력은 뛰어나지만 경영기술이 부족한 사람은 벤처비즈니스를 창업하여 기업가가 되기보다는 발명가에 그칠 가능성이 높다. 역으로 경영기술은 뛰어나지만 창의력이 부족한 사람은 정부조직의 행정가나 관료적 기업의 관리자가 될 가능성이 높다. 한편 흥행사는 이러한 두 가지 수단이 모두 부족하여도 성공할 수 있다. 물론 성공적인 이벤트 주최나 흥행을 위해서는 번뜩이는 아이디어나 노하우가 필요하지만 그것은 상대적으로 지속적이지 못하고 부분적이기 때문에 창의력과 경영기술이 다소 부족하여도 성공할 수 있다는 것이다.

기존 연구결과를 종합하면 사업성공을 보장하는 특정한 종류의 기업가 특성은 존재하지 않는 것으로 밝혀지고 있다. 물론 앞에서 제시된 개인 특성들이 사업성공에 도움을 주는 것은 사실이나 사업성공은 이러한 개인 특성 외에 핵심인력간의 조화, 환경으로부터의 기회 등 많은 상황적 요인에 영향을 받는다. 또한 바람직한 특성을 모두 갖춘 '완전한' 기업가란 사실상 존재하기 어렵다.

보통 창업가들은 동업자, 협조자, 관리자들로부터 자신의 약점을 보완할 수 있으며, 특히 이미 성공한 기업가들로부터 바람직한 개인 특성을 체득하고 성공비결을 배울 수 있다. 예를 들면, Hornaday와 Tieken은 DEC사의 Ken Olson, Wang Computer사의 An wang, 혼다자동차의 소이치 혼다 등 성공한 기업가들의 공통된 행태를 연구하고, 그들로 부터 배울 수 있는 특성을 ① 적극적인 도전의식과 실패로부터 배우려는 자세 ② 주도적으로 일처리를 하고 솔선수범함 ③ 강한 인내력과 결단력을 제시하고 있다.

2. 성공한 창업가의 공통적 자질

Timmons, Smallon, Dingee는 50 여개의 기존 연구결과들을 종합하여 성공한 창업가들의 특성과 행태에 대하여 종합하였다. 이러한 공통 특성은 장차 성공적 창업가가 되기 위하여 학습되어야 할 사항이라고 할 수 있다.

1) 높은 사업 몰입도, 결단력, 인내심

성공한 기업가들은 사업에 대한 몰입도가 높고 결단력과 인내심이 강하다고 한다. 특히 많은 벤처캐피탈 회사들은 투자 여부의 결정에 있어 기업가가 얼마나 자신의 시간적, 재정적 자원을 실제적으로 투여하고 있는가를 중시한다고 한다. 이는 사업에 대한 몰입정도가 사업성공에 중요한 영향을 미침을 나타낸다.

2) 강한 성취욕구와 성장욕구

성공한 기업가들은 스스로 설정한 도전적인 목표를 뛰어넘는 데 주력한다. 그리고 이 목표가 달성되면 상향조정된 새로운 목표와 기준을 설정하여 계속적으로 도전한다. 따라서 이들은 다른 사람을 능가하는 데 주력하기보다는 자신의 과거실적을 계속하여 뛰어넘는 데 노력한다.

3) 기회 및 목표 지향적

현재 보유하고 있는 자원에 근거하여 행동하기보다는 기회를 먼저 포착하고 자원과 전략을 거기에 맞추어 나가려는 기회지향적 성향이 있다. 그리고 높지만 달성 가능한 목표를 설정하고 거기에 모든 힘을 집중하려 한다.

4) 주도적이고 책임감이 강함

주도적으로 문제를 탐색하고 해결책을 제시하려 한다. 그리고 일의 결과에 대해 스스로 책임지려 한다.

5) 끈질긴 문제해결 노력

하고자 하는 일에 장애요인들이 나타날 경우 이를 극복하려는 욕구가 강하며 문제해결을 위해 끈기 있게 노력한다. 이에 따라 인내심이 강한 편이나 불가능하다고 판단되는 일에 대하여는 단념도 빠르다.

6) 낙관적 현실주의와 유머감각

외부환경과 자신의 강점, 약점 등에 관한 냉철한 판단을 중시하는 등 매우 현실적이나 매사를 긍정적으로 보는 낙관적 자세를 견지한다. 그리고 어려운 여건에서도 유머를 잃지 않는 등 정신적 여유를 갖고 있는 경우가 많다.

7) 피드백의 활용

피드백을 효과적으로 활용함으로써 자신의 잘못을 신속하게 파악하고 잘못된 부분을 재빨리 수정한다. 이에 따라 유능한 기업가들은 대부분 남의 이야기를 잘 청취하고 학습능력이 뛰어난 편이다.

8) 계산된 위험함수와 위험의 공유

뛰어난 기업가는 도박사가 아니다. 그들은 미리 세심하게 계산을 한 후 결정을 내리며 공동투자 또는 동업을 통해 곧잘 위험을 공유하려 한다.

9) 지위와 권력에 대한 낮은 욕구

권력욕구보다는 성취 욕구에 의해 행동한다. 지위나 권력은 성공의 결과 주어지는 것이지 처음부터 이것을 얻기 위해 노력하지는 않는다. 이에 따라 유능한 기업가는 독재자보다는 중재자 또는 협조자의 역할을 수행한다.

10) 정직과 신뢰

정직과 신뢰가 없이 달성한 일시적 성공은 궁극적으로 실패한다는 신념으로 장기적 관점에서 인간관계를 유지하고 사업 활동을 한다.

11) 신속한 결단과 실천, 그리고 인내

신속하게 움직여야 하는 일에 대하여는 빠른 결정을 내리고 곧바로 실천에 들어간다. 그러나 그 일이 장기적으로 진행되어야 하거나 일의 결과가 장기적으로 나타나는 경우 인내심을 가지고 기다린다.

12) 실패에 관한 적절한 관리

실패에 실망하지 않고 두려워하지도 않는다. 오히려 실패를 통하여 배우려는 자세가 강하다. 비관적 상황에서 낙관을 발견하고 위기 속에서 기회를 발견하는 지혜를 발휘한다.

13) 팀구축자이자 영웅 메이커

유능한 기업가는 독불장군식으로 일하기보다는 열의에 가득 찬 팀을 만들어 공동으로 일을 추진한다. 또한 자기혼자 영웅이 되기보다는 관리자들을 영웅으로 만듦으로써 동기를 부여한다. 아울러 뛰어난 기업가는 성과를 나누어 갖는 데에 관심을 두기보다는 성과 자체를 키우는 데 주력한다.

위와 같은 성공 기업가의 바람직한 특성은 상당부분 후천적으로 학습이 가능하다. 특히 기업가가 자신의 사업에 대하여 강하게 동기유발 되었을 때 더욱 빠르게 학습될 수 있다.

3. 실패한 창업가의 특성

실패한 기업가의 특성은 성공한 기업가들이 가진 기업가정신들과는 정반대되는 특성을 가지고 있다. 설사 그런 기업가정신을 가지고 있었지만 실천을 하지 않았거나 실천과 행동과정에서 문제가 있었던 것으로 밝혀지고 있다.

실패한 기업가의 특성을 제시하여 보면 다음과 같다.

1) 탐욕과 윤리의식의 결여

근검절약정신의 결여와 탐욕, 그리고 비윤리적인 형태는 실패한 기업가에서 나타날 수 있는 요소이다.

첫째로 종업원의 도움 없이는 성공할 수 없을 것임에도 불구하고 탐욕에 사로잡혀 종업원과 사업성과를 나누려 하지 않는 경우이다. 경영활동에 참여한 구성원들에 대한 인센티브를 소홀히 하는 경영자는 성공하기 어렵다. 사업가는 근검절약정신이 몸에 배어 있어야 하는데 허영에 빠지면 결국 실패의 수렁 속에 빠져 든다.

둘째로 이윤에 집착한 나머지 고객에게 정당한 상품이나 서비스를 제공하지 않는 경우이다. 약속을 지키지 않는 사업주의 경영방침에 종업원들이 실망을 하거나, 고객을 속여 이익을 내는 판매방법 등이 그것이다.

셋째로 기업가의 비윤리성의 문제이다. 사업을 하면서 탈세를 하거나, 허위 및 과대광고를 통한 비윤리적 판매행위, 사업을 사사건건 뇌물수수 행위로 이행하려는 사업가, 또는 가격조작과 부당한 금융관행으로 사업을 경영하는 행위는 실패한 사업가의 대표적 사례이다.[8)]

2) 자기관리의 실패

기업가로서 성실성을 가지고 자기 스스로를 관리하지 않으면 실패한다. 불성실한 사업주, 신용이 없는 기업가, 약속을 지키지 못하는 고용주 등은 21세기 기업가로서 부적격자이다.

3) 판단력 부재

기업가의 자질 가운데에 판단능력이 없어 실패한 사업가가 많다. 경영의사결정에 영향을 미치는 사회적 · 경제적 · 정치적 요인 등을 충분히 이해하지 못하고 판단할 수 없는 능력 때문에 실패한 기업가가 우리 주변에는 종종 있다. 정확하게 경영분석, 경제분석, 정치분석을 하여 상황변동에 능동적으로 대응할 수 있는 전략적인 방안을 수립하지 못하는 기업가는 실패한다.

드럭커(Peter ferdinand drucker)는 신시대가 요청하는 경영자의 능력 가운데 전략적 의사결정을 수행할 능력과 국내외 경제환경의 정보변화에 대응하는 신속한 판단력을 가지 못하면 CEO로서 자질이 없다고 결정해도 좋다고 충고하고 있다.

4) 인내력 부족

새로운 사업을 이끌어 나가기 위해서는 상당히 긴 시간 끈기와 인내가 필요하다. 때로는 급하게 처리할 수 없는 성격의 일들도 있다. 조급하게 일을 처리하다 보면 종종 나중에 후회하게 된다.

5) 경영능력 결여

사업가는 경영지식이 기본인데 경영의 지식이 없으면 당연히 실패한다. 사업지식이란 기획관리, 인적자원관리, 조직관리, 재무관리, 마케팅 및 시장관리, 생산관리, 구매관리, 정보관리, PR관리 등을 말한다. 그리고 경영에 부수된 지식이란 경영활동에 필요한 부수된 지식으로 상식과 컴퓨터, 외국어에 관한 지식을 말한다.

6) 경영관리기법의 무지

창업자가 사업에 실패한 경우 그 원인이 경영관리기법의 무지에 있다는 연구결과도 있다. 실패한 사업가들은 ① 비용관리, ② 재고관리, ③ 자금관리, ④ 인력관리 등 4대 경영관리 기법을 무시하였거나 몰랐기 때문이라고 지적하고 있다.

사업에 실패하는 것은 경영의 기본을 무시하였기 때문이라고 본다. 대부분 많은 불행한 사업가들이 그 고리타분한 경제이론을 알아서 무엇하느냐, 경영이론을 알아서 무엇하느냐 등의 식으로 매도하는 사업가나 경영자는 IMF위기관리체제에서 가장 먼저 부도가 났고, 노사분규가 일어났고, 결국 망하고 말았다. 그리고 망하고 난 다음에 경제공부를 한다.

7) 신념결여

신념은 인간의 위대한 힘의 근원이다. 세상에 큰 업적을 남긴 사람은 모두 위대한 신념의 소유자였다. 미국의 노만 필(Norman Vincent peale)은 〈적극적인 사고의 힘〉(The power of positive thinking)이라는 저서에서 "인간의 신념과 그 위력의 위대성, 적극적 사고의 힘"

을 역설하고 있다. 성공은 신념의 산물이며, 신념은 가진 사업가는 기적에 가까운 일을 가능하게 한다고 피력하며 신념은 사업가의 성공의 비결이라는 사실을 검증시키고 있다. MS의 빌 게이츠는 모든 업무에 자신과 신념을 가져달라고 기도하였다고 한다.

'신념이 결여된 사업가는 반드시 실패 한다'라는 기업가 정신이 이미 경영이념으로 정착된지는 오래되었다.

8) 도전과 개척정신의 결여

빌 게이츠와 정주영이 가장 먼저 뽑는 기업정신은 도전과 계획정신이라고 한다. 젊음의 패기와 열정을 바탕으로 스무살의 나이에 마이크로 소프트를 창립할 때, 빌 게이츠는 가장 망설였던 것이 도전과 개척정신이 약하다는 것을 인식하였다고 한다. 하버드대학 재학시절 풀 앨랜과 함께 여러 컴퓨터 회사에 사업제안서를 발송했을 때, 서부의 도전과 개척정신으로 창업기업으로의 밑바탕을 세울 수 있었다는 것이다.[9)]

창업에세이

성공한 기업인의 기업가 정신

유일한(柳一韓)과 유한양행

1) 유일한의 생애

유일한은 한말(韓末) 국운(國運)의 쇠퇴로 을미사변과 단발령의 반포 등 어수선하던 1895년에 평양에서 태어나 9세 되던 1904년 대한제국 순회공사 박장현을 따라 미국유학길에 오르게 되었으며, 미국중부 네브라스카주의 Kearney에 정착하였다. 1905년에 초등학교에 입학한 후에 신문배달과 아르바이트로 초등학교를 마치고 16세 되던 1911년에 고등학교에 입학한 후 1915년에 고등학교를 졸업하고 디트로이트 변전소에 취직하는 등 생활고에 쫒겼으나 1916년 미시간 주립대학 상과에 입학하고 아르바이트로 학업을 계속하였다. 1919년 24세 되던 해에는 한인자유대회에 서재필, 이승만과 함께 참석하여 『한국국민의 목적과 열망을 석명(釋明)』하는 결의문을 낭독하기도 하였다. 대학졸업 후에는 철도회사, 전기회사 등에 취직하기도 하였으나 27세에 동업으로 창업한 라초이식품회사(La Choy Food Product Inc)가 성공을 거두어 상당한 재력을 쌓았으나 1926년 31세되던 해에 중국인 의사였던 부인과 함께 영구 귀국하여 유한양행을 설립하였다. 이후 유한양행은 의약품, 위생화장품 등을 생산하여 당시 일본인들과 경쟁하였다. 1938년에는 재차 도미하여 하와이, 샌프란시스코, LA, 워싱턴, 뉴욕을 왕래하면서 독립운동에 참가하였다. 1946년 해방과 함께 귀국하여 초대 대한상공회의소 회장에 피선되었으며 이승만 대통령으로부터 초대 상공부장관 입각을 제의 받았으나 거절하고 기업경영에 전력하였다. 1952년에는 고려공과기술학교를 설립하여 인재육성에 관심을 기울이기도 하였다. 이후 기업의 성공으로 얻어진 개인소유 재산을 장학기금과 대학에 기증하기 시작하여 1971년 76세를 일기로 세상을 뜰 때는 거의 모든 재산을 회사의 종업원과 자신이 세운 교육기관에 전액희사하고 자신의 1남1녀에게는 대학마쳐 준 것을 밑천으로 살아가라는 유언을 남겼다.

유한양행은 현재 8개의 기업군과 5,000여명의 임직원, 5,000여억원의 매출을 실현하는 기업으로 성장해 가고 있다.

2) 유일한의 삶의 철학과 경영이념

(1) 유일한의 삶의 철학

조국이 외세의 침략하에 신음하던 암울했던 시절에 아홉 살의 철부지로 미국 유학길에 올라 대학을 졸업하고 미국에서 사업적 성공을 거두었던 유일한은 식민지 조국을 차마 외면하지 못하고 귀국하여 기업가로서 그 족적을 남겼으며 이상적인 기업인의 모델을 보여주었다. 유일한의 전생애를 살펴보면 그에게는 무엇보다도 투철한 삶의 철학과 경영철학이 삶의 지주가 되어 주고 있음을 엿볼 수 있다.

그의 삶의 철학을 뒷받침했던 가장 큰 명제는 뜨거운 조국애와 동포애였으며 조국과 민족을 위해서 무엇을 해야 할 것인가를 가장 분명히 깨달은 소명인(召命人)이었다. 그는 미국에서 유학시절뿐만 아니라 귀국한 후에도 재차 도미하여 독립운동에 헌신하였고 조국에서 사업을 시작할 때 의약품 생산을 생각한 것도 가난하고 병들어 고생하는 한국동포들에게 무엇으로 봉사할 수 있을까를 고심한 끝에 선택한 결론이다. 1960년대 잘 팔리던 드링크제의 제조를 시도하던 간부에게 이를 만류한 것만 보아도 기업의 목적이 이윤자체에 있는 것이 아니라 더 높은 곳에 있음을 보여주는 것이라 하겠다.

둘째, 유일한은 따뜻한 인간애를 가진 교육자(教育者)였다. 기업의 기능에는 유능하고 유익한 인재를 양성하는 교육까지도 포함되어야 한다고 주장하였으며, 생전에 교육기관을 설립하여 육영에 힘썼으나 학교의 일에는 한번도 간섭한 일이 없었다.

셋째, 기업을 창업하여 성공시킨 창조적 기업인이었다. 창조적 사고와 신용을 생명으로 여겼으며 기업을 개인의 소유가 아닌 공기(公器)로서 인식한 선각적 기업가였다.

넷째, 개인생활에 있어서 신앙과 같은 계율로 지켜왔던 원칙들과 좌우명들은 사무사(思無邪), 지행합일(知行合一)의 극기인(克己人)의 전형이었음을 보여주었다.

그는 좌우명으로 근면, 성실, 정직을 독실하게 지켰으며 검소와 검약의 생활을 실천으로 보여주었다. 성공한 기업인이었으면서도 부(富)에 대한 소유욕(所有慾)을 극복(克服)해 낸 거인(巨人)의 모습을 보여주었다. 그는 만년필 하나로 19년을 사용하였으며, 에어컨이 없는 차를 타기도 하고, 가정부에게 반찬을 두세 가지 이상 올리지 못하게 하는 등 자신의 인생관과 생활관을 지키기 위해 노력하였으며 그의 생활철학은 하나의 성공한 기업인으로 평가하기 전에 모든 이들에게 빛을 남겨준 사표(師表)로서 기억되게 하고 있다.

2) 유일한의 경영이념

유일한의 경영이념은 서구적 개인주의, 합리주의 정신과 우리의 양심의 자율성에서 유래한 것으로 볼 수 있다.

유일한은 경영자로서 기업의 목적과 경영이념을 가장 확실하게 인식하고 있었으며 이러한 그의 기업관은 평생 동안 일관되었다.

유일한에게 있어서 기업은 동포애와 민족애의 발로였으며 그것을 실천하는 수단이 되었다. 그의 어록에는 건강한 국민, 병들지 않는 국민만이 주권을 누릴 수 있다는 말이 강조되고 있다. 국민에 대한 보건과 봉사 이것은 그에게 있어서 기업의 목적이었다.

그의 기업이념은 그가 남긴 다음의 어록에서 분명하게 드러난다.

"정성껏 좋은 제품을 만들어 국가와 동포에게 봉사하고 정직성실하고 양심적인 인재를 양성배출하며 기업의 이익은 첫째, 기업을 키워 일자리를 만들고, 둘째, 정직하게 납세하며, 셋째, 남은 것은 기업을 키워준 사회에 환원한다."

"정직 이것이 유한의 영원한 전통이 되어야 한다."

"기업의 제1의 목표는 이윤추구이다. 그러나 그것은 성실한 노력의 대가이다. 유일한은 기업을 이윤만을 추구하는 조직이 아니라 정직과 성실, 건강한 이윤관, 기업을 사회의 소유라는 의식, 경영자와 종업원에 대한 각별한 애정 등 이상적인 기업관을 가지고 실천한 기업인이었다. 그러나 그에게 있어서 가장 뛰어난 면은 그의 사후에 모든 주식을 종업원과 사회에 환원하고 경영권을 전문경영인에게 인계하였으며 자신의 자식과 부인에게는 아무런 유산을 남기지 않음으로써 기업을 공기(公器)로써 인식하고 실천한 데 있다.

3) 유일한을 통해 얻은 경영교훈

유일한(柳一韓)는 20세기 한국에서 가장 존경받는 경영인이었다. 이제 그은 가고 없지만 그의 혼신의 힘으로 키워온 기업과 그의 경영이념은 아직도 살아 많은 사람들에게 물질적 풍요로움과 정신적 공백을 메워가고 있다. 유일한의 삶과 경영활동을 통해서 얻을 수 있다는 시사점을 정리해 보고자 한다.

첫째, 그은 경영자이기 전에 하나의 완성된 인격을 추구하고자 노력한 높은 차원의 생활철학을 지니고 있었다. 정직, 성실, 근면은 그의 좌우명이었으며 죽을 때까지 흩뜨리지 않고 지켜낸 고귀한 가치였다.

둘째, 경영인으로서 자신의 역할과 사명을 분명하고 확실하게 인식하고 있었으며 이러한 사명을 기업이념에 적절하게 반영시키고 발전시켜 왔다는 것이다. 자본주의 제도 하에서 자본주의의 원칙을 지키면서도 기업을 기업가의 소유물로 한정하지 않고 사회의 공기(公器)로서 기업의 사회적 책임을 하나의 모델로서 보여주고 있다는 것이다.

셋째, 유일한에게는 따뜻한 인류애, 조국애, 종업원에 대한 따뜻한 애정이 깊이 스며있으며 인간을 대상이나 수단이 아닌 목적으로서 파악하고 성심으로 대함으로써 인간에 대한 깊은 신뢰감을 표시하고 있다는 점이다.

오늘날 불확실성의 시대에 일류만이 생존한다는 각박한 경제여건 속에서 경제적 효율만이 우선하고 인간소외와 인간의 존엄성이 상실되어 가는 시대에 한 경영자의 발자취와 경영철학은 현대인들에게 많은 시사점을 던져주고 있다고 하겠다.

학습문제

1. 기업가란 누구인지 정의 하시오.

2. 기업가의 자질에 대하여 설명 하시오.

3. 기업가가 갖추어야 할 능력에 대하여 설명 하시오.

4. 성공한 기업가의 특성에 대하여 설명 하시오.

5. 유일한의 경영이념에 대하여 설명하시오.

참고문헌 및 자료

1) 신은종(2005), 창업경영MBA2020, Y&P, p.6.
2) 김성수(2004), "성공한 창업자의 기업가 정신", 삼영사, p.24.
3) 같은 책, p.25.
4) 같은 책, p.25.
5) 같은 책, p.26.
6) 민경호(2002), 벤처기업과 기업가정신, 무역경영사, p.38.
7) F.K.donard & Richard. M. Hodgetts(1955), Entrepreneurship. 3rd ed (The Dryden Press) pp.7~11.
8) 김성수(2004), 앞의 책, p.95.
9) 같은 책, p.95.

chapter 04

창업기회의 발견과 사업아이디어

4-1. 창업기회의 발견

1. 창업기회의 출처

창업을 염두에 두고 있는 예비창업자들은 창업기회를 얻기 위해서 노력한다. 그러나 창업 기회는 쉽게 찾아지지 않는다. 창업기회를 발견하면 기회가 어떻게 발생하고 있으며, 어떤 경우에 창업자에게 발견되는지 알고 있어야 한다. 베스퍼(Karl H. Vesper)는 창업기회의 출처에 대하여 조사한바 자기가 일하는 직종에서 아이디어를 얻는 경우가 가장 많았으며, 그다음으로 기회가 오게 된 원천은 즐기는 일, 즉 취미였으며 그 다음은 사회적 관계에서 만나게 되는 사람으로부터 얻게 된 경우를 포함한 기타 출처였다.

1) 사업기회 출처

창업관계 잡지인 인크(Inc.)는 1989년에 성장형 창업회사들 500개를 선정해 창업 아이디어의 출처에 대하여 조사한 바가 있다. 43퍼센트나 되는 창업자들이 창업기회를 동일한 산업에 일해 본 경험에 의하여 얻게 되었다고 밝히고 있다.[1)]

기회의 출처 (창업자들의 사업기회 출처 : 조사대상수 500개)	
동일 산업에서 일하는 동안 아이디어를 얻다.	43%
다른 사람이 하는 것을 보았고, 나는 더 잘 할 수 있다고 생각했다.	15%
소비자 시장에 충족되지 않은 구석을 보았다.	11%
사업기회를 체계적으로 탐색하였다.	7%
설명하기 아주 어렵다.	5%
취미생활이나 여가생활에서 기회를 얻었다.	3%
기타	16%
합계	100%

자료 : 조병주, Karl H.Vesper(1999), 「기회발견과 창업메카닉스」, 청아출판사, p.75.

이 조사들을 마무리 지으면서 필자인 존 케인스는 아래와 같이 언급하고 있다.

번쩍이는 영감이라기보다는 이유가 있는 것들이 대부분이다. 말하자면 창업자가 별안간 영감을 통해 아이디어를 얻는 것이 아니라, 곰곰이 짚어보면 논리적으로 설명이 될 수 있다는 것이다. 창업신화는 마치 외로운 사업 창조자가 일생에 두 번 다시없는 기막힌 아이디어를 갑자기 생각해 내는 따위의 이미지를 뿌리면서 천혜적인 행운(serendipity)을 경축하고 있다. 물론 그런 식으로 생겨날 수도 있다. 하지만 전형적으로 빠르게 성장하는 사업 아이디어는 지나가는 평범한 행인의 모양으로 훨씬 더 자주 나타나고 있다. 시장구조가 아주 미묘하게 달라지고, 새로운 시장 틈바구니가 벌어지기라도 하면, 사람들은 전에는 결코 자기네들이 사업가가 된다는 꿈도 꾸지 못하다가, 사업을 한다고 나선다. 그런 다음 그들은 자신이 성공한 데 대하여 놀라고 있다.[2)]

2) 쿠퍼와 콜러의 아이디어 출처조사

쿠퍼(Amold C. Cooper)는 미국 독립사업전국협회(National Federation of independent Business)의 회원들을 대상으로 조사한 결과 "지금 하고 있는 사업의 아이디어 출처"는 이전의 일로부터가 43.7%였으며, 취미 있는 일 또는 개인적인 관심으로부터가 18%였고, 다음으로 행운의 사건이 10%, 다른 사람의 제안에 의한 아이디어 획득이 8%였다. 그 밖에도 교육이수, 가족사업, 친구나 친척의 활동에서 아이디어를 획득한 것으로 조사되었다.

콜러의 조사에 의하면 사업을 하고 있는 사람의 45%는 창업이전에 사업가가 되겠다는 결정을 내리고 있었으며, 55%는 사업가가 되겠다는 욕망을 가져서가 아니라, 기회가 왔을 때 이를 단지 인식했다고 대답하면서 기본적으로 수동적인 입장을 보였다.

다음으로 어떻게 기회에 접하게 되었는가는 45%가 실제로 아이디어를 확인했다고 확인했다. 나머지는 19%가 직장동료의 제안, 친인척의 제안 17%, 인간적접촉 12%, 광고 2%였다. 다음으로 콜러가 발견한 사실은 직장경험에 관한 것인데 64%가 전직으로부터 얻은 경험을 바탕으로 하고 있고 10%가 취미를 근거로 하고 있고 무경험이 24%였다.

콜러는 창업을 하려고 마음을 가다듬고 있는 사람은 전직(前職)의 경험과 숙련된 자기의 기술을 중심으로 기회를 찾는 의도적 탐색노력이 필요하다고 했다.

그렇지 않고 다른 사람으로부터 비의도적으로 얻어들어 사업을 하려면 전직이나 기술보다 분석적인 논리에 바탕을 두고 시장을 살펴보도록 해야 한다는 것이다.[3)]

4-2. 사업아이디어의 선정과정

1. 창업아이디어의 개발

사업아이디어는 창업이후 사업의 전 과정을 지배하는 요소이며, 사업의 성패를 좌우하게 된다.

창업을 준비하는 예비창업자들이 통과해야할 첫 번째 관문이 사업아이디어의 개발인 것이다. 따라서 창업을 계획하는 사람은 우리 주변에서 일어나고 있는 일상적인 변화에 관심을 가져야 한다. 시장과 소비자의 욕구, 선호나 기호의 변화를 인식하고, 소비자의 입장에서 해결방안을 모색하는 태도가 중요하다.

창업은 전직의 경험을 통해서 가능한 경우가 많으므로 자신의 관심과 적성 등을 고려한 사업분야에 취업함으로써 창업에 필요한 경험을 습득할 수도 있다.

1) 소비자 분석

소비자의 잠재적 욕구를 분석하며 신제품에 대한 아이디어를 얻을 수 있다. 시장조사를 통한 고객의 잠재적 욕구를 조사하고 이를 충족하지 못하는 제품이나 기능이 무엇인지를 파악하여 신제품을 개발할 수도 있다.

2) 시장분석

시장분석을 통해서도 사업아이디어를 탐색할 수 있다. 시장에서 공급의 부족이 일어나고 있는 제품의 경우 사업아이템이 될 수 있다. 이런 경우는 사업에 진출하기 전에 공급부족의 요인들에 대하여 면밀하게 분석할 필요가 있다. 기존업체들의 생산능력의 한계나 원자재 부족 등이 없는 한 기존업체들은 시장을 만족시키기 위하여 산출량을 증가시키려 할 것이기 때문이다. 그러므로 사업을 시작하기 전에 제품에 대한 공급이 부족한 이유를 반드시 파악해야 한다.

3) 제품분석

제품의 분석을 통해서도 사업아이디어를 찾을 수 있다. 이 경우 유리한 조건으로 기존 상품과 경쟁할 수 있는 제품을 찾아내는 것이다. 유리한 조건은 다음과 같은 것이다.

① 기존제품의 개선 : 성능개선, 디자인 개선, 품질개선, 서비스 개선 등

② 가격경쟁력 : 저렴한 가격으로 기존제품과 경쟁하기 위해서는 생산비, 유통, 물류, 판매비 등 비용을 줄여야 하는데 기술혁신과 외주 등의 방법을 통해 원가절감을 실현해야 한다.

2. 사업아이디어의 선정방법

1) 사업아이디어의 선정단계

(1) 사업아이디어의 포착단계

창업자가 어떤 제품이나 서비스를 생산할 것인가는 창업자에게 매우 중요한 문제이다. 사업아이디어가 기업의 최종 목적을 규정하는 것이기 때문이다. 창업자는 어떤 제품이나 서비스에서 기회를 발견하고 이를 창업으로 이어가기 위해서 필요한 첫 관문이 이 단계이다.

사업기회란 사업 아이디어에 아래에서 말하는 새로운 성질이 추가된 것을 의미한다.[4)]

- 고객들에게 매력적일 것
- 자신의 사업 환경 하에서 실현가능할 것
- '기회의 창(Window of Opportunity)'이 닫히기 전에 상품화할 수 있을 것.('기회의 창'이란 자신의 사업아이디어를 상품화하여 시장에 내놓아야할 시점을 말한다. 비록 대단한 아이디어를 가지고 있다고 하더라도 경쟁자가 동일한 아이디어를 상품화하여 시장에 먼저 내놓아 버리면 기회의 창은 닫혀버린 것이다.
- 자신이 사업에 필요한 자원과 기술을 가지고 있을 것. 그렇지 못할 경우 그런 자원과 기술을 가추고 있는 사업 파트너를 찾을 수 있을 것.
- 고객들이 매력을 느낄 만큼 저렴하면서 동시에 자신에게 이윤을 가져다 줄 만큼 높은 가격으로 공급할 수 있을 것.

(2) 제품아이디어의 선택

사업아이디어는 당장 수익을 가져올 수 있는 경우도 있지만 생산이 어렵거나 이미 기존제품이 존재하는 경우도 있다. 실현 불가능한 아이디어는 선별과정에서 탈락시켜야 한다. 수집된 아이디어는 선별

과정에서 분석과정을 통해 최적의 안이 선택되도록 하여야 한다.

즉, 수집된 아이디어가 기업의 목적에 일치하는가, 채산성, 시장성을 갖추고 있는지, 기술혁신의 어려움은 어느 정도인지, 발명특허나 의장등록을 얻을 수 있는지 신중하게 결정하여야 한다.

(3) 제품아이디어 설계단계

최종적으로 선택된 제품아이디어는 설계단계를 거쳐 제품이 제작된다. 설계는 생산할 제품이나 서비스의 최종형태를 생산요구조건에 맞게 일치시켜 주는 것이다.

(4) 설계단계에서 경제성 평가

설계단계 이후에도 비경제적인 요소가 발견되면 개선할 수 있지만, 이런 경우 상당한 경제적 손실을 초래하기 때문에 가급적 설계단계에서 경제성 평가를 해야 한다. 경제성 평가는 과잉설계는 피하고 생산성과 호환성을 목표로 하여야 한다.

3. 사업아이디어의 평가 방법

사업의 성패는 기업가로서의 적성과 자질, 창업자의 계획사업 수행능력 및 해당 업종에 대한 적합도 여부에 따라 좌우된다. 사업의 성패도 결국 기업가가 사업가로서 의 적성과 자질을 얼마나 가지고 있느냐에 의존하는 바가 크며, 특히 신규 창업의 경우에는 창업자의 새로운 사업계획 수행능력과 창업자의 경험·지식 등이 중요한 요소가 된다.

머어피(Murphy)는 적절한 사업기회란 다음과 같은 3가지 조건을 만족시키고 있다고 했다.[5)]

① 창업가 개인적 능력과 경험 그리고 적성 등을 활용하는 것이어야 한다.

② 사업의 종류와 규모가 창업자의 능력에 맞아야 한다. 정부의 허가나 자금조달에 문제가 없어야 한다.

③ 사업은 빠른 성장과 투자수익이 높은 발전가능성이 중요하다.

앞에서 제시한 지침들을 이용하면 많은 사업 아이디어를 개발할 수 있을 것이다. 그런데 모든 아이디어에 대해 개별적인 예비 타당성 분석이나 세부 분석을 해 본다는 것은 현실적으로 너무 힘들다. 그러므로 성공할 희망이 전혀 없는 것은 예비선별을 통하여 미리 제거 하여야 하며, 남아 있는 아이디어들에 대해서도 가능하면 순위를 결정해야 한다.

사업 아이디어를 "채택", "기각" 식으로 선별한다. 제 2단계에서는 제1단계 선별을 통과한 아이디어들에 대하여 상대 평가를 실시한다.[6)]

○ 제1단계 : 절대평가

다음의 질문 중의 어느 하나에 대해서도 예(Yes)라고 대답해야 하는 아이디어는 기각하여 고려 대상에서 제외한다.

① 적당한 비용으로 제품을 생산할 수 없게 하는 요인, 즉 법률적 제한사항, 독점, 혹은 다른 원인 등이 있는가?(예를 들면 기능, 에너지, 특수한 자재나 시설, 공정, 기술 등)

② 자본 소요액은 과다한가?

③ 정부의 규정에 위배되거나 사회에 좋지 않은 영향을 미치는 환경 저해 요인(environmental effect)이 있는가?

④ 프로젝트가 국가의 정책, 목적, 제한 규정에 어긋나는가? (예를 들면 수입 제한, 외화관리 규정, 고용 증대, 산업 개발 계획 등)

⑤ 새로운 기업, 특히 중소기업의 참여를 배제하는 사실상의 독점이 있는가?

⑥ 제품의 효과적인 마케팅 활동을 방해하는 요인이 있는가? (예를 들면, 기업이 할 수 없는 광범위한 판매 및 유통 조직의 필요성)

⑦ 프로젝트가 기존 혹은 추진 중에 있는 산업과 공존 할 수 없는가?

○ 제2단계 : 상대 평가

자명하게 매력이 없는 아이디어를 기각한 후에는, 남은 것들 중에서 가장 좋은 것들을 골라야 하는데 여기에는 여러 가지의 비교 평가 방법들이 있다. 상품 아이디어 상대평가 시 검토하여야 할 요인들과 순위 결정 방법들을 고려해 보기로 한다.

「힐튼」(Hilton)은 신제품이 수지(收支)를 맞추기 전에 실패하는 주요한 이유를 다음과 같이 지적하고 있다.[7)]

① 제품 설계와 개발의 취약성

② 시장분석과 수요추정의 실패

③ 판매와 유통을 위한 활동의 불충분

이상과 같은 실패 원인들은 사업 아이디어 평가를 위한 근거로써 충분하지 못하다. 제품으로 연결되기 위해서는 다음과 같은 4가지 필수 요건을 갖추어야 한다.

① 충분한 현재의 시장이 있을 것.

② 시장의 형성이 예상될 것(잠재 시장 포함).

③ 수요, 가격, 원가와 관련된 요소들이 위험성이 적을 것.

현재 시장, 잠재 시장, 원가 및 위험에 관한 심층 분석은 노력과 비용이 많이 필요하기 때문에 성공적인 기업이 될 만한 좋은 제품이 아니면 그러한 분석을 할 필요가 없다. 이런 경우에 체크리스트는 상품 아이디어에 대한 평가를 하는데 유용한 도구가 될 수 있다. 다음에 창업자의 적성, 시장성, 수익성, 원가, 위험에 대한 체크리스트를 소개한다.

○ 적성 · 능력의 적합성

① 창업자의 적성과 성격에 맞는가?

② 사업에 관련된 경험, 지식이나 사업수행능력이 있는가?
③ 창업자금의 조달능력은 있는가?

❍ 시장성, 입지성

현재의 시장 규모에 대한 정보는 판매량에 대한 예측을 가능하게 한다. 판매 추정을 할 때에는 잠재 고객의 수와 구매력에만 근거를 두어서는 안 되며 판매에 영향을 주는 다음과 같은 요인들을 고려해야 한다.

① 시장의 규모 (예상되는 고객의 수)는 적절한가?
② 제품의 필요성(욕구)이 충분한가?
③ 시장의 경쟁현황과 전망은 양호한가?
④ 경쟁제품과 비교 했을 때 품질과 가격과의 관계는?
⑤ 시장에서 입지가 적절한가?

❍ 수익성

사업은 빠른 성장과 투자에 대한 높은 수익을 얻을 수 있는 전망이 있어야 한다. 이를 점검하는 목록은 다음과 같다.

① 잠재고객수의 증가는 가능한가?
② 투자비용에 비해 수익전망은 양호한가?
③ 손익분기점은 언제인가?
④ 경제적 추이는 유리한가?
⑤ 경쟁의 우월성 확보는 가능한가?
⑥ 생산 원가와 유통비용은 가격 면에서 경쟁력이 있는가?

❍ 위험성

미래의 위험을 정확히 추축한다는 것은 불가능하다. 그러나 그것을 감수하려는 것이 또한 기업가의 특징이기도 하다. 하지만 불필요한 위험을 감수하는 것은 무모한 짓이므로 미래에 일어날 수 있는 불리한 사건의 영향을 미리 검토하여야 하는데 관련된 요인은 다음과 같다.

① 해당업종 인·허가문제에 미비한 점은 없는가?

② 경제 순환 과정에 있어서 시장의 안정성 여부는?

③ 경쟁자와의 경쟁력은 충분한가?

④ 기술적인 면에서 하자는 없는가?

⑤ 품질과 신뢰도에 관한 위험은 없는가?

⑥ 법률의 개정이나 폐기에 따르는 위험성은 없는가?

4-3. 창업의 순서

창업이 어떤 순서로 진행되어 성공에 이르게 되는가는 여러 견해가 있다. 또한 제조업이나 도·소매업 등 업종의 특성에 따라 창업의 순서도 다르게 나타날 것이다.

여기에서는 여러 학자들의 견해 중 롱(W. Long)과 오타니(N. Ohtani), 스웨인(C. Swayne)과 터커(W. Tucker), 콜린스(O. Collins)와 무어(G, Moore) 등이 제시한 창업의 진행순서에 대하여 소개한다.[8)]

1. 롱 - 오타니의 창업순서

롱(W. Long)과 오타니(N. Ohtani)는 다음과 같은 10단계를 제시하고 있다.

이 순서를 실제 창업에 적용한 탭(J.G.Tapp)과 맥률란(W.Ed. MeMullan)의 모형이 다양한 실수를 막아주기도 하고, 다음 진행사항을 예견시켜 주기도 하며, 비교의 기준도 제공해 주고, 수렁에 빠지지 않도록 하는데 도움이 되고 있음을 발견했다.

① 기회의 확인

② 가능한 제품의 설계
③ 필요한 자원의 계획
④ 자원조달협상과 거래자간 계약
⑤ 효율적인 생산을 위한 엔지니어링
⑥ 매출수익 정규화
⑦ 운영성과의 표준화
⑧ 전략적, 기회주의적 확장
⑨ 중간관리의 전문화
⑩ 핵심능력의 조직화

2. 콜린스 - 무어의 창업순서

콜린스(O. Collins)와 무어(G, Moore)는 창업을 하게 되는 준비과정을 수년 때로는 10년 이상의 긴 기간을 거슬러 올라가면서 단계화하였다. 창업으로 가는 길은 특정 사업가마다 다르게 전개되고 있지만, 100개가 넘는 제조업계 창업자들을 대상으로 연구한 결과 일반적인 패턴이 있음을 발견하였다. 생산현장을 원류로 하여 창업의 과정을 거친 이들에게서 다음과 같은 7개의 단계적 특징을 확인한 것이다.

① 배움(schooling)

배움 단계의 특징은 고생스러운 경험이다. 하찮은 일을 하면서 바닥 생활을 하는 기간이다. 자영하는 부모 밑에서 힘든 일을 해내지 않으면 안 되는 훈련기간이기도 하다. 때로는 굶는 지경에까지 간다. 권위적인 상사 밑에 매여 있어서 고생스러운 과정이다. 독립에 대한 열망과 일에 대한 열정이 극도로 높아지고, 독립할 결심을 품게 된다. 그러나 아직 벗어날 형편이 되지를 못하고 있다. 어린 시절에 흔히 겪는다. 기술능력을 현장경험을 통해서 연마해 나가는 단계이다. 이 과정에서 특히 사업의 뜻을 조금씩 이해하게 되고, 돈이 어떻게 벌리는지 눈이 열리게 된다. 시달리고 내려앉고 내던져지고 하는 "삶의 실상"을 현실적으로 체험한다. 이 단계는 상업의 "기초학과"를 거치는 것과 같은 것인데, "거래방법의 기초" 또는 "상거래 성사시키기" 등을 배우게 한다.

② 형편 악화(role deterioration)

이 단계에 이르러서는 처한 환경이 지겨워지는 때이다. 직장이 진절머리가 나게 싫어진다. 모두가 그런 것은 아니지만, 많은 수의 창업자들이 이 지긋지긋한 과정을 통과하고 있다.

③ 사업 구상(projecting)

이 단계에서는 돈벌이 방법이 떠오르거나 사업거리가 눈에 어른거릴 때이다. 여러 가지 모양의 상업 아이디어가 떠오르기도 하고, 때로는 사업기회에 정면으로 부딪히기도 한다. 사업 아이디어나 기회가 여러 가지 모양으로 형성되거나 발견된다. 어느 때는 아주 손쉽게 많은 돈을 벌게 되기도 한다. 때로는 고용한 주인의 신상이나 사업상에 문제가 발생해서 사업을 공짜로, 또는 아주 싼값에 떠안게 되는 수도 있다. 동업을 해보지 않겠느냐는 제의가 오기도 하는 단계이다.

④ 만들어 내기(creation)

아이디어나 기회를 핵으로 해서 구체적으로 사업을 조직화하는 단계이다. 사업의 조직화는 흔히 질서정연하게 진행되지 않는다. 이것을 하다가 저것이 급해져서 달려가기도 하고, 이리저리 필요한 것들을 끌어 모은다. 사람을 구해 오고, 건물이나 장소를 마련하고, 집기도구들을 사오고, 돈이 필요하니 돈을 찾아 동분서주하며, 사람을 만난다. 물론 차분히 차례차례 진행되는 수도 없지 않을 것이다. 대체로 온갖 사건들이 밀려들어오는 과정이다.

⑤ 난관 통과(through the knothole)

영아단계의 사업체가 위기에 처하게 되는 단계이다. 일이 엉망으로

꼬이고, 도저히 성사될 기미가 없어 보이는 때이다. 큰일을 벌였구나 하고 겁이 날 수도 있다. 그만 집어치워야 되지 않을까 하는 생각이 솟아오를 수 있는 단계이다.

⑥ 다시 배움(maybe recycling)

난관 통과에 실패해서 망하는 경험을 얻게 된다. 지금까지 겪은 온갖 어려움은 소중한 경험으로 교훈을 준다. 이 체험적 배움은 다음 창업에 거름이 되는 강점으로 작용한다. 한 번만 실패해 보는 것이 아니라 여러 번 실패하는 경험을 겪게 될 수도 있다. 흔히 수차에 걸쳐 고통을 겪은 후 마지막 도전에 성공하는 경우가 다반사라고 알려졌다.

⑦ 사업 장악(taking full charge)

난관을 통과하는 과정에서는 창업자는 사업을 죽이지 않기 위해 온갖 곳을 다 쫓아다니며 힘을 빌리게 된다. 이때 창업자는 사업에 관계된 사람들, 즉 구매고객, 공급자, 돈을 가진 사람, 동업자 등뿐만이 아니라, 자기가 고용한 사람들에게까지도 애청하고, 고분고분한 자세를 취한다. 그러나 일단 위태한 구멍을 벗어나면서 사업이 궤도에 들어서게 되면 창업자의 자세는 "사장"이 되는 것이다. 자금순환이 자급적으로 좋아지고, 여기저기 애청하지 않아도 될 정도가 되면, 이제는 사업체를 장악하려고 든다. 그래서 동업자의 의견과 마찰이 일어날 수 도 있고, 힘을 발휘하거나 동업자의 업무상 실수들을 문제 삼아 밀어내 버릴 수도 있다.

3. 스웨인 - 터커의 창업순서

위에 제시된 순서들에 비해서 더 자세한 순서를 제시한 학자는 스웨인(C.Swayne)과 터커(W.Tucker)이다. 스웨인과 터커는 창업 단계를 미세하게 나누어 자세하게 제시하고 있다. 하지만 각 단계를 어떻게 해결해서 다음 단계로 이행할 수 있는지에 대해서는 설명이 없어 실제 창업에 과정적 도움을 충분히 주지 못하는 것으로 평가 된다.

창업의 단계

개념단계	계획단계	실행단계
** 사업 아이디어 탐색	** 예시용 프로토타입 제작	
** 특허 노트 시작	** 구매자에 프로토타입 시험	
1. 개인목표 평가	17. 판매전술 확인	38. 회사설립 완결
2. 자신의 강/약점 확인	18. 자가생산/외주구매 결정	39. 시장검증여부 결정
3. 외부도움필요 확인	19. 제조상 필요사항 확인	40. 하청여부 결정
4. 소비자 니드 확인	20. 엔지니어링/디자인 필요 확인	41. 시장검증 완결
5. 제품 확인	21. 기술인력필요 확인	42. 자본금 확보
** 물리적 가능성 연구	22. 장소위치 평가	43. 관리직원 채용
** 물리적 프로토타입 제작	23. 부품공급 확인	44. 판매캠페인 시작
6. 시장 확인	24. 부품공급처 이용 가능성 평가	45. 판매원 고용과 훈련
7. 미래시장 확인	25. 판매경로체계 확인	46. 부품공급처 확인
8. 목표시장 확인	26. 판매직원 필요성 확인	47. 부품공급처 발견
9. 개인투자능력 확인	27. 경영정보 체계	48. 부품공급처 선정
10. 투자이익률 확인	28. 관리직원 필요성 확인	49. 장소 결정
11. 이익목표 확인	29. 경영간부 필요성 확인	50. 기술인력고용과 훈련
12. 원가추정 확인	30. 외부도움필요 확정	51. 경영 정보
13. 판매목표 확인	31. 조직구조 확인	52. 공장 완성
14. 시기 평가	32. 운영계획과 예산	53. 관리사원 고용과 훈련
15. 법적 문제점 평가	33. 필요자본액 확인	54. 생산관리인력 고용과 훈련
** 특허 탐지	34. 업체매입 필요성 확인(필요하면)	55. 재고자재 구입
** 특허 시청	35. 업체매수 또는 창업간 선택	56. 최초 생산 개시
16. 검토와 수정 작업	36. 전체방침 확정	57. 최초 판매와 납품 완료
	37. 검토와 수정 작업	

자료 : 조병주, Karl H.Vesper, 기회발견과 창업메카닉스, 청아출판, 37쪽.

4-4. 창업 가능한 사업들

청년 기업가가 되기 위해서는 우선 단순하고 쉬운 사업을 구상하는 것이 필요하다.

가족이나 친구 지역주민들이 필요로 하는 것이 무엇일지 다시 한 번 더 생각하라.

그들이 바로 여러분의 시장이다.

청년 창업은 두 가지 조건을 만족시켜야 함을 명심하라.

- 단순해야 한다.
- 남에게 피해나 손해를 입힐 가능성이 없어야 한다.

다음은 청년 기업가를 위한 창업 아이템들이다. 자신에게 어떤 사업이 적당한지 생각해보자.

❑ 베이글 전문점

도너츠 모양의 구운 빵인 베이글은 버터와 계란 등을 일절 사용하지 않는 저지방, 저칼로리의 건강 다이어트 식품이다. 첨가재료에 따라 빵의 종류가 나뉜다. 특히 베이글 샌드위치는 에스프레소 커피와 함께 식사대용으로 인기가 높다. 베이글 전문점은 젊은 여성층의 인기에 힘입어 빠른 속도로 정착하고 있다. 공간을 적게 차지하고 쉽게 조리할 수 있어 테이크아웃 형태로 운영하기도 좋다. 대단위 오피스가 인근 지하철역이나 버스정류장 부근, 대학가 등 10대부터 30대 초반까지의 젊은이들이 많은 곳이 유망 입지다.

❑ 핫도그 전문점

길쭉한 모양의 빵 속에 뜨겁게 익힌 소시지와 야채, 겨자, 케첩 등을 넣어서 만든 빵을 판매하는 곳이다. 첨가하는 재료가 다양하고 기름에 튀기지 않은 쇠고기 소시지로 만들어 지방 섭취를 최소화했다. 핫도그 전문점의 주 고객층은 젊은 층이며 학생부터 직장인까지 이용고객이 다양하다.

에스프레소 커피와 곁들여 간식이나 아침식사 대용으로 많이 먹기 때문에 유동인구가 많은 대학가, 지하철역이나 버스정류장 부근에 자리 잡는 게 좋다.

❑ 악취제거제품 전문점

악취제거용 제품들은 기존의 방향제와 달리 악취발생의 원인부터 제거함으로써 부작용을 근본적으로 차단하고 있다는 게 특징이다. 가정, 업소, 냉장고 등에 적용할 수 있는 40여종의 제품이 구비돼있다. 삼겹살 전문점 등 냄새로 고민하는 음식업소 주변, 대형 오피스텔 주변이 좋은 입지다. 시장통, 골목길, 아파트 상가 등지에 가게를 내는 것도 괜찮은 방법이다.

❑ 욕실환경 개선업

악취 배출장치인 바이오시트 시공과 욕실코팅 시공을 결합, 아늑하고 청결한 화장실을 만들어주는 친환경사업이다. 바이오시트는 용변시 발생하는 악취를 외부로 배출하는 장치이다.

욕실코팅 시공을 통해 욕실 내부의 위생기기나 타일 등의 찌든 때까지 제거하고 손상된 곳을 보수해준다. 이 사업의 타깃은 아파트, 단독주택, 병원, 학교, 숙박업소 등으로 폭넓은 편이다. 기동성만 확보되면 입지에 큰 상관없다.

❑ 시터 파견업

서비스를 원하는 고객에게 베이비시터와 실버시터를 파견해주는 사업이다. 베이비 시터는 아이를 봐주는 일을 한다. 실버시터는 노인의 이야기 상대 되어주기, 가벼운 집안일 돕기, 잔심부름과 쇼핑대행 등의 일을 맡는다. 경제력을 갖춘 노인인구의 증가와 전통적인 가족개념의 변화가 이 사업의 배경이다. 이 사업 성공의 관건은 우수한 시터를 많이 확보하는 것이다. 그래야 입소문이 나 회원확보가 쉬워

지기 때문이다. 주 수입원은 연회비 및 파견수수료 수입이다

❑ 보육/탁아

어린 아이를 좋아한다면 공예, 요리, 혹은 운동과 같은 것들을 일주일에 한두 시간 정도 아이들에게 가르치는 사업을 고려해보라. 혹은 인형극 구연동화 등의 프로그램을 가지고 특별한 놀이시간을 마련하는 것도 생각할 수 있다.

탁아나 보육 서비스 사업도 고려해 볼만하다.

❑ 제과/제빵

빵 굽기를 즐겨한다면 신선한 빵, 쿠키, 케이크, 패스트리 등을 만들어 팔수도 있다. 이른 아침 식사를 거르고 출근하는 회사원이나 학생들에게 나만의 신선한 빵을 구워 제공한다면 어떤가? 이사업은 "입소문"이 최고의 광고다.

❑ 자전거/자동차/가전제품 수리업

기계 만지는 걸 좋아한다면 자전거, 자동차, 가전제품, 기타 기계제품 수리업을 추천할 만하다.

❑ 도서판매

도서판매 사업도 좋은 사업아이템 중 하나다. 자신이 읽고 싶은 책들을 중심으로 판매하라. 처음에는 지신이 가지고 있는 책들을 먼저 팔고, 그런 다음 돈이 벌리기 시작하면 할인된 가격으로 출판사에서 도매로 대량 구입하여 판매할 수 있다.

소규모 출판사는 많은 양을 공급하지 못한다는 점을 생각하라. 이것이 여러분에게 사업의 '기회'가 된다.

❑ 캘리그래피(calligraphy)

글씨가 독특하고 예쁘게 쓰는 사람들이 할 수 있는 사업이다. 청첩장이나, 메뉴판 제작, 생일파티나 여타 행사에서 장식용 문구 제작 등에 많이 쓰인다. 또는 예쁘게 장식된 종이에 시나 노래 가사를 적

고 액자에 넣으면 선물가게에서 잘 팔리는 선물용 패널이 된다.

❑ 장식용 초 만들기

초는 크리스마스에만 필요한 것이 아니다. 장식용 초의 재료는 쉽게 구할 수 있다. 밀랍을 살 수도 있고 집에 있는 초나 크레파스를 녹여서 사용해도 된다. 집에서 쉽게 구할 수 있는 빈 우유팩을 형틀로 사용하면 된다.

❑ 방문 세차

세차사업은 약간의 노력만 기울이면 안정적인 수입원이 될 수 있다. 친구들과 팀을 꾸려서 일하라. 시간에 쫓기는 사람들에게 신속성을 홍보하면 좋은 결과를 얻을 수 있을 것이다. 왁스칠을 해준다든가 여타 세밀한 부가 서비스를 생각해보라, 아파트 단지에 홍보를 하고 고정적인 고객을 찾는다면 성공가능성이 매우 높은 사업이 될 것이다.

❑ 케이터링(catering)

요리하는 것을 좋아한다면 케이터링 사업을 고려해볼 만하다. 케이터링은 파티나 여타 행사에서 '먹을 것'을 책임지는 사업이다.

❑ 기념품 수집

지금은 쉽고 값싸게 살 수 있지만 미래에 가치 있는 것이 될 만한 물건들-특정구단의 야구모자, 축구 국가대표팀 유니폼, 기념주화 등과 같은-것을 수집해 두었다가 나중에 되파는 것도 좋은 사업이 될 수 있다.

❑ 컴퓨터와 소프트웨어 설치 대행

컴퓨터를 잘 알고 잘 다룰 수 있다면 다른 사람들의 컴퓨터 관련 문제를 해결하는 데 도움이 될 수 있을 것이다.

❑ 전자출판

컴퓨터, 레이저 프린터, 워드프로세싱 프로그램, 편집 디자인 기술,

등을 갖추고 있으면 할 수 있는 사업이다. 메뉴판이나 프로그램 인쇄, 개인용 편지지나 문구류 인쇄, 메일링 리스트 작성 등이 사업 내용이 될 수 있다.

❑ 광고전단 배포

동네 점포들이 광고전단을 나누어줄 사람을 필요로 하는가? 광고전단은 길거리나 행사장에서 사람들에게 나누어주어도 되고 자동차 유리창에 꽂아두어도 된다. 광고전단 배포는 점주들이 정기적으로 필요로 하는 서비스임을 유념하라

❑ 연예오락

청중들 앞에 서는 것을 즐기는 '끼 있는' 사람인가? 마술을 할 줄 아는가? 극단에서 공연해본 경험이 있는가? 생일파티나 여타 행사에서 마술쇼를 펼치거나 어릿광대 역할로 분위기 돋우기를 좋아하는가? 음악에 재능이 있다면 밴드는 조직하여 결혼식이나 파티에서 연주를 해도 좋을 것이다.

❑ 어항/수족관 관리

물고기 기르기가 취미라면 취미를 사업으로 바꿔보는 것도 좋을 것이다. 아마도 담수 어항과 염수 어항 관리에 대해 잘 알고 있을 테니 그것을 바탕으로 동네 레스토랑이나 사업체 아니면 각 가정에 수족관 관리 서비스를 제공하는 것은 어떠한가?

❑ 선물 바구니

매 공휴일은 다양한 선물 바구니를 만들어 팔 수 있는 날이다. 또한 받는 사람의 특별한 사연에 맞는 선물 바구니를 만들어 맞춤 서비스를 제공할 수도 있다.

❑ 연하장 만들기

실크스크린 장비와 고무 스탬프, 그리고 예술적 재능을 갖추었다면 예쁜 연하장을 디자인하고 프린트할 수 있다.

❑ 공휴일 깜작 판매

명절이나 공휴일에 여가 시간이 있는가? 명절에 걸맞는 특별 품목 - 예컨대 크리스마스 장식품, 발렌타인데이 사탕, 추석 송편 등 - 을 팔아보라. 기간은 짧지만 수요가 많을 것이므로 투자하는 시간만 많으면 짧은 시간에 큰 수익을 올릴 수 있을 것이다.

❑ 가정/사무실 청소 대행

당신은 정리정돈을 잘 하는가? 가정이든 사무실이든 정리정돈이 필요하다. 그러나 사람들은 청소할 시간이 없다.

❑ 세탁 서비스

성능 좋은 세탁기와 건조기가 있는가? 세탁 역시(개 산책시키기와 마찬가지로) 많은 사람들이 시간 내서 하기 힘든 허드렛일 중 하나이다.

❑ 메신저 서비스

뛰어다니는 걸 좋아하는가? 메신저 서비스나 소포 배달 서비스 사업을 시작해보라, 창업비용이 거의 들지 않는 사업이다. 신뢰할 만하다는 평판이 나면 사업은 급속히 성장할 수 있다. 시간에 쫓기는 직장인이나 기업가들을 위해 심부름이나 배달 서비스를 제공한다. 사람들이 배달 서비스 없이는 불편해서 못 견딜 정도가 되면 사업은 번창하기 시작한다.

❑ 페인트/가구 재생

페인트칠 하는 것을 좋아하는가? 방이나 아파트에 페인트칠을 하는 사업은 어떤가? 오래된 중고가구에 페인트칠을 하고 재생시키는 사업은?

❑ 애완동물관리/훈련

동물을 좋아하는가? 개 산책시키기와 애완동물 돌보기가 추천할 만한 사업이다. 애완동물을 사랑하기는 하지만 씻기고 빗질할 시간이 없는 사람들이 많다, 하지만 이 사업에는 인내심과 동물에 대한 진정한 사랑이 필요하다.

❑ 사진/비디오 사업

좋은 카메라나 캠코더를 갖고 있는가? 결혼식, 생일, 파티, 등등의 행사들을 사진이나 비디오로 담아두려는 사람들이 점점 더 늘고 있다. 자신의 작품을 샘플로 만들어서 잠재 고객들에게 보여주라.

❑ 화초, 화분관리

사무실에서 일주일에 한두 번 정도 와서 화초에 물과 비료를 주고 잎을 청소하는 일을 할 사람이 필요하다. 집을 비워두고 일하러 가는 사람들이 많아짐에 따라 가정에서도 똑같은 서비스에 대한 수요가 많아지고 있다. 또는 당신의 방이나 아파트에 햇볕이 잘 드는 공간이 있는가? 그러면 허브나 꽃 여타 식물을 길러서 파는 사업을 추천할 만하다. 이것을 훌륭한 '부업'거리가 될 수도 있다. 화초들은 24시간 옆에서 지켜보지 않아도 되기 때문이다.

❑ 인터넷 정보사업 혹은 문서 작성 서비스

인터넷에서 필요한 정보를 빠르고 정확하게 찾을 수 있는가? 워드프로세서로 문서작성을 잘할 수 있다면 다양한 범위의 서비스를 제공할 수 있다. 다른 학생의 보고서 작성에 필요한 정보를 제공하고 예쁘게 문서를 꾸며준다던지, 메일링 리스트를 만들고 수정한다던지, 안내책자나 소식지나 광고전단을 만들어 제공하는 것도 좋은 사업의 하나이다.

❑ 웹 디자인

컴퓨터와 인터넷에 정통하다면 홈페이지 제작 서비스를 제공하는 것도 좋은 사업 아이템이 될 수 있다.

창업에세이

성공한 창업가

마쓰시타 고노스케(松下幸之助 : 1894 - 1989)의 생애와 경영이념

1) 마쓰시타 고노스케의 생애

일본 화가산현(和歌山縣)출신으로 9세 때 초등학교를 중퇴한 후 더부살이로 전전하다가 1910년 대판(大阪)전등회사에 입사하여 공원, 검사원으로 경험을 쌓고, 1917년에 퇴사하여 실용신안특허를 취득한 개량소켓의 제조판매에 착수하였고, 1918년에 마쓰시타 전기기구제작소를 설립하였다. 이후 독자적 경영이념과 발군의 경영수완으로 사업경영의 급속한 확충에 성공하였다.

일본 제2의 도시 『오사카』(대판, 大阪)에서 경판(京阪)전철을 타고 『교토』(경도, 京都)쪽으로 50분 남짓 가면 세계적 전기 전자제품메이커 『마쓰시다』 전기(電器) 산업본사 및 공장건물들이 눈에 들어온다. 『마쓰시다』 전기산업은 세계시장에서 30%전후의 압도적인 시장점유율을 차지하고 있는 VTR을 비롯, TV, 에어컨, 컴퓨터, 워드프로세서, 전화기, 팩시밀리, 복사기에서부터 전기밥솥에 이르기까지 3백여가지 전기전자제품을 생산하고 있는 『가전왕국(家電王國)』이다.

『마쓰시다』 상표 『내셔널』 『파나소닉』이 세계적으로 유명함은 두말할 것도 없지만 그러나 그보다도 이 그룹의 창업자 『마쓰시다 코노스케』 (松下幸之助)가 『기업경영의 신(神)』으로 전 세계적으로 더욱 잘 알려져 있다. 초등학교를 4년 중퇴, 남의집 가게 심부름꾼으로 사회에 첫 발을 내디딘 그가 23세 때 전 사원 3명으로 사업을 일으켜 관계회사 71개사, 종업원 13만 5천명, 연간 매상액 5조 6백만억엔

의 거대기업군으로 키운 신화 같은 이야기는 이미 지난 62년『타임』지(誌)에 커버스토리로 소개되기도 했다.

지난 79년 중국을 방문했을 때는 중국최고실력자 등소평(鄧小平)이 그의 경영철학과 기법을 경청하기도 했다는 것이다. 미국『하버드』대와『스탠퍼드』대 등 유명대학의 경영대학원에서는『마쓰시다』경영에 관한 특별강좌가 개설되기도 했다.

흔히『마쓰시다 고토스케』의 기업경영 요체로

- 날마다 새로워지는 상품과 기술을 개발하는 시대감각과 앞을 내다보는 형안
- 불경기와 역경을 오히려 획기적 진보와 혁신의 계기로 활용하는 낙관주의
- 침식을 잊고 피오줌을 쌀 정도로 기술개발과 상품판매를 열심히 하되 과당 경쟁을 죄악으로 보고 기업을 사회의 공기(公器)로 보는 상도덕(商道德)과 기업관
- 경영을 종합예술로 보는 조직관리 등을 열거한다.

그러나 어느 무엇보다 사람을 중심으로 한 기업경영, 종업원들을 활력 있게 만드는 인사관리가 그 비법이라는 것이다. 그는『기업은 사람』이라고 강조, 인재육성, 인화, 노사협조를 남달리 중시한다.『사장은 덕(德), 부사장은 현(賢)』을 역설한다. 회사 내 파벌을 없애려 하지 말고 오히려 활용하고 대립하면서도 조화하는 노사관계를 유지하라고 말한다. 조화를 전제로 한 대립, 대립을 전제로 한 조화는 기업경영에 바람직하다는 것이다.

『마쓰시다』전기(電器)사업 역사관 앞에는 그의 동상이 서있다. 그의 92회 생일을 맞아 이 회사 노동조합이 생일선물로 건립한 것이다. 노사관계가 좋다는 일본에서도 대기업의 경우에 노동조합이 창업자

의 동상을 세워 증정한 것은 이제까지 예가 없었던 일이다.

본인은 『살아있는데 무슨 동상이냐』고 굳이 사양했지만 노조(勞組)가 노조발족 40주년 기념을 겸해 자발적으로 모금, 『운명공동체』로서의 노사관계를 수립한 그에게 동상을 증정했다는 것이다.

증정사(贈呈辭)에는 이렇게 씌어있다. 『상품을 만들기 전에 사람을 만드는 것을 신념으로 하여 종업원의 복지노동조건의 향상과 대립과 조화의 정신에 기초한 건전한 노사관계발전에 진력하셨습니다.』

일본 재계는 이같은 『마쓰시다』 그룹을 『노사관계의 이상상(理想像)』으로 높이 평가하고 있다. 그는 일찍이 지난 46년 『번영을 통한 평화와 행복』이라는 그의 이념을 구현하기 위해 평화(Peace), 행복(Happiness), 번영(Prosperity)의 두음자(頭音字)를 딴 『PHP연구소』를 설립하고 월간 『PHP』를 발행하고 있다. 월간 『PHP』 발행부수는 1백 50만부로 일본최대 월간지 발행부수를 기록하고 있으며, 영어판 및 『스페인』어판도 발행되고 있다.

그의 기업경영은 단순한 장사꾼의 천민자본주의적인 치부(致富)의 차원을 뛰어넘어 『인류생활의 개선과 향상을 꾀하고 세계문화의 진전에 기여한다』는 수준 높은 경영이념을 구현하는 것이라 하겠다.

2) 마쓰시다 고토스케(松下幸之助)의 경영이념

23세의 나이에 본인과 그의 처 및 처남 3인으로 시작한 그의 사업은 60여년이 흐르는 동안 세계굴지의 기업으로 성장하였을 뿐만 아니라 그의 경영철학과 경영이념은 서구대학들의 연구대상이 되어왔다. 정상적인 학교교육을 받지 못한 그가 어떻게 이러한 경이적인 성공을 이룰 수 있었을까? “이 경영을 무엇 때문에 하는가, 그리고 어떤 방법으로 할 것인가”였다. 그리고 이 경영이념 속에는 무엇이 올바른가 하는 인생관, 사회관, 세계관이 깊이 뿌리를 내리고 있었다.

이러한 그의 경영이념을 쉽게 규정하기는 어려우나 몇 가지로 요약하면 다음과 같다.

첫째, 자연의 섭리에 순응하는 경영이었다. 이 대자연, 대우주는 무한의 과거에서 무한의 미래를 향해 끊임없이 생성발전하고 있고 인간의 공동생활도 물심양면(物心兩面)으로 끊임없이 발전해 가는 것이므로 경영이념이란 경영자 개인의 주관적인 생각이 아닌 섭리에 대한 이해가 깔려있어야 한다는 것이다.

둘째, 인간중심(人間中心)의 경영이념이다. 그는 경영의 본질을 인간경영에 두었으며 그러기 위해서는 경영자는 올바른 인간관을 확립해야 한다고 강조하였다.

그는 1947년 51세에 PHP연구소를 설립하고 월간지 PHP를 창간하여 현재에 이르고 있다. PHP란 "Peace and Happiness through Prosperity"로서 물심양명의 조화 있는 풍요로운 평화와 행복을 촉진시키자는 것으로 모든 인간들의 풍요롭게 행복한 삶을 소망하고 또 평화로운 사회를 원한다는 설립자의 이념을 담고 있다. 이러한 노력은 그가 단순히 이윤을 얻기 위해 경영을 영위하는 것이 아니라 인간들의 참된 행복을 추구하는 노력으로서 기업경영은 이러한 목적을 달성하기 위한 수단으로서 인식하고 있었던 것이다.

3) 시사점

마쓰시다 고노스케(松下幸之助)는 20세기 일본에서 가장 존경받는 경영인이었다. 이제 그은 가고 없지만 그가 혼신의 힘으로 키워온 기업과 경영이념은 아직도 살아 많은 사람들에게 물질적 풍요로움과 정신적 공백을 메워가고 있다. 마쓰시다 고노스케의 삶과 경영활동을 통해서 얻을 수 있다는 시사점을 정리해 보고자 한다.

첫째, 그는 경영자이기 전에 하나의 완성된 인격을 추구하고자 노력한 높은 차원의 생활철학을 지니고 있었다. 정직, 성실, 근면은 그의 좌우명이었으며 죽을 때까지 흩뜨리지 않고 지켜낸 고귀한 가치였다. 마쓰시다 고노스케는 50여평의 낡은 집에서 임종을 하였다.

둘째, 경영인으로서 자신들의 역할과 사명을 분명하고 확실하게 인식하고 있었으며, 이러한 사명을 기업이념에 적절하게 반영시키고 발전시켜 왔다는 것이다. 자본주의 제도 하에서 자본주의의 원칙을 지키면서도 기업을 기업가의 소유물로 한정하지 않고 사회의 공기(公器)로서 기업의 사회적 책임을 완수한 기업가로서 면모를 보여주고 있다는 것이다.

학습문제

1. 사업의 기회는 어디서 오는지 설명하시오.

2. 창업아이디어의 개발과정에 대하여 설명하시오.

3. 창업의 순서에 대하여 설명하시오.

4. 청년창업에 적당한 유망 업종의 조건을 설명하시오.

5. 마쓰시다(松下幸之助)의 경영이념에 대하여 설명하시오.

참고문헌 및 자료

1) 조병주(1999), 기회의 발견과 창업메카닉스, 청아출판사, p.75.
2) 같은 책, p.75.
3) 같은 책, p.34.
4) 신은종(2005), 창업경영MBA2020, Y&P, p.40.
5) 박춘엽(1989), 「창업과 사업성 분석」, 예음, p.77.
6) 같은 책, p.77.
7) 같은 책, p.78.
8) 조병주, 앞의 책, p.34.

chapter 05

사업타당성 분석

5-1. 사업타당성 분석

1. 사업타당성 분석의 의의

창업을 성공적으로 이끌기 위해서는 사업아이디어 만으로는 부족하다. 중요한 것은 사업아이디어의 사업성이다. 사업타당성 분석은 사업계획을 구체화하기 전에 의도하고 있는 사업의 성공가능성을 타진하는 것이다. 적절한 사업 타당성 검토 없이 시작하는 사업은 그만큼 실패위협도 높아지기 때문이다. 창업자는 구상하고 있는 사업아이템에 대한 객관적인 검토를 통해서 사업의 성공가능성을 높이게 된다. 대부분의 창업자가 사업타당성분석을 소홀히 하거나 주관적으로 유리하게 생각하고 사업을 시작하는 경우가 많은데, 이럴 경우 창업에 실패할 확률이 높아진다. 특히 사업타당성 검토와 사업계획서를 동일시하는 경우가 있는데 이들 두 가지는 엄격하게 다르다. 사업계획서란 사업타당성 검토 후 사업의 타당성이 인정된 경우에 작성하는 것이며, 사업의 내용, 경영방침, 기술성, 시장성, 수익성, 소요자금계획, 인력 충원계획 등을 체계적으로 표현하는 일체의 서류를 말한다.

사업타당성분석(feasibility analysis)은 창업 후 경영활동의 결과인 목표이익의 달성가능성을 사전에 객관적으로 조사, 검토하는 과정이라 할 수 있다.

창업아이디어를 사업화 했을 때 제품화의 과정을 거쳐 시장수요를 창출하여 어느 정도 성공할 가능성이 있는지를 체계적인 방법으로 분석하는 것이다. 이러한 사전적 분석을 통하여 사업 실패를 미연에 방지하고자 하는 것이다.

2. 사업타당성 분석의 필요성

창업하고자 하는 특정 아이템의 성공가능성에 대한 객관적 분석을 통해서 사업을 진행할 것인지, 기각할 것인지를 결정하는 것이 사업타당성 분석의 목적이다. 고려하고 있는 사업 아이템을 통해서 적정 이윤의 확보가 가능한지의 여부를 판단하는 것이다.

사업 타당성 분석을 소홀히 하면 창업의 성공가능성이 낮아질 수 있다. 사업타당성 분석은 시장분석, 기술분석, 재무분석, 공익성분석으로 나눌 수 있다. 타당성 분석의 방법이나 형태는 일정하지 않고 다양하게 이루어진다. 그러나 가장 중요한 요소는 각종 분석이 객관성을 가져야 한다. 창업자 자신의 주관적 견해가 강조되면 체계적 분석이 어렵게 되고 실패 위험도 높아질 수 있다.

한편, 체계적인 사업성 분석이 창업과 그 이후의 기업 경영에 기여하는 바는 다음과 같다.[1)]

○ 기업의 형성 요소를 정확히 파악 한다.

체계적인 사업성 분석은 구상하고 있는 기업의 여러 가지 형성 요소를 정확히 파악하는데 도움이 된다. 창업에 앞서 사업아이디어에 대한 객관적이고 체계적인 사업타당성 분석을 함으로써 계획사업의 객관성을 높이고 사업시작 전 위험요소를 확인함으로써 성공가능성을 높일 수 있다. 많은 창업실패의 요인 중 하나는 창업자의 사업아이디어에 대한 과신이다. 체계적이며 객관적인 사업타당성분석은 사업아이디어를 사전에 검증하고 약점을 보완함으로써 위협요소를 사전에 제거할 수 있게 해준다.

경영을 종합 예술이라고 하는 것처럼 창업은 실로 다양한 요소와 기술을 필요로 하는 창작 또는 창조활동이라고 할 수 있다. 기업 경영에 경험이 없는 신인 창업자는 말할 것도 없고, 다소의 경험이 있는 유경험 창업자도 새롭게 설립하려는 기업의 모든 요소와 과정을 숙지하고 있기는 어렵기 때문에 체계적인 사업성 분석을 통하여 기업의 형성 요소를 확인하여야 한다.

○ 시간과 자원을 절약하게 해준다.

체계적인 사업성 분석은 기업의 설계도 역할을 한다, 사업성 분석은 단순히 특정 조건하에서 특정한 상품을 생산하는 일이 수익성이 있겠는가를 조사할 뿐만 아니고, 어떤 조건 하에서 수익성이 극대화되겠는가를 탐색하는 활동도 포함하므로 체계적인 사업성 분석의 결과는 기업의 최적 설계에도 이용될 수 있다. 창업자는 사업타당성분석을 통하여 구상하고 있는 사업의 제반 문제점과 제약요소들을 사전에 파악함으로써 창업기간을 단축할 수 있다. 사업타당성분석은 앞으로의 사업전개방향과 SWOT분석을 통해 강점과 약점을 분석하고 유리한 사업전략을 선택할 수 있게 한다. 이 과정에서 창업자는 자신의 아이디어를 사업화하는데 필요한 자원들을 명확히 구분하고 자원의 획득과 축적에 집중함으로써 시간과 자원을 절약하게 해준다.

○ 창업자의 경영능력을 향상시킨다.

체계적인 사업성 분석에 참여하면 기업가의 경영 능력을 향상시킬 수 있다. 오늘날과 같은 전문화 시대에 있어서 창업자가 처음부터 경영에 필요한 모든 능력을 갖추기는 어렵다. 기업의 관리 경험이 풍부한 사람은 생산품과 관련된 고유 기술에서 부족하고, 반대로 창업자가 고유 기술자인 경우에는 관리 기술면에서 부족하기 쉽다. 여기에서 소개하는 사업성 분석은 그 과정에 관리적인 측면과 고유 기술의 측면 모두와 관련된 조사를 포함하므로 창업자가 사업적 분석에 참여하면 그의 사업에 대하여 균형 있는 지식을 습득하게 될 것이며 이는 결과적으로 경영 능력 향상에 도움을 줄 것이다.

○ 창업의 성공 가능성을 높인다.

창업자가 계획사업의 시장성, 기술적 타당성, 재무적 타당성 등 세부항목을 분석해 봄으로써 해당업종에 대해 미처 깨닫지 못한 세부사항을 사전에 인지하여 성공적인 창업을 이루게 한다. 시장성, 기술 및 재무적 타당성 분석은 사업아이디어를 보다 정교하게 만들 수 있고, 미처 깨닫지 못한 요소들에 대한 이해를 높여 준다.

5-2. 사업타당성 분석 절차

1. 후보아이템의 탐색

사업 타당성 분석의 시발점은 사업아이디어의 발견이라고 할 수 있다. 성공적인 사업 아이디어를 발견하기 위해서는 다양한 사업 아이디어를 발굴할 필요가 있다. 창업이 가능하다고 생각되는 많은 분야로부터 출발해서 점차 좁은 범위로 옮겨가면서 체계적인 분석을 하다보면 사업 아이디어를 탐색할 수 있다. 창업자가 사업 아이디어를 탐색할 수 있는 여러 방법이 있다.

우선 여러 사람을 만나 의도하는 사업에 대한 견해를 듣는 것이다. 일반적으로 면담자의 범위는 관련사업 종사자, 관련업종협회 고객, 금융기관 종사자, 가족, 친구 등 광범위하다. 이들을 통해 얻게 되는 정보는 면밀히 기록하고 검토하여야 한다.

면담 등의 방법을 통해 업종에 대한 이해가 깊어지면 의도하는 업종의 현장에서 직접 경험을 쌓는 것이 중요하다. 여건이 충분하지 않다면 견학을 통하여 자료를 수집할 필요가 있다. 업종에 대한 정보는 정부, 지자체, 관련단체, 창업지원기관의 간행물 등을 통해서도 보완할 수 있다. 창업에 실패하는 기업은 사업타당성 분석을 소홀히 하거나 주관적 견해가 강조되는 경우가 많다. 사업 타당성 분석의 절차는 다음과 같다.

[그림 5-1] 타당성 분석의 절차

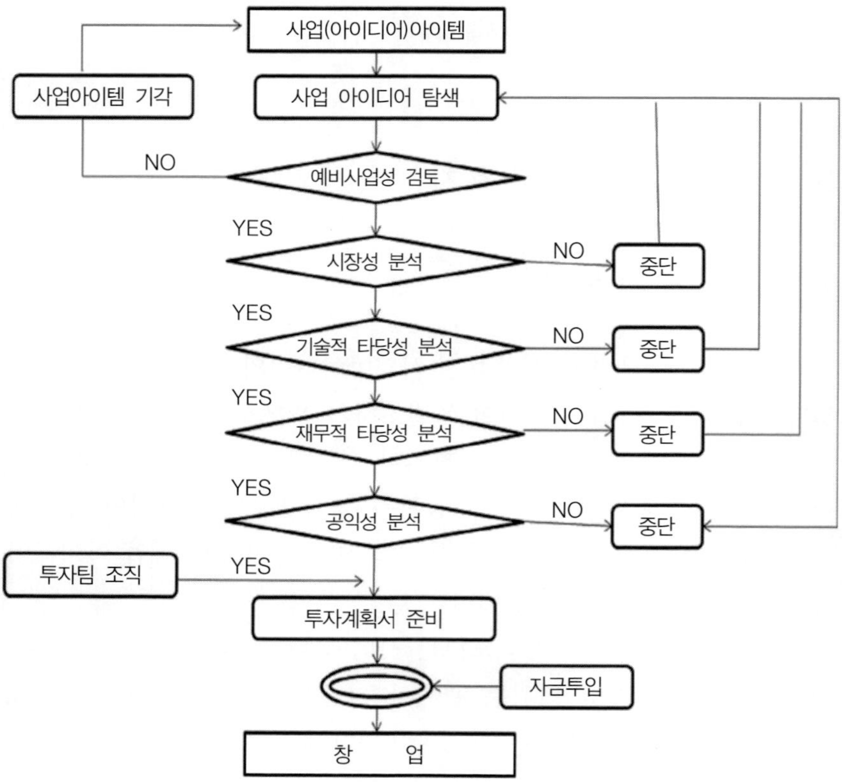

후보 아이템을 탐색하고 선정하는 절차는 다음과 같다.

[표 5-1] 성공적인 상품의 기본요건[2)]

구 분	내 용	창업사례
욕구충족형 상품 (히트예상 상품)	· 필요성은 인정되나 욕구를 충족시킬 수 있는 제품을 생산하는 방법을 아는 사람이 없다. · 욕구의 인식의 부족으로 인해 제품이 개발되지 않았다. · 미래 욕구 분출가능성이 있다.	· 소형 휴대용 전화기(이동통신)의 욕구가 처음으로 인식되었을 때는 제조기술이 전무했다. · 제조기술이 처음 개발되었을 때는 가격이 상당히 비싸서 일반대중은 구입할 수 없었다. · 그러나 이동통신이 보편화된 1990년대에는 가장 성공적인 상품이 되었다.
경쟁력이 있는 상품	· 품질향상 - 실용신안 의장등록 - 성능개선 및 특징 추가 - 신뢰도 증가	· 바이오 세라믹 팬 히터 · 칼라 벽돌
	· 원가절감 - 저렴한 원재료개발 - 기술혁신 - 저렴한 가격	· 국민차 · 가정형 PC
일정기간 수요증가 예상상품	· 소비인구의 증가가 지속되는 경우	· 실버 그레이 산업 · 여행업 · 10～20대형 스마트 북
	· 소비자의 취향의 변화 · 소비자 의식의 변화	· 외식산업 · 고급주택건설
	· 국민경제 수준의 증가	· 자동차 산업 · 고급 장난감

자료 : 박주관창업컨설팅(주)(2001), 사업타당성분석, 21세기북스, p.34.

첫째, 상품과 시장과의 관계와 사례별 성공가능성을 살펴볼 필요가 있다. 창업 아이템으로서 적합한 경우는 기존 상품을 아이템으로 하여 신시장에 진출하는 경우와 신상품을 개발하여 기존시장에 참여하는 경우, 신제품으로 신시장에 진출하는 경우, 기존제품으로 기존시장에 진출하는 경우 등이 있다. 창업에 적합한 경우는 앞의 두가지 경우로 볼 수 있다.

둘째, 성공 가능성이 높은 상품유형의 선별이 필요하다.[3)]

현재 만족되지 않은 욕구를 충족시키는 상품을 만드는 것이다. 성공적인 상품은 시장에서 소비자의 욕구를 충족하고 있다는 것을 의미한다. 즉, 시장에서 소비자의 잠재적 욕구를 발견하고 그러한 욕구를 만족시키는 경우이다. 이를 구체적으로 살펴보면 아래의 표와 같다.

셋째, 기존 상품의 응용 및 개선 가능성을 검토할 수 있다. 색이나 디자인을 변경하거나 순서, 부품, 패턴 등을 재배치하거나 확대, 축소, 대체, 결합 등의 방법을 동원하여 특징이 개선되고 성능이 향상된다면 창업에 적합한 후보 아이템이 예비적으로 선별되는 것이다.[4)]

[표 5-2] 후보 아이템 상대 평가시 검토 항목

주요항목	평가요소	세부 검토사항
상품성	상품의 적합성	① 창업자가 잘 아는 제품이나 공정인가? ② 상품이 비필수품이거나 사치품은 아닌가?
시장성	상품의 독점성	③ 창업 중소기업의 참여를 배제하는 사실상의 독점은 없는가? ④ 정부의 인・허가에 의해 실제 창업이 제한되어 있지 않은가?
	시장의 규모	⑤ 예상되는 고객의 수는 어느 정도인가? ⑥ 국내 및 해외 시장 규모는 금액으로 어느 정도인가?
	경쟁성	⑦ 경쟁자의 고객의 수는 어느 정도인가? ⑧ 경쟁제품과 비교했을 때 품질과 가격관계는 유리한가? ⑨ 판매 유통이 용이하며, 물류비용이 저렴한가?
	시장의 장래성	⑩ 잠재 고객수의 증가는 있는가? ⑪ 새로운 창업기업의 침투 가능성은 어느 정도인가? ⑫ 소비자 성향이 안정적이고, 필요성이 증가하는가?

주요항목	평가요소	세부 검토사항
수익성	제품생산 비용의 효율성	⑬ 적정 비용으로 제품을 생산할 수 없는 요인이 있는가? ⑭ 생산공정이 복잡하지 않고, 효율성은 있는가?
	적정 이윤 보장성	⑮ 원자재 조달이 용이하고, 값은 안정적인가? ⑯ 필요한 노동력 공급이 용이하며 저렴한가? ⑰ 제조원가, 관리비, 인건비 등 공제 후 적정 이윤이 보장되는가?
안정성	위험 수준	⑱ 경제 순환 과정에서 불황 적응력은 어느 정도인가? ⑲ 기술적 진보 수준은 어느 정도이며, 기술적 변화에 쉽게 대처할 수 있는가?
	자금투입 적정성	⑳ 초기 투자액은 어느 정도이며, 자금조달이 가능한 범위인가? ㉑ 이익이 실현되는 데 필요한 기간은 어느 정도이며, 그 동안 자금력은 충분한가?
	재고수준	㉒ 원자재 조달, 유통과정상 평균재고 수준은 어느 정도이며, 재고상품의 회전기간은 어느 정도인가? ㉓ 수요의 계절성은 없는가?

2. 후보 아이템의 결정

다수의 후보 아이템이 1단계에서 선정되면 1단계 선별을 통과한 사업아이디어에 대해 상대평가 등의 방법으로 비교·분석한다. 모든 후보 아이템에 대해 개별적인 예비사업성 분석이나 세부 분석을 한다는 것은 현실적으로 과도한 시간과 비용이 소요된다. 그러므로 성공가능성이 희박한 사업 아이템은 예비선별을 통해 과감히 제거하여야 하며, 남아 있는 사업아이디어를 비교 평가함으로써 사업 아이템의 우선순위를 결정한다. 예비 사업성 분석의 3단계로 구분하여 볼 수 있다.

제1단계는 후보 아이템을 비교·분석하는 것이다. 이 후보 아이템의 상대 평가시 항목은 [표 5-2]와 같다.

제2단계는 제1단계에서의 평가요소별 세부 검토사항에 대한 가중치 부여와 각 요소에 대한 점수 산정이다. 상품성, 시장성, 수익성, 안전성 등에 대한 평가표를 작성하여 분석할 수 있다.

제3단계는 후보 아이템에 대한 창업자의 적응도 분석 및 예비사업성 분석이다. 이 단계에서는 후보 아이템이 창업자의 개인적인 역량, 경험, 지적 수준, 취미 등에 부합하는지와 자금조달 능력과 소요자금의 규모의 적정성 여부 등을 분석한다.

5-3. 시장성 분석

1. 시장성 분석의 의의

시장성이란 기업이 제공하고자 하는 제품이나 서비스의 시장반응을 측정, 평가하는 개념이다. 실제로 제품이나 서비스가 시장에 진입했을 경우 고객들이 어떤 반응을 보일 것인가, 즉 얼마나 많은 고객이 그 제품이나 서비스를 구매할 것인가는 사업의 성패와 직결된다. 시장성 분석은 의도하는 사업의 타당성을 매출의 측면에서 평가하는 것이다.

따라서 시장성은 창업기업의 사업타당성 분석과정에서 가장 중요한 부분이다. 아무리 좋은 제품을 만든다고 하더라도 해당 제품이 시장에서 수용되지 않는다면 기업의 생존이나 성과실현이 불가능하기 때문이다.

흔히 좋은 제품을 만들고도 판매가 제대로 되지 않거나 매출증가율이 높지 않아 손익분기점에 도달하는 기간이 너무 길어 사업이 본

궤도에 올라보지도 못하고 도산해 버리는 경우가 많다. 창업자의 시장성분석의 최종목적은 사업성패를 사전에 판단할 수 있는 중요한 정보를 얻는 것, 즉 앞으로 생산 예정하고 있는 제품이나 서비스가 시장에서 얼마나 팔릴 것인가 하는 계획제품에 대한 판매예측, 향후 시장 증가추세는 어떻게 변하고 있으며, 소비자욕구는 어떻게 변화되고 있는지, 매출계획은 어떠한지를 분석하여야 한다. 이에 더하여 경쟁자들과 차별화하기 위한 자신의 경쟁우위요인은 무엇인지 계획을 세워야 하며, 만약 창업자가 시장 후발주자라면 선발자의 이점을 상쇄할 수 있는 요인이 무엇인지도 명확히 하여야 한다.

1) 시장분석의 요소

시장분석의 요소는 ① 국내의 수급동향 및 중장기 수급전망, ② 시장특성 및 구조(시장의 위치, 수송방법, 유통경로 및 조직, 거래조건 등), ③ 동업자 또는 유사제품과의 경쟁상태 및 향후 경쟁제품의 출현 가능성, ④ 국내외 가격구조 및 가격동향, ⑤ 목표시장의 선정 및 판매전략, ⑥ 수출인 경우 해외시장분석에 의한 수출가능량 산정 등이다.

사업의 1차적 성공조건은 계획된 제품이나 서비스를 생산하여 소비자에게 판매할 수 있어야 한다. 따라서 창업 제품에 대한 정확한 예측이 없이는 사업을 성공으로 이끌 수 없는 것이다.[5]

시장조사에서는 아래의 자료를 수집 분석하여 매출을 추정하게 된다.

시장분석의 요소는 ① 국내의 수급동향 및 중장기 수급전망, ② 시장특성 및 구조(시장의 위치, 수송방법, 유통경로 및 조직, 거래조건 등), ③ 동업자 또는 유사제품과의 경쟁상태 및 향후 경쟁제품의 출현 가능성, ④ 국내외 가격구조 및 가격동향, ⑤ 목표시장의 선정 및 판매전략, ⑥ 수출인 경우 해외시장분석에 의한 수출가능량 산정 등이다.

[표 5-3] 시장성 분석항목

평 가 요 소	분 석 방 법
가격 및 품질경쟁력	· 경쟁제품 및 수입품과의 비교
	· 자사 제품의 비교우위요인 도출
시장현황 및 수요전망	· 일반적인 시장 현황
	· 시장 규모 및 전망
	· 판매영역별, 고객별 잠재수요 분석
	· 국내제품 및 대체, 유사품에 대한 수급 실적
	· 시장의 특성 및 구조 분석
	· 소비자 특성 및 변화 추세 분석
매출계획	· 시장 개척 및 판매계획의 실현가능성 분석
	· 시장점유율 분석
	· 판매량 증감요인 분석 및 영역별 판매 전망
제품 분석	· 제품의 강약점 분석
	· 제품의 라이프 사이클 및 보급률 분석
	· 제품원가 및 마케팅비용 분석
	· 마진율 및 제품가격 분석

자료 : 한정화, 벤처창업과 경영전략, 홍문사, 2003, p.165.

2) 시장분석의 평가지표

첫째, 전반적인 시장 동향의 분석이다. 계획제품에 대한 전체시장 규모가 어느 정도이며 경쟁 제품과 유사 제품 그리고 수입 제품에 대한 시장은 어떤 특성과 구조로 이루어지고 있는지를 분석함과 동시에 소비자 구성 분포 및 변화 추세 등도 분석 목표로 삼는 것이 좋다

둘째, 제품성 및 제품의 경쟁적 지위 분석이다. 계획제품이 경쟁 제품과 비교하여 어떤 특성을 가지고 있으며, 품질수준은 어느 정도인지, 경쟁회사에는 어떤 특성을 가지고 있으며, 이들 회사의 기본적

재무상태와 영업 실적, 가격 경쟁력의 여부도 분석해야 할 목표이다.

셋째, 근본적인 시장성 분석 목표인 계획제품에 대한 수요 예측이다. 국내의 주요 경쟁업체의 시장 점유율 현황 분석과 각 판매 영역에 있어서의 제품별 판매 가능수량을 향후 3년간 추정하는 것도 시장성 분석의 하나의 목표가 되는 것이다.

넷째, 시장성 분성의 부수적 목표라고 할 수 있는 시장 및 제품의 환경 분석과 판매전략의 수립이다. 아무리 정확한 수요예측이 이루어졌다 하더라도 이 예측은 시장 및 제품환경의 변화에 따라 유동적일 수밖에 없으며, 구체적인 판매전략이 수립되지 않으면 말 그대로 계획에 그치고 마는 결과 밖에 되지 않는다. 따라서 시장성 분석 목표로서 비록 부수적인 목표라 하더라고 시장 및 제품 환경 분석과 판매전략을 시장성 분석의 목표로 삼지 않으면 안되는 것이다.[6)]

[표 5-4] 시장성 분석 평가요소

핵심요소	평가항목	세부사항 검토
시장성 분석	사업 아이템의 국내외 동향	- 유사 및 동종 산업간의 관계 및 영향 - 해당 아이템의 향 후 전망
	동업계현황 및 수급실적 분석	- 경쟁회사의 구체적 상품, 자본금, 매출액, 종업원 수 대비 생산규모의 적정성 - 동업계 최근 2-3년간의 매출 실적 분석
	시장규모 추정 및 침투가능성 분석	- 동사업 아이템의 국내 · 외 시장 총 규모 - 경쟁회사별 매출액 점유비
	판매전략 및 판매전략	- market share확보 가능성 및 확보전략 타당성 - 판매 가능량 사정 - 판매 단가의 적정성

자료 : 윤주석 외 1인(2004), 사업 계획서 작성과 사례, 두남, p.39.

5-4. 기술성 분석

1. 기술성 분석의 의의

기술성 분석이란 제품의 생산과 관련된 제 요소, 즉 제품이 원만하게 생산될 수 있는지를 분석하는 것이다. 즉 사업에 영향을 미치는 여러 가지 요인을 고려하여 기술적 대안을 비교·검토하는 단계이다. 이러한 기술성 분석은 사업계획의 기술적 타당성과 원가추정을 위한 기초 자료를 제공해준다.

기술적 타당성분석의 일반적인 요소로서는 제품의 효율적 생산가능성과 관련된 제품의 특성, 생산공법, 생산공정의 적정성, 공장입지 조건의 적합성, 시설규모 및 생산능력, 계획시설의 적정성 여부, 생산계획의 적정성, 소요 원재료의 수급계획 등이다. 기술성 분석에서 얻고자 하는 정보는 시장분석에서 설정한 판매량을 만족시키기 위한 생산활동의 기술적 실현가능성과 제품원가의 추정이다. 기술적 타당성과 제조원가를 추정하기 위해서는 생산품의 생산과 관련된 공정, 설비, 원자재, 인력 등에 대하여 조사하여야 한다. 사업에 영향을 미치는 여러 요인들을 비교하여 기술적 대안을 검토해야 한다.

2. 기술성 분석의 평가 요소

기술성 분석의 평가 요소는 다음과 같다.

① 제품의 용도, 제품의 특성(물리적, 기계적, 화학적)에 대한 사항

② 제조공정에 관한 사항

③ 수요량을 감당할 수 있는 생산일정 및 공장 규모의 결정

④ 규격, 공급 가격, 입찰 방식, 대금지불방식, 성능, 부품의 조달가능성 등을 고려하여 기계를 선정

⑤ 기계의 장단점 비교검토 및 기계배치 방법

⑥ 폐기물의 종류, 양, 처리방식 및 처리 비용

기술성 분석에서 중점이 주어지는 평가 요소는 첫째, 제품성 둘째, 생산설비의 규모 셋째, 생산 계획 넷째, 입지 조건 등이다.

[표 5-5] 기술성분석의 평가 항목

평가항목	세부사항검토
제품성	- 계획 제품의 종류·용도의 적합성 - 물리적, 화학적 특징과 해결 가능성 - 국내·외 표준 규격품과의 품질 및 기술수준 비교
생산시설의 적정성	- 각 제품별 적정 시설 규모와 기존 시설과의 비교 - 국내·외 최신 기술 동향 검토
생산계획 검토	- 1일 최대 생산시설 능력 및 기간별 가동률 - 생산방식·공정의 타당성 유무 - 생산인력의 자격요건 및 충원가능성
입지가능성	- 급·배수, 전력, 교통, 원자재 조달 용이성 - 종업원 충원 용이성 검토 - 사업장 취득성 제한, 관련 법규와의 관계

자료 : 윤주석, 앞의 책, p.42.

첫째, 제품성의 분석은 제품의 용도에 맞추어 기계적인 결함이나 물리적, 기계적, 화학적으로 치명적 요소가 존재하는지를 검토하는 것이 중요하다. 제품의 생산이 지속적으로 가능할지, 제품의 불량률이나 경쟁력 확보가 가능할지에 대하여 검토하여야 한다.

둘째, 제조공정에 관한 문제로 계획시설의 적정성, 생산 방식, 생산 공정, 가동률, 생산조직, 주요 원재료 수급 등 생산과 재고 관리의 합리성이 충족되고 있는지를 평가하여야 한다.

5-5. 경제성 분석

1. 경제성 분석의 의의

경제성 분석은 수익성이나 투자의 효율성을 측정하는 여러 지표를 이용하여 사업 계획의 타당성 여부를 검토하고 자본 규모의 결정에 필요한 추정재무제표를 작성하는 단계로서 내용은 다음과 같다.

○ 필요자금분석
- · 시설자금
- · 운전자금
- · 향후 현금흐름

○ 경제성분석
- · 자본조달비용
- · 수익성 추정
- · 손익분기점 도달시기

○ 유동성분석
- · 민감도 분석
- · 부채비율
- · 유동비율

경제성 분석의 목적은 시장 분석과 기술 분석의 자료를 토대로 추정재무제표를 작성하는 것이다. 수익에 대한 전망은 향후 3~5년간의 추정제조원가 명세서와 추정손익계산서를 작성하여야 그 예측이 가능하게 된다. 또한 추정대차대조표와 추정현금흐름표를 작성하면 투자 수익 및 계획 사업에 대한 경제성 평가가 가능하게 된다. 아무리 제품의 품질이 좋고, 시장성이 뛰어나서 성공적으로 생산·판매되더라도 수익이 제대로 창출되지 못하면 그 사업은 실패로 끝나게 된다.

경제성 분석은 시장분석과 기술성 분석을 통하여 수집하고 분석한 자료를 바탕으로 경제성이나 수익성을 측정하는 여러 가지 자료를 이용하여 사업의 재무적 측면에서 타당성을 검토하는 것이다.

이러한 경제성 분석은 사업타당성분석의 최종단계일 수도 있으며, 나아가서 창업 후 경영전략을 수립하기 위한 사전준비과정일 수도 있다. 왜냐하면 계획제품이 그 특성상 수익성이 낮다면 영업외적 요소, 즉 인건비나 경비를 줄일 수밖에 없는 경영전략 수립이 요구되며, 경제성이 없다면 새로운 사업 분야의 탐색 등이 필요하기 때문이다.

이와 같이 경제성 분석이 확실하지 못하면, 금융기관으로부터 투자받기가 어려워지고, 이는 사업성공의 장애요인이 될 것이다. 따라서 세밀한 경제성 분석을 통해 자신의 목표를 명확히 설명하여야 한다.

2. 경제성 분석의 평가 방법

경제성 분석을 위해서는 우선 기존의 재무구조, 수익성·자금수지 상황분석과 사업계획을 토대로 향후 소요되는 시설자금과 운전자금 규모들을 파악하고, 이러한 소요자금을 조달하는 방법으로서 영업활동을 통하여 들어오는 현금과 내부유보자금 및 증자 등을 통한 자금조성의 가능성을 검토한다. 그 다음에 각 기간별로 예상되는 자금 과부족에 대하여 그 규모와 신규 차입가능성 및 상환능력을 평가한다. 추정재무제표는 미래의 사업에 영향을 주는 여러 가지 불확실성을 단순화하여 작성되기 때문에 민감도분석이나 손익분기점분석을 실시하여 효율적인 투자결정을 유도하여야 한다.

수익 전반은 사업 비용, 초기 투자액, 현금 수지분석 등을 통하여 작성된 향후 3~5년간의 추정 손익 계산서와 추정 대차대조표 및 현금흐름표를 분석하여 파악할 수 있다. 손익분기점 분석은 기업이 영업활동에서 발생하는 수익과 비용이 일치하는 매출액과 비용이 얼마이며 어느 시점에서 가능한지를 파악하는 것이다. 계획 사업의 경제성 분석은 기업에서 고려하고 있는 투자안이 채택가능한지를 결정하기 위한 것이다. 투자의 경제성 평가방법은 ① 순현재가치법 ② 내부수익율법 ③ 수익성지수 ④ 자본비용과 할인율 분석 등이 있다.

1) 순현재가치법(net present value)

어떤 투자로부터 발생되는 현금유출입을 그 기업의 기대수익율 r로 할인하여 현재가치로 산출하고 현금 유입의 현재가치에서 현금유출의 현재가치를 뺀 차액을 구하여 분석하는 방법이다.

$$NPV = \sum_{t=0}^{n} \frac{It}{(1tk)^t} - \sum_{t=0}^{n} \frac{Ot}{(1tk)^t}$$

It = t기중 현금유입
Ot = t기중 현금유출
t = 기간
k = 기대수익율

순현재가치법은 위의 식에 따라 순현재 가치를 구하여 이 값이 0보다 크면 투자안의 경제성이 있다고 평가하게 된다.

2) 내부수익율법

내부수익율법은 내부수익률의 크기를 자본내용과 비교하여 자본비용보다 크면 투자안이 경제성이 있다고 평가하는 것이다.

$$\sum_{t=0}^{n} \frac{It}{(1+r)^t} = \sum_{t=0}^{n} \frac{Ot}{(1+r)^t}$$

It = 기간의 현금유입

Ot = 기간의 현금유출

t = 기간

r = 내부수익률

위의 식은 어떤 투자의 결과로 기대되는 미래 현금 유입의 현가와 그 투자에 들어가는 현금 유출의 현가를 동일하게 만드는 할인율을 의미한다.

3) 손익분기점 분석

손익분기점(BEP: break-even point)은 매출액(총수익)과 총비용이 일치하여 이익도 손실도 없는 조업도를 말한다. 따라서 손익분기점을 구하여 예상되는 미래 이익수준과 비교하게 되면 미래의 경영성과, 특히 기업수익성의 안전도 정도를 평가하는 기준이 된다.

손익분기점을 구하기 위해서는 기업내에 발생하는 모든 비용을 고정비와 변동비로 구분할 수 있어야 한다. 변동비에는 직접재료비, 직접노무비, 소모품비, 판매수수료 등 주로 직접비용이 해당되고, 고정비에는 감각상가비, 관리직의 인건비, 제세공과금, 보험료, 금융 비용(지급이자) 등 주로 간접 비용이 해당한다고 할 수 있다.

이처럼 모든 비용이 조업도에 따라서 고정비와 변동비로 분류될 수 있다고 한다면 총수입(총매출)과 총비용이 같게 되는 손익분기점의 매출액 또는 매출량을 구할 수 있게 된다.

손익분기점의 매출액은 다음과 같이 산출된다.

$$① \text{ 손익분기점 매출량} = \frac{\text{총 고정비}}{(\text{판매단가(가격)} - \text{단위당 변동비})}$$

② 손익분기점 매출액 $= \dfrac{\text{총 고정비}}{1-(\text{단위당 변동비/매출액})}$

여기서 판매단가(가격)에 대한 단위당 변동비의 비율을 변동비율이라 하며, 1에서 변동비율을 차감한 값을 공헌이익률이라고 한다. 따라서 매출액으로 표시되는 손익분기점은 총고정비로 공헌이익률로 나눈 것이다.

예컨대, 가격이 1,500원인 유리컵을 생산하는 A기업이 있다고 하자, A기업의 감가상각비 및 임차료, 금융비용 들의 고정비가 400,000만원, 재료비, 노무비 등의 단위당 변동비가 500원이다. A기업의 공헌이익, 변동비율, 공헌이익률, 손익분기점에서의 매출량, 매출액을 살펴보면 다음과 같다.

○ 공헌이익 = 가격 − 변동비 = 1,500 − 500 = 1,000(원)

○ 변동비율 = 변동비/가격 = 500/1500 = 1/3

○ 공헌이익률 $= 1 - \dfrac{\text{변동비}}{\text{가격}} = 1 - 1/3 = 2/3$

○ 손익분기점에서의 매출량 $= \dfrac{\text{총고정비}}{(\text{가격}-\text{변동비})} = \dfrac{400{,}000}{1{,}000} = 400(\text{단위})$

○ 손익분기점에서의 매출액 $= \dfrac{\text{총고정비}}{(1-\text{공헌이익률})} = \dfrac{400{,}000}{2/3} = 600{,}000(\text{만원})$

4) SWOT분석

(1) SWOT분석의 구성요소

기업이 당면한 상황을 분석하기 위해 흔히 쓰는 기법들 중 하나로 SWOT분석을 들 수 있다. SWOT분석은 기업의 내부적 강점(strengths)과 약점(weakness), 그리고 외부적 기회(opportunities)와 위협(threats)

의 첫 머리글자를 따서 만들어진 명칭이다. 지금까지의 연구에 의하면 이러한 내·외부의 전략적 요소들이 서로 어울려 기업의 성과를 결정짓는다고 한다. SWOT 분석의 구성요소인 강점과 약점, 기회와 위협에 대한 세부항목은 다음과 같다.

① 강점(strengths)

강점이란 다른 기업에 비해 상대적으로 우위에 있는 자원이나 기술 등의 요소이다 차별적 경쟁역량, 강한 상표명, 원가, 가격 주도력, 우수한 노동력, 견고한 재무 구조, 독점적 기술력 등을 포함하는 개념이다.

② 약점(weakness)

약점은 자원이나 기술, 역량 등의 제약 또는 부족 등을 위미하는 것으로 기업의 효과적인 성과 달성을 저해한다. 낮은 시장 점유율, 부실한 재무구조, 제품개발능력의 저하, 마케팅력의 부족, 상대적으로 높은 원가, 진부한 상품, 낡은 시설 등의 요소가 약점을 구성한다.

③ 기회(opportunities)

기회는 기업이 당면한 환경의 유리한 측면으로 기업의 입장에서 도약의 발판으로 삼을 수 있는 기회를 제공한다. 신시장의 발견, 경쟁 또는 규제 환경의 완화, 품질개선, 고객의 욕구 증대, 수직적 통합 등이 될 수 있다.

④ 위협(threats)

위협은 기업이 당면한 환경의 불리한 측면으로 기업의 성장에 제약 요인이 된다. 경쟁 기업의 진입, 시장성장의 둔화, 규제의 신설, 기술의 변화, 제품원가 증대, 대체품의 출현, 고객의 압력 등을 포함하는 개념이다.

(2) SWOT분석의 활용

기업은 내 · 외부의 전략적 요소들을 고려하여 다양한 정책을 펼칠 수 있다. 즉 강점 · 기회 전략(SO분석), 강점 · 위협 전략(ST전략), 약점 · 위협전략(WT전략) 등이다.

① SO전략

이 전략은 내부적 강점과 외부적 환경의 유리한 국면을 결합할 수 있는 가장 바람직하고 성공적 요인이 많은 전략이라고 할 수 있다. SO전략은 성공위주의 공격적 전략이 주를 이루게 된다. 기업의 강점을 환경의 기회에 가장 유익한 방법으로 연결할 수 있다.

② ST전략

ST전략은 기업이 강점을 유지하고 있으나 환경의 변화가 위협적인 경우에 채택하게 된다. 이 전략은 기업이 당면한 위협을 회피하면서 자신의 강점을 최대한 활용하도록 하는 전략이다. 시장에서의 치열한 경쟁을 피해 새로운 시장을 개척하는 사업다각화전략 등이 하나의 예이다.

③ WO전략

이 전략은 기업의 약점을 극복하고 기회를 최대한 활용하는 전략이다. 예컨대, 내부적 약점을 보완하며 보다 효과적으로 시장기회를 추구하는 전략적 제휴 또는 우회전략을 들 수 있다.

④ WT전략

이 전략은 주로 약점을 최소화시켜 위협적 요인을 극복하는데 주안점을 두게 된다. 내 · 외부적으로 불리한 환경을 극복하기 위해서는 사업을 축소하거나 기존시장으로부터 철수하는 등 방어적 전략을 취하는 경우가 많다.

5-6. 공익성 분석

공익성분석은 계획한 사업이 공공에 미치는 손해와 이익을 조사하는 활동을 말한다. 특히 유해한 상품을 판매하거나 생산하여 공공의 안녕과 질서를 저해하면 사업이 허용되지 않을 수 있다. 그러므로 공익성에 대한 부분을 소홀히 하여 경제적 이득만을 취하는 사업은 취급하지 않아야 한다. 공익성분석에서는 부가가치효과, 국제수지효과, 고용효과, 지방경제 활성화효과 등이 고려된다.

주부 아이디어 상품 대박

【사례1】 한경희스팀청소의 한경희(42) 사장

스팀청소기 하나로 올해 상반기에만 400억원의 매출을 올린 한경희스팀청소의 한경희(42) 사장의 삶을 바꾼 생각은 '걸레질 안 하고 살 수는 없을까'였다. 한씨는 6년 전만 해도 맞벌이 주부였다. 7년간 외국에서 유학과 직장 생활을 마치고 귀국해 교육부 사무관을 하다가 33살이던 1996년 무역업을 하는 남편과 늦깎이 결혼을 했다.

승부욕이 강했던 한씨는 결혼 3년 만에 공무원 생활을 접게 된다. 설거지, 진공청소기 돌리기 등 집안일을 잘 도와주는 자상한 남편이었지만 "무릎 꿇고 하는 걸레질은 절대 못 하겠다"는 말에 '주부들을 걸레질에서 해방시켜주겠다'고 결심한 게 계기였다. "공무원 일을 하면서 가사를 같이 하자니 너무 힘들더라고요. 무릎을 구부리고 앉아서 걸레질을 하다 보니 무릎, 팔, 허리는 물론 온몸이 아팠지만 남편도 도와주지 않고…."

'걸레질 해방' 결심이 사업으로 발전

한씨는 주부들이 편하게 서서 대걸레질하듯 청소할 수 있는 기구를 만들면 도움이 될 것이라고 생각했다. 거기다 평소에 뜨거운 물로 싱크대와 목욕탕을 닦는 습관이 있는 한씨는 '뜨거운 스팀이 나오면 바닥을 더 깨끗하게 청소할 수 있을 것'이라는 생각을 했다. 외국 생활을 하면서 카펫을 청소할 때 비슷한 제품을 사용하는 걸 본 기억도 있었다. 그렇게 해서 스팀이 나오는 걸레 청소기를 만들자는 아이디어로 발전했다.

처음엔 '5000만~6000만원을 들여 6개월이면 제품을 생산할 수 있다'고 생각했다. 마루에서 맨발로 생활하는 한국에선 바닥의 끈적거리는 느낌을 없애주는 스팀청소기가 대박을 칠거라는 자신감도 있었다. 하지만 정작 개발에 3년이 걸렸다. 스팀(물)과 전기가 만나는 제품이라 안전이 중요했고, KAIST 등에 실험을 의뢰하면서 개발비만 10억원이 들었다. 2002년 20억원, 2003년 40억원의 매출을 올렸지만 만족스럽진 않았다.

하지만 작년 9월 홈쇼핑에 스팀청소기가 선보이면서 진짜 대박을 터트리게 된다. 입소문이 퍼져 1시간에 1만대 가까이 팔렸다. 주문이 밀려 홈쇼핑 회사의 자동응답전화 시스템이 다운되는 사태가 벌어졌다. 작년 150억원의 매출을 올린 데 이어 올해는 1000억원의 매출을 기대하고 있다.

"유통망이 변변치 않은 중소기업으로선 홈쇼핑의 도움이 컸어요. 유통단계를 줄이면서 마진을 줄여 판매 가격을 낮출 수 있었고 홈쇼핑의 주시청층인 주부 사이에서 화제가 되면서 입소문이 순식간에 퍼졌지요."

한씨는 스팀청소기에 이은 후속타로 주부들이 주방에서 귀찮게 여기는 걸 해결할 수 있는 신제품을 준비하고 있다. 스팀청소기의 경우 한 달에 한 개꼴로 유사품이 나올 정도여서 아직 신제품 아이디어는 공개하지 않고 있다. "부자든, 가난한 주부든, 누구나 필요로 하지만 아직 세상에 없는 제품을 만들어 싼 가격에 공급하는 게 우리 회사의 모토예요."

한씨의 도전은 국내에서 그치지 않는다. 미국 유럽 등지에서 웰빙 바람이 불면서 3~4년 전부터 카펫을 걷고 마루바닥을 대리석이나 원목으로 바꾸는 추세이기 때문이다. 외국에서도 바닥청소용 스팀청소기가 대세가 될 거라는 게 한씨의 전망이다.

【사례2】 씨크릿우먼의 김영휴(42) 사장

가발 만들어 나누어 쓰다 반응 좋아

4년 전만 해도 평범한 전업주부였던 씨크릿우먼의 김영휴(42) 사장은 주부들이 진정으로 원하는 가발이 무엇인지 몸소 경험한 게 성공비결이었다. 김씨는 두 아이를 낳고 난 다음부터 정수리 부분의 머리숱이 빠지는 게 고민이었다. 손재주가 좋았던 김씨는 미용재료상에서 재료를 구해다가 직접 가발을 만들었다. 모자처럼 푹 뒤집어쓰는 기존의 가발 모양이 아니라 손바닥 크기로 만들어 핀처럼 머리에 꽂는 방식이었다. "남자만 탈모로 고민하는 게 아니에요. 대부분 여성도 나이가 들면서 머리숱이 빠지는 경우가 많아요. 저도 고민하다 가발을 만들어 쓰고 주변에도 나눠줬는데 반응이 좋았어요."

키가 3㎝ 정도 커 보이는 데다 헤어스타일이 풍성하게 보여 얼굴형태가 갸름해 보이는 효과가 있었기 때문에 '키높이 가발'이라고 불렀다. 주변에서 "어디서 구했냐" "나도 살 수 없느냐"는 요청이 쇄도하자 그는 용기를 내서 2001년 아예 '씨크릿우먼'이라는 가발회사를 차렸다. 창업 자금은 5000만원. 평범한 회사원이었던 남편은 창업에 반대했다. 주변에 "아내 좀 말려 달라"고 할 정도였기에 혼자 뛰어야 했다.

처음엔 인터넷 쇼핑몰로 시작했지만 직접 사용해봐야 하는 제품의 특성 때문에 여성용품전시회, 창업박람회 등 고객을 만날 수 있는 현장은 어디라도 가면서 홍보에 나섰다. 김씨의 '키높이 가발'은 2002년 대한민국 특허기술대전에서 동상을 수상하기도 했다. 전시회마다 주부들의 관심은 높았지만 매출은 기대에 못 미쳤다.

대박의 계기는 2003년 롯데백화점 대전점 입점. '가발은 한물간 상품'이라며 문전박대를 여러차례 받았지만 매장을 열자 주위의 예상을 깨고 하루 200만~300만원의 매출을 올렸다. 백화점 매대에선 하루 100만원 정도 팔리면 보통으로 본다. 올해 1월 서울 롯데백화점 본점에서 한 달 동안 벌인 행사에선 7000만원의 매출을 올리는 기염을 토했다. 중산층이 많이 찾는 현대백화점 압구정점에서도 최근 20일 동안 특별판매 행사를 벌여 5000만원어치를 팔았다. 올 상반기 매출은 8억원. 작년 한 해 매출 10억원에 근접했다. 백화점 입점이 늘어나면 50억원의 매출도 가능할 것으로 김씨는 보고 있다.

"주부가 필요한 게 반짝반짝 빛나는 아이디어가 될 수 있어요. 제가 미용의 '미'자도 모르고도 성공할 수 있었던 것은 평범한 주부, 예뻐지고 싶은 생각을 가진 여자였기 때문이라고 생각해요."

주부의 마음을 읽을 줄 아는 김씨는 '가발'이라는 단어를 쓰지 않고 자신의 제품을 '헤어 보톡스'라고 부른다. 단순한 가발이 아니라 여성이 보다 아름다워지기 위해 필요로 하는 감각 상품이라는 것이다.

【사례3】 루펜BIF의 이희자(52) 사장

요리원리 적용 음식물쓰레기 건조 특허기술 개발

음식물쓰레기 건조 처리기를 생산하는 루펜BIF의 이희자(52) 사장도 전업주부 시절에 젖은 음식물쓰레기 처리와 악취로 고생한 경험이 제품 개발의 밑거름이 됐다. 1997년 '젖은 쓰레기는 버리지 말자'는 캠페인이 한창이던 때 전업주부였던 이씨는 '그렇다면 말려서 버리면 되지 않겠냐'는 단순한 아이디어에서 사업을 출발하게 된다. 외환위기로 대기오염측정기 등 환경제품을 만들던 남편 사업이 어려움에 처해 집을 날리고 가족이 비닐하우스에 사는 상황에서도 음식물쓰레기 처리기 사업을 포기하지 않았다.

당시는 급한 마음에 일본 마루이치사의 기술을 받아들였다. 어렵게 마루이치사의 기술을 도입했지만 일본 음식물은 물기가 적은 반면 우리 음식물은 물기가 많아 바로 적용하기가 힘들었다. 이씨는 "한국 주부의 입장에서 필요한 음식물쓰레기 처리기가 어떤 모습인지 다시 생각했다"며 "단순하면서도, 냄새가 없고, 모든 종류의 쓰레기를 모두 버릴 수 있으면서, 한번 구입하면 추가 비용이 없는 제품을 만들어야겠다고 마음먹었다"고 했다.

그렇게 개발한 기술이 50℃의 따뜻한 공기를 순환시키면서 음식물쓰레기를 건조시키는 '공기순환 건조 방식'이다. 무를 말려 무말랭이를 만드는 원리를 응용했다. 1ℓ의 음식물쓰레기를 바삭바삭하게 말리는데 9시간 정도 걸린다. 또 건조기 내부뿐 아니라 싱크대 주위의 악취까지 흡수해서 하수구로 강제 배출시키는 특허 기술도 개발했다. 이씨는 "음식물쓰레기가 부패하기 전에 말려 냄새가 날 요인을 없애고, 있는 냄새는 내부에서 순환시켜 외부에서 맡을 수 없게 만들었다"고 말했다.

유통 채널이 마땅치 않은 중소기업인 이씨는 우선 아파트 건설사 납품에 주력했다. 건설사 사장과 담당자 집에 제품을 보내 "직접 사용해 보고 평가해 달라"고 했다. 건설사 직원들이 사용한 후에 입소문이 나자 롯데건설, 포스코건설 등이 앞다퉈 신설 아파트에 루펜 제품을 채택했다.

작년 20억원대를 기록했던 매출은 올해 300억원으로 10배 이상 늘어날 것으로 회사 측은 예상하고 있다. 이미 아파트 건설사에서 2~3년 건설 물량을 대비해 주문한 금액만 1000억원에 달해 앞으로도 매출은 더욱 급증할 것으로 보고 있다.

내수 판매는 유통망과 노하우를 갖춘 업체와 제휴했다. 올해 3월 가구업체인 BIF보루네오와 전략적 제휴를 맺고 이씨의 루펜이 80%,

BIF보루네오가 20%의 지분으로 루펜BIF를 설립했다. 생산과 기술개발은 루펜BIF가 맡고, 내수 시판은 BIF보루네오가 맡는 전략이다. 주부들이 직접 사용해 보는 체험 마케팅으로 10만대를 판매할 계획이다.

"음식물쓰레기 처리기는 남자들이 만들면 제대로 제품을 개발하지 못해요. 주부 입장에서 생각하면 쉬운데 말이죠."

루펜BIF는 최근 회색 일변도에서 탈피해 빨간색 등 다양한 색상을 넣은 제품을 시장에 내놨다. 신제품 디자인은 하수관 등이 복잡하게 얽힌 주방 싱크대 밑에 들어갈 수 있도록 납작하게 만들었다. 모두 주부들의 눈높이에 맞췄기 때문에 가능한 아이디어라는 게 이씨의 말이다.

2005. 10. 5. 주간조선

학습문제

1. 사업타당성 분석의 필요성에 대하여 설명하시오.

2. 후보아이템의 평가시 고려할 사항에 대하여 설명하시오.

3. 시장성 분석의 평가요소에 대하여 설명하시오.

4. 기술성 분석의 중요성에 대하여 설명하시오.

5. 경제성 분석의 평가항목에 대하여 설명하시오.

참고문헌 및 자료

1) 박춘엽(1989), 창업과 사업성 분석, 예음, p.56.
2) 김종재 · 윤종록 · 이경근(2005), 중소기업의 창업과 경영, 박영사, p.236.
3) 박주관창업컨설팅(주)(2001), 사업타당성분석, 21세기북스, p.31.
4) 같은 책, p.32.
5) 박춘엽(1989), 앞의 책 p.60.
6) 윤주석 · 조준희(2004), 사업계획서 작성과 사례, 두남, p.40.

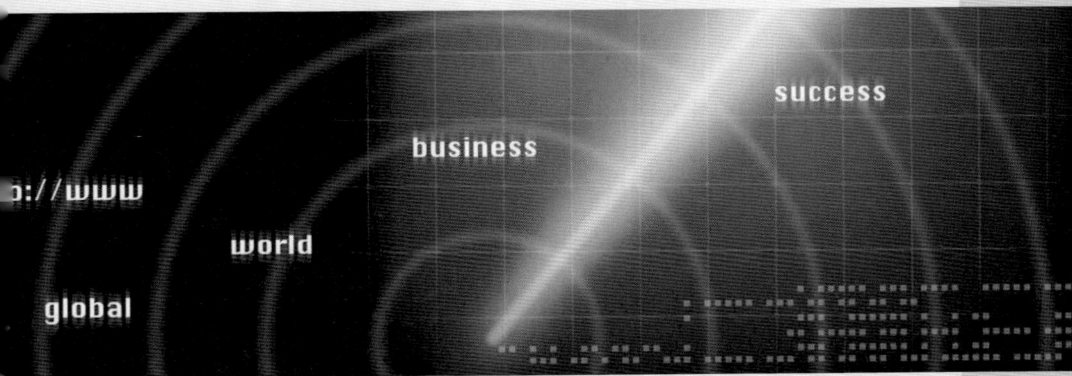

chapter 06

사업계획서 작성

6-1. 사업계획서의 의의

1. 사업계획서의 개요

사업계획서는 창업자가 추진하고자 하는 사업구상을 체계적으로 진술해 놓은 사업 시나리오이다. 창업자는 아무리 소규모의 업종이라도 업종의 특성에 맞은 사업계획서를 작성하여 실행해 나가야만 성공적인 창업을 이룰 수 있다. 사업타당성에 기초한 사업계획서는 창업전략과 수익목표를 구체적으로 제시하는 하나의 설계도와 같은 역할을 하게 된다.사업계획서는 창업자가 투자에 관한 의사결정을 하는데 인용되는 기본적 자료로서 사업성검토를 토대로 수립되어야 한다. 사업계획서는 창업초기의 업무계획으로서 사업의 성공가능성을 미리 점검할 수 있으며, 창업시 외부에서 투자금을 유치하거나 창업투자회사의 투자 지원을 받아야 할 경우에 꼭 필요한 자료이므로 신뢰성과 실현가능성이 있도록 작성되어야 한다.[1] 일반적으로 기업의 실패원인을 내적요인과 외적요인으로 구분하여 볼 때 90% 이상이 내적요인에 의한 실패로 나타나고 있는데, 이러한 요인을 제거하기 위한 최우선 과제는 무엇보다도 정확하고 실질적인 사업계획의 수립에 있다고 할 수 있다.[2]

이와 같이 사업계획서는 창업 이전에 반드시 작성해야 하는 중요한 절차이며 사업계획서의 기능을 살펴보면 다음과 같다.

첫째, 사업을 추진함에 있어서 사업 전반에 관한 구상을 가다듬어, 최소의 비용과 노력으로 최대의 효과를 위함.

둘째, 사업계획서는 사업을 추진함에 있어서 시행착오 및 실패의 위험(Risk)을 줄여주는 안내자와 같은 역할을 하게 된다.

셋째, 사업계획서는 평가기준을 제공한다. 사업의 실행과정에서 나타나는 성과를 사업계획서와 비교・검토함으로써 실제의 성과를 평가할 수 있다. 또한, 사업의 진행과정에서 나타날 수 있는 낭비나 비효율을 제거하여 합리적·체계적·효율적인 사업의 추진을 가능하게 해준다.

넷째, 사업계획서는 자금조달 도구로서도 활용 된다. 자금을 공급하는 금융기관이나 투자자들은 일반적으로 사업계획서를 통하여 회사의 내용을 검토한 후 의사결정을 하게 된다.

2. 사업계획서의 작성 원칙

사업계획서는 창업자의 얼굴인 동시에 창업자 자신의 신용이다. 창업 시의 사업계획서는 창업 자신이 효율적으로 창업기업을 설립하여, 그 사업을 지속적으로 정리·기술한 창업계획이기 때문이다.[3)]

1) 계획사업의 핵심내용 강조

사업계획서는 일정한 순서에 의해 체계적으로 작성되도록 하며, 사업계획서 시작에서 최종 결론에 이르기까지 내용상으로 모순되지 않고 일관성을 유지하도록 한다. 또한 계획사업의 핵심내용이 부각 되도록 하여야 한다. 창업자가 가지고 있는 목표 아이템을 분명하게 부각하여 전략 상품을 1-2종으로 제한하여 집중 설명할 필요가 있다. 목표상품을 잘못 선택하면 실패 확률도 높아지게 된다.

2) 단순하고 보편적 내용으로 구성

누가 보아도 이해할 수 있도록 충실하고 보편적 용어를 사용하여 작성하며, 불가피하게 전문용어 사용 시는 주석을 달아둔다. 특히 제품과 기술성 분석 등에서 전문적인 용어의 사용은 피하는 것이 좋으며, 불필요한 미사여구는 생략하고 문장이 긴 서술형보다는 짧은 나열형으로 눈에 잘 들어오도록 하는 것이 바람직하다.

3) 실현가능성 부각

사업자가 지닌 경영능력, 자금력, 기술력, 시장성 등을 감안하여 현실적으로 실현 가능한 사업계획을 세워야 한다. 사업계획서는 창업자가 목표아이템을 제3자에게 설득력 있게 납득시키는 것이 중요한 목적이다. 따라서 계획 사업에 대한 내용을 충분히 설명하고 자신감이 표출되어야 한다.

4) 객관적 기술

인용하는 자료의 근거를 확실히 제시하고 최신자료를 활용하며 근거 없이 함부로 자료를 가공하거나 과장된 표현을 사용하지 않도록 하는 것이 중요 하다. 지나치게 과장된 내용은 다른 사람에게 신뢰를 얻지 못할 수 있다. 따라서 공신력 있는 기관의 자료를 이용한 시장조사나 최소한의 회계적 지식을 기초로 매출액과 수익 등이 추정되어야 한다.

5) 정확한 자금조달 계획

자금의 조달과 운용에 관한 계획은 투명하고 명확해야 한다. 창업자 자신이 조달 가능한 자금의 규모가 명확하고 그 근거가 분명해야 한다. 이는 자금의 공급자나 투자자에게 자금조달 능력에 신뢰를 심어주게 된다. 자금조달 능력을 벗어나 사업계획을 세우는 것은 실패 가능성을 키우는 결과를 가져 올 수 있다.

6) 사회적 윤리성 검토

구상하는 사업계획이 사회적으로 반도덕적 또는 반윤리적인 사업이라면 기업의 지속성과 안전성을 보장받지 못하는 사업이며, 언제든지 실패할 위험을 갖고 있는 사업이므로 사업계획서는 반드시 사회적 도덕성과 윤리성을 갖추어야 한다.

사회적 도덕성과 윤리성을 갖추었다고 하더라도 현행법에 위배된다면 당장 사업을 시행하기가 어려운 사업이므로 신중한 법률적 검토가 반드시 이루어져야 한다.

6-2. 사업계획서의 작성 절차

1. 사업계획서의 작성 요령

사업계획서는 사용 목적 또는 용도에 따라 다양하며 내용상의 차이도 나타난다. 그 종류별로 살펴보면, 창업용, 경영관리용, 자금유치용, 인・허가용 등이 있다. 따라서 사업계획서를 작성하는 경우에 유형별로 미리 기본계획과 작성 순서를 정하고 작성하는 것이 능률적이다. 사업계획서 작성의 기본 순서를 살펴보면 다음과 같다.[4)]

1) 사업계획서의 기본 방향을 설정

제1단계는 사업계획서의 기본 방향을 설정하는 것이다. 사업계획서는 작성 목적에 따라서 ① 창업자 자신의 창업계획을 구체화하기 위한 수단으로서 작성하는 경우 ② 자금조달을 목적으로 작성하는 경우 ③ 공장설립 및 인허가 등을 위해 작성하는 경우가 있는데, 각각의 목적에 따라 기본 목표와 방향을 정해야 한다. 기본목표와 방향이 정해지지 않으면 사업계획서가 초점을 상실하기 때문이다.

2) 사업계획서 양식 확보

제2단계는 사업계획서작성 목적 및 제출기관에 따라 소정양식이 있는지 미리 알아보아야 한다. 자금조달을 위한 경우라도 은행, 신기술사업금융회사 등에 따라 그 내용에 약간의 차이가 있기 때문이다.

3) 사업계획의 구상 및 목차 설정

제3단계는 사업계획서 작성계획의 수립이다. 대부분의 사업계획서는 사업계획추진 일정상 일정기한 안에 작성해야 할 필요성이 있기 때문이다. 사업계획서 작성이 지연되는 이상으로 계획사업 추진에는 더 큰 지연이 따를 수 있다. 따라서 각 부분별로 작성일정과 보조를 받아야 할 사람을 확정할 필요가 있다. 주관은 누가하든지 간에 시장성 및 판매전망은 영업부문 담당자가, 자금조달 운용계획 및 추정제무제표 작성 등 재무에 관한 사항은 경리담당자가 제품 및 기술성 분석에 관한 사항은 생산담당자가 작성자가 작성하는 것이 합리적이다.

4) 사업계획서 작성에 필요한 자료 준비

제4단계는 사업계획서 작성에 직접 필요한 자료와 첨부서류 등을 철저히 준비하는 일이다. 흔히 사업계획서 작성시 위의 3단계까지의 절차를 생략하고 자료부터 수집하는 경우가 있다. 그러나 이것은 불충분한 자료수집 때문에 재차 자료수집을 해야 하는 경우도 생기고 시간을 낭비할 수도 있다.

5) 사업계획서의 양식의 구성

제5단계는 작성해야 할 사업계획서의 양식을 결정하는 일이다. 제2단계에서와 같이 특정기관의 소정양식이 있는 경우 그 양식에 의거 작성하면 별 문제 없지만, 특정양식이 없는 경우에는 미리 작성해야 할 사업계획서의 양식을 구성할 필요가 있다.

6) 사업계획서의 작성

제6단계는 실제 사업계획서를 작성하는 일이다. 제출기관에 따라 사업계획서 작성 방법을 간단히 설명하고 있는 경우도 있지만 그것만으로는 충분하지 못하다. 사업계획서 작성자는 사업계획서 작성 요령을 미리 숙지하여 둘 필요가 있다.

실제 사업계획서 작성 단계에서는 원칙도 중요하지만 많은 기교도 필요하다. 즉 정해진 양식에 따라 순차적으로 작성해 나가는 것 보다는 재무적 자료의 기초가 되는 추정 재무제표를 먼저 작성하는 것이 시간 절약에 도움이 된다. 사업계획서에 기술할 많은 수치와 계획들이 추정 재무제표와 일치하지 않을 때 그 사업계획서는 신뢰성을 잃게 되기 때문이다.

7) 편집 및 제출

제7단계는 편집 및 제출이다. 사업계획서 내용도 중요하지만 그 내용을 포괄하고 있는 표지 등 편집도 중요하다. 사업계획서 제출 시에는 그 내용을 충분히 숙지하여 설명과 응답에 부족함이 없어야 한다.

사업계획서의 작성절차를 순서별로 정리하면 다음과 같다.

2. 일반적인 사업계획서의 구성내용

① 표지 및 목차

② 계획사업의 개요

- ▶ 회사 소개 : 상호, 소재지, 전화 및 팩스, 설립일자, 자본금, 연혁 등
- ▶ 대표자 및 경영진(주요 주주) : 인적사항 및 학·경력 등 주요 이력사항
- ▶ 회사 조직도(부서별 인원수)
- ▶ 사업추진 동기 및 배경
- ▶ 목적사업 및 규모(공장규모, 종업원 수, 생산능력 등)
- ▶ 주요제품 소개
- ▶ 사업예정지 입지 및 위치도(약도)

③ 사업 내용

- ▸ 제품에 대한 상세 설명 : 용도, 특성, 기능, 제품사진 등
- ▸ 생산 공정도 및 공정과정 설명
- ▸ 생산설비 투자계획(공장부지, 건물, 기계설비, 차량, 공구도구, 집기비품 등의 규격, 수량, 단가, 금액)
- ▸ 인력확보 계획(부서별 인력의 수, 자격조건, 충원방법 및 배치계획, 인건비 지급 계획)
- ▸ 소요 자금 및 조달계획(소요자금별 조달계획, 자기자본 및 타인자본의 구분)
- ▸ 사업 추진일정 계획
- ▸ 원부자재 조달 및 사용계획(거래처, 조달규모, 결제조건, 사용규모, 재고수준, 규격, 수량, 단가, 금액)
- ▸ 제품 생산 계획(생산규모, 제품의 규격, 수량, 단가, 금액)
- ▸ 제품 판매 계획(마케팅 전략, 판매처, 매출 및 재고수준 : 규격, 수량, 단가, 금액)
- ▸ 동종 산업의 시장 현황 및 전망

④ 추정재무제표 작성(산출근거 별첨 제시)

- ▸ 추정 대차대조표
- ▸ 추정 손익계산서
- ▸ 추정 제조원가명세서(제조업일 경우)

⑤ 필요할 경우 추가 작성

- ▸ 현금흐름표
- ▸ 손익분기점 분석표
- ▸ 차입금 상환계획표
- ▸ 투자자금 회수계획표 등

3. 사업계획서 양식

1) 기업현황

(1) 일반현황

가. 대표자 인적사항

<table>
<tr><td colspan="2">성 명</td><td></td><td>주민등록번호</td><td></td></tr>
<tr><td colspan="2">주 소</td><td></td><td>자택전화</td><td></td></tr>
<tr><td rowspan="3">학력</td><td>기 간</td><td>학 교 명</td><td>전 공 분 야</td><td>수 학 상 태</td></tr>
<tr><td></td><td></td><td></td><td></td></tr>
<tr><td></td><td></td><td></td><td></td></tr>
<tr><td rowspan="4">경력</td><td>기 간</td><td>기 업 체 명</td><td>주요생산품목</td><td>담당업무 (직위)</td></tr>
<tr><td></td><td></td><td></td><td></td></tr>
<tr><td></td><td></td><td></td><td></td></tr>
<tr><td></td><td></td><td></td><td></td></tr>
<tr><td rowspan="3">교육
훈련</td><td>기 간</td><td>실 시 기 관 명</td><td>과 정 명</td><td>분 야</td></tr>
<tr><td></td><td></td><td></td><td></td></tr>
<tr><td></td><td></td><td></td><td></td></tr>
<tr><td colspan="2" rowspan="2">재산보유현황
(단위:백만원)</td><td>종 목</td><td>내 역</td><td>금 액</td></tr>
<tr><td>주택, 부동산
(자가, 임차 표기)
예금 · 주식 · 채권 등</td><td></td><td></td></tr>
<tr><td colspan="2" rowspan="3">최근 3년 간
포 상
(정부, 공공기관 포상)</td><td>수 여 기 관 명</td><td>포 상 명</td><td>포 상 내 용</td></tr>
<tr><td></td><td></td><td></td></tr>
<tr><td></td><td></td><td></td></tr>
<tr><td colspan="2">경영실권자 성 명</td><td></td><td></td><td></td></tr>
</table>

▸ 대표자(경영실권자) : 대표자, 경영실권자가 각각 있을 경우 각각 기재

▸ 현주소 : 주민등록등본상의 현주소를 기재하되, 실제 거주지와 상이한 경우에는 이를 병기하여 기재

▶ 최종학력 : 최종 졸업한 학교명, 학과, 졸업 년 월 일을 기재
▶ 주요경력 : 최근 경력이 위로 오게 하여 순차적으로 기재
▶ 소유재산 등 : 거주주택이외의 부동산의 소재지, 종별, 규모, 설정 관계 등을 간단히 기재

나. 경영진 및 주요 주주현황

성 명 (법인 명)	주민등록번호 (사업자등록번호)	경영실권자와의 관계	회사 내 직위 (주요경력)	보유 주식 수 (소유비율 %)

▶ 법인기업의 경우
최근 법인등기부 등본에 의하여 대표이사, 이사, 감사 및 주요 기술인력 순으로 기재
▶ 개인기업의 경우
대표자, 경영실권자 및 주요 기술인력에 대하여 직위 등을 확인 기재

다. 회사연혁
▶ 설립배경 : 창업동기 · 경영자의 경영철학 등을 바탕으로 간략하게 기재
▶ 성장과정 : 대표자, 상호, 업종 변경, 공장신축, 이전, 증자상황 등 기업의 주요 영역을 간단하게 기재

① 제품(상품, 서비스) 및 영업현황

가. 주요 생산제품(상품 및 서비스) 개요

제 품 명	
제품용도 및 특성 (상품 및 서비스 주요내용)	
대체 또는 경쟁제품 (상품 및 서비스) 과의 차별성	
경쟁업체 현황	
기술의 파급효과 (기여효과)	

▸ 주요 생산제품 개요는 전혀 모르는 사람에게 설명하듯이 구체적으로 기술

▸ 대체 또는 경쟁제품과의 차별성은 기술/기능상의 차이를 위주로 하되 자사제품의 핵심기술 보유여부를 포함하여 기술

▸ 경쟁업체 현황은 경쟁업체명과 기술개발계획, 양산/증산계획 등을 기술

▸ 기술의 파급효과 또는 서비스의 기여효과는 해당제품(서비스)의 적용범위 및 응용성을 위주로 하되 계획된 제품(서비스)을 포함하여 기술

나. 시장현황

시장 규모 및 특성 (전체시장규모)	❑ 시장규모 (단위 : 백만원)				
	구 분	2010년	2011년	2012년	2013년
	국내시장				
	해외시장				
	※ 참고사항 기술 :				
	❑ 시장특성 (향후 3년간 전망)				
	시장상태	독점( ) 과점( ) 경쟁( ) 과당경쟁( )			
	안정성	안정( ) 비교적 안정( ) 비교적 불안정( ) 불안정( )			
	성장성	10%이상( ) 10%미만( ) 현행유지( ) 퇴조( )			
	시장점유율	%			
	※ 해당란에 ○표 하고 참고사항 기술 :				

▸ 시장의 규모 : 국내시장과 해외시장으로 나누어 산업 전체의 시장 규모를 기재

▸ 시장의 특성 : 시장의 경쟁 형태와 성장성 여부에 대하여 기재

다. 매출 및 매입현황

구 분	연도별 매출액 (단위: 백만원)							
	2008년	%	2009년	%	2010년	%	2011년( ) 월까지	%
내 수								
수출액								9
합 계								100

생산품목 (상품 및 서비스)	2010년 품목(상품 및 서비스)별 매출액(단위: 백만원)		
	내 수	수 출	합 계
계			

② 기술(연구)인력 및 시설현황

가. 연구개발 및 인력 현황

연구개발조직	부설연구소(과기부 인증 제호 / 연구소)				
개 발 인 력					
주 요 연 구 시 설					
연구개발실적	개발과제 및 내용	개발기간	개발방법	소요금액 (백만원)	비 고 (사업화현황 등)

나. 규격표시 획득현황

규격표시명	허가(승인)품목	허가(승인)번호	승인기관	허가(승인)일자

▸ 규격표시명: ISO, KS, JIS, UL 등 국내외규격, 검, Q Mark

다. 산업 및 지적재산권 등록현황

종 류	고안의 명칭	등록번호	등록일	발명자 (고안자)	특허 또는 실용신안권자	전 용 실시권자

▸ 종류 : 발명특허등록, 실용신안권등록, 의장권등록, 프로그램 등록 등

▸ 출원중인 경우 등록번호와 등록일란에 신청접수번호와 신청일을 기재

③ 신청자금 소요현황

가. 차입금현황 (년 월 일 현재)

대출 기관명 (지점, TEL)	대 출				정책자금 추 천 기 관 명	제공담보현황	
	시설	운전	기타	계		담보종류	감정가격, 보증금액
합 계							

- ▶ 반드시 기입하며, 부족시 별지첨부, 금융거래확인서 참고
- ▶ 담보종류에는 부동산, 보증서, 예·적금 등 제공담보종류를 기입하고, 감정가격 및 보증금액란에는 부동산 감정가격이나 보증서 발급금액 등을 기재함

나. 채무보증현황 (년 월 일 현재)

피 보 증 인	금 액	비 고

2) 계획제품의 내용

① 신청 개발기술의 제품(상품 및 서비스)

제 품 명	
제품용도 및 특성 (상품 및 서비스 주요내용)	
대체 또는 경쟁 제품(상품 및 서비스)과의 차별성	
경쟁업체 현황	
기술의 파급효과 (기여효과)	

▸ 개발기술 제품 개요는 전혀 모르는 사람에게 설명하듯이 구체적으로 기술

▸ 대체 또는 경쟁제품과의 차별성은 기술/기능상의 차이를 위주로 하되 자사제품의 핵심기술 보유여부를 포함하여 기술

▸ 경쟁업체 현황은 경쟁업체명과 기술개발계획, 양산/증산계획 등을 기술

▸ 기술의 파급효과 또는 서비스의 기여효과는 해당제품(서비스)의 적용범위 및 응용성을 위주로 하되 계획된 제품(서비스)을 포함하여 기술

② 개발기술 제품(상품 또는 서비스) 영업계획

<table>
<tr><td colspan="2">판매형태</td><td colspan="8">주문판매(　　%), 시장판매(100%), 임가공(　　%), (내수90%, 수출10%)</td></tr>
<tr><td rowspan="3">경쟁현황</td><td rowspan="2">제품7명
(상품및서비스)</td><td rowspan="2">시장
규모</td><td rowspan="2">국내생산
업 체 수</td><td colspan="2">주요기업체명</td><td colspan="2">귀사의 동업계 지위</td><td rowspan="2">경쟁
상태</td></tr>
<tr><td>1순위</td><td>2순위</td><td>시설능력</td><td>시장지위</td></tr>
<tr><td></td><td></td><td></td><td></td><td></td><td></td><td></td><td></td></tr>
<tr><td colspan="2">특기사항
(시장전망, 산업의 특성, 업계 및 경쟁업체 동향, 판매계획 달성 가능성 등)</td><td colspan="7"></td></tr>
</table>

▸ 시장규모는 금액 또는 물량기준으로, 동업계 지위는 상·중·하로, 경쟁상태는 과당, 보통, 독점으로 기재

③ 판매계획

품목명 (상품 및 서비스)	2009년			2010년		2011년	
	생산능력 (수량 및 금액)	판매액		판 매 액		판 매 액	
		내 수	수 출	내 수	수 출	내 수	수 출
							500
합 계							

▸ 생산능력은 제품단위에 맞게 물량 및 금액 두가지를 모두 표기

▸ 수출금액은 원화로 환산표기하고 추정기준환율을 기재함(1$: 원)

▸ 주요품목(상품 및 서비스)만 기재하고 나머지는 기타로 묶어 합산 기재함

④ 자금조달계획

구 분	총 소요자금	자금조달계획 (백만원)			자기자금 조달방법
		중진공 지원자금	자기자금	기타자금	
시설자금					
운전자금					
계					

▸ 자금조달계획은 전체소요금액을 기준으로 해당항목별로 기재

▸ 운전자금은 운전자금 집행계획상의 부문에 해당될 경우만 지원 가능함

⑤ 설비투자계획

<table>
<tr><td>설치장소</td><td colspan="3"></td></tr>
<tr><td>대상제품</td><td></td><td>추진기간</td><td>년 월 ~ 년 월</td></tr>
<tr><td>사업내용
(목적, 개선내용,
추진방법 등
구체적으로 기재)</td><td colspan="3"></td></tr>
</table>

시 설 명	규격	수량	단가	소요금액 (백만원)	제작사 (국산 / 외산)	설치시기 (대출 월)	비 고
합 계				500			

투 자 효 과	

▸ 반드시 계약서, 견적서, 오퍼시트 등의 내용과 일치시킬 것
▸ 소요금액은 부가세를 제외한 금액으로 기재
▸ 설치시기는 사업추진기간을 고려 정확한 설치시기, 대출월을 기재
▸ 중고 계측장비 등의 경우 비고란에 대기업이양설비, 중소기업자간 중고기계매매설비, 경매(공매)설비, 외국에서 직접 수입하는 중고설비에 해당사항이 있을 경우 반드시 구분하여 기재

▸ 투자효과는 생산성향상, 원가절감, 불량률감소, 인건비절감 등의 내용으로 기술하며, 현행공정과 개선공정을 비교하여 산출(예 : 생산증가 10개/일 → 15개/일, 불량률 감소 5% → 3%)

⑥ 운전자금집행계획

구 분	내 역	금 액
개발기술평가 및 사업타당성 진단비용		
시료 개체비용, 실험비, 외주가공비 등 시제품제작비용		
제품 · 환경 · 포장 · 시각 디자인 개발비		
원 부자재 구입비 및 인건비 등 초기 양산비용		
시장개척비용 등		
합 계		

세계 최대 '대장간' 만든 섬마을 선생님

태웅 허용도 회장

"왜 우리는 세계 1등 못해?" 전재산 1300만원 털어 창업
부부 지분 합치면 재산 1조 "돈 좇지 말고 재미를 좇아라"

㈜태웅 허용도(61) 회장에게 인터뷰 요청을 위해 전화를 걸었다가 가수 이미자씨의 '섬마을 선생님' 노래를 한참 동안 들었다. "열아홉 살 섬색시가 순정을 바쳐 사랑한 그 이름은 총각선생님…"이라는 휴대폰 통화연결음 노래를 듣고 있으니, 저쪽에서 "여보세요"라는 응답이 왔다. '비서이겠거니' 생각했는데, "제가 허용돈데요"라고 했다. 상장회사 보유 지분 기준으로 우리나라에서 10위권 부자인 허 회장은 '뽕짝'을 휴대폰 통화연결음으로 삼고, 전화를 직접 받는 사람이다.

"빨리 출근해 일하고 싶어서 잠을 설쳤다"

태웅은 '세계 최대의 현대식 대장간'이다. 쇳덩어리를 불에 달군 뒤 프레스 등으로 두드려서 풍력・원자력 등 각종 발전장비・선박・기계의 부품을 만드는 단조(鍛造)회사다. 지난해 6153억원 매출에 영업이익 1003억원을 기록하며 연말 코스닥시장 시가총액 1위를 달성했다. 허 회장은 부인이 보유한 지분까지 합치면 재산이 1조원에 육박한다. 한국의 100대 부자 중 창업자의 2・3세가 아니라, 당대에 창업해 스스로 부를 일으킨 몇 안 되는 사람이다.

그의 휴대폰 통화연결음엔 사연이 있다. 경남 산청 출신인 그는 진

주교대를 졸업하고 통영에 있는 작은 섬 욕지도의 한 초등학교에서 교사 생활을 했다. 허 회장은 "꼭 섬마을 선생님이었던 내 이야기인 것 같고, 사업할 때 '교사 출신이니 속이지는 않겠다'는 이야기를 들으며 덕을 많이 봤기 때문에 휴대폰 통화연결음으로 삼았다"고 했다.

그는 교사 생활 5년을 끝으로 친척이 운영하는 작은 단조회사로 옮겼다. "오후 1~2시만 되면 수업을 모두 끝내고 5~6시 교무실 종례할 때까지 별일 없이 앉아 있는 것이 내 적성에 맞지 않았다"고 했다.

1981년 친척이 했던 단조회사가 부도나자, 그는 전 재산 1300만원을 털어서 직접 태웅단조공업사를 세웠다. 부산 사상공단 변두리의 250평짜리 공업소에 공기압으로 작동하는 0.5t짜리 에어해머 한 대를 들여놓고 사업을 시작했다. 3년 뒤에는 은행 경매로 나온 땅을 분할상환 조건으로 구입해 직접 공장을 지었다.

"아침에 눈을 뜨면 공장에 빨리 가고 싶어서 안달이 났다. 새벽 4~5시에 공장에 나가 가열로(加熱爐)에 불을 붙이고, 그래도 할 일이 없으면 공장 이곳저곳을 청소하고 기계를 닦았다. 공장 식구들이 출근할 때까지 기다리는 것이 그렇게 즐거울 수가 없었다."

마치 정주영 전 현대그룹 명예회장이 "내가 평생 동안 새벽 일찍 일어나는 것은 그날 할 일이 즐거워서 기대와 흥분으로 마음이 설레기 때문"이라고 한 말과 비슷했다.

도전, 또 도전

그의 성공에는 고비 때마다 동종 업계의 상상을 훨씬 뛰어넘는 투자가 결정적인 역할을 했다. 1990년 그는 부산 다대동에 공장을 신설하며 국내 최초로 지름 3m짜리 링을 만들 수 있는 롤링밀(ring roll mill)을 도입했다. 과거 링을 만들려면 둥근 철판의 가운데를 잘라내야 했는데, 링 롤링밀은 둥근 쇳덩어리의 가운데에 구멍을 뚫은 뒤

밖으로 계속 늘려서 링을 만드는 기계다. 원료 낭비가 훨씬 적다. 당시 태웅은 자본금이 5000만원, 1년 매출규모가 5억원에 불과했다. 그런 태웅이 16억원짜리 기계를 들여놓겠다고 하자 주변에서는 "제정신이 아니다"라고 했다.

허 회장은 "단조업계의 경쟁력은 생산해낼 수 있는 제품의 크기나 종류에서 판가름 나는 것"이라며 "그 기계를 도입하면 지름 3m 이상 단조품 시장을 독점할 수 있을 것이라 판단했다"고 말했다.

그 투자 덕분에 태웅은 국내 대형 단조품 시장을 휩쓸고, 일본에 첫 수출하는 개가를 올렸다. 이후 그는 한국 최초·최대가 아니라 세계 최초·최대에 끊임없이 도전했다. 2004년 일본 업체들도 지름 5m짜리가 최고일 때 그것의 2배에 가까운 세계 최대 지름인 9m짜리 링 롤링밀을 설치했고, 2008년에는 세계 최대규모인 1만5000t 프레스를 도입했다. 이로써 태웅은 단일 단조회사로 세계 최대 업체로 부상했다.

대형 단조품을 만들 능력을 갖추면서 풍력발전기의 주요 부품인 타워플랜지(발전기 타워의 원통형 기둥을 연결하는 이음새 부품)와 메인샤프트(날개의 운동에너지를 터빈에 전달하는 회전축) 등 풍력발전 시장에도 뛰어들었다. 이것이 최근 세계 녹색에너지시장 팽창과 맞물려 태웅이 급성장하는 바탕이 됐다. 작은 관 이음새를 만들던 대장간 수준의 공업사에서 세계 최대 풍력발전기업체인 베스타스와 GE, 지멘스와 현대중공업, 두산중공업 등 글로벌기업에 핵심 부품을 납품하는 업체로 성장한 것이다.

허 회장은 "사업하는 사람은 뭐든지 남에게 지기 싫어하고 1등을 하고 말겠다는 기질이 있어야 하는 것 같다. '왜 우리가 세계 1등을 못해?'라는 오기가 있었기에 과감하게 투자했고 새 시장을 뚫을 수 있었다"고 말했다.

그는 또다시 주변에서 '무모하다'는 도전을 준비하고 있었다. 원료인 잉곳(쇳덩어리)을 자체 생산하기 위해 전기로 제철소(고철 원료를 전기로 녹여 철강 제품을 만드는 제철소) 건설을 검토 중이다.

허 회장은 "사업이라는 건 신이 들려야 하는 것 같다"면서 "어려우면 어려움을 해결하는 재미로, 순조로우면 닥쳐올 문제가 무엇일지 미리 챙겨보는 재미로 해야지 '돈을 얼마나 벌어야지' 하는 생각으로는 절대 오래 하지 못한다"고 말했다.

2009. 7. 30. 조선일보

학습문제

1. 사업계획서 작성이 중요한 이유를 설명하시오.

2. 사업계획서 작성의 원칙에 대하여 설명하시오

3. 사업계획서 작성절차에 대하여 설명하시오.

참고문헌 및 자료

1) 윤주석, 조준희(2004), 사업계획서 작성과 사례, 두남, P.58.
2) 한국생산성본부(1998), '사업계획서 작성 가이드', pp.13-14.
3) 윤주석, 앞의 책, p.59.
4) 같은 책, pp.61-62.

chapter 07

기업의 창업절차

7-1 기업의 창업 방법

기업의 창업 방법은 기업(개인기업)을 인수하여 창업하는 방법과 새로운 기업을 건설하는 방법이 있다. 창업자는 먼저 창업 방법에 대하여 결정해야 한다. 기업을 새롭게 시작하려는 창업자는 자신의 능력이나 여건에 맞추어 그 방법을 결정해야 한다. 인수창업과 신설창업은 각각 장점과 단점을 함께 가지고 있다.

1. 인수창업

인수 창업은 기존의 사업장을 그대로 인수하여 운영하는 형태이다. 창업자는 기업인수에 앞서 창업의 목적이나. 자금력 등을 검토해야 한다. 그리고 인수기업의 위치, 기업의 내용, 인수 대상기업의 양도조건과 법적 하자 여부 등도 확실히 파악해야 한다. 기존기업을 인수하여 가업을 시작하는 경우 유·불리점에 대하여 살펴보면 다음과 같다.

1) 기존기업 인수시 유리점

(1) 수익이 즉시 발생

기존 기업을 인수하는 경우에는 영업권의 전부를 인계받아 사업을 영위하게 되므로 사업수익이 계속적으로 발생하게 된다. 기존 시장이 존재하며 고객과 공급자들이 지속적인 과계를 유지함으로써 계속 사업이 가능해진다.

(2) 생산기간이 단축

제조업의 경우 신축 창업에 비해 생산준비기간이 크게 단축될 수 있다. 인수기업의 생산설비나 장비가 정상적으로 가동되는 경우 생산을 위한 별도의 준비기간을 생략할 수 있게 해준다.

(3) 종업원들의 확보

기업을 신규 창업하는 경우 숙련된 종업원의 확보가 큰 과제이다. 그러나 인수창업의 경우 그러한 노력을 줄일 수 있다. 또한 원료나 재료의 공급자도 확보된 상태이기 때문에 공급선의 물색에 따르는 어려움을 없게 해준다.

(4) 지속적인 거래 가능

재고 저장창고가 있고 각종 거래가 지속되고 있기 때문에 시장 개척 등의 노력을 줄일 수 있다.

(5) 금융거래 유리

금융기관과 기존에 맺은 약관에 따라 거래하게 되므로 자금지원이 유리하게 된다. 그러나 인수창업의 경우 불리한 조건도 함께 지니게 된다.

2) 기존기업 인수시 불리점

(1) 기업경영상 유연성이 부족

기존기업을 인수했을 경우 가장 큰 애로사항은 유연한 경영을 하기 어려운 것이다. 경영환경의 변화에 따라 적절한 혁신을 필요로 하는 경우 곤란한 경우가 발생할 수 있다. 예컨대, 시장에서 경쟁의 심화로 수익을 발생시키기 어려운 경우도 발생할 수 있고, 현재의 설비로는 혁신적 기업으로 운영하기에 어려운 경우도 있다. 노동생산성의 저하나 노사관계가 해결될 수 없는 고질적인 상황이 되어 있는 경우도 있을 것이다.

(2) 수익성의 저하

적정수익이 부족하여 매각되었을 수도 있다. 기업의 재무상태가 실제보다 악화되어 있고 생산성도 낮아 기업이 매각하지 않을 수 없는 상태였는지도 모른다. 따라서 기업 인수시에는 완전하고 철저한 분석이 필요하다.

(3) 생산설비의 노후화

기업인수자는 생산설비의 노후화와 기능적 진부화에 무관심할 수 있다. 장비나 기계에 결함이 생기고 기능적 진부화에 따른 생산성 저하가 있을 수 있다.

(4) 기타 장애요소

과잉생산이나 판매부진으로 재고가 쌓일 수 있으며, 시장가격이 지나치게 낮아져 수익을 미처 내지 못할 수도 있다.

3) 기존기업 인수시 타당성 검토

기존기업을 인수할 경우 고려할 사항은 최종인수결정을 하기 전에 면밀한 타당성 분석을 할 필요할 있다. 기업 인수시 타당성분석의 세부결정은 아래 [표 7-1]과 같다.

[표 7-1] 기존기업 인수시 고려사항

고려사항	세부항목분석
1. 기업의 가치분석	1) 왜 가치가 있는가? 2) 왜 팔려고 하는가?
2. 현 소유자의 동태는	1) 경쟁상대로 계속 남게 되는가? 2) 신체적, 경제적 문제는 없는가? 3) 사업에 손을 떼려는 것인가?
3. 시장분석	1) 시장개척에 성공하지 못한 이유는? 2) 시장인구는 증가하고 있는가? 감소하고 있는가? 3) 회사의 기술수준이 소비시장에 적합한가?

고려사항	세부항목분석
4. 소비자 분석	1) 시장인구의 연령분포 2) 시장인구의 수입수준 3) 시장의 크기 4) 시장점유율 5) 변화요인
5. 설비분석	1) 설비의 노후정도 2) 새로운 변화에의 기존설비 적합도
6. 효과적인 기업운영	1) 인적자원은 효과적인가? 2) 낭비되고 있는 것은 무엇인가? 3) 생산되는 서비스의 질은? 4) 재고수준의 적절성
7. 재무상태분석	1) 재무상태의 적합성 2) 현금유동성분석 3) 현금보유상태 4) 각종 재무비율 5) 장단기 부채의 조건 및 기간 6) 비용의 적절성 7) 가격형성분석(price formula analysis) 8) 부채의 지불여력
8. 추가적인 투자의 필요성	새로 투입될 자금의 예측
9. 예상수익분석	예상수익 예측
10. 의사결정분석	단계별 리스트에 의한 자세한 검토 분석

자료 : 김종재(1997), 중소기업경영론, 박영사 p.151.

2. 신설 창업

기업가정신을 충분히 발휘하여 창업을 하려는 경우 인수창업보다는 신설창업이 적절한 방법이다. 신설창업은 인수창업에 비해 훨씬 더 자유로운 의사결정이 가능하기 때문이다. 뭔가 새로운 것을 창조함으로써 보람과 성취감을 얻으려는 창업자에게 적당한 방법이다. 이들은 국민경제에 있어 매우 중요한 존재들이며 이들은 다양한 경제변화에 적절히 대응해 가는 개척자들인 것이다. 기업을 신설함에 있어 유리한 점과 불리한 점을 살펴보기로 한다.[1)]

1) 신설 창업의 장점

① 기업의 본질을 임의로 규정할 수 있다.
② 마음에 드는 설비와 형태를 창조할 수 있다.
③ 최신기술, 장비 및 원재료, 기재 등을 임의로 선택할 수 있다.
④ 최신제작과정을 도입할 수 있다.
⑤ 신선한 상품전략을 선택할 수 있다.
⑥ 창업자 임의의 모집, 훈련, 개발, 동기부여가 가능하다.
⑦ 창업자 자신의 관리정보시스템을 디자인할 수 있다
⑧ 경쟁적 시장 선택이 가능하다.

2) 신설창업의 단점

기업창설의 어려운 점은 다음과 같다.

① 사회공익에 맞는 기업의 선택문제
② 판매나 이익달성 정도 예측의 불확실
③ 입지, 건물, 장비, 재료, 직원채용 등과 관련된 문제
④ 생산라인 설치문제
⑤ 유통경로 및 시장 확보 문제
⑥ 적용할 회계 시스템 및 통제 방법
⑦ 개미처럼 일해야 할 어려움

7-2. 기업의 설립 방법

1. 기업의 조직구조

기업의 조직구조는 개인기업과 법인기업(회사기업)으로 나눌 수 있다. 법인 기업은 합명회사, 합자회사, 주식회사, 유한 회사로 나누어 진다. 이들 조직형태에 따라 특성과 장단점을 지니고 있기 때문에 창업자는 이러한 기업의 조직형태 중에서 자기기업에 적합한 조직구조를 선택하여야 한다. 신사업을 구상하는 창업자는 조직구조를 결정하는 요인이 무엇인지를 파악하고 있어야 한다. 이는 어떤 조직이든 최상의 것은 존재하지 않는다 할지라도 창업자를 둘러싸고 있는 각종 환경에 적합한 조직형태를 만들 수 있기 때문이다.[2)]

다음은 창업자가 조직구조를 결정하는 데 고려해야 할 조직 형태의 장단점을 비교한 것이다.

[표 7-2] 개인 기업과 법인 기업의 장단점

구분	개인기업	법인기업
장점	① 소유자에게 이윤독점 ② 소자본 창업이 용이함 ③ 기업 활동에 필요한 의사결정의 신속 ④ 사업상의 기밀 유지 ⑤ 효율적 인사관리 ⑥ 폐업의 용이성	① 법적인 보장 ② 자금조달의 용이성 ③ 주주의 유한 책임 ④ 기업 상장을 통한 대중화, 거대화 ⑤ 사회적 공신력의 확보 ⑥ 소유와 경영의 분리
단점	① 경영상의 부채, 손실의 무한책임 ② 추가자금조달의 곤란 ③ 사업주 신상에 따른 비영속성 ④ 소유자의 관리 부담 ⑤ 납세상의 불이익	① 설립요건의 복잡성 ② 법적 절차에 따른 의사결정 지연 ③ 세무상 규제와 보고 의무 ④ 사업상의 비밀보장 곤란 ⑤ 주주 상호간의 의견 불일치 가능성

2. 개인 기업의 설립

개인 기업은 기업의 규모와 관계없이 법인기업이 아닌 모든 기업을 의미한다. 따라서 1인이 창업하는 경우나 가족 등이 함께 창업하는 가족기업이 있을 수 있다. 따라서 개인 기업은 개인이 출자자인 동시에 경영자로서 기업을 직접 경영하는 형태가 된다. 따라서 경영활동에 따른 이익의 독점이 가능하지만 기업의 채무나 손실에 대한 무한책임도 지게 된다.

개인 기업을 창업하는 데는 설립절차에 따른 법적규제는 없으며 사업장을 갖추고 사업장 소재지의 세무관청에 사업자등록을 신청하여 영업을 개시하면 된다.

개인 기업의 절차상 큰 어려움은 없으나, 법령에 의하여 인·허가나 등록, 신고절차를 마쳐야 개업이 가능한 업종이 있다. 이러한 경우에는 개업 전에 주무 관청에 인·허가 절차를 마쳐야 한다. 사업자등록은 사업개시일 20일 이내에 사업장 소재지의 관할 세무서에 하면 된다. 사업자 등록 시 사업장 요구되는 서류는 사업자등록 신청서, 사업 인·허가증 사본, 주민등록등본 등이다.

3. 주식회사의 설립

1) 주식회사의 특징

오늘날의 주식회사(Corporation, business corporation)는 가장 대표적인 기업 형태가 되고 있다. 주식회사가 기업조직의 형태의 주종을 이루게 된 배경에는 다음 3가지의 특징을 가지고 있기 때문이다.[3)]

첫째 자본의 증권화이다.

주식회사의 출자금은 균일한 주식으로 분할되고 있다. 출자자인 주주는 주식을 통해 회사에 대하여 출자의무를 지고, 의결권과 배당청구권을 행사할 수 있다. 상장된 주식회사의 주식은 매매양도가 가능한 유통증권이다. 일반대중이 주식을 쉽게 사고팔 수 있으므로 주식회사는 대규모 자금 조달이 가능하고, 주식이 분산되어 있어 소유와 경영의 분리가 가능해진다.

둘째 주주의 유한책임이다. 주식회사의 주주는 출자액의 범위에서 회사의 자본위험으로부터의 대규모 자금조달이 가능하게 된다. 주주와 기업과의 관계는 기업실체의 인정에 따라 엄격하게 구별된다.

셋째, 소유와 경영의 분리이다.

주식 소유의 대중화가 실현되면 대부분의 주주들은 경영참여보다는 배당과 기업의 실적에 관심을 갖게 된다. 따라서 주주들은 주주총회, 이사회 등에서 전문경영자들이 회사경영을 하도록 하는 것이 일반적이다. 물론 대주주들이 경영에 직접 참여하는 경우도 있으나 기업이 대규모화하고 기업경영이 고도의 전문성이 요구되는 요즈음 전문경영인의 비중은 계속 커지고 있는 것이 현실이다.

2) 주식회사의 설립절차

주식회사의 설립절차는 상당히 복잡하고 상법의 규정에 맞추어야 한다. 주식회사의 설립절차를 살펴보면 [그림 7-1]과 같다

(1) 발기인조합의 구성

주식회사를 설립하기 위해서는 먼저 회사의 설립을 기획하고 설립여부를 집행하는 발기인이 필요하다. 발기인은 민법의 규정에 따라 발기인 조합계약을 체결하여 발기인조합을 형성하며 정관작성, 기명날인, 주식인수 등 회사의 설립을 추진하는 주체이다.

(2) 정관의 작성

정관(定款)이란 회사의 설립목적, 상호, 조직 등에 관한 기본 규칙을 말한다. 정관의 기재 사항은 상법의 규정에 따라 절대적 기재 사항과 상대적 기재사항으로 나눌 수 있다.

[그림 7-1] 주식회사의 설립절차

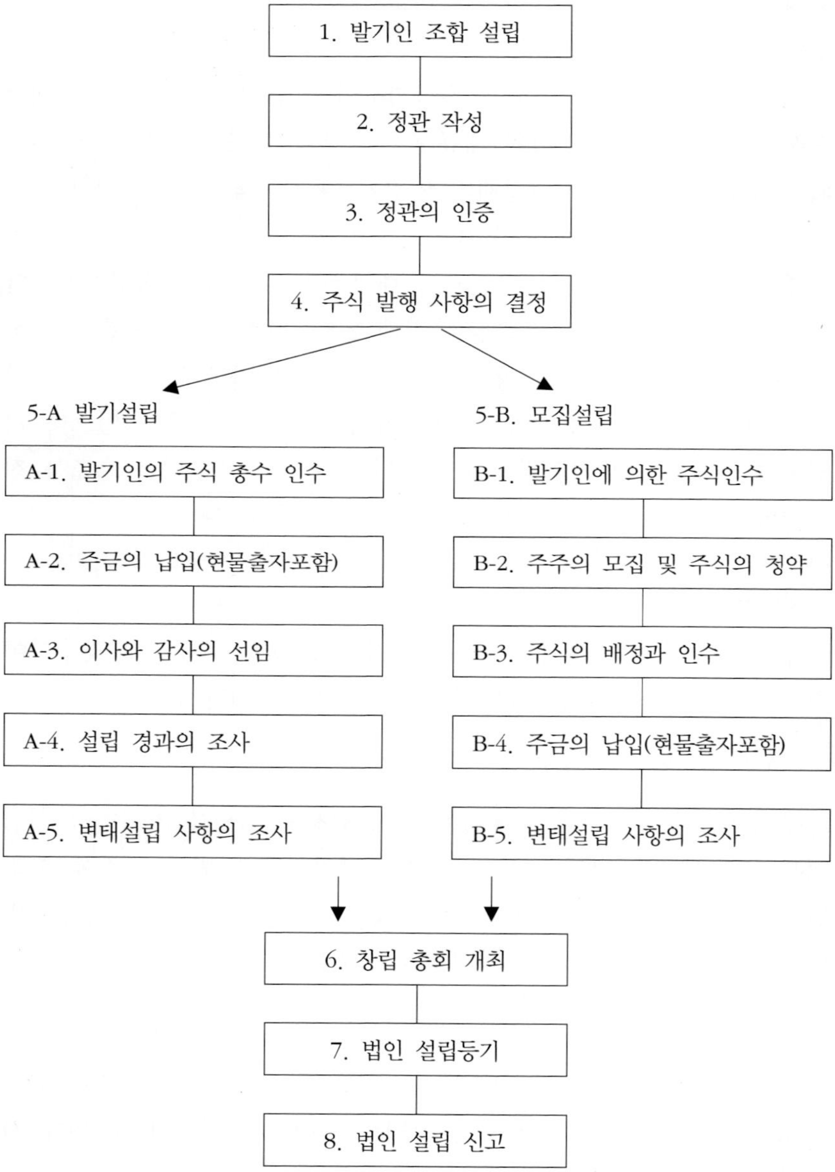

[표 7-3] 정관의 기재사항

구 분	내 용
절대적 기재사항	· 목적 · 상호 · 회사가 발행할 주식의 총수 · 1주식의 금액 · 회사 설립시에 발행하는 주식의 총수 · 본점의 소재지 · 회사가 공고를 하는 방법 · 발기인의 성명 · 주민등록번호 및 주소
상대적 기재사항	· 발기인이 받을 특별 이익과 이를 받을 자의 성명 · 현물 출자자의 성명과 그 목적인 재산의 종류, 수량, 가격과 이에 대하여 부여할 주식종류와 수 · 회사 설립 후 영수할 것을 약정한 재산의 종류 · 가격 · 수량 및 양도인의 성명 · 회사가 부담할 설립 비용과 발기인이 맏을 보수액

(3) 정관의 인증

정관은 회사의 준칙이기 때문에 발기인이 공증인 앞에서 정관에 기명날인 한 후 그 사실을 기재함으로써 효력이 발생한다.

(4) 주식발행사항의 결정

회사를 설립할 때 발행하는 주식의 총수는 정관을 작성할 때 정해지지만, 주식발행에 관한 나머지 사항은 특별히 정한 사항이 없으면 발기인 전원의 동의로 정할 수 있다. 또한 발기설립을 할 것인가 또는 모집설립을 할 것인가는 정관에 기재하는 사항이 아니므로 발기인들의 합의에 의하여 임의로 결정할 수 있다.

(5) 발기인의 주식인수

회사를 설립할 때 발행주식과 발행가액이 결정되면 이를 인수할 사람을 결정하여 주식을 배정하게 된다. 발기설립의 경우에는 발기인이 발행주식 총수를 서면에 의해 인수하여야 하는데, 각 발기인은 반드시 1주 이상을 인수하여야 한다. 단 구두에 의한 인수는 무효이다. 인수 시기는 제한이 없으나 주금의 납입 전까지 인수하여야 한다.

(6) 출자의 이행

회사를 설립할 때 발행하는 주식의 총수를 발기인이 전부 인수하는 경우에는 발기인이 인수한 주식의 수에 따라 인수가액을 납입할 의무를 진다. 각 발기인은 발행하는 주식을 서면에 의하여 전부 인수하고 지체 없이 지정된 납입 은행·기타 금융기관의 납입 장소에 그 인수금액 전액을 납입하여야 한다. 만일 발기인의 합의에 의하여 액면 이상의 주식을 발행하는 경우에는 주금뿐만 아니라 액면 초과액을 포함하여 납입하여야 한다.

(7) 임원의 선임

현물출자의 이행과 주금의 납입이 끝나면, 발기인들은 지체 없이 발기인총회를 개최하여 의결권의 과반수의 결의로 이사와 감사를 선임하여야 한다. 이사는 3인 이상, 감사는 1인 이상을 선임한다. 발기인총회를 개최할 때에는 의사록을 작성하여 그 결과를 기재하고 기명날인 하여야 한다.

이상은 발기설립을 중심으로 설명하였다. 모집설립을 하는 경우라도 발기인은 반드시 1주 이상의 주식을 인수하여야 한다. 모집설립 절차는 주주의 모집과 주식의 청약·주식의 배정과 인수에 관한 별도의 절차를 진행하게 된다.

4. 합명회사 설립

합명 회사는 2인 이상의 무한책임사원만으로 구성되는 회사를 말한다. 무한책임이란 회사의 부채와 손실에 대하여 직접, 연대, 무한의 변제 책임을 지는 것을 말한다. 합명희사의 설립은 2인 이상의 사원이 정관을 작성하여 설립등기를 함으로써 이루어진다.

정관의 절대적 기재사항은

① 목적

② 상호

③ 사원의 인적사항

④ 사원의 출자의 목적과 가격 또는 평가의 표준

⑤ 본점의 소재지

⑥ 정관의 작성년월일

이다. 합명회사의 사원은 원칙적으로 업무집행 및 회사대표의 권한을 갖고, 지분의 양도에는 전사원의 동의가 필요하다.

5. 합자회사의 설립

합자회사는 무한책임사원과 유한책임사원으로 구성된 회사이다. 회사의 정관은 합명회사의 정관을 준용하되 추가적으로 각 사원의 무한책임 또는 유한책임인 것을 기재하여야 한다. 무한책임사원은 합명회사와 동일하며, 유한책임사원은 정관에서 정한 출자액의 범위에서만 책임을 진다. 유한책임사원은 회사의 업무집행이나 대표행위가 금지된다. 따라서 무한책임사원만이 회사의 업무를 집행할 수 있다 합명회사와 합자회사는 인적신뢰관계를 중심으로 형성된 협동기업의 형태라고 할 수 있다.

6. 유한회사의 설립

유한회사는 50인 이내의 유한책임사원만으로 구성되는 회사이다. 인적 결합 요소가 강한 합명, 합자회사와 물적회사의 성격을 갖는 주식회사의 중간적 형태의 회사이다. 설립절차는 비교적 간단하며 발기설립이 해당하는 방법만이 인정된다. 유한회사의 설립은 사원에 의한 정관작성에서부터 시작된다. 정관의 절대적 기재사항은 다음과 같다.

① 목적
② 상호
③ 사원의 인적사항
④ 자본의 총액
⑤ 출자 1좌의 금액
⑥ 각 사원의 출자좌수
⑦ 본점의 소재지

이러한 정관이 효력을 갖기 위해서는 공증인의 인증을 받아야 한다. 유한회사는 사원의 총수를 50인 이내로 제한하고 있으며 자본총액은 1천만원 이상이여야 한다고 규정되어 있다. 사원의 책임과 권리는 주식회사와 비슷하지만 지분을 양도할 경우 사원총회의 결의를 거쳐야 한다. 회사의 임원은 이사와 감사가 있으며 사원총회의 결의에 따라 이사 1인 이상과 감사를 둘 수 있다. 유한회사는 결의와 법원의 인가를 받으면 주식회사로 전환될 수 있다.

7-3. 업종별 창업절차

창업절차는 효율적으로 수행하는 경우와 그렇지 못한 경우는 창업수행기간과 비용면에서 상당한 차이가 난다. 창업절차를 효율적으로 수행하지 못한 경우에는 창업과정에서 불필요한 고생을 하게 되며, 창업 기간을 연장하게 된다. 그 결과 창업 비용이 증가하고 사업의 본궤도 진입이 그만큼 늦어지게 된다. 반면 창업 절차를 잘 숙지하여 효율적으로 수행했을 때는 반대로 필요 없는 고생을 줄일 수 있게 된다. 창업 기간 단축은 결국 창업 비용의 절감을 가져옴은 물론 사업의 본궤도 진입을 앞당기고 사업 성공을 보장하여 준다.[4)]

1. 제조업의 창업 절차

1) 제조업 창업의 기본절차

창업을 하는 절차는 업종이나 기업형태 그리고 공장설치 여부에 따라 많은 차이가 나나다. 따라서 도소매업이나 서비스업에 비해 제조업이 더 복잡하다. 제조업 중에서도 공장을 임차하여 제조활동을 하는 것보다 자기공장을 마련하여 생산을 하는 경우가 더 복잡한 건 당연하다.

제조업은 제품을 생산하는 분야이기 때문에 제조업의 창업은 기술 즉 전문 지식과 경험을 갖춘 인력이 필요하며, 제품 생산을 위한 기계 설비와 이를 설치할 공장을 확보하는데 드는 비용 즉 다른 산업에 비해 초기 자금 투자가 많기 때문이다. 특히 공장을 새로 설립하여 창업하려는 경우 그 절차가 복잡하고 공장을 건축하는 데도 상당 기간이 소요되므로 이를 성공적으로 창업하려면 업종 선정, 입지 선정, 시장 분석, 자금 조달 계획 등 창업 준비 사항에 대하여 충분한 기간을 가지고 검토하여야 하며 구체적으로 검토해야할 핵심요소는 다음과 같다. 먼저 사업핵심요소의 결정이다.

사업핵심요소란 사업을 시작함에 있어 미리 결정하여야 할 사업의 중요 요소를 말한다. 이들 요소에는 업종 및 사업아이템 선정, 사업규모 결정, 기업형태 결정, 창업핵심멤버와 경영조직의 구성, 기타 요소의 결정문제 등이다.

사업타당성 분석은 사업의 성공가능성을 분석하기 위한 절차로서 주로 창업자의 경영능력, 제품의 기술성, 시장성 및 판매전망, 수익성 등이 분석된다.

사업계획서 작성은 사업 성공가능성이 인정된 후 성공 가능한 사업내용을 좀 더 구체화하자는 데 목적이 있다.

[그림 7-2] 제조업의 창업절차 흐름도

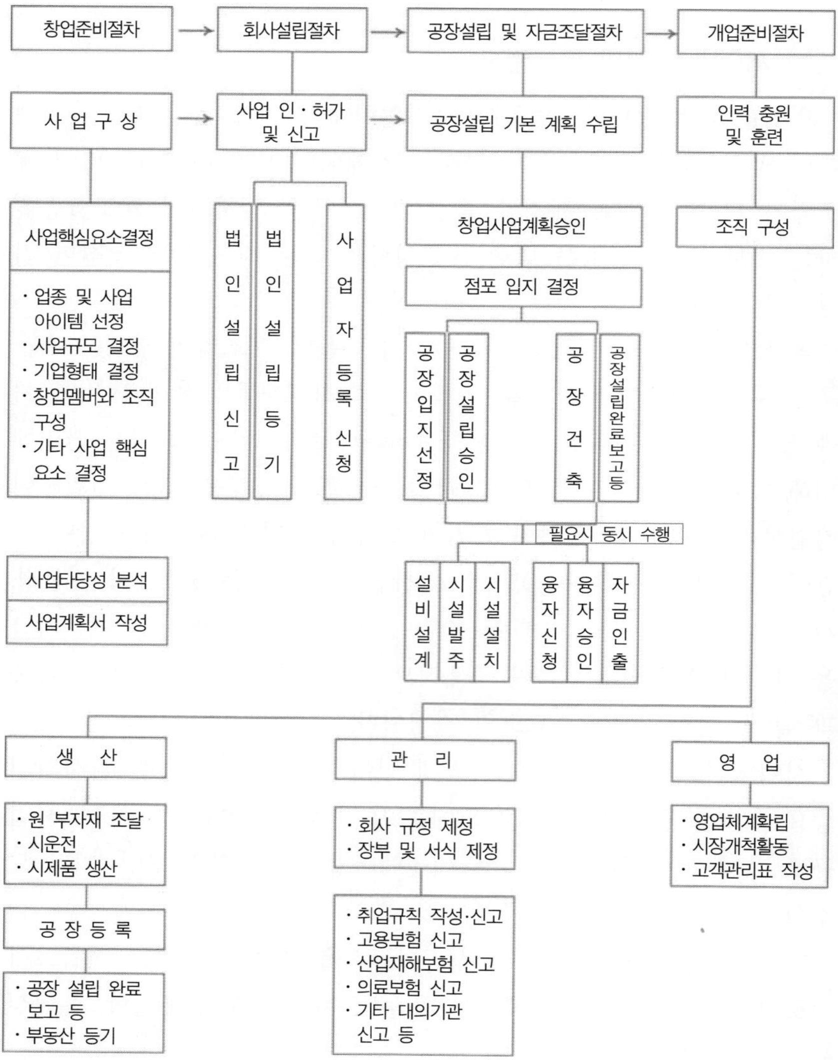

제조업의 창업에서 창업자가 특별히 유의해야 할 과제가 공장 설립과 그리고 제조업의 업종 중에서 허가, 신고, 등록의 인·허가를 받지 않고 창업하였을 때에는 벌금형 등 제재 조치뿐만 아니라 그로 인해 창업이 지연되고 생산활동도 할 수 없는 경우가 발생하기 때문이다.

전체적인 창업 과정은 일반적으로 사업에 관련된 아이디어를 탐색하고 선별하는 착상단계와, 사업성을 분석하고 평가하며 이를 기초로 사업계획서를 작성하고 기업 형태를 결정하는 계획 단계를 거쳐, 회사를 설립하여 생산·영업을 개시하는 실행 단계로 진행된다.[5)]

2) 제조업 창업시 고려사항

제조업의 경우 공장설립이 가장 중요한 과제이다. 공장설립은 절차가 복잡하고 기간이 많이 소요되게 된다. 공장 설립은 입지선정에서부터 각종 인허가절차가 필요하며 공사계약도 원만히 이루어져야만 공사진행이 순조롭다. 제조업의 창업절차에서 마무리단계는 개업준비절차이다. 회사설립, 공장건축 및 생산설비설치가 완료됨으로써 회사의 골격이 갖추어진 다음에는 이 골격을 어떻게 운영할 것인가를 결정하는 것이 개업준비절차이다. 따라서 개업준비절차에서는 창업요원이외에 영업에 필요한 관리, 영업, 생산직 직원을 충원하고 체계적인 조직을 구성하여 회사를 운영할 수 있도록 필요한 교육을 실시한 절차를 거친다.

회사실정에 맞는 조직이 구성되면 각 분야별로 구체적인 실행계획이 수립되고 진행되어야 한다. 생산파트에서는 원부자재 조달, 생산설비 시운전 및 시제품 생산과정을 거친 후 본격생산에 들어간다.

관리분야에서는 급여규정, 회계규정, 회사내규, 업무에 필요한 각종 장부와 서식제정 그리고 직원연수가 필요하다. 그리고 대외기관에 신고할 사규, 취업규칙, 사업장설치계획, 산업재해보험, 기타 각종 신고서류들을 준비하여야 한다.

반면 영업분야에서는 영업체계의 확정, 시장개척계획, 시장조사 등을 실시하고 제품홍보와 고객의 반응을 조사하여 제품의 성공가능성을 타진한다. 영업사원에 대한 정신무장을 위해 연수교육이 선행되어야 한다.[6]

2. 유통업의 창업 절차

1) 유통업 창업의 기본절차

유통업창업의 절차는 제조업의 경우에 비해서 그 절차가 비교적 간단한 편이다. 공장설립에 관한 절차가 필요 없고 법인설립절차도 없는 경우가 많다. 개업준비절차도 그리 복잡하지 않다. 그러나 유통업의 경우에는 상점입지가 매우 중요한 문제로 등장한다. 점포가 어디에 위치하고 있느냐에 따라 사업성패가 좌우되기 때문이다. 유통업의 창업절차는 창업예비절차, 점포입지선정절차, 그리고 개업준비절차로 나누어 볼 수 있다.

2) 점포입지 선정시 고려사항

유통업의 경우는 제조업의 경우와는 달리 소비자가 직접 점포에 찾아와야 하기 때문에 입지조건이 좋아야 한다. 일반적으로 유통업에서 입지조건이 좋다고 하는 경우는 다음과 같은 조건을 구비하고 있는 경우라고 할 수 있다.

- 상권 내에 인구가 많은 곳
- 업종에 맞는 소비자가 다수 거주하는 곳
- 교통이 발달하여 사람이 많이 모이는 곳(역세권 등)
- 다수 소비자를 유인할 수 있는 유관시설이 있는 곳

• 주변에 경쟁업체가 없는 곳(집단 점포가 몰려 있어야 하는 경우는 제외)

[그림 7-3] 유통업 창업절차 흐름도

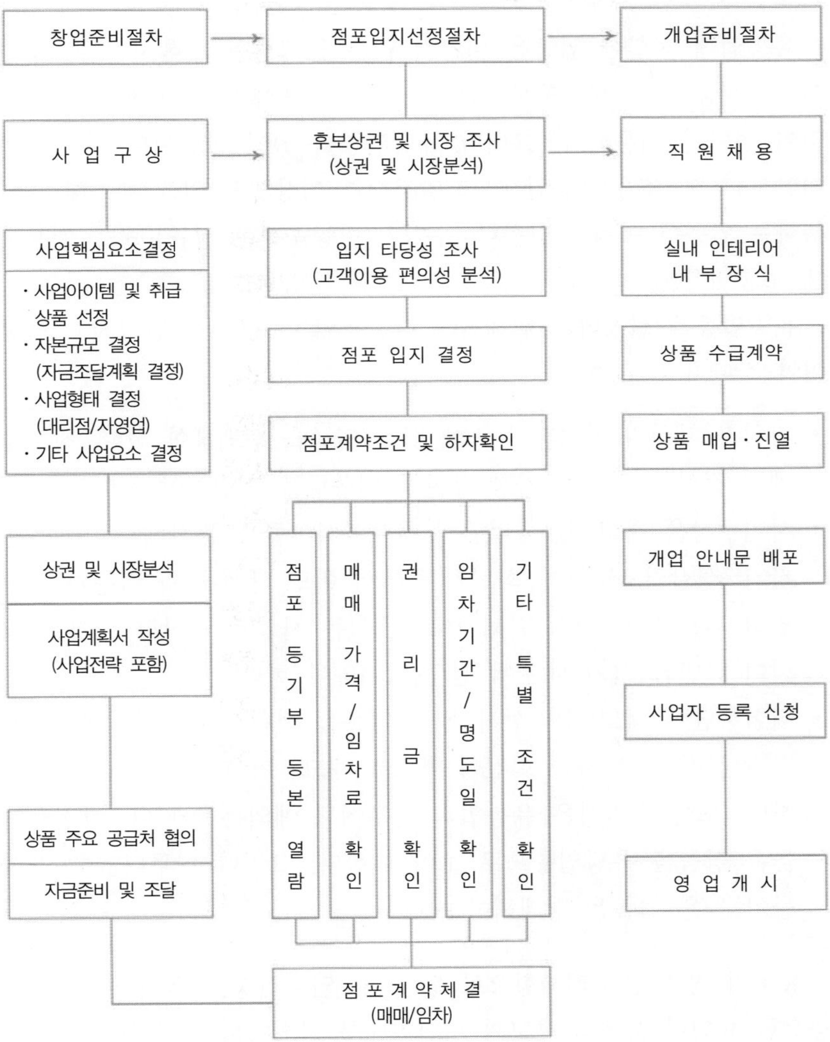

따라서 창업자는 상기 조건을 갖춘 좋은 입지를 선정하기 위하여 구체적으로 조사하는 한편 장래성과 자금조달능력들을 종합·검토하여 결정하여야 한다.

3) 유망업종 선정 시 고려사항

유통업에 적합한 업종은 비교적 많으나 그렇다고 해서 모든 업종이 다 성공하는 것은 물론 아니다. 시대의 흐름에 따라 환경도 끊임없이 변하기 때문이다. 그러나 유망업종이 있기 마련이다. 유망업종이란 비교적 장기간 동안 어느 일정수준 이상의 수익을 계속해서 발생하는 업종이 이에 해당한다. 수익의 변동곡선은 정규분포를 이루는 게 보통이다.

유망업종을 선정하기 위해서는 다음과 같은 조건을 반드시 고려하여야 한다.[7)]

- 창업자 자신의 적성과 능력에 맞는 업종을 선택해야 한다. 창업자에게 적합한 업종이 가장 유망한 업종임을 명심해야 한다.
- 사업구상을 하고 있는 업종의 라이프사이클을 분석해야 한다. 초창기, 성장기, 성숙기, 쇠퇴기 중에서 어느 단계에 와 있는가를 면밀히 검토해야 한다. 쇠퇴기에 와 있는 사업을 시작하는 것은 위험이 그만큼 크기 때문에 신중을 기해야 한다.
- 위험부담이 적고 수익성이 높은 업종을 선택해야 한다. 외상거래가 가급적 적고 자금 회전이 빠르고 재고부담이 적은 업종이 유리하다. 또한 수익성은 유통업의 경우에도 예외는 아니다. 마진율이 높은 상품을 유망업종으로 보아야 한다. 그러나 터무니없이 마진률이 높은 업종은 경계해야 한다.

유통업 창업시 고려사항으로 입지 및 업종선정 이외에 또 하나의 중요한 요인이 사업의 규모와 기업형태를 결정하는 문제이다. 사업규모와 기업형태의 결정은 자금규모와 밀접히 관련되어 있다. 자금량이 많으면 그만큼 점포의 크기를 키울 수 있으나 그렇지 않는 경우에는 자금규모에 맞출 수밖에 없기 때문이다.

유통업의 투자자본은 점포 구입비 또는 점포 임차료(권리금 포함), 내외부장식 및 레이아웃, 상품구입비, 운영자금, 기타 여유자금 등이며 이것들을 모두 합치면 예상 외로 많은 자본이 필요하게 된다. 기업형태도 도매업으로 할 것인가 소매업으로 할 것인가 아니면 대리점 형식으로 할 것인가에 따른 문제도 스스로 결정을 내려야 한다. 결국 사업규모와 기업형태의 결정문제도 창업자 자신의 능력범위 내에 있어야 한다는 것이다.

3. 서비스업의 창업절차

1) 서비스업 창업의 기본절차

서비스업은 수리·수선업, 숙박업, 운수업, 창고업, 통신업, 금융·보험업, 부동산업, 임대업, 교육 서비스업, 보건업, 사외복지사업, 사업 서비스업, 개인 서비스업, 게임 산업 등에 이르기까지 그 영역이 광범위하고 다양하며 창업절차도 제조업보다 비교적 간단하다.

서비스업은 크게 나누어 개인서비스업과 사업서비스업으로 분류되는데, 개인서비스업은 일반 개인을 고객으로 하여 각종 서비스 용역을 제공하는 것으로 부동산관련 서비스업, 여행알선업, 수리업, 음식점업 등이 여기에 해당한다.

반면에 사업서비스업은 사업체를 주고객으로 하여 각종 서비스용역을 제공하는 사업을 말하며, 전기통신업, 보관 및 창고업, 정보처리 및 컴퓨터 운영관련업, 시장조사업, 경영상담업, 광고업, 고용알선업, 엔지니어링 및 관련기술 서비스업, 교육서비스업 등 그 범위가 넓다. 사업서비스업이 개인서비스업보다 업무 자체가 복잡하고 전문적임은

[그림 7-4] 서비스업 창업절차 흐름도

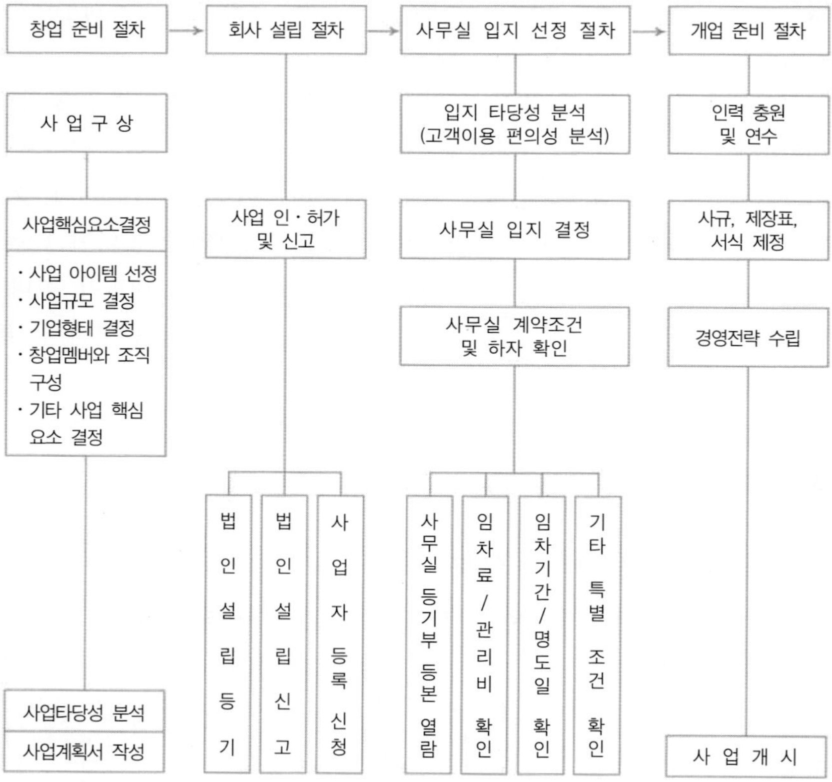

두말 할 필요가 없다. 사업서비스업은 법인형태로 설립되는 경우가 많기 때문에 법인설립절차가 필요하며, 고객왕래가 편리한 사무실입지를 선정하는 문제도 중요한 일이다. 서비스업의 창업절차는 크게 나누어 창업예비절차, 회사설립절차, 사무실 입지선정절차, 개업준비절차로 구분된다.

2) 서비스업 창업시 고려사항

서비스분야의 창업은 범위가 넓기 때문에 고려해야 할 사항도 적지 않다. 그러나 일반적으로 서비스업 창업의 주된 특징은 다음과 같다.

- 창업자가 가장 잘 아는 사업이어야 한다. 창업자의 지식, 경험, 노하우 등이 직접 사용되고, 이들 요소가 사업 수익력의 원천이 된다.
- 인간중심의 사업이여야 한다. 제조업에서는 기계나 기술자의 손에 의해 제품을 생산해 내지만 서비스업에서는 직원의 지식을 바탕으로 사업의 성패가 갈리는 사업이다.
- 경제여건, 경영환경에 민감하다. 불경기인 경우에는 서비스업이 가장 먼저 영향을 받는 게 일반적이며, 제조업이 호황을 누릴 때에는 서비스업도 동반호황을 누리는 것이 일반적이다.

7-4. 상권분석과 입지선정

1. 상권분석

예비창업자를 위한 상권조사 및 인지분석은 세 가지 목적을 가지고 진행되어야 한다. 첫째는 고객들이 입점하고자 하는 점포의 정확한 수익성 예측을 위한 기초 자료를 조사해야 한다는 점이다. 이를 위해서는 조사해야 할 항목들과 조사된 각종 자료들을 어떻게 분석하고 정리할 것인가에 대한 논의가 이루어져야 할 것이다. 두번째 목적은 예비창업자들이 보다 쉽게 이해할 수 있는 상권 및 입지분석 방법과 조사결과를 제시해 주어야 한다는 점이다. 이를 위해서 간략하지만 정확도 높은 방법을 개발해야 한다. 세번째 목적은 상권 및 입지분석에 영향을 미칠 수 있는 각종 변수들을 정리해야 한다는 점이다. 이는 점포 자체의 요인을 비롯한 요인들을 상권 및 입지분석에 어떻게 반영할 것인가에 관한 문제이다.[8)]

1) 상권의 분류

상권은 1차상권, 2차상권, 3차상권, 살아있는 상권, 죽어있는 상권 등으로 분리할 수 있다. 고객들의 거주 및 활동지역을 거리로 따져서 가까운 곳을 1차상권, 조금 먼 곳은 2차상권, 더 먼 곳은 3차상권이 된다. 또 고객들의 통행숫자가 많으면 살아있는 상권, 통행인이 뜸한 편에 속하면 죽은 상권에 들어가는 것이다.[9]

주변인구의 생활형태, 경쟁점의 입지 및 경합력, 주변지역의 지형, 지세, 도로 및 교통시설, 통행인의 성격, 상권의 규모, 형태 수준 등을 감안하여 상권범위를 설정한다.

1차상권은 상점 이용고객의 60～70%가 거주하는 상권범위를 의미한다. 고객수나 고객 1인당 판매액이 가장 높은 지역으로 다른 상권의 고개들보다 상점에 가장 근접해 있다.

1차 상권은 식료품과 같은 편의품의 경우 500m 이내가 되며, 의류, 화장품 등 선매품의 경우는 버스나 승용차로 15분 내지 30분이 걸리는 지역이 된다. 대체적으로 5분 이내의 거리로 반경 약 500m 이내를 일컫는다.

2차상권은 상점 이용고객의 15～25%가 거주하는 상권범위로서 1차상권의 외곽에 위치하며 고객의 분산도가 아주 높다. 편의품의 경우에는 2차상권지역에서 약간의 고객밖에 흡인하지 못하지만 선매품의 경우에는 편의품의 2차상권까지가 1차상권일 수도 있다. 선매품의 2차 상권은 버스나 승용차로 30～60분 걸리는 지역이 포함된다. 대체적으로 도보로 15분 이내의 거리로 반경 약 1km이내이다.

3차상권은 대체적으로 1・2차상권 이외의 고객을 포함하는 범위로 약 2km이내이다. 1・2차상권에 포함되는 고객 이외의 나머지 고객들이 거주하는 상권점위로 고객들의 거주지역은 매우 분산되어 있다. 편의품의 고객들은 거의 존재하지 않으며 선매품이나 전문품을 취급하는 점포의 고객들이 5～10% 존재한다.

기생상권이란 호텔 내의 상점, 쇼핑센터 내의 스낵바와 같은 점포는 독자적인 고객흡인력이 없기 때문에 호텔이나 쇼핑센터의 이용고객을 대상으로 한 기생상권을 갖는다. 이러한 상점들의 상권은 호텔이나 쇼핑센터의 절대적인 영향을 받는다. 그리고 업종에 따라 동일한 입지에 있는 상점이라 하더라도 고객흡인력은 달라지게 된다.

2) 상권별 특성[10)]

(1) 아파트 상권

- 생활패턴이 유사한 5천 세대 이상으로 구매 형태가 거의 일정하다.
- 고가품이나 사치품이 아닌 일상 생활용품을 취급해야 한다.
- 가능한 단지 주민과 유동인구를 흡수할 수 있는 점포여야 한다.
- 상가 점주들의 표정에서 영업이 잘 되는지 안되는지를 파악해야 한다.

(2) 지하철역 역세권 상권

- 도심 교통의 체증현상이 지하철역 상권을 강화시킨다.
- 통행인구의 습성과 특징을 고려하여 중·저가품을 취급한다.
- 사무실 밀집지역 근처 5평 규모가 적정하다.
- 지하상가는 화려하게, 노면점포는 청결과 친절을 생명으로 한다.

(3) 학교 주변 상권

- 판매 대상이 고정적이기 때문에 구매 단위 역시 고정적이다.
- 학생 취향과 구매형태를 고려한 고도의 전문점이 필요하다.
- 반드시 중·저가품을 취급하고 학교의 성격과 잘 부합해야 한다.
- 학생들은 선택의 폭이 한정적이어서 고객관리를 우선해야 한다.

(4) 주택가 진입로 상권

- 배후지 세력이 다소 유동적이어서 생활수준 정도를 반드시 관찰한다.

- 소비형태가 도보로 이루어지기 때문에 입지가 대단히 중요하다.
- 배후지 세력은 1년 단위로 교체된다는 가정하에 영업을 실시한다.
- 가능한 집적상가 내 위치하고 있어 업종간 협력도 고려된다.

(5) 중심지 대로변 상권

- 화려하고 특색있는 사업장은 결코 어렵지 않게 영업이 가능하다.
- 간판, 상품 진열 등에서 사업장의 특색을 최대한 개성화시킨다.
- 고정고객보다는 유동고객이 대부분이므로 친절을 중요시한다.

(6) 오피스 상권

- 사무실 밀집지역은 주로 요식업 분야가 50% 이상을 차지한다.

3) 상권조사의 절차

상권조사는 포괄적인 주위 환경 및 시장의 배경, 특성을 조사하는 시장조사와 상권 내 인구의 동태분석·조사 및 자기 점포의 상권세력 강·액도를 작성하고 이를 판단 평가함에 따라 고객 개척의 기본 방향을 결정하는 상권의 보유범위를 조사하는 것이라고 할 수 있다.

(1) 제 1 단계 : 상권내 지역정보 수집

- 관공서의 인구 통계 자료
- 상업 통계자료
- 특정기관 조사정보(방송사, 신문사, 조사업체 자료 등)
- 지역관련 점포조사 (점포수, 위치 등)

(2) 제 2 단계 : 지역상권 지도 작성

- 지구별 세대, 인구수
- 소매업종별 점포 표시
- 교통기관별 표시(역, 정류장 등)
- 관련 유통점 표시

- 지형적인 특성
- 접객력이 있는 지역시설(체육관, 금융기관, 관공서 등)
- 경쟁점 표시

(3) 제 3 단계 : 상권 내 지역 도보 관찰

- 연령별로 구분하여 생활방식 표시
- 거주지, 주거형태, 거주년수, 차량 소유 등으로 소득수준 파악
- 교통이용 현황을 통한 상권의 넓이 파악
- 쇼핑도로 파악
- 고객들의 생활방식 및 상품의 구매행동 파악

(4) 제 4 단계 : 그룹방문에 의한 인터뷰 조사

- 지형특성, 거리, 편리함, 차량 진입, 주차의 용이성
- 서비스, 접객태도, 영업시간, 종업원 수 파악
- 판촉활동의 영향력 파악
- 이동거리를 늘릴 수 있는 방안 심층 조사
- 클레임 처리, 신용도 체크
- 사용빈도 조사

2. 입지 선정의 절차

1) 입지대안의 평가

유통기업 경영의 성공에 영향을 미칠 수 있는 요소에는 여러 가지가 있는데, 그 중에서 가장 중요한 것이 점포의 입지이다. 점포의 입지가 좋은 유통기업은 경영활동에 영향을 미치는 다른 요소들이 적절하지 못하더라도 이것 때문에 발생하는 문제들을 최소화시키는 일이 훨씬 용이하다. 그러나 점포의 입지가 좋지 않은 유통 기업은 경영자의 능력이 뛰어나고 유통경영 활동에 영향을 미치는 다른 요소

들이 잘 갖추어져 있다 할지라도 성과를 제대로 내기가 쉽지 않다. 이렇게 점포의 입지는 유통기업의 인적 자원과 물적 자원의 잠재능력을 충분히 발휘할 수 있게 하는 전제조건이고, 경영성과를 최대화시킬 수 있는 기반이 된다.[11)]

소매입지를 결정하기 위해서는 우선 가능한 입지대안들을 확인해야 한다. 하나는 독립적인 입지(isolated site)이며, 다른 하나는 군집입지(clustered site)이다. 독립입지는 다른 소매입지들과 지리적으로 격리되어 있는 장소를, 군집일지란 다른 소매입지들과 지리적으로 인접해 있는 장소를 의미한다.

입지대안 평가의 원칙은 다음과 같다.

첫째, 이용가능성이 있는데 이는 그 장소를 임대 또는 매입할 수 있는가 하는 것이다.

둘째, 적합성으로 이는 장소의 규모 또는 구조 등이 적합한가를 의미한다.

셋째, 수용가능성으로, 이는 그 장소는 임대 또는 매입할 만한 충분한 자원이 있는가의 문제이다.

넷째, 고객차단원칙으로, 고객차단이란 고객이 특정지역에서 다른 지역으로 이동할 때에 고객으로 하여금 점포를 방문하도록 하는 입지적 특성을 의미한다. 대체적으로 이러한 특성을 가지고 있는 지역으로 평가되는 입지가 사무실 밀집지역, 상업지역, 쇼핑센터 등이다.

다섯째, 동반유인원칙으로, 동반유인원칙에 의하면 유사하거나 보충적인 소매상들이 군집하고 있는 경우가, 분산되어 있거나 독립되어 있는 경우보다 더 큰 유인잠재력을 가질 수 있다는 것이다.

여섯째, 보충가능성의 원칙으로, 소매업에서의 보충가능성이란 두 개의 사업이 서로 교환할 수 있는 정도를 의미한다. 즉 인접한 지역에 위치한 사업들 간에 보충가능성이 높으면 높을수록 점포의 매출액이 높다.

일곱째, 점포밀집의 원칙으로, 이는 동반유인원칙이나 보충가능성의 원칙과는 반대로 나타나는 현상이다. 즉, 지나치게 유사함 점포나 보충할 수 있는 점포들이 밀집되어 있어서 고객의 유인효과를 감소시키는 현상을 의미한다. 이러한 현상은 지나치게 많은 고객으로 인해 쇼핑시의 교통 혼잡 등으로 나타나며, 이러한 결과는 매출을 방해하는 원인이 된다.

끝으로 접근가능성의 원칙으로, 고객의 입장에서 점포를 방문할 수 있는 심리적, 물리적 특성을 의미한다. 즉, 지리적으로 인접해있던가, 교통이 편리하다든지, 교통이 편리하지 않더라도 점포를 이용하는 시간의 소요가 적다든지 하는 것들이 점포의 매출을 증대시키는 원인이 될 것이다.

2) 입지선정의 원칙

입지평가원칙에 의거하여 입지를 평가하는 방법은 체크리스트법과 정량적 방법으로 나눌 수 있다. 체크리스트법이란 항목별로 가중치를 주고 여러 개의 대안을 각 항목별로 평가하는 방법이다. 그래서 각 항목의 가중치와 평가를 곱하고 전체를 합산한다. 그 결과 가장 점수가 높은 입지를 선정하게 된다. 정량적 방법에는 크게 아날로그방법과 회귀식을 이용하는 회귀법이 있다. 아날로그 방법은 기존의 소매점포를 중심으로 하여 새로 설립될 점포의 매출액(점포성과)를 추산하는 방법이다. 회귀법은 특정상권이나 입지와 관련된 여러 요인들은 개발하고 이들을 소매점포의 수익에 영향을 미치는 하나의 회귀함수로 만들어 각 입지를 평가하는 방법이다.

[표 7-4] 입지선정원칙

현재 상권 잠재력	총구매력 × 점유율 = 추정매출
상권접근성	고객창출형/적응형에 따른 차이
성장가능성	상업환경, 주거환경, 소득환경, 교통환경 등의 변화
중간저지성	경쟁 우위를 위한 입지전략
누적적 유인력	동종업종의 집적에 의한 효과
양립성	상호보완되는 두 점포가 근접되어 시너지 효과
경쟁 회피	경쟁점과의 경쟁상황 고려
경제성	입지코스트(부지비용, 임대료, 권리금 등)

창업에세이

성공한 창업사례

아가방

아가를 위한 모든 것, 아가방이 국내시장 처음을 아가용품 전문회사를 설립하고 전문인력 확보를 위한 투자와 유아용품에 대한 인식변화를 꾸준하게 시도한 결과, 아가방이 국내의 유아용품의 대명사가 되었고 올해로써 창립 23주년을 맞이하고 있다.

하지만 5~6년 사이 국내시장의 여건이 백화점과 재래시장의 장점을 합한 셀프서비스 방식인 대형할인점 이마트와 홈플러스 등의 급속화 성장과, 케이블 TV방송 개국과 더불어 새롭게 등장한 CJ39쇼핑이나 LG홈쇼핑 등이 등장하였다. 또 카달로그를 통한 통신판매나 IT산업의 활성화로 인터넷 공간에서 치열한 경쟁을 벌이고 있는 인터넷 쇼핑, 그리고 대형 아울렛 몰의 출현 등 급변하고 있는 것이다.

이런 변화에 대해 아가방도 오래 전부터 이러한 시장변화에 대비하여 여러 가지 대안을 마련하고 철저히 준비하고 있다. (주)아가방네트를 설립하여 육아전문 포털사이트를 운영하면서 인터넷판매를 시작하였으며, 대형할인점 전문 PB브랜드인 베이직엘르와 티니베이의 런칭을 통해 다양한 소비자들의 요구에 부응하고자 하는 노력을 기울이고 있다.

아가방이 현재 보유하고 있는 브랜드는 아가방, 디어베이비, 엘르뿌뽕, 베이직엘르, 티니베이, 에뜨와 7개로 각기 다양한 소비 계층을 타겟을 별도의 브랜드와 다양한 컨셉트로 차별화로 많은 사랑을 받고 있다.

아가방은 국내 최초의 국산화 볼륨 브랜드로서 다양한 스타일과 클래식한 파스텔톤의 유러피안 베이비 캐주얼로 대리점 유통을 중심으로 전개하고 있다.

디어베이비는 중저가의 합리적인 소비자들의 니즈에 맞추어 편안하고 베이직한 스타일로 폭넓게 사랑받고 있는 브랜드로, 가맹점과 아울렛 몰 등을 중심으로 유통을 전개하고 있다.

엘르뿌뽕은 중고가대의 모던 유러피안 베이비 캐주얼로 심플한 스타일의 대표적인 컨셉트형 브랜드로, 백화점과 대리점 유통을 중심으로 운영되고 있다.

에뜨와는 우리나라 최초로 유명 디자이너 브랜드로의 시도로서 주식회사 아가방과 디자이너 홍은주 간의 업무제휴를 통해 탄생한 브랜드에 스토리를 불어넣음으로서 고급화시키는데 성공한 캐릭터 베이비 캐주얼 브랜드이다. 과감하고 자유로운 소재와 컬러는 국내 베이비 패션 트렌드의 고급화에 주도적인 역할을 맡고 있다. 백화점 중심의 매장 운영에서 대리점으로 유통망을 확대해 나가고 있다.

티니베이와 베이직엘르는 대형 할인점 대중화 브랜드로서 티니베이는 이마트, 베이직엘르는 삼성홈플러스를 통해 공급하고 있다. 티니베이는 아메리칸 베이비 이지 캐주얼로 편안하고 합리적인 가격대로, 베이직엘르는 세련된 유러피안 베이비 캐주얼로 이마트와 삼성홈플러스에서 좋은 반응을 보이고 있다.

1979년 4월, (주)아가방이 엄마가 아기를 키우는데 필요한 모든 유아복과 용품을 한 곳에 모은 종합용품 매장이 국내에 처음으로 선보인 이래, 아기를 위한 모든 것을 한자리에서 살 수 있는 곳을 만들어 보겠다(One-Stop Shopping Mall)는 꿈이 현실로 이루어졌다. 아가방은 국내 유아복과 유아용품의 시작이었다.

당시 국내에는 이렇다 할 국산 유아용품 회사가 전무했다. 모두가 경제개발에 주력하던 시기였기에 미래의 주인공이 될 아기들이지만 유아들을 위한 서비스산업에까지 관심을 갖기란 쉬운 일이 아니었다. 아가방은 국내 유아산업에 유아복 및 유아용품의 국산화 기치를 내세우면서 내수시장의 지속적인 성장과 더불어 우수한 품질, 디자인 파워, 탄탄한 마케팅력 등으로 순조로운 성장을 거듭하면서 유아용품 시장의 마켓 리더로서의 기반을 확보할 수 있었다.

당시 이렇다 할 유아용품에 대한 노하우나 기술도 없었고 유통망도 미약한 우리나라 유아용품 산업을 아가방이 선두주자로서 유아용품 산업을 부흥시킴으로써 브랜드를 다양화했고 고급상품 시장으로까지 끌어올리며 그 막중한 역할을 해오고 있다.

(주)아가방은 2002년 9월 카테코리 킬러형 유통 사업에 진출하였다. 맘스맘은 유아동 전문 대형 엔터테인먼트 쇼핑몰로 새로운 차원의 유통사업이다. 0-12세에 이르는 유아와 아이들에게 필요한 모든 것을 한곳에서 보고 구입할 수 있도록 만든 유아동 전문의 기업인 아가방이 만든 것이다. 2003년 4월부터 온라인 쇼핑몰 맘스맘닷컴을 오픈하여 오프라인 뿐만 아니라 온라인에서도 활발한 시장 활성화에 힘쓰고 있다.

이와 같이 아가방의 동종업계의 산업 주도에 대한 공로는 1985년 제22회 수출의 날, 수출시장 개척 공로상 대통령상 수상, 1995년 성실신고 납세 우수기업 국무총리상 수상, 소비자보호 우수업체로 서울특별시장상 수상, 1000만불 수출탑 대통령상 수상, 1999년 여성신문사 주관 신주부가 뽑은 인기상품대상 수상, 한국일보사 주관 일간스포츠의 세계속의 명가 명품 수상, 컨슈머뉴스 주관 글로벌소비자대상 수상, 중앙일보 99 히트상품 수상, 2002년 한국능률협회컨설팅 2002년 K_DPI(한국브랜드파워) 1위에 선정되는 등 우리나라 산업성장과 함께 해온 만큼 인정을 받고 있다.

이와 더불어 아가방은 국내시장의 한계를 극복하고자 이미 15년 전부터 동종업계 어느 회사보다 앞서 해외시장 개척에도 힘을 기울

여왔다. 1987년 미국에 설립한 아가방 U.S.A, 96년과 97년엔 각각 설립한 중국공장과 아가방 CHINA,그리고 지난해 완공한 아가방 인도네시아 공장과 아가방 베트남공장 등이 속속 설립되면서 해외에서도 유아용품 전문 브랜드의 입지를 찾아가고 있다.

또한 올해에는 코스닥에도 상장하여 회사에 대한 신용도를 대내외적으로 널리 인정받음으로써 신용있는 국제사회 브랜드로서 한 단계 더 도약할 수 있는 계기를 마련했다.

첫째, 경쟁력 있는 전문인력

아가방은 24년의 베이비 산업의 역사와 전통을 갖고 있는 유아용품 전문 기업으로서 디자인, 상품기획과 마케팅 등의 전문인력의 맨파워를 보유하고 있다.

상품기획에 있어서, 가령 소재 개발에서는 키토산과 레이온을 합성한 크레비욘을 이용하여 선보인 바 있으며, 빛을 흡수해 어둠속에서도 빛을 발하는 축광 소재, 최근의 나노실버에 이르기까지 아기를 위해 끊임없이 노력하고 있는 기업이다.

둘째, 본부의 마케팅 지원

베이비 산업의 안정적인 사업성리라는 특성은 기본적인 이 사업의 강점이기도 하지만 이를 더욱 전망있게 하는 것은 아가방 본사의 강력한 마케팅 지원 노력에 있다. 본사에서는 매장운영으로 처음하는 초보 사업자라도 무리없이 운영할 수 있도록 많은 노력을 기울이고 있다.

예를 들어 판매지도 사원을 통한 대 고객 서비스교육, 판매 기술 노하우교육은 물론 전문VMD 디스플레이어들의 상시 매장 디스플레이 지원과 다양한 경험을 통해 판매가 잘되는 상품 진열법, 신상품 출시 담당 영업사원들의 세일즈 포인트 교육 등 판매에 필요한 모든 상황을 교육하는 시스템을 갖추고 적극적으로 지원하고 있다.

셋째, 세계적인 명품 브랜드와의 제휴

아가방은 아가방 브랜드에서 더 나아가 세계적인 명품 브랜드를 만들기 위해 월드디자이너로 선정된 패션 디자이너 홍은주씨와 에뜨와 브랜드를 런칭하기도 했다. 그리고 국내 최초로 나노 실버 기술을 이용하여 항균도가 100% 가까이 이르는 항균 젖병을 개발하기도 했다.

따라서 현재의 자리에 안주하지 않고 소비자가 원하는 것이 무엇인지를 재빠르게 파악하고 남들이 생각하지 못했던 것까지 생각하고 한발 먼저 앞서가는 것이야말로 아가방이 국내 유아용품 브랜드의 대명사라는 현재에 이르게 만든 가장 근접한 요소로 꼽을 수 있다.

황무지나 다름없던 유아산업에 기초를 다진 아가방은 누구도 생각하지 못한 것을 먼저 생각한 그 힘으로 업계서 가장 높은 자리까지 오를 수 있었다. 또한 일치감치 국내시장의 한계를 파악하고 해외시장으로 고개를 돌린 점은 지금의 아가방이 세계시장에서도 고급브랜드로 인식되며 세계의 어린이들의 생활 가까이 다가가는데 부족함이 없을 것이다.

학습문제

1. 개인기업의 설립절차에 대하여 설명하시오.

2. 주식회사의 특징에 대하여 설명하시오.

3. 주시회사의 설립절차에 대하여 설명하시오.

4. 합명회사와 합자회사의 특성에 대하여 설명하시오

5. 상권분석의 방법에 대하여 설명하시오.

6. 입지의 중요성과 선정절차에 대하여 설명하시오.

참고문헌 및 자료

1) 김종재(1997), 중소기업경영론, 박영사, p.156.
2) 같은 책 p.157.
3) 김희철(2004), 창업 경영론, 두남, pp.186~189.
4) 김충렬2007), 창업론, 형설출판사, p.69.
5) 같은 책, p.70.
6) 김종재, 앞의 책, p.212.
7) 김종재 · 윤종록 · 이경근(2005), 중소기업의 창업과 경영, 박영사, p.214.
8) 김성준 외 4인(2007), 창업경영관리, 문영사, p.161.
9) 조보상(2005), 소자본창업실무, 무역경영사, p.132.
10) 한국프랜차이즈협회(2004), 프랜차이즈 가맹점 창업 및 운영실무, p.81.
11) 김광규(2007), 소매유통경영, 형설출판사, p.83.

chapter 08

창업지원제도

8-1. 차업지원제도의 의의

1. 창업지원제도의 의의

그동안 진행된 세계화와 개방화는 단일화된 세계시장으로 개편되었다. 단일화된 시장은 보다 많은 성장의 기회도 제공하지만 반면에 경영자원과 경쟁력에서 열위에 놓여있는 중소기업에게는 무한경쟁의 어려움을 가져다주었다. 우리나라의 경우는 후발개도국의 추격과 선진국의 주도하에서 이루어지는 세계화의 변화에 직면하고 있는 상황에서 새로운 기업을 창업하고 이를 성공적인 기업으로 성장·발전시키는 일은 결코 쉬운 일이 아니다.

개인적으로는 창업자 개인의 자질과 아이디어가 우수하고 창업자본을 조달할 수 있는 자체 능력을 갖추고 있어야 할 뿐만 아니라 창업자로 하여금 복잡한 창업과정 및 열악한 환경에 적절히 대처할 수 있는 정부의 각종 제도가 뒷받침되어야 한다. 중소기업정책은 국민경제를 바람직한 방향으로 유도하기위한 정부의 경제정책 중에서 가장 중요한 분야이다.[1)]

창업의 중요성 및 창업지원제도의 필요성을 구체적으로 반영하여, 우리나라에서도 1986년 5월 12일 중소기업창업지원법을 제정하고 이를 모법(母法)으로 삼아 창업기업에 대한 조세지원, 창업기업을 위한 각종 투·융자, 창업절차대행, 경영상담, 경영, 기술지도 등을 위한 각종 지원제도를 시행하고 있다.

중소기업창업 지원법은 중소기업의 설립을 촉진하고 성장 기반을 조성하여 중소기업의 건전한 발전을 통한 건실한 산업구조의 구축에 기여함을 목적으로 하고 있다.[2)]

이 법은 창업자에 대한 자금 및 세제지원 등 종합지원체제와 함께 이를 뒷받침하여 창업지원을 효율적으로 추진하기 위한 중소기업창업투자회사의 육성 및 창업투자조합의 지원, 중소기업 상담회사의 육성, 창업보육센터의 설립 및 지원 등 다양한 제도들로 구성되어있다. "중소기업창업투자회사"란 창업자에게 투자하는 것을 주된 업무로 하는 회사로서 중소기업청에 등록된 회사를 말한다.[3)]

"중소기업창업투자조합"은 창업자에게 투자하고 그 성과를 배분하는 것을 주된 목적으로 하는 조합으로서 중소기업청에 따라 등록한 조합을 말한다.[4)]

중소기업상담회사는 중소기업의 사업성 평가 등의 업무를 하는 회사를 말하며, 창업보육센터란 창업의 성공 가능성을 높이기 위하여 창업자에게 시설·장소를 제공하고 경영·기술 분야에 대하여 지원하는 것을 주된 목적으로 하는 사업장을 말한다.

우리나라의 중소기업 창업지원법에서는 숙박 및 음식점업, 금융 및 보험업, 부동산업, 무도장운영업, 골프장 및 스키장운영업, 기타 갬블링 및 베팅업, 기타 개인 서비스업(산업용 세탁업은 제외한다), 그 밖에 제조업이 아닌 업종은 지원대상에서 제외하고 있다.[5)]

한편, 창업의 범위에 대해서는 중소기업을 새로 설립하여 사업을 개시하는 것을 말하며, 다음의 경우는 제외하고 있다.[6)]

첫째 타인으로부터 사업을 승계하여 승계 전의 사업과 같은 종류의 사업을 계속하는 경우

둘째, 개인사업자인 중소기업자가 법인으로 전환하거나 법인의 조직변경 등 기업형태를 변경하여 변경 전의 사업과 같은 종류의 사업을 계속하는 경우

셋째, 폐업 후 사업을 개시하여 폐업 전의 사업과 같은 종류의 사업을 계속하는 경우 등이다. 또한, 벤처기업에 대한 지원 필요성이 대두되면서 벤처창업에 대한 체계적 지원을 위하여 1997년 8월부터는 벤처기업육성에 관한 특별조치법을 제정하여 시행하고 있다. 여기서는 기존기업의 벤처기업으로의 전환과 벤처기업의 창업을 촉진하

여 벤처기업의 양적 증가를 고무하고 질적 건전성을 도모하여 우리 산업의 구조조정을 원활히 하고 경쟁력을 제고하기 위해 보다 광범위하고 실질적인 지원체계를 마련해 놓고 있다.

그러나 이러한 지원체계는 사업목적·성격에 따라 주관부서가 매우다양하고 또 사업내용이 매년 동일한 것이 아님을 유의해야 한다. 즉, 정책적 필요에 따라 지원사업의 내용 및 대상이 바뀌고 예산확보 내역에 따라 지원사업의 규모도 달라진다.

따라서 창업희망자는 중소기업의 창업지원이 주요 사업의 하나인 중소기업청 및 중소기업진흥공단에서 매년 기획·시행하는 중소기업 지원사업의 내용에 주의를 기울이고 그밖에도 통상산업부, 정보통신부, 산업자원부, 노동부 등 각종 경제관련 행정부서들의 지원사업 내용을 확인할 필요가 있다.

2. 창업지원제도의 내용[7)]

중소기업에 대한 융자지원은 크게 창업 및 사업전환분야, 기술분야, 신성장지원분야, 경영안정지원분야, 소상공인지원분야, 기타분야로 분류하여 지원되고 있다.

- 창업분야 및 사업전환 지원분야는 중소기업의 창업을 활성화 및 사업전환을 위한 정부의 여러 자금 지원지원
- 기술분야는 중소기업의 개발기술의 제품화·사업화를 촉진하여 기술기반 중소기업을 육성하기 위하여 정부기관에서 지원하는 정책자금 정보를 제공하고 있습니다.
- 신성장지원분야는 비제조업 분야 강화 및 기업간 공동 사업을 하기 위한 정부의 여러 자금지원
- 경영안정지원분야는 중소기업의 일시적인 자금 수급에 어려움을 해소하기 위해서 정부기관에서 지원하는 정책자금 지원

- 소상공인지원 소상공인 창업 및 경영개선을 위한 정부의 여러 자금지원
- 기타자금은 창업 및 사업전환, 기술, 신성장지원, 경영안정지원, 소상공인지원 등의 분야에 포함되지 않는 다양한 정부의 자금지원으로, 시설자금은 3년 거치 5년 상환, 운전자금은 1년 거치 2년 상환 조건으로 지원된다.

1) 융자지원

(1) 창업 및 사업전환 분야

① 지원대상

- 제조업 전업률이 30%이상으로 공장등록을 한 기업
- 기존업체의 자동화, 시설교체 및 증·개축 사업
- 제조업 영위 소기업 및 소상공인
- 중소기업창업지원법에 의한 창업 중소기업으로서 공장설립 인·허가를 받은 기업
- 신규창업업체 : 창업 3년 이내 기업으로 공장설립 인·허가를 받은 후 공장을 준공(가동)하지 않은 업체
- 유휴공장(법원, 한국자산관리공사, 금융기관의 경매 〈공매〉물건을 낙찰 받는 경우)을 매입하려는 기업
- 유휴공장매입기업 : 경락일(계약일)로부터 6개월 이내

② 지원한도(업체당 지원한도)

- 총 10억원 이내(시설자금 8억원, 운전자금 2억원)

단, 투자유치, 이전기업, 규모화사업 대상 기업은 15억원 이내(시설자금 12억원, 운전자금 3억원) 지원한도

[표 8-1] 지원내용

융자구분	지 원 내 용
시설자금	- 공장・부지매입비 및 건축소요자금 - 공장의 증・개축 소요자금 - 공장 또는 사업장의 임차보증금 - 기계설비 등 생산시설의 신규구매 소요자금
운전자금	- 중소기업의 경쟁력강화를 위한 연구개발 및 기업경영을 위해 소요되는 자금 - 납품대금 미회수, 부도 수표・어음 보유기업은 경영안정자금과 중복신청 가능

자료 : 중소기업청

(2) 개발기술사업화자금(중소기업청 소관 정책자금 융자)

중소기업이 갖고 있는 우수한 기술을 사업화 할 수 있도록 생산설비, 시험검사장비 도입 등에 소요되는 시설자금과 원부자재 구입, 시장 개척 등에 소요되는 운전자금을 융자 지원하는 사업이다.

① 지원분야대상

- 제조업, 지식서비스업(별표 4), 제조관련서비스업(별표 5)을 영위 또는 영위하고자 하는 중소기업으로서, 다음 중 하나에 해당되는 기술을 사업화하고자 하는 기업 또는 자체 기술을 사업화하고자 하는 Inno-Biz기업
- 지식경제부, 중소기업청 등 정부출연 연구개발사업에 참여하여 기술개발에 성공(완료)한 기술
- 특허 또는 실용신안 등록 기술
- 정부 및 정부 공인기관이 인증한 기술
- 신기술(NET), 전력신기술, 건설신기술, 보건신기술(HT) 등
- 국내외의 대학, 연구기관, 기업, 기술거래기관 등으로부터 이전 받은 기술

- "기술의 이전 및 사업화 촉진에 관한 법률"상 기술평가기관으로부터 기술평가인증을 받은 기술
- 기업부설연구소(한국산업기술진흥협회 인정) 보유 기업이 개발한 기술

② 지원조건 및 내용

- 대출한도 : 기업당 연간 20억원(운전자금은 5억원)
- 대출금리(변동금리) : 공자기금 대출금리에서 0.7%p 차감(기준금리)
- 대출기간
  - 시설자금 : 8년 이내(거치기간 3년 이내 포함)
  - 운전자금 : 5년 이내(거치기간 2년 이내 포함)

(3) 신성장기반자금(중소기업청 소관 정책자금 융자)

우수한 기술을 갖고 있는 중소기업을 대상으로 생산성을 높이기 위하여 시설자금과 운전자금을 융자 지원하는사업이다.

① 지원분야대상

- 『중소기업기본법』상의 업력 7년 이상 중소기업
- 3개 이상의 중소기업이 규합하여 협동화실천계획의 승인을 얻은 자 또는 2개 이상의 중소기업이 규합하여 협업사업계획의 승인을 얻은 자
- 농공단지입주 중소기업 또는 「중소기업 쿠폰제컨설팅 지원사업」으로 중소기업 생산성 향상 사전진단 및 컨설팅을 받은 기업

② 지원조건 및 내용

- 대출한도 : 기업당 연간 30억원(운전자금 5억원)
- 단, 20억원 이상 시설투자기업의 운전자금은 7억원
- 대출기간

- 시설자금 : 8년 이내(거치기간 3년 이내 포함)
- 운전자금 : 5년 이내(거치기간 2년 이내 포함)

(4) 중소기업경영안정자금 융자계획 공고

중소기업의 경쟁력 강화를 위한 연구개발소요자금, 원부자재 구입비 등 기업경영을 위해 소요되는 운전자금을 융자 지원하는 사업이다.

① 지원분야대상

중소기업으로서 한국산업표준분류표에 의한 제조업, 제조업관련서비스업

② 지원조건 및 내용

- 대출금리 : 8.72%이하(이자차액보전금 3% 포함)
- 지원내용 : 융자금에 대해 이자차액보전금 3%, 2년간 지원
- 상환조건 : 2년 거치 일시상환

(5) 소상공인 창업자금 지원

소상공인을 대상으로 창업 및 경영개선에 필요한 자금을 기업당 2억원까지 융자 지원하는 사업입니다.

① 지원분야대상

- 도내에 영업장을 보유한 창업 2년 미만의 소상공인
- 소상공인지원센터 창업교육 이수자
- 업력 5년 미만의 업체로 경영컨설팅 이수자

② 지원조건 및 내용

- 창업자금
  - 소기업 및 소상공인의 창업
  - 소기업 및 소상공인의 경영개선

• 지원조건
  - 융자한도 : 업체당 2억원 이내(투자유치 · 이전기업은 3억원)
  - 융자기간 : 2년 거치 일시상환

2) 신용보증 제도

정부는 담보력이 부족한 중소기업이 시설 · 운전자금 등 각 종 자금을 원활히 조달할 수 있도록 지원하기 위해 신용보증제도를 운영하고 있으며, 크게 일반보증, 기술보증, 소상공인보증으로 분류하여 제공하고 있다. 일반보증은 경영혁신형 · 창업 · 수출기업 등의 보증으로 신용보증기금이 담당하고, 지역소재 소기업 및 소상공인 보증은 지역신용보증재단(16개)이 운영하고 있다. 기술평가보증은 기술력은 있으나, 담보가 부족한 벤처 · 이노비즈 기업 등 기술혁신형 기업을 대상으로 지원 하는 정책 보증으로 주로 기술보증기금이 운용한다. 소상공인자금은 창업을 준비 중이거나 창업자금 조달에 어려움을 격고 있는 소상공인 융자 지원하는 정책 보증으로 주로 중소기업청과 소상공인진흥원, 지역 소상공인센터 등에서 주관하여 지원하고 있다. 중소기업에 대한 보험지원은 크게 수출보험, 매출채권보험으로 분류하여 제공하고 있으며, 기업의 수출 거래시 수출대금 미회수, 환율변동 등의 위험 방지를 위한 보험으로 단기 수출보험, 환변동보험 등이 있다. 매출채권보험은 구매기업의 채무불이행으로 인한 손실이 발생할 경우 보험금을 지급받는 제도로 매출채권보험, 어음보험 등이 있다.

정부는 담보력이 부족한 중소기업이 시설 · 운전자금 등 각 종 자금을 원활히 조달할 수 있도록 지원하기 위해 신용보증제도를 운영하고 있으며, 크게 일반보증, 기술보증, 소상공인보증으로 분류하여 제공하고 있다.

3) 기술개발 지원

기술개발에 어려움을 겪고 있는 중소기업들의 고충을 해소시키기 위한 기술획득 지원사업이 있다. 연구개발(R&D)은 신기술·시제품 개발, 디자인/콘텐츠개발, 사업화로 분류하여 지원 한다. 사업의 내용을 구체적으로 살펴보면 다음과 같다. 신기술·시제품 개발은 중소기업이 더 나은 제품, 기술을 개발할 수 있도록 지원해주는 사업으로 기업 시제품제작지원사업·산업기술기반구축사업 등이 있다. 디자인/콘텐츠개발은 중소기업의 제품 디자인에 관련한 기술개발(R&D)을 지원하는 사업으로 산업디자인개발사업, 중소기업 디자인개발사업 등이 있으며, 사업화 분야는 중소기업의 신기술에 대한 사업화를 지원하는 사업으로 신기술 아이디어 사업화 타당성 평가사업 등이 있다.

[표 8-2] 기술개발 지원사업 및 산학연협력 지원사업 (단위:억원)

중소기업 기술개발지원	지원규모	중소기업 산학연협력 지원	지원규모
ㅇ 중소기업 기술혁신개발	2,697	ㅇ 산학연 공동기술개발	717
ㅇ 구매조건부 신제품개발	600		
ㅇ 중소기업 이전기술개발	150	ㅇ 기업부설연구소 설치지원	380
ㅇ 기업협동형 기술개발	180		
ㅇ 제조현장녹색화 기술개발	327	ㅇ 첨단장비활용 기술개발	200
ㅇ 창업보육 기술개발	100		
ㅇ 중소기업 서비스연구개발	100	ㅇ 연구장비 공동이용지원	126
ㅇ 중소기업 R&D기획지원	30		
소 계 (8개 세부사업)	4,184	소 계 (4개 세부사업)	1,423

- 2010년 중소기업청 예산편성안 기준

4) 기반조성 사업

기술인력/장비, 기술이전/기술거래, 기술지도로 분류하여 제공하고 있다.

기술인력/장비는 자금부족으로 기술개발을 위한 장비 및 인력수급에 어려움을 격고 있는 중소기업들의 문제를 해결하기 위한 장비 지원 및 기술인력 지원 등에 대한 지원이며, 기술이전/기술거래는 기술개발에 어려움을 격고 있는 기업들의 고충을 해소시키기 위한 기술이전 및 기술정보 제공 등의 정책들을 제공하고 있습니다. 기술지도는 기술개발 등의 문제로 경영에 어려움을 격고 있는 기업들의 기술관련 핵심문제를 해결할 수 있는 기술지도 및 경영자문에 대한 정책들을 제공하고 있다.

5) 특허/인증 지원

중소기업에 대한 특허/인증 지원은 크게 특허, 표준, 인증, 법률지원으로 분류하여 제공 한다. 특허는 지식재산관리가 취약한 중소기업의 특허출원 및 등록을 지원하는 정책들과 심판·소송에 대한 지원제도, 지식재산을 기반으로 한 사업화 지원 정책 이며, 표준은 국가산업표준을 중심으로 물질, 측정 등의 표준소개와 표준 관련 지원사업이다. 인증은 크게 기술인증, 기술 및 시스템 인증, 제품인증 등의 인증획득 지원 사업이 있다. 법률지원은 중소기업진흥공단 및 법무부와 공동으로 중소·벤처기업의 수출 및 기술제휴, 해외투자 등 국제거래 시 필요한 법률을 지원하고 있다.

6) 홍보, 전시회 지원

우수 중소기업 제품의 홍보, 전시회 지원 등을 통하여 중소기업 인지도 개선 및 판로개척 지원을 하는 사업이다.

중소기업에 대한 판로·수출 지원은 크게 국내 판로지원을 위한 국내 판매와 해외 수출기업에 도움을 제공하는 수출로 분류하여 지원하고 있다.

국내 판매는 중소기업들의 국내 판로를 지원해주는 정책으로 크게 공공구매조달, 홍보, 전시, A/S, 시장정보제공, 유통합리화, 상표개발로 분류하여 지원한다.

수출은 중소기업들의 수출기업화와 판로를 지원해주는 정책으로 수출금융보험, 수출기업화, 인력양성, 전시 및 인력파견, 규격인증 획득, 브랜드 활성화, 민간거점 활용, 기타로 구분하여 지원하고 있다.

국내 판매에 대한 지원은 크게 공공구매조달, 홍보, 전시, A/S, 시장정보제공, 유통합리화, 상표/공동브랜드개발로 분류하여 지원 하고 있다. 그 사업내용을 구체적으로 살펴보면 다음과 같다.

7) 수출 지원

수출에 대한 지원은 크게 수출금융보험, 홍보 및 마케팅, 인력양성, 전시 및 인력파견, 규격인증 획득, 브랜드 활성화, 해외지사, 기타로 구분하여 지원하고 있다. 수출금융보험은 중소기업이 수출 거래시 환율 변동 및 해외 경제상황 변화에 따라 발생할 수 있는 여러가지 문제에 대한 위험방지를 위한 보험과 담보부족 등으로 시중은행의 무역금융 이용에 애로가 있는 수출 중소기업의 수출을 촉진하기 위한 수출자금 신용지원 이다.

홍보 및 마케팅은 중소기업의 해외시장 개척에 필요한 홍보 및 마케팅을 지원하며, 인력 양성은 중소기업의 효율적인 해외시장 판로개척을 위해 현지 언어소통이 가능하고, 해외마케팅에 자질이 우수한 중소기업 근로자를 선발하여 해외시장개척활동에 필요한 지원을 제공하거나 국제교류를 통한 중소기업 인력 양성을 지원한다. 전시 및 인력파견은 기업의 자사제품 수출과 홍보 및 판로개척을 위한 국외의 전시회 및 박람회 참가를 지원하는 사업과 각 지자체의 시장개척단 파견사업 그리고 특정산업에 대한 정부의 시장개척단 파견사업 등이 있다. 규격인증 획득은 해외규격인증획득 비용의 일부를 지원함으로써 중소기업 제품의 해외 신뢰도 향상과 기술 및 품질수준이 우수한 중소기업의 수출을 지원하는 사업이며, 브랜드 활성화는 중소기업의 상표개발 및 제품 브랜드화 등 글로벌 브랜드를 육성할 수 있도록 지원하는 사업이다. 해외지사는 민간해외지원센터를 활용하여 중소기업이 독자적으로 수행하기 어려운 해외진출 사업에 대해 최적의 민간 컨설팅회사를 연결 전문서비스를 제공하고 소요컨설팅 비용을 지원 하고 있다.

8) 인력지원

중소기업에 대한 인력지원은 인력정보 · 채용, 인력개발 · 양성, 근무환경개선, 유공자 선정, 각종시상으로 분류하여 제공하고 있다. 인력정보 · 채용은 중소기업의 인력난 해소를 위한 직접적인 인력공급 지원으로 국내외 전문 · 기술인력의 발굴 지원, 산학 연계 맞춤형 기능인력양성 · 공급, 산업기능요원 제도 등이 있다. 인력개발 · 양성은 직업능력개발을 지원하는 정책으로 훈련시설의 설치, 훈련장비 구입 비용 대부, 근로자의 수강, 학자금 지원 등이 있으며, 근무환경개선은 근로자의 권익보호, 고용기회의 확대, 노사문제 해결 등을 위한 지원 정책이다.

9) 창업/벤처지원

중소기업에 대한 창업/벤처 지원은 크게 중소기업의 창업을 지원하는 창업지원과 벤처 육성을 위한 벤처지원으로 분류하여 도움을 주는 제도이다. 중소기업에 대한 창업 지원은 크게 창업자금, 공장설립, 창업보육, 기업가정신함양, 신기술창업지원으로 분류하여 제공하고 있으며, 중소기업에 대한 벤처지원은 크게 벤처확인 등을 위한 벤처인증, 벤처투자를 지원하는 벤처투자, 창투사를 등록 관리하는 창투사 관리로 분류하여 지원 한다.

중소기업에 대한 창업 지원은 크게 창업자금, 공장설립, 창업보육, 창업교육/컨설팅, 신기술창업지원으로 분류하여 지원하는데 구체적인 내용은 다음과 같다.

- 창업자금은 창업초기 자금조달에 애로를 겪는 창업기업들에 대해 상대적으로 낮은 금리로 자금을 융자해 주는 제도와 창업투자보조금 지원
- 공장설립은 일발 창업 및 벤처 창업자들의 입주 등을 위한 각종 지원 사업과 창업기업의 공장 설립 과 관련된 민원처리 지원
- 창업보육은 대학 · 연구소 내에 위치한 창업보육센터를 통해 창업 초기 기업에 사업 공간 및 각종 컨설팅을 지원하고, 입주 기업의 입주여건 개선 등을 위하여 창업보육센터 건립비와 운영비를 지원
- 창업교육/컨설팅은 창업자들의 기업가정신향양 및 사업화 능력 배양을 통해 준비된 창업자를 양성하는 사업을 지원
- 신기술창업지원은 예비창업자가 소유한 창조적인 아이디어나 기술, 대학, 연구기관의 우수 기술들이 창업으로 이어질 수 있도록 아이디어상업화, 신기술창업, 실험실창업 등을 지원

창업에세이

성공한 창업사례

모닝글로리 - 종합문구의 선두주자

모닝글로리는 1981년, '상품을 믿고 선택할 수 있는 사회'를 만들어 간다는 기본목표와 세계적인 상표가 되겠다는 비젼하에 만들어진 한국의 고유의 브랜드다. 모닝글로리(Morning Glory)는 "아침의 영광(Glory of Morning)"이란 뜻이며, 여기서 아침은 곧 아침의 나라인 한국을 의미하는 것으로 처음부터 세계화를 염두에 둔 브랜드 설정 이었다.

설립 당시 국내 문구업체들이 영세성을 면치 못하고 외국의 디자인을 그대로 들여오거나 모방제품을 만드는데 그치고 있는 데 반해 모닝글로리는 독자적인 디자인과 품질의 차별화, 고급화를 시도하여 소비자들로 부터 좋은 반응을 받고 있다.

모닝글로리는 지난 81년 노트를 실로 꿰어 묶는 방식대신 10억원을 투입해 무선(無線) 제본기술을 선보였다. 또 눈의 피로를 줄이기 위해 미색 노트를 선보이는 등 업계에 변화의 바람을 몰고 왔다.

특히, 90년대 중반부터 주 고객층인 학생들에게 폭발적인 인기를 누리면서 국내 문구업계를 선도하는 최대의 종합문구회사로 발돋움하였다. 하지만 IMF위기시 구조조정을 거치면서 한때 부도를 맞기도 했지만 임원 및 전직원의 노력으로 현재는 문구업계의 일인자로 자리 매김하고 있다.

현재 3천여 종의 제품을 생산하는 모닝글로리는 1981년 설립이후 비교적 짧은 기간에 브랜드이미지를 심는데 성공했다. 이것은 문구제품에 디자인개념을 도입했기 때문에 가능한 것이었다. 실제로 직원

3백여명 가운데 디자이너가 30명이나 된다. 디자이너가 시장조사에서 부터 완제품 출시까지 전 과정을 책임지는 '일인전담제도'를 운영한다. 기획의도가 생산 과정에서 왜곡되지 않도록 하기 위해서다. 디자이너들은 일단 제품을 시장에 내놓은 뒤에 고객들의 반응을 살펴 단점을 보완한다.

모닝글로리는 다른 경쟁업체들이 대부분 주문자상표부착방식(OEM)을 택하고 있는 반면에 자사 브랜드를 고집하고 있으며 캐릭터를 자체개발해 다른 업체에 사용권을 판매하는 라이선싱(licensing)을 시행하고 있다.

블루베어, 바부, 꼬지지, 비니 등 고유 캐릭터를 탄생시켰으며 그 여세를 몰아 가구 등 문구 이외의 제품에도 모닝글로리 상표를 붙이겠다는 야심을 키우고 있다. 모닝글로리는 문구 유통사업에도 뛰어들어 자사 제품은 물론 다른 회사 상품도 취급하고 있다. 또한 디자인을 앞세워 글로벌마케팅을 펼친 결과 해외에 국산상표를 알리는데 성공하였으며 미국, 유럽, 호주 등 세계 23개국에 점포를 개설해 외국제품과 당당히 경쟁하고 있다.

1981년 6월 교보문고 내에 모닝글로리의 모태인 문구센터가 개설되었다. (주)신한교역상사를 통해 외국의 유명문구류를 수입해 이곳에서 판매하던 한중석사장은 곧 '내손으로 직접 외국제품에 뒤지지 않는 문구를 만들겠다'고 마음을 먹고 곧바로 제조업에 뛰어 들었다.

그러나 브랜드의 인지도가 낮고 유통전문점이라는 느낌만 강하게 준다는 소비자 조사 결과를 통해 1985년 사명 및 상표명을 바꾸기로 하고 정통문구를 근간으로 하는 기업으로의 출발을 결정하게 되었다.

한중석사장은 외국출장을 통해 '항상 외국의 선진문구점은 백화점식으로 크게하여 종합문구라는 타이틀답게 소비자가 즐겨찾을 수 있도록 편의를 제공하고 있는 반면 국내문구점들은 영세성을 면치 못한 채 대형 문구점 하나 변변히 없는지 의문이다', '문구는 어린이부터 어른까지 모두 꼭 필요한 문화용품이라는 개념으로 이해한다면 발전되어야 할 산업임에 틀림없다'고 느꼈다고 한다.

이러한 상황에서 한중석사장의 유통에 대한 노하우와 문구선진국에 결코 뒤지지 않는 제품을 만들 수 있다는 신념에 따라 한국적 이미지를 강조하고 한국을 가장 잘 알릴 수 있는 명칭이어야 한다는 생각을 가졌다. 이것을 전제로 1985년 상표명의 사내 현상공모를 실시하고 모집된 1백여 가지의 상표명 중에서 '아침이면 활짝 피는 나팔꽃', '아침의 영광' 이란 뜻을 가진 '모닝글로리'를 선정했다.

모닝글로리는 좁은 의미로는 '아침의 영광과 성장', 넓은 의미로는 '동 방의 영광' 즉 한국의 영광을 나타낸다. 또한, '한국의 이미지'를 세계 속에 심기 위해 세계인이 모두 느낄 수 있는 친근감과 부드러움을 강조하여 부르기 쉽도록 '모닝글로리(morning glory)'로 회사명과 자기상표를 통일했다. 국문 역시 발음 나는 대로 표기하여 '한국의 영광'을 고지 시키고자 했으며, 이런 뜻을 홍보문안에 담았다. 제품마다 브랜드명과 홍보문을 필히 표기하여 모닝글로리의 기업이념을 국내 뿐만아니라 세계인들의 가슴에 인지시키고자 노력하고 있다. 모닝글로리의 제품 구조를 보면 노트류에 있어서 국내시장 점유율 40%~50%를 점유하여 대부분의 지제품에 있어서는 시장점유율 1위를 지켜오고 있다.

반면, 필기구에 있어서는 제품을 출시한지 몇 년 되지 않았고 외국 제품의 범람과 마이크로, 모나미 등 필기구 전문업체들에 밀려 약 10%의 시장점유율에 머물고 있다.

모닝글로리는 기존의 지제품 위주에서 벗어나 새로운 시장을 개척하기 위해서 96년 9월에 앨범, 머그컵 등 생활디자인용품 전문브랜드인 리꼬모(LICOMMO)를 탄생시켰다. 모닝글로리는 전체 대리점 중 40% 정도를 리꼬모 전문대리점으로 육성하는 등 생활디자인 용품에 투자를 아끼지 않았다.

또한 사업다각화의 일환으로 1997년 5월로 케트전기와 손잡고 신개념 건전지인 POW(파우)를 출시하였으나, 그다지 성공하지는 못하였다.

모닝글로리는 85년 동남아시아에 처녀 수출을 시작으로 91년에는 수출부를 설립하고 문구업계 최초로 자체브랜드로 일본에 직접 수출하였으며, 같은 해 동구권인 폴란드시장을 개척하기도 하였다. 내수시장과는 달리 수출은 호조를 보였으며 30%의 증가세를 꾸준히 보이고 있다. 수출이 이렇게 성장하게 된 배경에는 국내 타 회사들과 는 달리 독자적인 브랜드로 수출 하였으며 해외 현지에서 독자적인 모닝글로리 매장 형태로진출한 것이 좋은 반응을 얻었기 때문이다. 모닝글로리는 문구업계의 선두기업답게 많은 수상을 기록하기도 했다.

모닝글로리의 성공비결을 살펴보자.

첫째, 모닝글로리는 철저한 소비자 조사를 통한 신제품개발을 하고 있으며 본사 직원 300여명 중 30여명에 달하는 디자이너들은 자신이 기획 한 상품에 대해서 시장조사부터 완제품 출시에 이르는 모든 과정을 전담하고 책임을 진다. 또한 84년부터 매주 화요일마다 전임직원이 한자리에 모여 개발제품에 대한 의견을 수렴하는 시간을 가져왔다. 이 회의에서 제품에 하자가 발견되면 시정될 때 까지 출고가 정지되고 시정이 불가능한 경우에는 전량 폐기 된다. 일단 출시된 제품도 직영매장인 모닝글로리플라자에서 사후 시장조사를 통하여 조정과 정을 거친다.

모닝글로리는 약 5천여 종의 많은 문구제품을 생산하고 있음에도 단일 브랜드 전략으로 통일된 이미지를 유지하고 브랜드에 대한 명성을 효과적으로 쌓아왔다.

둘째, 대형할인점까지 유통망을 확보하였다.

모닝글로리의 유통구조는 기존 국내의 문구회사들 독자적인 유통구조를 가지지 못한데 반해 전국에 모닝글로리대리점들을 보유하고 있으며 그 아래 모닝글로리 가맹점들과 수 만개의 일반 소매점들이 있다.

모닝글로리가맹점은 소매점단계에서 모닝글로리 제품을 위주로 판매 하는 유통점을 보유하고자 개설한 것이다. 이들은 모닝글로리 간판을 달고 일반 소비자들을 대상으로 영업하고 있다.

모닝글로리 가맹점들은 97년부터 본사와 직거래로 운영되고 있으며 그 중 문구프라자는 본사가 운영하는 직판소매점이며 신제품이 출시되면 가장 먼저 이곳에 진열하여 시장 가능성을 테스트하는 Pilot shop의 기능을 겸하고 있다.

대형 할인점과 기업체 특판 등의 신유통은 급속히 성장하여 현재 농협, E-Mart, 2001 아울렛 등 대형 할인점 등과도 거래를 하고 있다. 할인점에 내보내는 제품은 신제품의 경우 Ethos라는 브랜드를 사용하고 있으며 재고품은 모닝글로리 브랜드 그대로 출시하고 있다.

셋째, 고품질의 고가격 전략을 들 수 있다.

모닝글로리는 고품질 이미지에 맞게 고가격 전략을 취하고 있다. 모닝글로리 제품의 가격은 경쟁사의 가격에 비해 평균 30% 정도 비싼 편이다. 이것은 국민의 소득수준이 증가하였고 적정이윤을 확보하여 고품질의 신제품을 지속적으로 출시하기 위한 것이다.

넷째, 제품광고보다는 기업이미지 광고에 중심을 두고 있다.

모닝글로리는 단일브랜드 전략을 사용하며 광고도 제품별 광고를 하지 않고 기업이미지 광고로 일관해오고 있다.

90년대 이후 모닝글로리의 슬로건은 “정직한 이름”으로 깨끗한 이미지를 정립해왔다. 이러한 노력의 결과 소비자 선호도가 61.2%에 달하고 경쟁사가 중점적으로 광고하는 필기류에 있어서도 최초 브랜드 상기에서 모닝글로리 47.4%, 모나미 29.1%, 마이크로 5.1%로 나타났으며 심지어는 생산하지 않는 제품에 있어서까지 높은 상기율을 보였다.

학습문제

1. 중소기업 관련 법령에 대하여 설명하시오.

2. 창업활성화가 국민경제 미치는 영향에 대하여 설명하시오.

3. 창업지원 기관의 종류에 대하여 살펴보고 지원내용의 차이점을 설명하시오.

4. 대학생 창업지원 제도에 대하여 알아보시오.

5. 창업활성화를 위한 정책방향에 대하여 설명하시오.

참고문헌 및 자료

1) 박주영 · 이상호 · 박경원(2009), 중소기업경영론, 학현사, p.107.
2) 중소기업 창업지원법, 제1조.
3) 중소기업 창업지원법, 제2조.
4) 중소기업 창업지원법, 제2조.
5) 중소기업 창업지원법(영), 제4조.
6) 중소기업 창업지원법(영), 제4조.
7) 중소기업청 자료

chapter 09

벤처기업의 창업

9-1. 벤처기업의 정의

1. 일반적 정의

일반적으로 벤처기업(venture business)이란 독자적인 기술과 경영 노하우(know-how) 및 왕성한 기업가 정신으로 무장한 신생기업을 말한다. 벤처비즈니스는 벤처(venture)와 비즈니스(business)의 합성어이다. 벤처는 모험, 모험적 사업, 투기적 사업 등에서 금전상의 위험을 무릅쓴 행위를 말하는 것이며, 비즈니스는 사업, 회사, 기업이란 의미를 가지고 있다. 따라서 벤처비즈니스는 모험사업, 신기술사업, 기술집약형 기업, 지식집약형 중소기업, 연구개발형 기업, 모험기업, 벤처기업 등의 의미를 가진다.[1)]

따라서 벤처비즈니스 또는 벤처기업을 첨단기술, 새로운 아이디어를 사업화 하는 과정에 경영의 위험성이 매우 높지만 성공할 경우 상당한 수익이 기대되는 신규사업 또는 독자의 우수한 기술과 경영 노하우를 무기로 적극적으로 경영을 확대하고자 하는 기업가정신이 왕성한 자주독립의 중소기업이라고 정의 할 수 있다. 벤처기업에 대한 정의를 보다 구체적으로 살펴보면 다음과 같다.

① 벤처기업은 연구개발을 강조하거나 기술적으로 새로운 지식을 이용하는데 중점을 두는 회사

② 벤처기업은 소수의 핵심 창업자가 기술혁신 아이디어의 개발과 상업화를 목적으로 설립한 회사

③ 벤처기업은 소수의 핵심적 기술창업인이 기술혁신으로 개발한 아이디어를 상업화하기 위해 설립한 신규기술, 또는 첨단기술을 보유한 신생기업으로, 사업에 대한 위험은 높으나 성공할 경우 높은 이익이 기대되는 모험사업에 도전하여 성취하려는 왕성한 기업가정신을 가진 기업군으로 정의되고 있다.

2. 법률적 정의

벤처기업에 대한 법률상의 정의는 각국의 경제정책의 목적에 따라 다르게 규정되고 있다. 우리나라의 경우는 벤처기업을 지원·육성하기 위하여 1997년 8월에 "벤처기업육성에 관한 특별조치법"를 제정하여 시행해 오고 있다. 이 법에서 규정한 벤처기업의 정의를 살펴보면 다음과 같다.[2)]

첫째, 중소기업창업투자회사, 신기술사업금융회사 등 벤처캐피탈회사가 해당 기업의 주식이나 출자지분을 인수하는 금액이 5천만원 이상이고, 그 기업의 자본금의 100분의 10 이상인 중소기업

둘째, 기업의 연간 연구개발비와 연간 총매출액에 대한 연구개발비의 합계가 차지하는 비율을 중심으로, 연간 연구개발비가 5천만원 이상이고, 연간 총매출액에 대한 연구개발비의 합계가 차지하는 비율이 100분의 5 이상으로서 중소기업청장이 업종별로 정하여 고시하는 비율 이상으로 사업성이 우수한 것으로 평가받은 기업

셋째 기술신용보증기금이 보증을 하거나, 중소기업진흥공단 등 기관이 개발기술의 사업화나 창업을 촉진하기 위하여 무담보로 자금을 대출한 경우로서, 보증 또는 대출금액이 8천만원 이상이고, 기업의 총자산에 대한 보증 또는 대출금액의 비율이 100분의 5 이상인 기업으로 정의하고 있다.

3. 벤처기업의 특징

이처럼 벤처기업은 모험심을 가지고 소규모 자본, 새로운 기술과 참신한 아이디어로 틈새시장을 개척해 나가는 기업으로, 필요한 자금은 주로 벤처캐피탈과 엔젤투자자에 의존한다.

따라서 벤처비지니스는 새롭고 독창적인 기술이나 아이디어를 바탕으로 기존의 기업들이 제공할 수 없었던 신분야를 개척해 나가는

모험적이고 열정적인 기업이다. 이러한 본질에 비추어 벤처비즈니스는 다음과 같은 특징을 지니고 있다.[3)]

1) 중소기업형 규모

벤처 비즈니스는 스스로의 전력과 기업특성을 지닌 중소기업형 규모로 유지된다. 즉, 새로운 기술이나 경영기법의 적용으로 수익성은 높으나 위험성이 높기 때문에 중소규모의 작은 단위로 설립 운영되는 특징을 지니고 있다.

2) 지식집약형 기업

연구개발 집약형 또는 디자인개발 집약형 등 지식과 기술을 집약한 형태의 기업이다.

3) 신시장지향적 기업

벤처 비즈니스는 기존의 기업들이 점유하지 않은 틈새시장을 대상으로 기업활동을 전개하는 특징을 지니고 있다. 틈새시장에서 벤처기업은 계속적인 노력과 헌신, 기술개발과 재투자과정을 거쳐 성장하고 발전하게 된다.

4) 인력의 전문성

대부분 벤처기업은 새로운 아이디어와 기술력을 바탕으로 하고 있기 때문에 그와 같은 지식을 상품화 할 수 있는 능력을 지닌 전문가들에 의해 구성되어진다.

5) 조직의 동태성

벤처기업은 대기업과는 달리 기동성이 풍부한 동태적 조직으로 운영된다. 생산과정에서 뿐만 아니라 시장개척, 마케팅활동 등의 측면에서도 시장환경에 민감히 대처하는 동태성이 요구된다.

4. 벤처 비즈니스의 경제적 역할

1) 중소기업 활성화의 선도적 역할[4)]

어느 나라를 막론하고 중소기업의 경제적 역할은 실로 지대한 것이며, 그 때문에 많은 국가들에서 중소기업의 창업과 육성을 지원하기 위한 제도들을 실시하고 있다. 드러나 기존시장의 경쟁체제하에서 중소기업의 성장은 기업가적 인재의 등장과 그들의 적극적인 시장개척의지, 기술개발을 위한 의지와 투자를 요구하고 있다. 이러한 면에서 벤처 비즈니스의 성장은 기업가적 의지를 지니고 있는 사람들의 창업의지를 고취시키고 중소기업을 활성화시키는 역할을 한다.

그러나 우리나라의 경우 벤처 비즈니스는 선진국에 비하여 아직 후진적 상황을 벗어나지 못하고 있는 현실이다. 따라서 앞으로 벤처 비즈니스의 활성화를 통하여 미래 지식사회에 대응하고 한국중소기업의 발전에 원동력이 되어야 할 것이다.

2) 기술개발 기반의 강화

새로운 기술개발과 아이디어를 통해 창업되는 벤처기업은 기술개발의 기반을 조성한다.[5)] 산업화 초기 우리나라의 경제 발전은 주로 대기업에 의해 선진국의 진보된 기술을 도입하여 이를 응용하거나 개량하고 대량생산체제를 갖추어 원가 절감을 추구하는 형태가 대부분이었다. 그러나 80년대 이후부터는 기술의 세분화와 함께 첨단기술의 응용현상이 나타나기 시작하여 90년대부터는 혁신적인 중소기업을 중심으로 더욱 가속화하고 있다.

3) 산업조직의 활성화에 대한 기여

벤처 비즈니스는 독창성이 강하여 독자적인 시장을 지향하고 있다. 또한 기술개발에 있어서도 대기업과 독립된 분야 혹은 대등한 분야를 개척함으로써 대기업으로부터 중소기업으로의 기술이전을 배격하고 있다. 이와 같이 벤처 비즈니스의 발전은 대기업과 중소기업간 상호 대등한 위치에서의 발전을 지향하기 때문에, 시장의 집중을 완화시키고 시장구조를 보다 경쟁적으로 만들어 시장의 효율성을 증진시킨다.[6] 산업 조직간의 경쟁을 촉진함으로서 산업조직의 활성화에 크게 기여한다.

4) 지역경제의 활성화에 대한 기여

대기업 중심의 경제성장정책을 추구함에 따른 부정적 측면, 특히 지역간 경제적 격차의 심화와 같은 경제현실하에서 지방의 벤처 비즈니스는 지역간 산업격차를 해소시키고 나아가 해당 지역만의 특화된 산업발전을 통한 지역경제성장에 기여하게 된다.

5) 고용창출

한국은 IMF경제체제하에서 백만명 이상을 상회하는 대량실업사태에 직면하게 되었으며, 이를 타개하기 위해서는 새로운 일터를 만들어 고용을 창출하는 것이 대단히 시급한 과제가 되었다. 이와 같은 차원에서 벤처기업은 가장 효율적인 대안이 될 수 있을 뿐만 아니라, IMF를 극복한 후에도 미래 산업사회의 창출과 이에 걸맞은 고용환경 창출을 위해서는 벤처기업의 창업과 발전이 대단히 중요하다.

6) 지식사회의 희망

벤처비지니스는 두뇌기업이라고 할 수 있으며, 미래 사회는 두뇌경쟁의 시대이다. 그러므로 자본은 없지만 기술과 경영에 뛰어난 젊은 전문가 집단들의 희망의 기업이기도 하다. 한국사회고 이러한 바람이 불고 있다. 정부의 효율적인 지원을 통해서 이들의 벤처기업 창업과 경영이 활성화된다면 이는 앞으로 한국의 지식사회에 큰 희망이 될 수 있다. 돈이 아닌 기술과 경영을 가지고 백만장자가 될 수 있는 것이 바로 벤처기업이기 때문이다.

9-2. 벤처기업의 창업과정

벤처기업이란 기술부분의 경쟁력과 창업자의 왕성한 기업가정신을 바탕으로 신규시장에 침투하는 기업이다. 이러한 속성을 지닌 벤처기업이라 할지라도 일반 중소기업의 창업과정이나 절차와 크게 다르지 않다. 따라서 여기에서는 추가적으로 관심을 가져야 할 부분만을 살펴보기로 한다.[7)]

1. 벤처기업 창업의 기본 요소[8)]

벤처창업자가 고려해야할 가장 기본적인 5가지 요소는 다음과 같다.

1) 제품과 서비스 창출을 위한 아이디어

어떤 제품이나 서비스를 생산할 것인지는 벤처 비즈니스의 창업에 앞서 분명히 결정되어야 한다. 특히 벤처 비즈니스는 한가지 아이디어만으로는 성공을 보장할 수 없기 때문에 또 다른 아이디어들이 구상되고, 구상된 아이디어들이 사업에 계속해서 적용되어야 한다. 이와 같은 아이디어는 직무상의 결과, 타인의 벤처 아이디어의 취득, 연구팀의 활용, 소비자의 미충족된 욕구의 탐색, 특정주제에 대한 끈임 없는 관찰과 조사연구 등 다양한 방법을 통해 확보되어질 수 있다.

2) 기술적 노하우의 소지

벤처 비즈니스 창업을 계획하는 사람은 제품과 서비스의 창출에 필요한 전문적인 지식과 기술을 갖고 있어야만 한다. 우리나라 벤처 비즈니스의 창업자들을 대상으로 한 조사에 따르더라도 창업동기 측면에서는 파생형이 57.3%, 모방형이 23.2%, 독자형이 19.5%를 차지하는 것으로 95%가 창업이전에 기업이나 대학에 소속되어 일한 적이 있는 것으로 조사되고 있다.

3) 인재의 확보

혁신적 기업가 혼자 모든 일을 다 할 수는 없다. 특히 벤처 비즈니스의 창업과 같이 생동적 역할이 중요한 경우 상호지식의 결합, 아이디어의 제품화, 기업경영상의 역할분담을 위해서는 인재의 확보가 대단히 중요한 문제이다. 이는 사업 아이디어와 함께 벤처 비즈니스 성공의 가장 중요한 요소이다. 영상카드를 중심으로 한 멀티미디어카드 분야에서 선두를 달리고 있는 두인전자의 경우에도 젊은 인재들을 많이 모으고 그들로부터 잠재력과 단결된 힘을 최대한 이끌어낼 수 있는 정신적 지원이 현재의 성공을 가져오게 된 가장 중요한 계기였음을 상기할 필요가 있다.

4) 자원의 확보

벤처 비즈니스의 창업에 필요한 자본과 자산을 비롯하여 각종 설비나 비품을 준비하여야 한다. 벤처 비즈니스의 기본적인 역할을 해줄 이러한 자원은 필수적인 요소이다.

5) 소비시장에 대한 고려

시장의 요구 또는 소비자의 의견을 고려하지 않은 기업은 성공할 수 없다. 이러한 요구 또는 의견은 철저한 시장조사를 통하여 검토되어져야 하며 이를 기초로 제품이나 서비스에 대한 생산계획이 검토되어야 한다.

2. 벤처기업의 창업 형태

벤처기업은 그 창업의 형태에 따라서 다음과 같이 분류할 수 있다.

1) 독립적 벤처기업(Venture Spin-off)

가장 보편적인 형태로서 독립적으로 벤처기업을 창업하여 운영한 것이다, 이 경우는 창업이전의 직장을 의미하는 배태조직(incubating organization)이 대학, 연구소, 대기업인 경우가 많다. 이 형태는 창업자가 자신의 일과 관련하여 습득한 지식과 기술 등을 기반으로 창업을 하게 된다.[9)]

2) 합작벤처기업(New Style Joint Venture)

중소규모의 벤처기업이 고도의 기술을 제공하고 대기업은 자본과 판매망 도는 기술개발 결과의 활용에 목적을 두는 중소기업과 대기업의 합작형태의 창업이다. 기술력을 가졌으나 자본력을 갖추지 못한 벤처와 자본과 유통조직을 갖춘 기업과의 상생적 창업형태라고 볼 수 있다.

3) 내부 벤처기업(Internal Venture)

사내 창업의 형태로 진행되는 유형이며, 대기업이 회사 내부에 모험자본을 마련해 놓고 기업 내부의 회사원들이 사업아이디어를 제안하여 벤처기업을 스스로 창업하거나 참여하도록 하는 관리 방법이다. 이 경우 대기업이 벤처캐피탈을 지원하여 자기 회사원의 아이디어로 창업하는 것이다.

4) 벤처캐피탈의 경영 참가형 벤처기업

벤처캐피탈은 벤처기업에 자금을 지원하는 금융회사이지만 벤처기업과는 직·간접의 연관을 맺고 있다. 이 형태는 벤처캐피탈이 자금의 지원은 물론 경영참여까지 하는 형태이다. 그러나 경영참여가 경영권 확보를 목적으로 하기보단 벤처기업을 정상적으로 운영하여 육성하기 위한 과도기적 지원육성이 많다.[10)]

3. 벤처기업의 창업 절차

1) 벤처아이템의 결정단계

벤처창업도 일반창업과 비슷한 과정을 거쳐야 한다. 벤처창업의 예비절차는 창업아이템을 결정하기 위한 사전적 절차로서 과정을 살펴보면 다음과 같다.

(1) 벤처아이디어의 검토

벤처아이디어를 구상하고 검토하는 단계로서 산출이나 수익성을 검토해보고 위험을 진단해 보는 과정이다.

(2) 창업결정

이 과정은 기업설립과 운영에 관한 최종적인 의사결정을 마치고 사업준비를 서두르는 단계이다. 창업자의 능력이나 적성의 적합성 여부가 검토되고 사업의 개시 여부를 결정한다.

(3) 창업팀의 구성

실제와 이상이 연결되도록 창업팀이 구성된다. 창업팀은 창업자의 요망사업과 경제적 성공을 보장할 수 있는 사람들로 구성되어야 한다.

(4) 타당성의 검토

기업설립에 필요한 절차, 규모, 자원 등을 세부적으로 분석하고 타당성을 검토한다.

(5) 벤처 비즈니스의 결정

창업자가 자신의 운명, 시간, 열정, 자원 모두를 벤처 비즈니스에 투입할 것을 결정하는 자신의 인생에서 가장 큰 결정을 해야 하는 시점이다.

2) 창업 단계(business stage)

실제 벤처 비즈니스의 창업과 운영에는 수많은 활동들이 있다. 창업단계에서는 창업팀이 주축이 되어 창업자의 요구를 실현시켜야 한다. 제품이나 서비스의 개방은 기업성공에 매우 중요한 것이며, 창업자는 그와 같은 부문에 관해 전문가여야 한다. 이외에도 경영관리자 및 팀의 개발, 자금의 확보, 마케팅, 판매촉진전략의 수립, 내부조직의 체제결정 등이 창업단계에서 중요한 문제로 고려되어야 한다.

3) 성장단계(growth stage)

성장단계에 있어서 가장 중요한 문제는 성장의 방향을 결정하는 것이다. 만약 창업자가 급성장의 방향을 선택하였다면 다소 무리를 하여서라도 흡수·합병 등의 공격적 경영을 시도하게 되겠지만, 만약 안정성장의 방향을 선택하였다면 현재의 제품과 서비스를 바탕으로 시장점유율을 제고시키는 데 초점을 두게 될 것이다.

대부분의 경우 창업 초기에는 제품에 대한 인지도, 시장 내에서의 위치가 미약하기 때문에 안정성장의 방향을 택하지만, 어느 정도 시장점유율이 확보된 뒤에는 다른 기업과의 전략적 제휴나 흡수·합병과 같은 공격적 성향이 시도되어진다.

성장단계에 있어서 또 하나 중요한 문제는 급속한 조직팽창에 따른 조직관리의 효율화에 많은 관심을 가져야 한다는 것이다. 많은 경우에 급속성장은 의사결정의 효율성을 저하시키고, 리더십의 효과 감소, 조직구성원 및 부문 간의 의사소통상의 장애, 인력관리의 문제 등을 야기 시킨다.

4. 벤처기업의 성공요인과 실패요인

1) 성공적인 벤처기업의 일반특성

벤처기업의 성공 여부를 판단하는 것은 여러 측면에서 이루어질 수 있다. 예를 들어 벤처의 성공 여부를 설립자, 투자자, 공급자, 고객, 직원등과 같은 이해관계자의 입장에서 판단할 수도 있고, 단기적인 관점인가 또는 장기적인 관점인가, 언제 성공을 측정하는가 등과 같이 시간적인 관점에서 판단할 수도 있으며, 이익, 투자회수율, 판매신장률, 직원의수, 직원의 만족도, 회사의 평판 등과 같이 특정한 측정기준에 의해서 판단 할 수도 있다.

[표 9-1] 성공적인 벤처기업의 특성

특 성 요 인	성공적이지 못한 벤처	성공적인 벤처
· 창업목표	애매함	계량화되어 있음
· 창업목적	개인적이고 불명확함	명확히 정의되어 있음
· 경영정책	정의되어 있이 않음	변화에의 적응력 있음
· 의사결정	비공식적임	효율적임
· 품질수준	가변적임	높은 수준을 유지
· 의사소통	비공식적임	신속하고 간결함
· 정보기술	소극적으로 이용함	적극적으로 이용함
· 자금사정	불충분함	건전함
· 인 지 도	잘 안 알려져 있음	잘 알려져 있음
· 관심도/열성	보통 수준	높은 수준
· 동기부여	보통수준	높은 수준

성공적인 벤처기업의 특성을 요인별로 분석해보면 성공적인 벤처기업과 그렇지 못한 기업과의 특성을 쉽게 파악할 수 있다. 성공적인

벤처기업은 과학적이고, 적극적이며 높은 집중력을 보이는 특성을 지니고 있다.

2) 벤처기업의 요인별 성패분석

(1) 산업/업종의 분야

일반적으로 성장 가능성이 많은 분야에서 창업을 한 사람이 그렇지 못한 분야에서 창업을 한 사람보다 좋은 결과를 내었으며, 같은 사람이 두 가지 경우를 모두 시도한 경우에는 매우 경쟁이 심한 산업에서는 실패빈도가 높았으나 성장하는 산업에서는 성공하는 것으로 알려져 있다. 이러한 결론은 필립스(Phillips)와 커코프(Kirchoff)의 연구에 의해서도 뒷받침 되고 있는데, 그들이 6년간 360만개의 기업을 대상으로 시행한 연구에 의하면 약 40%의 기업이 창업 후 최소한 6년간 생존하였고 생존기업 중 절반이 성장하였으며 제조업의 생존율(47%)은 건설업의 생존율(35%)보다 높게 나타났다.

(2) 산업의 전반적인 전략

특정 산업의 태동단계에서 많은 새로운 기업들이 창업된 후 이 산업이 성숙되어 가면서 대부분의 기업이 도태되는 경우에는 산업 전체의 성장과 쇠퇴에 독특한 패턴이 나타난다.

미국의 전문잡지인 Venture가 1976년부터 1986년 사이에 창업자가 경영한 회사에 관한 보고서에 의하면 상위 100위까지의 기업 중 거의 절반을 컴퓨터 및 컴퓨터 관련회사가 차지하고 있고 건강관련 제품이나 서비스를 제공하는 회사들의 비율이 그 뒤를 따르고 있다.

(3) 전략적 위치

새로이 창업하는 기업들이 경쟁자들보다 먼저 제품을 출시하면 경쟁이 없거나 또는 있더라도 치열하지 않아 전략적 위치관점에서 경쟁자에 비해 단기적으로는 경쟁우위를 가지게 된다. 만일 출시된 제품이나 서비스가 시장에서 인기를 끌게 되면 경쟁자가 생기게 된다. 일단 창업단계가 지나고 나면 평균투자회수율은 장기적으로 보면 기업의 전략적인 위치에 의해서 결정된다.

(4) 창업의 전략적인 요인

물론 다른 벤처기업들의 창업에도 그대로 적용될 수 있는지는 단언할 수 없지만 대기업이 새로운 벤처를 시작하는 경우 이러한 시도가 성공하는 경우는 대체로 성장하는 시장에 진입하는 경우, 많은 소규모의 경쟁자보다는 어느 정도의 규모를 갖춘 소수의 경쟁자를 상대하는 경우, 상대적으로 적은 수의 고객들을 상대하는 경우, 자신이 고객들의 독점적인 거래처가 아닌 경우, 경영목표를 초기에 이익을 실현하는 것 보다 상대적으로 작은 시장에서 시장점유율의 증대에 두는 경우, 그리고 높은 품질, 대량의 생산능력, 효과적인 마케팅 능력과 강력한 연구 개발노력을 기울이는 경우 등으로 요약할 수 있다.

(5) 교육수준과 경험

벤처를 창업하려는 분야와 관련된 교육이나 과거의 경험은 일반적으로 벤처의 성공에 긍정적인 영향을 미치는 것으로 나타났다. 비록 연구의 시점이 오래되기는 하였으나 로이어(Lawyer) 등이 미국 오하이오주에 있는 120개의 성공적인 금속관련 회사들을 대상으로 실시한 연구결과에 의하면 과거의 경험에 의거한 운영능력이 특정 분야에 성공적으로 진입하고 생존하는데 큰 영향을 미치는 것으로 나타났다.

(6) 협동

모든 벤처의 창업은 창업자의 다른 창업멤버들간의 협동 또는 팀워크를 필요로 하고 얼마나 효과적으로 이들간의 협동/팀 워크가 이루어지느냐에 따란 벤처의 성공이 지대한 영향을 받을 것이라는 것은 쉽게 이해할 수 있다.

일반적으로 벤처의 창업에 있어 요구되는 팀 워크는 크게 다음과 같은 세 가지로 나누어 볼 수 있다.

① 벤처의 창업에 참여하는 사람들간의 팀 워크

② 벤처의 창업에 적극적으로 참여하는 컨설턴트 등과 같은 외부 사람들과의 팀 워크

③ 직접적으로 고용이 되어 있지는 않지만 벤처의 창업과정에 도움을 주고 영향을 미치는 사람들과의 팀 워크

(7) 과거직장 및 지리적인 위치

피셔(Feesser)와 윌라드(Willard)의 연구에 의하면 높은 성장률을 보이는 벤처의 창업자들은 자신의 회사와 유사한 기술과 시장에서 경쟁하고 있는 대기업이나 공개된 기업출신이다. 그러므로 'incubator firm'(벤처창업자들이 독립하기 전에 아이디어를 배양하면서 근무했던 회사를 지칭하는 용어로써 대체로 사업분야나 기술 등이 벤처를 창업하기에 적합한 경우가 많다)이 새로운 벤처의 창업자를 다른 기업들에 비해서 많이 배출해 낸다는 사실은 85%의 창업벤처들의 기술이 창업자들이 근무했던 회사의 것과 유사하고, 64%의 창업벤처들의 시장이 창업자들이 근무했던 회사의 시장과 유사하다는 연구들이 있다.

(8) 초기자본

특정 회사가 사업에 실패했을 때 보면 항상 자금이 바닥나 있는 사실과 초기 자본이 풍부할수록 경영에 문제가 생겼을 때 해결할 수 있는 시간적인 여유를 좀 더 가질 수 있는 것으로 알려져 있다. 그러나 초기자본의 액수가 사업의 성공에 미치는 영향은 일률적으로 적

용하지 말고 다른 요인들도 고려해야 한다는 주장도 제기되고 있다.

(9) 경영관리시스템의 실천

특정 기업이 실패했을 때 그 원인을 살펴보면 많은 항목들이 도입한 경영시스템을 제대로 실천하지 못한 사실과 연계되어 있다. 그리고 실패의 원인과 징후간의 구분이 불분명한 경우가 많다.

예를 들면, 회사가 어려움을 겪는 징후가 생기는 가장 중요한 원인 중의 하나가 기록을 제대로 하지 못했다는 점이다. 그런데 일단 회사가 어려움을 겪게 되면 생존을 위하여 비용을 절감하고, 납품기일을 지키는 일에 우선순위를 부여하게 되어 그날그날의 거래실적 등의 기록에 소홀하게 된다. 이러한 경우에 기록이 불충분해서 회사가 어려움을 겪게 되었는가 아니면 회사가 어려움을 겪게 되어 기록이 소홀해졌는가에 대한 결론을 내는 것이 용이하지 않지만 회사를 창업할 때 마련하였던 경영정책이나 관리지침이 제대로 실천되지 않은 것만은 분명하다고 할 수 있다.

5. 성장하는 벤처기업의 특성

성장하는 벤처기업은 그 기업고유의 특징으로서 ① 기술력 ② R&D 투자 ③ 인재확보 ④ CEO 등에서 차별적 모습을 보이는 것으로 알려져 있다.

1) 독창적 기술력 보유

성장하는 벤처기업의 첫번째 공통된 특징은 생산제품 및 기술력이 동종업체에 비해서 절대적인 경쟁력을 갖춘 것으로 나타나고 있다. 물론 기술력이 우수하고 생산제품이 뛰어나다고 해서 모든 기업이 성공하는 것은 아니지만, 기업의 운영자금, 마케팅 및 경영기법, 약간의 행운 등 경영활동의 내외적 제반요인들이 뒷받침되어지면 성공가능성은 한층 높아지게 될 것이다.

2) 지속적인 R&D 투자

경쟁력 있는 기술을 보유한 벤처기업들은 매년 매출 또는 순이익의 일정비율을 R&D에 투자하게 된다. R&D투자는 기업의 미래 경쟁력과도 연결되고, 오늘 최고의 기술력을 가졌다고 해서 그 기술적 경쟁력이 지속된다는 보장은 없기 때문에 기술연구와 개발이 요구되는 것이다.

3) 뛰어난 인재확보

성장하는 벤처기업들의 세번째 특징은 훌륭한 인재 확보를 위해 구체적으로 노력하고 있다는 것이다.

성장하는 벤처기업들에는 좋은 인재들이 모여 있는데, 그들이 독창적 기술도 개발하고, 효과적인 마케팅 전략도 펼칠 수 있을 것이다. 기업의 경쟁력은 인재의 확보에서 비롯되기 때문에 벤처기업은 좋은 인재확보에 성공적일 때 성공가능성도 높아지게 될 것이다.

4) CEO의 리더쉽

성장하는 벤처기업들의 마지막 특징은 CEO에서 찾아 볼 수 있다. 그 특징은 첫째, 창업자가 대부분 엔지니어 출신이고, 둘째, 전문 경영인체제를 도입하여 기술과 경영의 역할을 분리하였고, 셋째, 투명한 경영을 시행하였으며, 넷째, 초기 창업 멤버들과 끝까지 함께 한다는 것입니다.

성공한 벤처 CEO는 엔지니어에게 부족할 수 있는 경영을 "전문경영인체제 도입"이라는 것으로 문제를 해결하였으며, 너무나 상세할 정도로 솔직하게 회사 정보를 직원들에게 공개하며, 끝까지 창업멤버를 유지하며 이직률이 상대적으로 낮은 것으로 나타나고 있다.

9-3. 벤처캐피탈

1. 벤처캐피탈의 개념

1) 벤처캐피탈의 의의

벤처캐피탈이란 경영기반과 신용이 취약하여 일반금융기관으로부터 투자나 융자를 제공받을 수 없는 벤처기업에 대한 투자, 융자, 컨설팅 등을 전문으로 하는 벤처금융기관이다.[11] 창업단계의 벤처기업은 고도의 기술력과 장래성은 있으나, 아직 경영기반이 취약해 일반금융기관으로부터 간접금융을 이용하기 어렵다. 이 단계의 벤처기업은 높은 위험성이 있지만, 성공하면 높은 수익성이 보장되기 때문에, 이들 기업에 대해 주식취득 등의 형식으로 투자를 제공하는 자본투자기관, 또는 이를 수행하는 기관의 자본 그 자체를 벤처캐피탈이라고 한다.

기업에 자금을 지원한다는 측면만을 고려할 때, 벤처캐피탈은 은행을 비롯한 일반 금융기관과 유사한 성격을 가진다고 볼 수 있으나, 융자를 위주로 하는 금융기관과 자금의 지원방식, 투자자금의 회수방법, 성과보수 등에서 현격한 차이가 있다.

자금 지원 내용면에서 볼 때는 기존 금융기관과 확실히 구분된다. 일반적인 금융기관의 자금지원형태가 충분한 담보를 확보한 후 융자의 형태로 자금지원을 해주고 일정한 금리를 받는 형식이라면, 벤처캐피탈은 기술력은 있으나 담보력이 취약한 벤처기업에 무담보 주식투자의 형태로 자금을 지원한 후 투자기업이 성장·발전하면 보유주식을 매각하여 투자금을 회수하는 방식이다.

이러한 차이는 투자위험과 투자수익성 측면에서도 구분될 수 있다. 일반적인 금융기관이 충분한 담보력으로 투자기업의 성패에 따라 큰 투자위험을 부담하지 않은 반면에, 벤처캐피탈은 벤처기업의 경영성과에 따라 크게는 수배 또는 수십 배의 성공보수를 얻은 수도 있고, 반대로 투자금을 전혀 회수할 수 없는 경우도 발생할 수 있다. 투자기업과 위험부담을 함께 하기 때문에 수동적인 기능을 수행하는 금융기관의 융자와는 성격이 다르다.

그러므로 벤처기업의 차원에서 자본능력이나 담보능력이 없더라도 충분한 기술력과 성장가능성만 있다면, 벤처캐피탈회사의 지원을 받아 얼마든지 창업을 할 수 있어 높은 성취감을 얻을 수도 있고 상장기업으로의 성장이 가능할 것이다.

이러한 벤처캐피탈은 벤처기업에 자본은 투자하며 경영관리상의 협력단계를 유지하고, 창업기업이 상장하면 주식공개 등을 통하여 투자한 주식의 매각으로 높은 자본이익을 얻는 것을 목적으로 한다.

2) 벤처캐피탈의 역할

벤처캐피탈은 기술력이 뛰어나지만, 경영기반과 신용이 아직 취약한 초기의 벤처기업에 자금에 공급하고 경영을 지원하는 기능을 한다. 이와 같은 특성을 활용하여 성장가능성이 있는 초기단계의 벤처기업을 선정하여 육성하는 역할을 수행한다.[12)]

(1) 국민경제의 활성화

벤처캐피탈은 생산력 하락과 대기업의 국제경쟁력 약화 등 여러 가지 문제를 안고 있는 경제에 활력을 불어넣는 역할을 수행하고 있다.

(2) 미상장기업의 자기자본 확충

벤처기업의 증자 등을 통한 자금조달을 가능하게 함으로써 미상장 창업기업들이 자기자본을 확충하는데 기여하며, 이들 기업의 재무구조를 개선시키는 역할을 한다.

(3) 산업조직의 활성화

벤처기업의 성장과 발전은 중소기업의 대기업과의 거래에 있어서 보다 대등한 입장에서 서도록 촉진하며, 나아가 기업간 경쟁을 촉진함으로써 산업조직의 활성화에 기여한다.

3) 벤처캐피탈의 투자대상과 방법

(1) 투자대상

사업개시일로부터 14년 이내의 법인 또는 사업개시일로부터 10년 이내의 개인사업자를 주 대상으로 하고 있으며, 업적에 관계없이 유망한 기술력으로 사업확장을 원하는 경우에도 다음의 방법으로 지원받을 수 있다.

(2) 투자방법

벤처캐피탈은 자신들의 투자심사기준을 가지고 벤처기업을 평가하여 투자의사결정을 한다. 일반적으로 사업성기회, 경쟁관계, 경영진, 기술적 타당성, 재무계획 타당성, 투자회수 가능성 및 투자수익률 등이 평가기준이다. 벤처캐피탈의 가장 이상적인 투자대상으로 보는 것은 고수익의 산업주도기업의 설립에 투자하여 4~7년 내에 상장 또는 매각하여 높은 투자수익률을 실현하는 것이다. 이러한 벤처캐피탈이 활용하고 있는 투자방법으로는 주식투자, 전환사채, 약정투자, 단기 자금대여, 프로젝트투자 등이다.

① 주식투자

이는 벤처캐피탈이 벤처기업에 먼저 자금을 지원하고, 그 벤처기업의 주식을 인수하여 후일 주식매각을 통해 시세차익을 얻거나 배당금을 지급받아 투자자금을 회수하는 방식이다.

② 전환사채

이는 회사채로 발행되지만 일정한 기간이 지나면 사채권자의 청구가 있을 때 미리 결정된 조건대로 발행회사의 주식으로 전환할 수 있는 특성이 있는 사채이다. 전환사채는 주식과 같이 가격이 변동하므로, 사채권자는 이자 외에 가격상승의 이익을 얻을 수 있다. 전환사채를 발행하려면 정관 또는 정관변경에 관한 특별결의로서 전환의 조건, 전환으로 인하여 발생할 주식의 내용, 전환을 청구할 수 있는 기간 등을 정하여야 한다.

③ 약정투자

이는 벤처캐피탈과 벤처기업간에 투자기업의 매출액과 투자원금 또는 순이익 등의 경영성과에 대하여 일정비율의 투자금 사용료 지불 등 투자조건을 미리 약정을 하고 자금을 지원하는 방법이다. 일정기간 경과 후 사업이 성공하면 주신전환 등의 방식으로 투자하고, 실패하면 투자원금의 일부만을 상환하는 방법이 있다. 약정투자는 지분투자에 비해 최고 상환금을 투자조건으로 설정할 수 있기 때문에 투자위험을 줄일 수 있으며, 절차도 비교적 간단하다.

④ 자금대여

이는 투자기업의 성장단계별 일시적인 운용자금을 은행의 융자와 유사한 형태로 일정금리를 받고 자금을 지원하는 방법이다.

⑤ 프로젝트 투자

이는 영상 및 음반물의 제작, 기술개방 등과 같이 특정사업의 수행을 위하여 계약을 통해 소요자금을 지원하고 수익을 배분하는 방법이다.

4) 벤처캐피탈의 지원절차

벤처캐피탈은 기술력에서 우위를 가진 벤처기업을 발굴하고 투자자금을 지원하는 한편, 성장에 따른 계속적인 자금지원과 기술 및 경영컨설팅을 통하여 벤처기업의 성장을 도와준다. 그리고 주식시장에 상장하기까지 동반자적 입장에서 함께 노력한다.

벤처캐피탈의 투자지원을 받으려는 벤처기업 경영자 또는 창업자는 우선 사업계획서를 제출한다. 이 때 사업계획서는 각종 수치가 정확하고도 적절하게 표시되어야 창업투자회사의 신뢰도를 얻을 수 있다. 또한 영위하는 사업이 특수성과 기술우위성이 보유하고 있어야 하며, 기대수익률이 높아야 유리하다. 벤처기업의 특성은 대기업과 경쟁할 수 있는 기술의 우위를 가지고 있거나, 대기업이 진출할 수 없는 틈새시장을 목표로 하고 있기 때문이다.

또한 벤처기업 경영자의 자질을 창업투자회사에 정확히 알려야 한다. 자신의 기술에 대한 자신감과 추진력, 그리고 나아가서 벤처기업 경영자로서의 열정과 역량 등을 잘 알릴 수 있어야 창업투자회가의 투자를 받는데 훨씬 유리하다.

5) 엔젤(angel)을 통한 자금조달

(1) 엔젤의 개념과 성격

엔젤(angel)은 창업 초기단계에 있는 기업에 천사처럼 나타나 필요한 자금을 공급하는 개인 투자가를 말한다.[13] 설립 직후의 벤처기업들은 연구개발에 많은 자금이 소요되나, 반면에 그 성공확률도 매우 불확실하기 때문에 외부로부터의 자금조달이 매우 어렵다. 특히 우리나라와 같이 부동산 담보를 요구하는 금융관행 하에서는 벤처기업이 외부자금을 조달하기가 더욱 어려운 실정이다.

엔젤은 이와 같은 기업화 초기단계에 천사처럼 나타나 필요한 자금을 공급해주고 경영지도를 해주는 개인투자가를 말한다. 그리고 창업 직후 자금조달이 어려운 벤처기업에 대해 필요한 자금지원과 경영자문을 수행하기도 한다.

엔젤이라는 말은 1920년대 뉴욕 브로드웨이의 오페라 공연자금을 제공했던 사람들을 일컫는데서 나왔다는 설이 가장 유력하다. 당시에는 투자수익을 보려했던 사람, 좋아하는 배우를 후원하거나 혹은 자선사업의 일환으로 투자하는 사람 등 다양한 부류의 엔젤이 있었다. 현재에는 기업화 초기 단계에서 천사처럼 나타나 필요한 자금을 공급한다는 뜻에서 엔젤이라 명명된 것이다.

한국에서는 엔젤을 벤처기업육성에 관한 특별조치법상에 창업 후 3년 이내인 벤처기업, 또는 벤처기업 전환 후 3년 이내인 기업에 투자(주식, 전환사채, 신주인수권부사채 인수 등)하는 것으로 정의하고, 조세감면 등 지원하고 있다. 즉 벤처기업에 5년 이상 투자하는 엔젤(개인투자자) 및 엔젤투자조합에 대하여 투자소득세를 감면해주는데, 이 경우 엔젤과 투자기업간에는 특수관계가 없어야 한다. 특수관계란 없어야 한다. 특수관계란 친척, 본인이 대표이사이거나 그 주식의 50% 이상을 보유한 법인 또는 그 법인이 그 주식의 30% 이상을 출자한 법인이다.

엔젤의 특징은 매우 유망한 사업만을 골라서 투자하려 하고 공식적으로 알려지는 것을 좋아하지 않는다. 또한 언제라도 좋은 기회만 오면 다른 투자자들과 연대하려 하고, 창업자가 찾아오길 기다리는 것보다 그들이 스스로 창업자를 찾아 나서는 경향이 있다. 엔젤과의 만남이 창업자의 자금조달에 있어 행운이 되는 반면, 위험을 가져올 수 있다는 점을 간과하여서는 안된다. 잘못된 사람을 투자자로 불러들이면 나중에 골칫거리가 될 수 있기 때문이다.

엔젤과 벤처캐피탈은 벤처기업에 대해 자금 공급과 경영지원을 한다는 공통점을 가지고 있으나, 투자단계, 동기, 지원내용, 위험도 면 등 여러 면에서 차이가 있다.

첫째, 엔젤은 초기 성장단계에서 이루어지는 투자가 중심이고, 벤처캐피탈은 후기 성장 단계를 중심으로 투자가 이루어진다.

둘째, 엔젤의 주요 투자동기는 벤처캐피탈보다 높은 수익성 추구와 친구·지인 등에 의한 친분과 인연을 중시한다.

셋째, 엔젤은 기업에 자금만을 지원하는 것이 아니고, 경영자에게 다양한 경영자문을 수행하기 때문에 경영참여 비중이 벤처캐피탈보다 크다.

넷째, 엔젤은 투자기업의 신속한 동태파악을 중요시하기 때문에 일반적으로 가까운 거리에 위치하는 기업을 선호한다.

(2) 엔젤의 유형

엔젤의 유형을 다양하게 구분될 수 있으나, 투자형태에 따라 리드엔젤과 서포트엔젤로 구분된다.[14)]

① 리드엔젤

리드엔젤은 기업가로 성공하여 큰 자금을 번 자산가나 창업경험이 있는 50세 전후의 성공한 은퇴 경영자로 벤처기업 지원에 주도적인 역할을 하고 있으며, 풍부한 자금과 경영경험 및 기술평가능력 등을 보유하고 있어 비상근임원으로 참여하기도 한다.(미국의 경우 80% 정도)

② 서포트엔젤

서포트엔젤은 전문지식을 가지고 창업자를 지원하는 변호사, 회계사, 컨설턴트 등의 전문적 종사자 또는 벤처기업의 지인을 말한다. 간접적인 지원을 주로 하지만 자기자금을 투자하기도 한다.

(3) 엔젤의 필요성

설립 직후의 벤처기업은 생산설비가 없고, 재고부담이 없어 많은 자금을 필요로 하지 않으나, 대부분의 연구개발단계에서는 그 연구가 획기적인 제품으로 이어져 성공할지 여부가 불확실하기 때문에 자금조달이 어려운 시기이다. 특히 우리나라와 같은 금융관행 아래서는 담보력이 취약한 기업들은 외부자금을 조달하는 것이 매우 어려운 실정이다. 또한 벤처 캐피탈은 사업화가 이미 이루어진 사업에 집중을 한다. 더욱이 경기침체로 인한 자금회수가 어려운 경우 신생벤처기업 투자에 소극적이다. 따라서 신생 벤처기업의 경우 투자규모가 작기 때문에 엔젤투자가 필요한 실정이다.

따라서 엔젤은 다음과 같은 이유 때문에 더욱 그 필요성이 증대된다.

첫째, 신생 벤처기업의 장기적인 자금조달의 어려움을 해결하기 위해서이다.

둘째, 신생 벤처기업은 주식시장을 통해 자금조달이 불가능하기 때문이다.

셋째, 금융기관의 차입에 의존하면 기업의 부채비율 상승으로 도산의 원인이 되기도 한다.

넷째, 창업유치단계에서 투자유치를 위한 환경이 열악하기 때문이다.

(4) 엔젤투자의 절차

엔젤투자는 주로 엔젤클럽을 통해서 이루어진다. 엔젤클럽은 신생 벤처기업에 자본을 투자하는 개인투자자들의 모임을 말한다. 엔젤클럽의 설립과 관련된 법적규정이 없기 때문에 엔젤클럽의 설립은 동호회 설립절차와 유사하다. 일반적으로 개인투자자와 기관투자자를 중심으로 투자조합을 결성하여 투자가 이루어진다.

창업에세이

성공한 창업사례

홍진 크라운

70년대 초반, 창업자인 홍완기는 기울어가는 헬멧업체를 인수하면서 헬멧과 인연을 맺었다.

세계적인 헬멧 신화의 시작이었다. 비록 영세한 규모였지만, HJC는 1982년 국내 1위의 헬멧업체로 급부상한다. 그러나 좁은 내수시장에서 회사가 성장하는데 한계가 따랐다. 회사의 미래를 위해 더 큰 시장으로 필요가 있었다. 그해, 새로운 시장개척의 특명을 받은 홍수기(부사장)이 10개의 샘플이 든 가방을 들고 미국의 땅을 밟았다. 홍수기는 먼저 미국의 유명 헬멧 바이어를 찾아갔다. 우리 헬멧의 상품성을 타진해 보고 판매도 부탁해 볼 참이었다. 그런데 그가 내민 헬멧을 본 바이어들은 시큰둥했다. 한국인 머리모양에 맞춰 만들어진 헬멧이 그들의 머리에 맞을 리 없었다. 더욱이 헬멧은 머리에 쓰고 활동하기엔 너무 무거웠다. 아이들 장난감 수준이라고, 물바가지라며 비웃는 바이어들을 뒤로하고 홍수기는 무참히 돌아 나왔다.

HJC 미국을 비롯해서 일본, 유럽, 동남아 등 세계 각국의 까다로운 안전규격을 모두 통과, 세계 최소 플라스틱 헬멧 생산, 도자기 전사기법을 통한 화려하고 정교한 디자인.

안전성, 가격, 디자인 이 삼박자를 갖추고 직접 아마추어 모터싸이클 선수들을 찾아가 제품평가를 적용하는 등 HJC는 경쟁사보다 한걸음 더 뛰어가는 전략.

아무도 알아주지 않는 변두리 가게에서나 취급하고, 또 취급하는 소매상에서도 한쪽 구석에나 놔두던 제품이 몇 년 만에 일본을 이기고 미국시장 점유율이 1위를 달성하였다.

경기도 용인시 이동면 서리 오토바이용 헬멧 생산업체 홍진크라운 본사 품질 실험실에선 매일 총성이 울린다. 시속 500㎞ 속도로 날아가는 납탄알이 오토바이 헬멧 투명창에 날아가 부딪치는 것이다. 회사를 방문했을 때 테스트를 위해 발사한 총알은 투명창을 뚫지 못하고 흔적만 남겼다. 이 회사 박종근 규격관리팀장은 "세계에서 가장 까다로운 오토바이 헬멧 규격인 스넬(SNELL) 테스트 과정 중 하나"라고 말했다.

20여평 남짓한 실험실에는 전 세계 각종 규격 테스트에 사용하는 것과 동일한 장치가 빽빽이 들어서 있다. 이곳 실험실을 통과한 헬멧은 전 세계 어디에서도 사용할 수 있는 것이다. 이런 테스트를 통과한 제품은 품질도 최고라는 평가를 받고 있다.

이 회사에는 가끔 외국인들이 보낸 편지가 온다. 제품 덕택에 목숨을 건진 사람들이 보내는 감사 편지다. 예를 들어 남아프리카에 거주하는 그레함 한나는 바퀴가 16개나 되는 대형 트럭이 자기 머리 위로 지나갔지만 홍진크라운이 만든 헬멧을 쓰고 있어 살았다며 감사하다는 편지를 보냈다. 머리와 가슴 위로 거대한 트럭 바퀴가 지나갔지만 헬멧이 트럭 무게를 이겨냈다. 덕분에 갈비뼈가 부러졌지만 머리는 멀쩡했다며 전 세계 모든 오토바이 잡지와 인터넷 사이트에 알리겠다는 내용이다.

미국에서 오토바이를 타는 사람 10명 가운데 4명이 이 회사 제품을 사용한다. 세계 시장 점유율은 15%. 세계 최대 오토바이 헬멧 제조업체인 홍진크라운은 지난해 매출 1017억360만원, 순익 186억원을 기록했다.

얼마 전 홍진크라운 홍완기(洪完基 · 62) 회장은 이상한 경험을 했다. 해외 바이어들과 만난 자리에서 그가 목소리를 높이자 같이 있던 삼성전자 개발부 직원들이 웅성거리는 것이었다. 홍 회장은 나중에 그 이유를 알았다.

"삼성전자도 고객에게 그런 식으로 격렬하게 항의하지는 못한다고 하더군요." 홍 회장은 상대가 고객이라도 잘못 알고 있으면 지적해 줘야 한다는 생각을 가지고 있다. 그가 이런 생각을 실천할 수 있는 것은 회사 제품의 경쟁력 때문이다.

○ 미국 시장 점유 1위

홍진크라운이 만든 헬멧은 한국보다 외국에서 평균 2배 이상 비싸게 팔리는 특이한 제품이다. 이 회사가 최근 개발한 모델(CL-14)의 국내 시판 예정가는 7만원 선이다. 그러나 조기제 영업총괄본부장은 "미국 판매가는 약 180달러(한화 20만원 상당) 정도를 생각하고 있다"고 말했다. 이 제품만이 아니다. 홍완기 회장은 "난다"고 말했다.

홍진크라운은 주문을 받은 다음에 물건을 만들기 시작한다. 그래도 늘 일감이 밀려 있다. 유통업체들이 물건을 제때 받아가기가 힘들다는 이야기다. 또 홍진크라운은 미국을 제외한 국가에는 1개 업체에만 물건을 준다. 유통업체끼리 경쟁이 붙어서 제살 뜯어 먹기 식 경쟁이 발생하는 것을 막기 위해서다. 유통업체들은 충분한 마진을 얻을 수 있다. 그래서 홍진은 고객에게 큰소리를 치며 장사할 수 있는 것이다.

1971년 설립된 이 회사는 지난 80년대 중반 미국 시장에 진출했다. 또 92년부터는 미국 시장 점유율 1위를 지키고 있다. 홍완기 회산 작업의 특성에서 찾았다. "헬멧 생산은 노동집약적 산업"이라는 것이다. 헬멧은 곡선이 많이 들어간 제품이다. 때문에 기계를 이용해 제품을 고정시킨 다음 작업하기가 힘들다. 자동화가 쉽지 않다는 이야기다. 때문에 손재주가 좋은 한국 사람들이 만든 헬멧이 세계 시장에서 좋은 평가를 받을 수 있었다.

또 홍진크라운의 마케팅 전략이 적중했다. 홍진은 대량생산으로 가격을 낮춰 품질 좋은 제품을 낮은 가격에 공급했다. 경쟁사이던 벨의 파산도 홍진에게 유리하게 작용했다는 평가다.

회사는 현재 약 30여개 모델을 생산하고 있다. 재미있는 것은 모델은 30여개에 불과하지만 실제로 생산하는 제품 종류는 2만8000가지에 달한다는 것이다. 일단 모델별로 작은 사이즈(XXS)부터 가장 큰 사이즈(XXX)까지 8가지를 생산한다. 또 각기 다른 색상이 8가지다. 여기다 제품 위에 새기는 그래픽이 보통 6가지다.

또 유럽과 동남아시아, 일본 등 국가와 인종에 따라 두개골의 형태가 다르고 각국이 요구하는 규격도 차이가 난다. 그래서 국가별 모델 또 다르다. 때문에 국내에서 싼 가격에 물건을 팔아도 외국 사람들이 제품을 싼 가격에 사갈 수가 없는 것이다.

구조개발팀 이동진 부장은 "회사가 생산하는 제품의 종류는 2만8000가지에 달한다"고 말했다. 이렇게 다양한 제품을 생산하고 있는 회사는 전 세계에서 홍진크라운이 유일하다. 홍진크라운은 전 세계에서 유일하게 오토바이용 헬멧을 다품종 소량생산하고 있는 업체다. 동시에 연간 약 1000만개 규모인 전 세계 시장에서 가장 많은 제품(150만개)을 생산하는 업체이기도 하다.

홍 회장은 30년간 이 분야에서 쌓은 노하우와 기술력이 있어 가능한 일이라고 말했다. 그러나 단순히 경험만으로 가능한 일은 아니다. 외부 기업에서 일하다 98년 이 회사로 자리를 옮긴 공장장 이형근 전무는 "회사의 독특한 기업문화도 한몫을 했다"고 평가했다. 회사는 용인군 서리에서 20년간 제품을 만들어 온 지역 기업이다. 이 전무는 "서로 너무나 잘 알고 있는 생산직 직원들이 급할 때 내 일과 남의 일을 가리지 않고 일한다"고 말했다.

또 일을 최우선시하는 태도도 중요하게 작용했다는 설명이다. 이 전무는 지난 99년에는 일요일 날 쉬어본 적이 하루도 없다. 심지어 12월 24일과 12월 31일에도 밤 12시까지 공장이 돌아갔다.

○ "중국산 저가 제품이 최대의 적"

지금 이 회사는 큰 변화를 겪고 있다. 현재 팀장급 이상 간부의 50%는 지난 3~4년 동안 새로 영입한 타업체 출신 인사다. 또 비슷한 시기에 공장 자동화와 전산화 작업이 이루어졌다. 지난 4년 동안 연구 인력은 늘고 생산 인력은 줄었지만 생산량은 2배로 늘었다. 이형근 전무는 "과거 7~8명이 2000개를 만들던 제품을 현재는 2명이 4000개를 만드는 분야도 있다"고 말했다. 그는 현재 공장 자동화율을 50%로 추정하고 있다. 자동화할 수 있는 분야는 대부분 자동화했다는 것이다. 또 회사는 올 들어 일요일은 물론이고 토요일 격주 휴무제를 시행하고 있다.

또 회사는 올해 전체 매출의 10%를 연구개발에 투자할 예정이다. 현재 전체 직원 310명 가운데 연구개발 인력이 42명이다. 생산직 근로자가 많은 제조업체라는 것을 감안하면 연구 인력 비중이 상당히 높은 편이다용이 줄어든다. 그러나 이 회사는 반대다. 지난 99년 매출이 618억원일 무렵에 회사는 매출의 7% 정도를 연구개발에 투자했다. 홍진크라운은 그동안 벌어들인 돈을 과감하게 투자해 2단계 도약을 준비하고 있는 것이다.

새 간부에게 자리를 물려 준 사람들은 대부분 본사 건물 옆 제3공장에 모였다. 제3공장과 내부 설비는 홍진크라운 소유다. 그러나 이곳에서 일하는 사람들은 외부 업체 직원들이다. 봉제, 페인팅 등 11개 업체가 약간의 임대료만 내고 이곳에 입주해 부품을 생산해 홍진크라운에 납품하고 있다. 11개 업체 사장은 과거 홍진크라운에서 일하다 소사장으로 독립한 사람들이다. 이곳에서 일하는 130여명 가운데 상당수가 과거 홍진크라운 직원이었다. 회사는 노동집약적이고 부가가치가 적은 부분을 외주 생산으로 전환하고 있는 것이다.

홍 회장은 혁신하지 않으면 급변하는 경제 환경 속에서 살아남을 수 없다고 말했다. 지금 홍진크라운의 혁신을 요구하는 환경 변화는 바로 중국산 저가 제품들이다. 구조개발팀 이동진 부장은 “과거 중국 제품은 가격만 싸고 품질은 형편없었지만 작년부터 품질이 무시할 수 없는 수준까지 올라 왔다”고 말했다.

홍진크라운은 중국 업체들의 도전을 뿌리치기 위해 다양한 노력을 기울이고 있다. 우선 중국에 공장을 설립해 저가 제품을 현지에서 생산하고 있다. 또 자동화와 연구개발비 지출 확대 등도 중국 업체를 멀리 따돌리기 위한 노력의 일환이다. 보통 회사 매출이 늘어나면 매출액 대비 연구개발 비용이 줄어든다. 그러나 이 회사는 반대다. 지난 99년 매출이 618억원일 무렵에 회사는 매출의 7% 정도를 연구개발에 투자했다. 홍진크라운은 그동안 벌어들인 돈을 과감하게 투자해 2단계 도약을 준비하고 있는 것이다.

새 간부에게 자리를 물려 준 사람들은 대부분 본사 건물 옆 제3공장에 모였다. 제3공장과 내부 설비는 홍진크라운 소유다. 그러나 이곳에서 일하는 사람들은 외부 업체 직원들이다. 봉제, 페인팅 등 11개 업체가 약간의 임대료만 내고 이곳에 입주해 부품을 생산해 홍진크라운에 납품하고 있다. 11개 업체 사장은 과거 홍진크라운에서 일하다 소사장으로 독립한 사람들이다. 이곳에서 일하는 130여명 가운데 상당수가 과거 홍진크라운 직원이었다. 회사는 노동집약적이고 부가가치가 적은 부분을 외주 생산으로 전환하고 있는 것이다.

홍 회장은 혁신하지 않으면 급변하는 경제 환경 속에서 살아남을 수 없다고 말했다. 지금 홍진크라운의 혁신을 요구하는 환경 변화는 바로 중국산 저가 제품들이다. 구조개발팀 이동진 부장은 “과거 중국 제품은 가격만 싸고 품질은 형편없었지만 작년부터 품질이 무시할 수 없는 수준까지 올라 왔다”고 말했다.

학습문제

1. 벤처기업의 특징에 대하여 설명하시오.
2. 벤처기업의 역할에 대하여 설명하시오.
3. 벤처기업의 역사적 배경에 대하여 알아보시오.
4. 향후 벤처유망 산업을 설명하시오.
5. 한국의 벤처기업 현황에 대하여 알아보시오.
6. 한국의 벤처지원제도에 대하여 설명하시오.
7. 벤처캐피탈의 역할에 대하여 설명하시오.

참고문헌 및 자료

1) 김종재 · 윤종록 · 이경근(2005), 중소기업의 창업과 경영, 박영사, p.197.
2) 벤처기업육성에 관한 특별조치법제2조의2 ①항 참조.
3) 김종재 · 윤종록 · 이경근(2005), 앞의 책, p.197.
4) 같은 책, p.202.
5) 이상석 · 고인곤(2006), 기업가정신과 창업, 학현사 p.73.
6) 같은 책, p.72.
7) 김종재 · 윤종록 · 이경근(2005), 앞의 책, p.203.
8) 같은 책, p.204.
9) 서종상(2000), 벤처 · 중소기업 창업실무, 세학사, p.24.
10) 이장우(1997), 벤처경영, 매일경제신문사, p.47.
11) 김병균 · 이정길(2006), 벤처산업과 벤처경영, Read&Chang, p.175.
12) 김병균 · 이정길(2006), p.176.
13) 강대석 · 오근엽(2003), 벤처기업과 벤처금융, 집문당, p.81.
14) 같은 책, p.84.

chapter 10

프랜차이즈 창업

10-1. 프랜차이즈 비즈니스의 정의

1. 프랜차이즈의 개념

프랜차이즈시스템은 미국에서 탄생하여 세계화의 물결을 타고 전 세계적으로 확산 보급되는 과정에서 우리나라에서도 1978년 외식산업 위주로 도입되었다.

프랜차이즈(Franchise)의 개념은 "자유를 준다(to free)"를 의미하는 고대 프랑스 단어인 'FRANC'와 'Francher'에서 유래되었다. 그 외 일반적으로 권리, 권한, 면책, 특권 등의 의미로 사용되었는데 때로는 이들 모두를 포함하는 복합적 의미로 사용되기도 한다. 또한 공법상으로 프랜차이즈란 용어는 통상국가 주권에 속하는 권리를 타인에게 특별히 부여한 일종의 특권이나 특허를 의미하고, 상사법 상으로는 타인의 상표들을 사용하여 그의 지도와 통제하에 특정한 사업을 배타적으로 영위할 수 있는 권리를 의미한다.[1)]

프랜차이즈 시스템의 기원은 1850년대 미국의 Singer Sewing Machine 사가 자사제품의 판매에 이를 도입하면서 시작되었다. 그 후 프랜차이즈는 거의 모든 산업에 걸쳐 빠르게 확산되었으며, 최근 들어서는 가장 중요한 유통형태로 부각되고 있는 유통경로 시스템이다.[2)]

1920~30년대에 걸쳐 자동차의 부품공급, 약국, 아이스크림, 의류, 화장품 등의 분야에서 프랜차이즈산업이 시작되었고 이를 전통적 프랜차이즈 시스템이라고 부르고 있다.

1950~60년대에는 초기의 프랜차이즈산업의 성공으로 폭발적인 성장을 이룰 수 있었다. Richard와 Morice라는 맥도날드 형제가 1937년 캘리포니아의 산 버나디노에서 시작한 드라이브인형태의 맥도날드는 Ray Croc이라는 milkshake mixing을 판매하는 영업사원에 의해 인수되면서 1955년 시카고에 1호점을 개설하였고, 이는 비즈니스 형태

의 프랜차이즈의 시작일 뿐만 아니라 음식사업의 본질을 변화시키는 계기를 만들게 되었다. 맥도날드에 이어 던킨도너츠가 1950년에 창업하여 1956년에 프랜차이즈화 하였으며, 버거킹은 1951년에 창업하여 1957년에 프랜차이즈화, 쉐라톤은 1937년에 창업하여 1962년에 프랜차이즈화 하였다.

초기 패스트푸드에서 시작한 프랜차이즈사업이 현재는 산업의 전 분야에 걸쳐서 프랜차이즈화 되어가는 경향이다. 2차 세계대전 초기 franching은 미국기업들이 국내보호정책이 심한 아시아나 유럽 시장에 진출할 수 있는 유일한 통로였다.

현재 세계 각국에서 프랜차이즈산업은 급격한 발전을 이루고 있으며, 국가의 중요한 경제정책중 하나로 많은 가맹본부들이 세계시장의 진출과 성장을 위해 끊임없이 노력하고 있다.

한국 프랜차이즈사업의 효시는 1975년에 개업한 힘스치킨으로 보는 견해와 1979년 대학로 샘터사에 자리한 '난사랑'으로 보는 견해가 있다.

그러나 한국 프랜차이즈산업이 본격화된 것은 1979년 10월 선진화된 프랜차이즈 시스템을 갖춘 롯데리아가 개점함으로써 기업형 외식 프랜차이즈사업이 본격적으로 출범하였다. 1980년대에 접어들면서 한식을 비롯한 국내 토종브랜드의 프랜차이즈 사업이 활성화되기 시작하였고, 특히 미국의 맥도날드사의 국내 진출로 인하여 프랜차이즈 산업의 발전은 가속화되기 시작하였다.

국내의 프랜차이즈 산업은 외식사업을 중심으로 발달하면서 프랜차이즈는 외식 특히 패스트푸드에 적합한 것으로 인식하였으나 급속한 사회발전으로 외식업의 여러 분야는 물론이고 서비스, 환경, 건강 등 사회전반에 걸친 산업 분야에 적용되고 있다.[3)]

이와 같이 프랜차이즈란 용어는 제도상의 권리를 의미하는 것으로 흔히 사용하게 되었다.[4)]

프랜차이즈는 법률적으로 독립적인 두 당사자인 가맹본부와 가맹점사업자 간의 관계를 기초로 한 마케팅 및 유통(Distribution)시스템이다. 여기에서 가맹본부는 자신의 사업방법이나 공급, 상표, 특허를 자신의 관리 아래 다른 사람이 사용하도록 허용하는 법률적 존재를 말한다. 또한 프랜차이즈 기업이기도 하다. 한편 가맹정사업자는 사맹본부나 프랜차이즈 기업과의 합의에 의해 사업을 운영하는 개인하는 개인 또는 개인들로 상표나 상호를 사용하고 상품이나 서비스를 거래하거나 판매하며, 경영지원이나 훈련을 지원 받고, 마케팅 및 광고지원을 받으며 가맹본부의 브랜드 및 인지도의 혜택을 받는다.

간단히 말하면 프랜차이즈는 가맹본부의 상호나 상표를 이용하여 상품과 서비스를 거래하거나 판매할 수 있도록 가맹사업자에서 허용하는 자격(License)를 말한다.

프랜차이즈 개념을 [그림 10-1]을 통해서 살펴보면 다음과 같다.[5)]

[그림 10-1] 프랜차이즈 개념

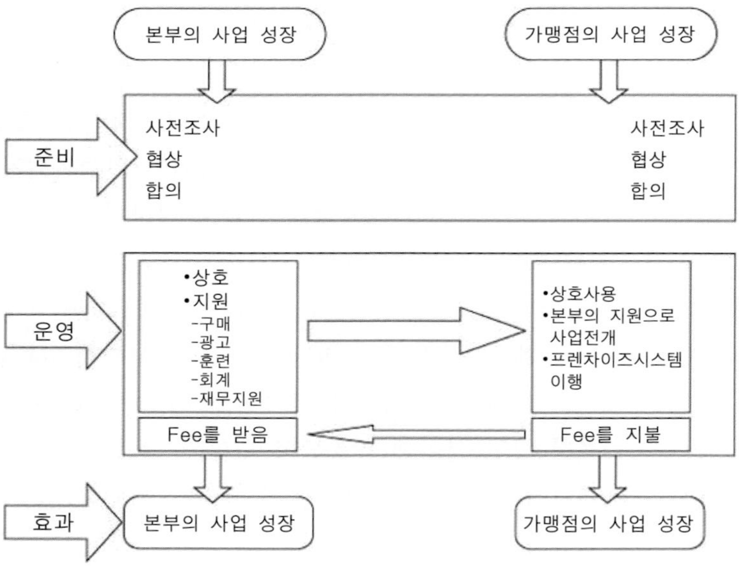

먼저 프랜차이즈는 단순히 구매자와 판매자 관계가 아니며, 가맹본부는 자신이 개발한 상품과 서비스를 비즈니스 포맷과 상표에 의한 동일성을 유지하면서 판매할 수 있는 권리를 가맹업자에게 허용하는 포괄적 사업관계이다. 따라서 가맹본부와 가맹사업자는 상호의존성이 매우 크다고 할 수 있다. 결국 프랜차이즈는 관계(relationship)이다.[6)]

가맹본부와 가맹점사업자간에 밀접한 관계 속에서 함께 일한다는 공동체 의식이 프랜차이즈 사업에 있어서 매우 중요한 개념이다. 프랜차이즈의 성공 여부는 이러한 관계의 조화에 달려 있다. 가맹본부는 가맹사업자들과의 효율적이고 적극적이며 조화로운 관계를 유지하고 지원하는데 필요한 책임을 명확하게 인식해야 한다.

프랜차이즈는 브랜드의 영향력이 매우 크다. 가맹본부는 브랜드의 수요를 발생시켜 가맹점사업자들이 고객을 충분히 유치할 수 있도록 해야 한다. 브랜드는 가맹본부의 상표, 로고, 유니폼, 장식과 고객들의 충성도를 느끼고 브랜드 가치를 느끼도록 하는 모든 요소들을 포함하고 있다.

프랜차이즈는 지속적인 지원과 협력관계가 이루어진다. 지속적인 지원은 성장의 촉매제 역할을 하고 가맹점사업자들이 고객을 유치하고 개발하는데 필요한 조언이나 기술을 제공하며 시장점유율을 구축한다. 신뢰할 수 있는 가맹본부는 본부의 모든 팀들이 자신들의 역할이 중요하다는 점을 명확히 인식해야 한다는 것을 의미한다.[7)]

2. 프랜차이즈 용어

프랜차이즈와 관련된 용어는 여러 가지가 혼재되어 사용되고 있어서 처음 프랜차이즈를 하고자 하는 사람들에게 매우 혼란스럽다. 특히 미국에서 사용하는 용어들이 그대로 사용하는가 하면 일본의 용어를 한국어로 바꾸어 사용하기도 하고 어떤 용어는 우리말로 바꾸어 사용하기도 한다. 그래서 용어에 대한 통일이 매우 필요하다고 생각한다. 여기에서는 서로 같은 뜻을 가지고 있는 용어들은 함께 게재하고 프랜차이즈와 관련된 국내법들에서 정의하고 내용들을 중심으로 다루고자 한다.[8)]

① 프랜차이즈(Franchise)

프랜차이즈는 가맹본부(franchisor, 프랜차이저)와 가맹점사업자(franchise, 프랜차이지) 간의 합의 또는 지속적인 관계를 의미한다. 가맹본부는 가맹점사업자에게 자신과 동일한 브랜드 및 이미지의 사용과 본부에서 개발한 상품이나 서비스를 독점 판매할 권리부여 그리고 영업을 위하여 각종 교육 및 경영지도, 통제를 하는 대신에 가입비(franchise fee), 로열티(royalty) 등을 수령하여 판매시장을 개척해 나가는 사업방식을 말한다.

② 가맹본부(franchisor, 프랜차이저)

가맹사업과 관련하여 가맹점사업자에게 가맹점운영권을 부여하는 사업자를 말한다. 가맹 본부는 가맹점사업자에게 자기의 상호, 서비스, 상표휘장 등을 사용하여 자기와 동일한 이미지로 상품판매의 영업활동을 하도록 허용하고 그 영업을 위하여 교육·지원·통제를 하며, 이를 대가로 가입비, 로열티 등을 수령하는 사업체를 말한다.

③ 가맹점사업자(franchise, 프랜차이지)

가맹사업과 관련하여 가맹본부로부터 가맹점운영권을 부여받은 사업자를 말한다. 가맹본부로부터 그의 상호, 상표, 서비스, 상표휘장 등을 사용하여 그와 동일한 이미지로 상품판매의 영업활동을 하도록 허용 받고, 그 영업을 위하여 교육·지원·통제를 받지만 자신의 자금과 노동으로 가맹점을 운영하는 사업체를 말한다.

④ 가맹금(Fee)

명칭이나 지급형태 여하에 불구하고 가맹점사업자가 가맹본부에 지불하는 가입비, 보증금, 로열티를 말한다.

⑤ 가맹(입)비

가맹계약 체결시 가맹계약자가 가맹점사업자에게 지급하는 내용으로 점포 개설에 따른 최초 훈련비, 장소선정 지원비, 가맹사업 운영 매뉴얼 제공비, 부가가치세 등에 대한 지불 내용이다.

⑥ 로열티

가맹계약자가 가맹점사업자에게 상호·상표·서비스·휘장 등의 사용권한 및 경영지원에 대한 대가로 정기적으로 지불하는 내용을 말한다. 지급방법은 매출 또는 이익의 일정비율이나 일정금액으로 지급하며 이에 대해서는 가맹계약자와 가맹점사업자간의 협의된 계약에 따라 설정될 수 있다.

⑦ 보증금

가맹계약자가 가맹점사업자에게 상품·자재의 대금, 로열티, 광고·판촉비 등의 채무액 또는 손해배상액의 지급을 담보하기 위해서 계약 체결시에 계약이행 명목으로 지급하거나 이에 상당하는 계약이행보증보험증권 또는 물적담보를 말한다.

⑧ 직영점

가맹본부가 자기의 상호, 상표, 서비스, 휘장 등을 사용하여 그와 동일한 이미지로 삼품판매의 영업활동을 하며, 매출, 직원, 이익을 본부가 직접 관리하는 사업체를 말한다.

⑨ 프랜차이즈 팩키지

가맹본부가 가맹점사업자에게 제공하는 사업조건들과 포괄적인 일련의 서비스들을 말한다.

3. 프랜차이즈 프로그램의 유형

프랜차이즈시스템의 일관성을 유지하고 프랜차이즈의 사업성공의 기회를 최대한으로 만들기 위해 가맹본부가 가맹점사업자에게 제공하는 체계적으로 정리된 서비스를 말한다.

프랜차이즈 시스템은 생산 분배 시스템내의 한 기관, 즉 본사(franchisor)와 하위단계의 경로구성원들(Franchisee)이 계약을 근거로 하여 통합되는 계약적, 수직 마케팅 시스템의 형태를 취한다.[9)]

1) 유형Ⅰ : 제조업자 – 소매업자 시스템 (The Manofacturer Sponsored)

이는 상품유통을 목적으로 하는 시스템으로 상품제조업자가 자기회사의 제품을 유통시키기 위하여 채용하는 가맹사업으로서 본사가 되는 기업은 어떤 지역에 존재하는 소매업자에게 그 지역에서의 제품판매권을 부여하는 형식으로 가맹점을 운영한다.[10)] 이 유형은 오랫동안 지배적인 프랜차이즈 시스템으로 교통이 편리한 경우에 제조업자가 일정한 지역에서 판매량을 확보하고 소매상들이 이용한 영업방법, 상호, 상표 등에 관한 프랜차이즈를 개발하여 가맹점인 소매점에게 제품과 서비스를 유통시킬 특권을 부여하여 계열화하는 사업형태로서 다음과 같은 형태가 있다.

소매점 자체를 프랜차이즈 하는 것으로는 Fords, Chrysler, Gerneral Moters 등이 대표적이며, 페인트와 주유산업의 90% 이상이 이 형태의 프랜차이즈 취급점에서 팔리고 있다.

다음은 제품계열을 프랜차이즈 하는 것으로 기계, 라디오, TV 등의 제조업체에서 주로 이용되며, 소매점은 여러 경쟁 제조업자의 제품을 판매할 수 있다.

2) 유형Ⅱ : 제조업자 - 도매업자 시스템
(The Manufacturer Sponsored - wholesaler System)

이 시스템은 시장이 너무 분산되어 있거나 소량의 제품을 취급하여 규모의 경제성을 확보할 수 없는 경우, 제조업자가 자신을 대신하여 유통기능을 수행할 도매상과 프랜차이즈를 계약하여 운영할 수 있는 전방통합의 방법이다. 대표적인 예로는 Coca-cola, Pepsi-cola, Seven up 등의 음료제조업자가 도매상에게 음료수 원료(Berverage-base)를 제공하면 도매업자가 이를 채택하여 소매업자에게 판매한다. 이 시스템은 1891년의 프랜차이징 초기부터 운영되어 왔으며 현재 청량음료 매출액의 90%가 이 시스템에 의해 이루어지고 있다.

3) 유형Ⅲ : 도매업자 - 소매업자 시스템
(The wholesaler Spoonsored - retailer System)

이 시스템은 제조업자가 생산하는 제품의 품목수가 제한되어 있으므로 도매업자가 여러 제조업자들로부터 다양한 품목을 제공받아 프랜차이즈를 개발하고 소매상을 체계화하는 시스템이다. 즉, 도매상이 본부가 되고, 소매상이 가맹점이 되어 도매상 중심의 프로그램에 의해 소매상을 모집한다. 이 형태는 규모 면에서 전국적으로 또는 일부 지역적으로 다양한 수준에서 시용된다. 제조업, 잡화용품, 자동차 보수시장 체인, 스포츠 용구 등의 업종에서 이용된다.

4) 유형Ⅳ : 서비스제조업자 - 소매업자 시스템
(Service Firm Spoonsored - retailer System)

이 시스템은 서비스회사가 서비스를 소비자에게 효율적으로 제공하기 위하여 소매업자에게 표준화된 상호, 상표, 서비스 제조·판매 방법 등을 직접 제조하는 방법이다. 여기에서는 유명상호·상표 또는 경영자가 중요한 자산이 될 수 있다.

이와 같은 시스템은 생산, 마케팅상의 혁신적인 노하우를 가졌으나 자력으로 시장을 개척하는데 필요한 자금이나 인력을 충분히 갖추지 못한 기업에게 새로운 발전의 기회를 제공할 수 있다, 아울러 사업 의욕과 약간의 자본을 가지고 있으나 사업에 대한 지식이 없거나 제대로 기회를 파악하기 어려운 사람이나 기업들이 시장진입을 할 수 있도록 도움을 주는 조직화된 형태를 가진다.

대표적인 예로는 모텔체인(Motel Chain)으로서 Holyday Inn, Sheraton Inn 등이 있으며, 레스토랑 체인(Restaurant Chain)으로서 Howard Johnson's, KFC, Dunkin's, Burgerking 등이 우리나라에 진출한 패스트푸드 업종이 여기에 속한다.

4. 프랜차이즈 시스템의 특징

프랜차이즈 시스템은 매우 많은 업종과 업태에 폭넓게 적용될 수 있다. 따라서 프랜차이즈 시스템에는 많은 패턴이 존재할 수 있으며, 제조업과 도소매업과의 프랜차이징, 도매업과 소매업의 프랜차이징, 라이센스 계약, 제조업 프랜차이징, 서비스 프랜차이징, 공동운영 프랜차이징 등 그 종류가 상당히 다양하다. 그러나 여기서는 프랜차이즈 시스템을 체인회사가 채용하는 목적에 따라 분류하면 다음과 같이 나눌 수 있다.

제조업체 또는 도매업자가 자사의 상품을 유통시키기 위해 프랜차이즈 시스템으로서 본부가 되어 어떤 지역에 존재하는 소매업자에게 그 지역에서의 상품의 판매권을 부여하는 방식이다. 이러한 시스템을 바탕으로 해서 회사의 지도·원조도 이루어지게 되며 통일된 상표, 상호 아래에서 가맹점을 영업을 하게 된다. 가장 보편화되어 있고, 현재 성장하고 있는 프랜차이즈 영역이라고 할 수 있다. 프랜차이즈 본사는 특정한 상품을 유통시킴으로써 생긴 이익을 얻는 것이 아니

[그림 10-2] 프랜차이즈 시스템

구 분	내 용	
공동사업자	▷계약에 의한 개별 사업자 ▷소비자를 위한 공동의 목적추구	
분업화	본부의 열활	가맹점의 열활
	▷Brand 개발(Loyality) ▷점포 System ▷상품 ▷광고 ▷교육 및 경영지도	▷Brand 개발(Loyality) - 대 소비자 ▷광고 - 해당지역 내
집중화	▷제반 Know-How 축적 (전문화)	
통일성	▷대 고객 Brand image : 상표, 상호 등 ▷상품(용역)의 통일 : 맛(품질), 메뉴(상품), 가격 등 ▷Service 등의 통일	

라 프랜차이즈 패키지라고 불리는 상표·상호의 제공, 각종의 지도·원조 상품, 자재의 판매 등을 포괄적으로 규정한 프로그램을 개발하며 그 위에서 가맹점을 모집하고 주로 가맹점이 지불하는 가입금, 로열티에 의해 이익을 얻으려는 방식이다. 말하자면 회사는 상품을 판다는 것보다는 오히려 프랜차이즈 패키지를 가맹점에게 판다고 하는 형태의 것이라고 할 수 있다. 이러한 프랜차이즈 시스템의 채택방법을 프랜차이즈 비즈니스라고 부른다.

한편 프랜차이즈 시스템의 경제적 특성으로서 공헌 효과를 알아보면 다음과 같다.

- 프랜차이즈는 개인으로 하여금 독립기업인이 될 수 있는 기회를 크게 증진시켜 준다.

- 프랜차이즈를 도입한 기업들은 타 기업에 비해 실패율이 낮다.
- 프랜차이즈는 완전히 통합된 수직적 체인보다는 가맹점으로 분산된 대안을 제공해 줌으로써 경제적 집중을 감소시킨다.
- 프랜차이즈는 특정 집단에 속하는 경제적 약자 등과 같은 사람들이 가맹점의 기업을 소유할 기회를 제공한다.
- 프랜차이즈는 이동이 많아지는 대중에게 다양한 표준화된 제품을 제공함으로써 소비자들을 도와준다.

5. 프랜차이즈 시스템의 장 · 단점

1) 가맹점사업자의 장 · 단점

(1) 장점

먼저 가맹점의 장점에 대해서 살펴보면 다음과 같다.[11]

첫째, 본부가 합리적인 방법에 의해 프랜차이즈 패키지를 개발하여 그것에 입각하여 지도 · 원조를 하기 때문에 실패의 위험성이 적다.

단독으로 시작하는 것보다 설비의 대여, 금융지원 등의 이유에 의하여 비교적 소액의 자본으로 사업을 시작할 수 있다.

둘째, 사업에 경험이 없더라도 본부의 교육 프로그램, 매뉴얼에 의한 교육, 각종 지도에 의해 그 사업을 수행해 나갈 수 있다.

본부가 개발한 우량상품, 점포디자인, 상표 등을 사용해서 사업을 수행하기 때문에 처음부터 지명도가 높은 수행이 가능하게 된다.

셋째, 본부가 일괄적으로 광고 캠페인을 하기 때문에 개별적으로 하는 것보다 훨씬 영향력이 큰 판매촉진책의 수행이 가능하게 된다.

본부의 집중적인 대량구매를 통해서 공급을 받으므로 싼 가격으로 상품의 판매가 가능하다. 즉, 품질적으로 안정된 공급을 받을 수 있다.

넷째, 환경변화, 소비자 행동에 따라 본부가 프랜차이즈 팩키지의 개발 개선을 계속적으로 행하여 주기 때문에 시장의 변화에 적합한 사업 경영이 가능하다.

판매활동 이외의 사업처리, 노무관리 등의 많은 부분을 본부가 집중적으로 지원해 주기 때문에 판매에 전념할 수 있다.

다섯째, 개인점포 단독으로는 초빙이 불가능한 법률가, 점포 디자인, 경영의 전문가를 스태프로 두고 있기 때문에 그들의 지도와 원조를 받을 수 있다.

가맹점으로 성공하여 자금여유가 생기면 그 실속을 토대로 또 다른 가맹점 개설의 사업 확대가 가능하다.

여섯째, 가맹점의 점주가 질병 또는 사망의 경우에도 자녀나 처가 본부와 계약을 갱신하고 교육을 받음으로써 사업을 계속하는 것이 가능하다.

(2) 단점

다음으로 가맹점의 단점에 대해서 살펴보면 다음과 같다.[12)]

첫째, 본부가 극히 엄밀한 프랜차이즈 패키지를 만들고 그것에 의해 지도・원조를 하기 때문에 의타심이 강해져서 스스로 문제해결이나 경영개선의 노력을 게을리 할 우려가 있다.

상품구입, 판매방법, 점포 디자인 들이 표준화되어 통일적인 운영을 하기 때문에 스스로 보다 좋은 방법을 개발하더라도 그것을 직접 독자적으로 수용하기 어렵고 본부에 건의하여야 한다.

둘째, 본부는 전체의 효과를 생각해서 시책을 입안, 실시하기 때문에 특정 가맹점에 있어서는 실정에 맞지 않는 일이 생길 우려가 있다.

특히, 본부와 가맹점의 이해가 상반되는 경우 쌍방 모두 독립의 사업자이기 때문에 본부가 자기의 이익을 위해서만 고집할 경우가 있다.

셋째, 프랜차이즈 시스템은 본부의 상품, 상표, 본부의 노하우를 토대로 운영되기 때문에 계약을 해제한 후 가맹점은 그때까지의 실적을 자기의 점포에 살릴 수가 없다.

또한 본부가 약체화되거나 판매정책을 대폭 변경한 경우 가맹점에게 책임이 없더라도 지도 및 원조를 충분히 받을 수 없게 될 우려가 있다.

넷째, 계약 해제 시에는 가맹 시에 지불한 보증금이 계약조건에 따라서는 반제되지 않는 경우가 있는데 충분한 보증이 없는 채 계약이 해제되는 경우에는 손실을 입게 된다.

2) 가맹본부의 장 · 단점

(1) 장점

가맹본부가 일정기간 동안 시장에서의 검증을 통해 완성한 시스템의 상품과 서비스를 적은 비용으로 빠르게 확산시킬 수 있다. 또한 각 가맹사업자가 가맹본부를 위해 운영자금과 노력과 추가지원을 제공할 수 있다.[13)]

가맹본부가 사업을 하는 데 있어서 발생할 수 있는 여러 가지 위험들이 다른 사업확장 방법에 비해 많이 분산된다. 사업을 하는 데 있어서 가장 큰 장애물은 자금문제와 상품과 서비스를 판매할 수 있는 판매채널의 확보이다. 또한 각 매장의 운영을 위한 전문인력의 확보 교육 그리고 유지비용에 따라서 사업의 성공과 실패를 가져올 수 있다. 모든 요소들이 완벽하게 갖추어졌을 때 사업성공이 가능하다. 그러나 프랜차이즈는 가맹점 사업자의 자금과 동기부여가 높은 노동력으로 상대적으로 위험이 적은 편이라고 할 수 있다.[14)]

또한, 규모의 경제효과가 크다. 프랜차이즈는 생산면과 유통면에서 규모의 이익을 낳고 여러 가지 면에서 합리화와 상승효과 등을 가져다주므로 경영상의 유효한 효과를 발휘하고 있다. 규모의 경제는 시스템의 번성기나 성숙기에는 장점으로 연결되나 쇠퇴기에는 단점으로 작용하기도 한다.

그 밖에 위험회피와 자금절약을 할 수 있다. 프랜차이즈 시스템은 성공을 판매하는 시스템으로 미국과 일본에서 이미 수많은 성공사례와 관련 조사결과를 갖고 있다. 미국프랜차이즈협회의 통계를 보면 독립창업보다 프랜차이즈창업의 성공률이 95%로 나타나고 있다.[15)] 투입자본의 액수도 가맹창업이 독립창업보다 적게 든다. 또한 마케팅 정보활용력이 뛰어나 시장조사에 필요한 비용과 시간절약을 할 수 있고 무엇보다도 데이터가 구체적이고 사실적이어서 시장흐름의 변화와 소비자의 욕구에 정확하고 식속하게 대응할 수 있다. 뿐만 아니라 고용점장보다 높은 관리의욕, 점포소재지역에 친숙한 가맹점 경영자의 우수한 판매능력 활용가능과 고효율의 광고선전효과 등을 볼 수 있다.

(2) 단점

직영체제인 경우 부진점 또는 불량점은 경영진의 판단에 따라 이를 폐점조치하거나 점장을 교체하면서 쉽게 해결방안을 모색할 수 있는 데 반해 프랜차이즈사업에 있어서 가맹점인 경우는 이것이 쉽지 않다. 프랜차이즈사업의 부진점이나 불량점의 경우는 이른바 트러블요인으로 비화되기도 하고 시스템의 근본을 흔드는 심각한 시스템 붕괴요인으로 작용하기도 한다. 직영점의 경우에는 철저한 경영과 컨트롤이 가능하고 용이하다. 표준이나 품질관리가 철저할 뿐만 아니라 점포의 개장, 신기술의 도입, 새로운 방침의 전환 등을 기민하게 추진하고 시행할 수 있다.

또한, 가맹계약서의 내용이나 가맹점 사업자의 위치에 따라서 가맹본부의 마케팅 시스템에 대한 가맹본부의 관리가 약해질 수 있다. 이것은 가맹본부가 품질과 효율성을 확보하는데 어려움을 줄 수 있다. 어떤 경우에는 각 가맹점에 대한 가맹본부의 이익이 직영점보다 적을 수도 있다. 그러나 중요한 점은 많은 가맹점들로부터의 적은 이익이 전체 이익을 증가시키는지 감소시키는 지이다.[16)]

10-2. 프랜차이즈 가맹점 창업

1. 가맹본부와 가맹사업자의 역할

[표 10-3] 가맹본부와 가맹사업자의 역할

가맹본부의 역할	가맹사업자의 역할
자격이 있는 개개인에 대하여 프랜차이즈 사용권을 허용함으로써 현재, 그리고 미래의 잠재적인 고객에 대하여 상표의 가치인식을 구축하는 것	사업을 운영함으로써 현재의 고객과 지역사회에 대하여 상표의 가치를 인식시키고 증대시키는 것
운영시스템을 개선시키고 능률적이고 효과적으로 이익을 창조하는 가맹사업자의 능력을 증대시키며 더욱더 많은 고객을 유지하고 취급 상품수를 증대시키고 적당한 이익을 유지하는 것	지속적으로 개선된 운영시스템과 마케팅에 의해 더욱더 많은 고객을 얻고 유지하는 것
가맹사업자다 매출을 높이고, 고객을 창출하고, 고객을 유지하여 이익을 낼 수 있는 능력을 개발하고 성숙시킬 수 있도록 지속적인 지원을 제공하는 것	본부에 의해 제공되는 지속적인 지원, 서비스를 활용하여 보다 능률적이고 효과적으로 이익을 내게 하는 것
기업으로서의 수익성 및 계속성 유지	개인의 목표, 목적과 희망을 성취하도록 프랜차이즈를 활용하는 것

출처 : 산업자원부, 한국프랜차이즈협회(2005)

2. 프랜차이즈 경영전략

1) 프랜차이즈 경영전략의 기본과제

경영전략이란 호황기에는 경영의 눈을 어둡게 하지 않는 경영의 기반을 만들고, 체질강화를 위한 인재육성과 정보기능의 정비 및 설비투자를 행할 수 있게 하며, 불황기에는 매상고 증가만이 아닌 수익을 상승시킬 수 있는 의사결정력과 실행력을 높게 할 수 있는 기업의 기본적인 방침이다. 위기란 위험과 기회가 공존하는 상태이기 때문에 이를 경영전략이라는 관점에서 보면 불황이란 성장을 위한 기회이지 위기가 아니라고 보아야 한다는 점이다.[17)]

2) 프랜차이즈 사업의 경영전략

(1) 본부지원의 전략특성

본부 지원의 전략특성은 정보 제공, 훈련, 영업지원 등으로 이루어진다.

• 정보 제공

가맹점의 개업, 영업 및 경영전반에 필요한 정보를 본부에서 충분히 신속하게 제공하는 것을 말한다.

• 훈련

가맹점의 동기부여, 본부에 대한 이해증진, 제품, 영업방법, 경영방법의 이해증진 등을 목적으로 본부가 가맹점에 계속적으로 실시하는 교육을 말한다.

• 영업지원

가맹점의 영업활성화를 위해 일반적으로 지원하는 요소들로서 적절한 시간에 상품공급, 상품품질의 정도, 적절한 가격의 책정, 장기재고나 불량품의 처리 문제, 기업이미지에 대한 광고활동, 지역 특성에 맞는 광고 및 판촉 지원, 점포실내장식의 지원과 지도, 고객 관리를 위한 영업 지도, 회계장부정리 · 세금 계산서 작성안내 등 가맹점에 대한 경영지도, 가맹점 관리에 대한 감찰과 적절한 통제 유무 등을 들 수 있다.

(2) 가맹점 전략 특성

가맹점의 전략 특성은 입지, 경영자 경험, 경영자 재무 능력 및 전략적 유연성 등이 중용 요인으로 꼽힌다.

- 입지

입지선정이 가맹점 성과에 중요한 요소이며, 주변에 유흥업소나 레저시설의 유무, 버스정류장이나 지하철역의 소재 여부, 백화점 등의 집객시설 유무, 평균 보행자의 통행량, 상권 내 주민의 수, 주민의 소득 수준 및 소비성향 파악 등이다.

- 경영자 경험

경영자는 자신의 경력, 특히 전문지식이나 인맥을 활용할 수 있는 업종이 유리하다.

- 경영자 재무능력

경영자의 신용, 재무상태, 자본규모를 나타낸다.

- 전략적 유연성

지역상황에 맞게 변화하고 있는 촉진전략을 구성하는 요소이며, 종업원의 접객 태도와 서비스, 조리 매뉴얼 사용 및 청결유지, 고객접객에 적절한 영업시간, 소비자 동향 파악 등이다.

창업에세이

성공한 프랜차이즈 창업가들

BBQ - (주)제너시스 윤홍근 사장

비비큐의 모기업인 (주)제너시스는 1995년에 설립되었다. 설립과 동시에 제너시스는 핵심 경영 이념을 '가맹점이 살아야 본사가 산다'로 제시하여 프랜차이즈 시스템의 본질을 올바로 실천하고자 하였다. 즉, 가맹점 영업 활성화와 조기 정착을 위해 전폭적인 지원이 있어야 하고 그래야만 단위 점포의 수익 극대화가 가능하여 결과적으로 본사도 성공할 수 있다는 이론이었다.

그 결과 만 14년이 지난 2009년 12월 현재 제네시스가 보유하고 있는 제너시스BBQ그룹은 BBQ치킨을 비롯해 10개의 다양한 외식 브랜드를 탄생시켰으며 이를 통해 국내 3400여 가맹점을 운영, 한국을 대표하는 글로벌 외식기업으로 성장해왔다. 1995년 치킨 BBQ를 시작으로 BHC, 닭익는 마을, u9(유나인), 오션스타, BBQ치킨&비어, 델리아띠, BBQ참숯바베큐, BBQ올리브돈까스, 올리브떡볶이 등의 브랜드를 운영하고 있다. 제너시스BBQ는 2003년 3월 중국에 진출, 국내 프랜차이즈 업체로는 최초로 해외진출에 성공했으며, 2004년 6월에는 스페인에 진출해 세계시장 개척에 본격적인 시동을 걸었다. 현재 제너시스BBQ는 미국을 비롯해 일본 등 세계 55개국에 진출해 외화를 벌어들이고 있다. 특히 피자 외에는 거의 배달상품이 없는 미국 등에서 '치킨배달'을 통해 브랜드 인지도를 높여나가고 있다.

하지만 제너시스의 탄생이 단순히 단기간에 성공한 프랜차이즈 기업의 성공 스토리만으로 회자되는 것은 아니다. 제니시스는 프랜차이즈 기업으로서 반드시 갖추어야 할 기본적인 조직과 시스템을 갖추어 왔다. 또한 IMF 외환위기를 맞아 실업자 수가 가파르게 상승하던 시점에서 수많은 실직 가장들에게 안정적인 사업아이템을 제공하여 재기의 발판을 마련해 주었다. 이는 사회적 책임 또한 완벽하게 실행하며 성장했다는데 의미가 있다. BBQ가맹점은 5000만원부터 7000만원 정도의 투자비용으로 단위점포당 월 600~700만원의 수입이 발생하고 있어 이들이 다시 한번 도약할 수 있는 기회를 제공하고 있다.

BBQ는 우리나라 프랜차이즈 산업의 기념비적인 브랜드다. 다국적 패스트푸드 브랜드와 비교해도 점포수와 매출 규모에서 절대 뒤지지 않는 저력을 보이며 토종 프랜차이즈 대표주자로 자리 잡았다.

비비큐는 지난 95년 자본금 5000만원으로 설립돼 1년만에 가맹점 200호점을 돌파하는 초고속 성장으로 업계의 주목을 끌었다. 비비큐는 처음부터 철저히 골목 상권을 공략한 것이 급성장의 비결이다. 치킨 유통 특성상 소형점을 통한 매출이 90%를 차지하고 있다는 사실에 착안한 것.

비비큐는 '규모는 소형점이지만 맛과 서비스는 대형점' 수준이라는 판촉전력을 갖고 시장을 공략했다.

이에 힘입어 비비큐는 설립 4년만에 가맹점 1000개를 돌파하는 기염을 토했고 현재 국내 최다 가맹점을 운영하고 있다.

현재 국내 치킨업체 매출 1위, 국내 프랜차이즈 업계 최초로 유통대상 국무총리상 수상 및 자체 연구소, 교육장 완비를 통한 치킨대학 설립 등 자타가 공인하는 국내 최고의 치킨전문업체로 확고히 자리 잡았다.

또한 비비큐는 투명한 경영과 공정한 의사결정을 위해 1000여명에 달하는 가맹점 사업자를 모두 사외이사로 모셔 가맹점 사업자들이 직접 경영에 참여할 수 있는 길을 열어놓고 있다.

업계 최초로 경영협의위원회를 개최해 가맹점 운영에 관한 중요

정책을 협의하고 가맹점 사업자의 의견 및 아이디어를 경영전책에 최대한 반영하도록 노력하고 있다. 맛과 품질, 인지도에선 반석에 올라선 비비큐는 여세를 몰아 해외시장에 본격 나서 이미 중국에 이어 시장조사를 마치고 4~5개국의 해외점포를 개설할 계획이다.

제너시스는 프랜차이즈 시스템이 올바로 구현됨으로써 얻은 국내 활동의 성과를 국제 무대로 확대하석 국가 경쟁력 제고에 이바지하고자 한다.

2003년 3월 26일. 제너시스는 중국 최대 민영기업인 '희망그룹'과 중국 BBQ합자법인 '상해BBQ유한공사'를 설립함으로써 본격적으로 세계시장 진출을 꾀하고 있다. 2003년 8월 말, 중국 상해시에 BBQ China 4개점이 개점되었고, 국내 BBQ는 8평 규모의 소형 매장에서 배달 위주로 판매되는 반면. 이 점포는 국내와는 달리 내점 판매와 배달 판매가 모두 가능하도록 20~30평 대의 중형 점포로 개발되었다. 현지 점포 운영 결과, 고객들은 KFC와 맥도널드에는 없는 다양한 제품과 밝고 경쾌한 느낌의 매장 분위기에 호감을 보이고 있다. 국내와 마찬가지로 주요 고객으로 설정한 어린이 고객들의 반응 역시 매우 좋은 것으로 나타나고 있다. 실적은 개점 1주일 만에 손익 분기점 1,500~2,000위엔(일)을 넘어 일 매출 2,600위엔(한화 40만원)을 돌파하였고 약 1개월이 지난 8월 말부터는 일평균 5,000위엔을 넘어 섰으며 한때는 1만 위엔을 넘어 서기도 하였다. 미국산 대형 패스트푸드점인 KFC, 맥도널드가 100~200평 매장에서 10,000~15,000위엔(1일)매출을 올리고 있음을 볼 메 BBQ의 경쟁력이 매우 뛰어남을 알 수 있다.

BBQ의 중국 진출에는 큰 의미가 있다. 한국이 세계 무역시장에서 중국의 성장세에 밀려 고전을 면치 못 하는 현실에 견주어 볼 때, 음식 종주국인 중국 본토에 토종 브랜드 BBQ가 진출, 대규모의 외화를 획득한다. 이는 부존 자본이 없는 대한민국에서 프랜차이즈라는

'무형의 지식산업' 수출로 로열티를 받는 최초의 외식 브랜드가 되는 것이다.

제네시스는 2003년 하반기에는 스페인을 유럽지역 진출 1호 국가로 정하고 팀을 신설하였다. 스페인은 한국과 정서, 기호 등이 매우 유사하고 한국에 대해 호감을 가지고 있어 진출 여건이 매우 우수하다. 이는 현지답사를 통해 증명되었다. 현지 진출은 2004년 상반기에 현실화될 예정이다.

중국과 스페인 외에도 제너시스에는 미국, 캐나다, 일본, 독일, 이집트, 호주, 뉴질랜드, 싱가포르, 태국, 필리핀, 인도네시아 등, 10여 개국 이상으로부터 마스터 프랜차이즈(Master franchise) 설립 요구가 쇄도하고 있으나, 해외 시장 다각화는 2004년부터 단계적으로 추진될 예정이다.

첫째, 본사의 광고나 판촉 지원

2002년 산업자원부와 한국프랜차이즈협회에서 실시한 '프랜차이즈 산업 실태조사'에 의하면 가맹점의 56%가 본사에 가장 바라는 바로 광고나 판촉의 지원을 꼽고 있다. 하지만 회사 설립 초기부터 제너시스는 마케팅이 강한 기업만이 살아남는다는 일념으로 마케팅 능력 향상에 집중 투자하여 경쟁력을 갖추어 나갔다. 본사가 가맹점에 전액 본사 부담으로 판촉 물품을 무상 제공하석 연중 2회 대대적인 프로모션을 진행하는가 하면 전액 본사 부담을 통한 TV광고를 연간 매출의 5~10%를 투자하는 등 가맹점의 매출 향상을 위한 제너시스의 노력은 각별하다.

둘째, 가맹점의 교육

교육은 프랜차이즈 사업의 핵심이다. 지속적인 교육과 훈련을 통해 최상의 제품과 서비스를 소비자에게 공급하여야만 강력한 브랜드 파워의 형성이 가능하기 때문이다. 하만 '프랜차이즈산업 실태조사' 자료에 의하면 국내에서 가맹점 형태로 사업을 하는 개인 사업자를 대상으로 지속적인 교육훈련 경험을 묻는 질문에 65%의 응답자가 교육을 받은 경험이 없는 것으로 파악되고 있다.

하지만 제네시스는 모든 재투자의 1순위를 '교육' 분야에 두고 있을 만큼 교육에 대한 열의가 남다르다.

제너시스는 국내 유일하게 자체 교육 기관을 갖춘 프랜차이즈 기업이다. 현재 경기도 이천의 7만 2천평 부지에 위치한 '치킨대학'에서는 가맹점사업자와 임직원 교육, 그리고 창업에 관심 있는 일반인을 대상으로 한 교육이 연중 실시되고 있다. 이곳을 치킨대학이라 명명한 이유는 미국 맥도널드의 '햄버거 대학'이 맥도널드 세계화의 전초기지가 되었던 것처럼 제너시스의 세계화를 위한 교두보로 삼고자 해서이다.

이는 맥도널드보다 22년이나 빠른 시행이며 제너시스의 가파른 성장의 밑거름이 되고 있다. 현재 제너시스의 치킨대학은 맥도널드의 '햄버거대학'에 필적하는 규모와 시설을 갖춤으로써 제너시스의 자체 교육 기관으로서 역할뿐만 아니라 국내 프랜차이즈 산업 발전을 위한 학술대회 장소 등으로도 활용되어 국내 프랜차이즈 기업이 세계 최고의 다국적 프랜차이즈 기업으로 성장할 수 있도록 밑거름 역할을 담당하게 될 것이다.

셋째, 지속적인 경영지도

교육과 마케팅적인 측면의 지원과 더불어 중요한 것은 바로 지속적인 경영 지표이다. 경험이 부족한 개인 사업자가 지속적으로 본사의 경영 지도를 받음으로써 안정적인 사업이 가능하도록 돕고자 하는 장치이다.

가맹점 실태조사 자료에 의하면 지속적인 경영지도 및 컨설팅에 대한 가맹점사업자 만족도가 5점 척도 기준 시 2.7정도에 그치고 있다. 관리 인력의 부족 등으로 인한 결과이다. 하지만 제너시스와 프랜차이즈 계약을 맺은 가맹점사업자들은 수시로 본사에서 파견된 경영지도원 '슈퍼바이저(Supervisor)'의 전문적인 경영자문을 받는다. 가맹점사업자들이 받는 기본 교육시간보다 10배 이상의 철저한 교육을 이수한 100여 명의 S/V는 전국의 BBQ와 닭익는 마을, u9 1,600여개 지점을 방문하여 점포의 청결 · 위생에서부터 C · S(고객만족)활동점검, 재무 · 회계를 비롯한 기초 경영지도 등의 역할을 담당하고 있다. 가맹점 경영개선을 통해 궁극적으로는 이용 고객에게 최상의 제품과 서비스가 제공되도록 하는 역할을 현장에서 수행하는 것이다.

2002년부터는 그 동안 본사에서 수많은 비용을 투자하여 완성된 노하우(Know-how)가 현장에서 효과적으로 활용될 수 있도록 권당 30만원에 달하는 브랜드별 메뉴얼 북을 제작, 전 가맹점에 배포함으로써 프랜차이즈의 생명이란 할 수 있는 '통일성'을 확보하게 되었다.

넷째, 다양한 가맹정 지원 사업

제네시스는 가맹점 지원사업이 다양하다. 태풍과 화재 등으로 피해를 입은 가맹점을 지원하고 무료 건강검진, 개인 상해보험, 점포화재보험 등 가맹점에 대한 제너시스의 복리후생 지원 정책 또한 지속적이고 다양하게 시행되고 있다.

이와 같은 네가지 핵심 경영 요소 실천과 복리후생 지원 외에도, 급변하는 고객 니즈(Needs)와 시장 상황에 대처하기 위한 정보화 시스템을 제너시스는 업계 유일하게 도입하였다. 현재 본사와 가맹점, 고객간 분할되어 관리되고 있는 네트워크(Network)를 하나의 통합된 시스템으로 재창출하기 위한 작업이 삼성SDS와 함께 이루어졌으며 9월부터 가동에 들어갔다. 이 시스템을 통해 고객관계관리를 위한 CRM, 전사적 자원관리를 위한 ERP, 가맹점의 정보 관리를 위한 POS 시스템의 통합 운영이 가능하게 되어 최첨단 정보 시스템을 활용한 '고객만족경영'이 가능하게 되었다.

다섯째, 종업원 만족

제너시스의 CEO 윤홍근 회장은 "최상의 직원 만족이 진정한 고객감동을 이끈다"라는 신념으로 조직원들에 대한 배려를 아끼지 않고 있다. 제너시스에서 일하는 임직원은 본사에 170명, 지역 사업자와 계열기업까지 포함하면 350명에 이른다. 윤홍근 회장은 직원들에게 "동종업계 최고의 대우"를 매년 약속하고 있으며 이를 잘 실천해 오고 있다. 창립 시부터 매년 10%이상 임금을 인상하였고 2001년에는 무려 40%가 한꺼번에 인상되었다. 2002년에 또다시 30% 인상이 이루어졌으며 2003년 9끌 창립 8주년을 기점으로 10%인상이 다시 이루어 졌다. 이와는 별도로 본인 소유의 회사 주식 20%를 직원들에게 무상으로 증정하는 '우리사주제'를 시행하였으며 장기 근속자와 공로자에게는 가족을 동반해 해외 연수 기회를 주는 '리프레시(Re-fresh)' 휴가를 실시하고 있다. 2002년까지 85명이 이 제도의 혜택을 받았다.

여섯째, 사회 환원 활동

제너시스는 기업은 성과를 사회에 환원하기 위한 노력도 지속적으로 기울이고 있다. 서울 송파구에 위치한 중증 장애아동 보호시설인 '소망의 집'을 2001년부터 매월 일정 금액을 지원할 뿐 차니라 직원들이 수시로 방문하여 운영상의 어려움을 점검하고 일굴 자원봉산 활동을 전개하고 있다 2001년 7월부터는 수원 매원중학교 소년가장을 후원하며 생활비와 학비를 지원 해오고 있다.

한국관광대학에는 미래의 외식 산업을 이끌 인재를 양성하고 생활형편이 어려운 학생들을 후원하고자 장학금을 매 학기 지원하고 있다. 국군장병 위문도 정기적으로 시행하고 있는데, 국군 날과 명절, 특별한 행사 등에 아낌없는 후원을 보내고 있다. 최근에는 육군 30사단에 BBQ제품 1천만원 상당을 지원하여 군장병들의 사기 진작에 기여한바 있다. 수시로 지역 사회를 돌보는 일로는 BBQ치킨대학에서 실습 과정을 통해 만들어진 제품을 주변 고아원과 양로원 등에 주 1회 이상 기탁하는 일을 들 수 있다. 2002년 12월에는 사회 각지로부터 불우이웃 지원 요청을 적극 수용하여 병원과 사회 기관에 상품과 금액을 통해 지원하는 자선행사를 시행하였다.

2003년 2월 서울 강남에 직영 매장 개점 행사시에는 음식을 고객들에게 무료로 제공하고 고객이 자발적으로 지급한 성금을 난치병 어린이 돕기에 사용하였다. 2003년 5월에는 외국인 노동자 체육대회를 후원하였다. 2002년 10월에는 '곰두리축구대회'라는 장애인 체육행사를 지원하였다. 중증 장애인들에겐 용기를 주고 어려움을 함께 나누고자 한 본 행사는 향후에도 지속적으로 지원할 예정이다. 같은 달 경기도 양평에서 개최된 '춘계유소년축구대회' 협찬을 통해 미래 축구 꿈나무 육성에도 기여하였는데, 월드컵 개최를 통해 조성된 축구 붐을 지속시키고 열악한 국내 유소년 축구 환경을 개선하기 위함이었다. 또한 제너시스 BBQ의 가장 큰 고객이 어린이라는 점에서 '고객만족'을 위한 행사 지원이기도 하였다. 이는 2000년 축구신동 '김천둥 어린이 후원'에 이은 두 번째 관련 행사이다.

이 외에도 1999년에는 한 해 프로야구의 대미를 장식하는 '골든글러브 시상식' 스폰서를 자청하여 국내에서 가장 사랑받는 스포츠 종목인 프로야구계의 발전을 기원하기도 하였다. 또한 마산과 창원 등 경남 지역에서 'BBQ배 국제볼링대회'를 1999년부터 2001년까지 3년 연속 개최하여 지역 스포츠 활성화에 기여하고 볼링 인구의 저변 화대에 공헌 하고자 하였다.

2001년 5월에는 오페라 '리골레토' 공연을 협찬하고 2002년에는 제작 여건이 어려운 독립영화 산업의 발전을 위해 영화 '절간의 만우절'을 제작 지원하였고 2003년 10월 개봉될 '내 사랑은 장도' 또한 장소와 제작비용을 협찬, 문화예술 발전에도 일조하고 있다.

다이어트 아이스크림 전문점 – 떼르드글라스

아이스크림의 시장 규모가 무려 1조원에 달하고 있으면서 외국 브랜드만 사용하는 프랜차이즈 본사만도 20여 개에 육박하고 있다.

떼르드글라스는 천연재료를 매장에서 직접 갈아 만드는 건강·다이어트 아이스크림 전문점이다. 매일 매일 제조되어지는 제품의 신선함과 아삭아삭 과육이 씹히는 천연의 맛을 자랑하며 구미 선진국에서 이미 보편화 되어있는 고품격 아이스크림을 공급하고 있다.

살며시 한 입 베어 물면 입안 가득 은은하게 퍼지는 달콤한 그 맛, 금새 사라져 버릴까 아쉬워하던 정겨운 추억이 담긴 아이스크림, 이제는 생과일 아이스크림뿐만 아니라 온갖 종류의 제품이 등장하며 사계절 기호식품으로 사랑받고 있다.

떼르드글라스는 한 발 더 나아가 아이스크림 문화를 만들어 가고 있다. 특히, 기존의 산업 아이스크림과는 달리 인공향료나 색소가 첨가되어있지 않은 자연그대로의 색과 혀 끝에서 시작되어 가슴으로 느껴지는 천연의 맛은 소비자들을 환상의 아이스크림 세계로 안내하며 소비자들의 건강 및 다이어트에 대한 관심증대로 인해 폭발적인 수요 증가 추세에 있다.

순 우리원료를 매장에서 직접 갈아 만드는 천연 생과일 아이스크림 떼르드글라스의 인기는 젊은 여성들과 신세대 사이를 파고들어 왔으며, 대학가부터 시작하여 점진적으로 전파되어온 국내 유일의 과일아이스크림이라는 브랜드 이미지 또한 젊은 층의 뇌리 속에 깊이 각인 되어져있다.

매일아침 제조되어지는 제품의 신선함과 혀끝으로 느껴지는 과육의 감촉으로 인해 나날이 많은 소비자들을 단골 고객으로 확보해가고 있으며, 저지방 저칼로리와 퓨전 개념을 도입한 철저한 차별화 정책으로 기존의 시장에서 브랜드 파워의 우위를 점하고 있다.

떼르드글라스 (주)티지인터내셔날의 홈메이드 천연 아이스크림 전문점 브랜드다. Terre de Glace은 '아이스크림 나라'라는 뜻이다. 이것은 아이스크림의 부드러움과 천연과일의 풍요로운 세상을 상징한다.

이 홈메이드(home-made) 아이스크림은 과일과 천연 재료를 매장에서 직접 갈아 만들어 주는 아이스크림으로 유럽에선 이미 높은 인기를 얻고 있다고 한다. 영화 '로마의 휴일' 스페인 광장의 계단 위에서 오드리 햅번이 먹던 아이스크림도 홈메이드 아이스크림이라고.

불어로 '아이스크림 나라'라는 의미의 떼르드글라스는 상호가 주는 이국적인 어감과 달리 국내 순수 토종 브랜드로 1996년 첫선을 보였다. 이후 대학가를 중심으로 하나 둘씩 생겨난 떼르드글라스 매장은 2000년부터 급격히 증가해가고 있다. 수많은 아이스크림 전문점 브랜드 가운데 떼르드글라스가 유독 주목을 받는 이유는 차별화된 맛과 다양한 종류 때문이다. 향료나 색소, 방부제를 전혀 사용하지 않고 재료를 직접 갈아 만들기 때문에 맛이 신선하고 깔끔하다. 아삭아삭 씹히는 재료 알갱이들은 막는 즐거움을 더해 준다.

또 인삼, 대추, 고구마, 쑥, 미숫가루 등 아이스크림과 전혀 무관해 보이는 재료도 떼르드글라스에선 탐스러운 아이스크림으로 변신한다. 이렇게 만들어진 아이스크림의 종류가 무려 30여 가지. 소비자들의 제품 선택 폭을 넓혀 다양한 수요층을 확보하고 있는 것이 바로 떼르드글라스의 경쟁력이다.

매장에서 직접 아이스크림이 만들어지기 때문에 떼르드글라스는 위생적인 측면에서도 소비자들의 신뢰를 얻고 있다. 깔끔하고 고급스러운 유럽풍 고품격 인테리어도 소비자들의 발길을 붙드는 중요한 요인 중 하나, 하얀 프레임의 창, 선명한 원색 간판, 체리목과 대리석을 이용해 정서적 안정감을 유도하는 실내, 포근하게 실내를 감싸는 조명 등 떼르드글라스 매장은 상호가 의미하듯 정말 정겨운 아이스크림 나라 같다.

아이스크림 시장은 세계적인 추세인 Bio 열풍과 더불어 저지방, 저칼로리의 건강아이스크림 시장과 함께 밝은 미래를 보장받고 있다고 할 수 있으며, 구미 선진국에서는 이미 오래 전부터 많은 계층을 통해 각광받고 있는 상태이다. 소득의 증대에 따른 고품격 제품에 대한 욕망은 인간생활의 불가분한 요소이며, 이에 신선도 높은 고품격 아이스크림 떼르드글라스의 전개가 더욱더 기대되어지는 것이다.

이같은 업적을 인정받아 2002년에는 한국프랜차이즈경제인협회에서 주최하는 한국프랜차이즈 우수브랜드상을, 2003년에는 (사)한국브랜드협회가 주최하는 고객감동브랜드 아이스크림 부분을 수상했다.

첫째, 가맹점의 주 고객에 맞춘 다양한 제품 개발 가능

천연 생과일 아이스크림 전문점인 떼르드글라스는 본부에 알리기만 하면 각 가맹점이 주고객 기호에 맞추어 직접 신제품을 개발할 수 있기 때문에 10대부터 40~50대까지 다양한 연령층을 확보할 수 있다는 것이 강점이다. 본사에서 완성된 아이스크림을 공급받는 시스템이 아니기 때문이다.

가맹점의 특징에 맞게 천연생과일로 만들어진 자연 아이스크림, 무향료·무색소의 무공해 아이스크림, 저지방, 저칼로리, 저콜레스테롤의 건강 아이스크림, 다이어트와 생활의 활력을 약속하는 미용아이스크림, 외국에 로열티를 지불하지 않는 신토불이 아이스크림 등 다양한 제품을 선택할 수 있다.

또한 천연재료를 직접 갈아서 아이스크림을 만들기 때문에 과일을 비롯한 쑥이나 고구마, 녹차 등 건강재료도 활용해 떼르드글라스만의 퓨전 아이스크림이 가능하다.

아울러 매장에서 직접 갈아 만드는 홈메이드 방식과 아이스크림과 샤베트의 중간단계인 아이스소르베 방식으로 제조해 시원한 맛이 강하며 과일 특유의 톡톡 튀는 맛이 일품이다.

둘째, 본사의 지속적인 고객관리

떼르드글라스는 브랜드의 인지도를 높이기 위해 지속적인 대중매체의 광고를 기획하고 있다. TV광고는 물론, 드라마의 협찬 등을 통해 소비자들에게 친숙하게 다가가기 위한 노력을 하고 있다. 또한 고

객카드와 할인카드, 상품권 등의 전 매장에 공용화를 통해 체계적으로 고객관리를 하고 있으며 이로 인한 브랜드 가치를 만들어 가고 있다.

이런 계획에서 한단계 나아가 타 업종과의 연계를 통한 문화적인 마케팅 기법을 도입하기 위한 노력도 아끼지 않고 있다.

셋째, 아이스크림 문화 창달

아이스크림의 신문화 창달, 떼르드글라스는 단순히 아이스크림이라는 제품을 판매하는 곳이 아닌 총체적인 아이스크림문화를 전달하는 곳이라는 이미지를 소비자들에게 심어주기 위한 노력을 게을리하지 않는다.

단순히 제품 하나만을 보고 그 매장을 들르던 시대를 지났다는 것이다. (주)티지인터내셔날은 이미지가 고객에게 어필하는 시대가 된 만큼 인테리어 및 서비스 등의 종합적인 브랜드를 선사하고 있다.

이것은 과거 생계에 급급할 수밖에 없었던 때 단맛이 강한 아이스크림이 인기를 끌었지만 요즘은 상황이 달라졌기 때문이다.

그로 인해 인테리어는 전제적으로 유럽풍의 색깔을 나타내고 있으며 간판은 할로겐 조명의 부드럽고 따사로운 전통미를 강조하였고 실내는 아이보리색과 대리석으로 정서적인 안정감을 주고 있다. 또한 할로겐과 U-lamp로 된 조명은 전체적인 분위기를 따뜻하고 선명하게 느끼도록 하고 있다.

넷째, 초보자도 손쉽게 운영 가능

이미 떼르드글라스는 소비자들에게 인지도가 있는 제품이기 때문에 알리는 데는 그리 어려움이 없다. 그 외에는 점포는 5～10평의 규모로 가능하여 초기 투자비에 대한 부담도 덜 수 있었다.

하지만 무엇보다도 재고 물량을 걱정하지 않아도 돼 마음이 편하다는 것이 강점이다. 가맹점에서 필요한 아이스크림을 즉석에서 보충하고 잘 팔리지 않는 종류는 만들지 않으면 되기 때문이다. 또 본사에서 교육을 충분히 받으면 아이스크림 제조기계사용법도 간단해 많은 인력을 필요하지 않아 인건비를 절약할 수 있다.

이런 이유로 가맹점들의 마진율이 전체적으로 70%에 이르고 있다.

학습문제

1. 프랜차이즈(franchise)의 어원에 대하여 설명하시오.
2. 프랜차이즈 시스템 사업에 대하여 정의 하시오.
3. 프랜차이즈 시스템의 사업유형에 대하여 설명하시오.
4. 프랜차이즈 가맹점 창업과 일반창업의 장단점에 대하여 설명하시오.
5. 프랜차이즈 업종선택시 유의점에 대하여 설명하시오.
6. 프랜차이즈 창업에 유망한 업종을 찾아 보시오.

참고문헌 및 자료

1) 한국프랜차이즈협회(2004), 프랜차이즈가맹점 창업 및 운영실무, p.3.
2) 같은 책, p.3.
3) 박주영(2009), 중소기업경영론, 학현사, p.145.
4) 임재석 · 엄명철(2004), 「프랜차이즈 창업실무」, 무역경영사, p.5.
5) 한국프랜차이즈협회(2004), 프랜차이즈본부 창업시스템 개발론, p.24.
6) The Franchising Law Group of Rudnick & Wolfe(1999), 「How To Be A Franchisor」, IFA. p.2.
7) 한국프랜차이즈협회(2004), 프랜차이즈본부 창업시스템 개발론, p.26.
8) 같은책, pp.28-29.
9) 같은책, p.28.
10) 임재석 · 엄명철(2004), 「프랜차이즈 창업실무」, 무역경영사, p.8.
11) 한국프랜차이즈협회(2004), 프랜차이즈가맹점 창업 및 운영실무, p.10.
12) 같은 책, p.11.
13) Erwin J. Keup(2000), 「Franchise Bible」, The Oasis Press, p.62.
14) 한국프랜차이즈협회(2004), 프랜차이즈본부 창업시스템 개발론, p.36.
15) 박주영(2009), 중소기업경영론, 학현사, p.147.
16) 한국프랜차이즈협회(2004), 프랜차이즈본부 창업시스템 개발론, p.37.
17) 박주영(2009), 중소기업경영론, 학현사, p.155.

chapter 11

창업과 세무관리

11-1. 부가가치세 실무

1. 부가가치세의 의의

부가가치세(VAT : Value Added Tax)란 재화나 용역이 생산되거나 유통되는 모든 거래에서 창출된 부가가치를 과세대상으로 하여 과세하는 간접세이다.

부가가치란 제조·도매·소매 등 각 단계에서 기업이 외부에서 매입한 원료 등에 그 기업이 경제적으로 부가한 가치를 말한다. 즉 상품을 매입하여 다시 판매하는 과정에서 부가된 가치에 대하여 부과하는 세금으로 상품을 판매할 때 받는 세액(매출세액)에서 상품을 매입할 때 지급한 세액(매입세액)을 차감한 차액을 납부하는 것이다.

상품의 가격에 부가가치세가 포함되어 있기 때문에 실지 세금은 소비자가 부담하는 것이며, 사업자는 소비자가 부담한 세금을 일시적으로 징수했다가 국가에 내는 것에 지나지 않는다.

[표 11-1] 납부세액 계산 흐름도

매출세액	−	매 입 세 액	=	납부 · 환급세액
매출액×10%		· 교부받은 세금계산서상 매입세액 · 신용카드 이면확인 매입세액 · 의제 매입세액 · 재활용폐자원 등 매입세액 · (−)공통매입 면세분 · (−)공제받지 못할 매입세액		

납부 · 환급세액	+	각종 가산세	=	차감 납부(환급)세액

부가가치세는 원칙적으로 모든 재화 또는 용역의 소비행위에 대하여 과세되는 일반소비세이다. 이는 개별소비세가 사치성 재화나 용역에 한정하여 과세하는 것과 구분된다.

우리나라의 경우 부가가치세의 계산방법은 전단계세액공제 방법을 채택하여 다음과 같이 계산한다.

(매출금액×세율) – (매입금액×세율) = 매출세액 – 매입세액

2. 납세의무자

부가가치세 납세의무자는 사업자이다. 사업자는 재화나 용역의 유통단계에서 징수한 부가가치세를 납부한다. 여기에서 사업자란 영리목적의 유무에 불구하고 사업상 독립적으로 재화 또는 용역을 공급하는 자이다.

개인 · 법인과 법인격 없는 사단 · 재단 기타단체도 포함된다. 법인이든 개인이든 부가가치세 과세대상인 재화나 용역을 공급하는 자는 모두 부가가치세를 납부하여야 한다. 사업자가 아닌 일반개인은 재화나 용역을 공급해도 부가가치세 납세의무가 없다.

3. 과세대상

부가가치세는 부가가치세법상 특별히 면제되지 않는 한 재화의 공급, 용역의 공급 및 재화의 수입에 대하여 과세한다.

1) 재화의 범위

부가가치세법에서 재화라 함은 재산적 가치가 있는 상품, 제품, 원재료 등의 재고자산, 기계, 건물 등의 고정자산과 기타 유형적 물건을 포함한 모든 유체물과 동력 · 열 기타 관리할 수 있는 자연력 및

권리 등으로서 재산적 가치가 있는 유체물 이외의 모든 무체물을 말한다.[1]

재화를 공급하는 사업의 구분은 통계청장이 고시하는 당해 과세기간 개시일 현재의 한국표준산업분류를 기준으로 한다.

2) 용역의 범위

용역이라 함은 재화 이외의 재산적 가치가 있는 모든 역무 및 기타행위를 말하는 것으로 다음의 사업에 해당한다.[2]

① 건설업
② 숙박 및 음식점업
③ 운수업
④ 통신업
⑤ 금융 및 보험업
⑥ 부동산업 및 임대업(전・답・과수원・목장용지・임야 또는 염전임대업을 제외)
⑦ 사업서비스업
⑧ 공공행정, 국방 및 사회보장행정
⑨ 교육서비스업
⑩ 보건 및 사회복지사업
⑪ 오락, 문화 및 운동관련 서비스업
⑫ 기타 공공, 수리 및 개인서비스업
⑬ 가사서비스업
⑭ 국제 및 외국기관의 사업

4. 과세의 특례

부가가치세는 신고납부제도의 의한 조세로서 납세의무자인 사업자의 성실한 협조, 즉 세금계산서의 작성교부 및 제출과 신고·납부 등을 바탕으로 운영되고 있다. 하지만 사업규모가 영세하고 기장능력이

[표 11-2] 일반과세자와 과세특례자의 차이점

구 분	일반과세자	과세특례자
과세표준	부가가치세가 포함되지 않은 공급가액	부가가치세가 포함된 공급대가
세율	매출액의 10%	공급대가의 2%(대리·중개·위탁매매·도급은 3.5%)
납부세액	매출세액 - 매입세액	과세표준 × 세율
매입세액공제	매입세액	매입세액의 5%
세금계산서 교부 및 기장 의무	세금계산서를 주고받아야 하며 매입·매출장에 기장해야 함(미기장 시 50만원 이하의 벌금 또는 과료)	(간이)세금계산서를 발행하고 보관하면 기장의무를 이행한 것으로 봄
신고납부	제1기예정신고 : 1.1 - 3.31(신고·납부기한 4.25) 확정신고 : 4.1 - 6.30(신고·납부기한 7.25) 제1기예정신고 : 7.1 - 9.30(신고·납부기한 7.25) 확정신고 : 10.1 - 12.31(신고·납부기한 1.25)	1년에 2번을 확정신고·납부하고, 2번의 예정신고는 관할 세무서에서 납세고지서를 발부함
가산세		미등록·미검열가산세 : 공급대가의 0.5% 신고·납부 불성실가산세 : 납부세액의 10% 영세율과세표준 신고·불성실가산세 : 과세표준의 1%
소액부징수		과세기간의 납부세액이 60,000원 미만일 경우에는 징수하지 않음

부족한 사업자에게 이러한 의무를 부과하는 것은 비현실적이기 때문에 간편한 방식으로 납세할 수 있는 방법을 규정하고 있는데 이를 과세특례제도라 한다.

직전 연도의 재화와 용역의 공급에 대한 대가(부가가치세가 포함된 대가)가 4천800만원 이상 같은 금액의 100분의 130에 해당하는 금액 이하 범위의 금액에 미달하는 개인사업자를 과세특례대상자가 된다.[3)]

5. 신고납부

부가가치세는 각 사업장별로 납부해야 하지만 둘 이상의 사업장이 있는 경우에는 정부의 승인을 얻어 세액납부를 하나의 사업장에서 일괄 납부할 수 있다. 이때 주의할 점은 부가가치세의 계산, 신고 및 세금계산서의 제출 등 제반업무는 각 사업장 단위로 관할세무서장에게 해야 한다. 부가가치세는 6개월을 과세기간으로 정하여 신고 · 납부하며, 각 과세기간을 다시 3개월 단위로 나누어 예정신고기간을 설정하여 1년에 4차례 신고 · 납부한다.

일반적으로 일반과세자는 1년에 4번 신고 · 납부하는 데 비해, 한계세액공제 대상 일반과세자와 과세특례자는 신고 · 납부는 2번만 하

[표 11-3] 부가가치세 신고 납부

구분	제1기		제2기	
	신고할 내용	신고기간	신고할 내용	신고기간
예정신고	1.1~3.31의 사업실적	4.1~4.25	7.1~9.30의 사업실적	10.1~10.25
확정신고	1.1~6.30의 사업실적	7.1~7.25	7.1~12.31의 사업실적	다음해 1.1~1.25

고 나머지 2번은 세무서에서 발부한 예정고지서에 기재된 금액을 가까운 은행이나 우체국에 납부하면 된다. 사업자는 매신고기간별로 발생한 거래내용을 부가가치세 신고서에 기재하여 사업장 관할 세무서에 신고하여야 하며, 신고시 제출해야 할 서류로는 예정 또는 확정신고서 2부, 매입처별 세금계산서 합계표, 매출처별 세금계산서 합계표 등이 있다. 세금계산서는 공급자가 거래 상대방으로부터 부가가치세를 징수하고 그 징수사실을 증명하기 위해 발행하는 것이다.

6. 가산세

[표 11-4] 가산세의 종류

가산세의 종류	적용되는 경우	부과되는 금액
미등록 가산세	사업개시일로부터 20일 이내에 사업자등록을 하지 않았을 때	미등록기간 공급가액의 1%
등록불성실 가산세	타인명의로 사업자등록을 한 경우	해당기간 공급가액의 1%
불성실 가산세	세금계산서를 교부하지 않았거나 매출처별 세금계산서의 필요적 기재사항 누락 또는 확정신고시에 제출하지 않았을 때	해당 공급가액의 2%
세금계산서합계표 불성실 가산세	세금계산서합계표를 제출하지 않고 지연 제출한 경우	해당기간 공급가액의 1% 지연제출분 공급가액의 0.5%
지연제출 가산세	매출처별 세금계산서합계표를 예정신고시에 제출하지 않고 확정신고시 제출한 때	해당 공급가액의 1%
세금계산서 불명 가산세	세금계산서의 기재내용이 사실과 다르거나 누락된 때	해당 공급가액의 1%
매출처별 세금계산서 합계 기재 불성실 가산세	매출처별 세금계산서합계표의 기재사항이 기재되지 아니하거나 사실과 다르게 기재된 때	해당 공급가액의 1%

가산세의 종류	적용되는 경우	부과되는 금액
영세율 신고 불성실 가산세	영세율이 적용되는 사업자가 과세표준금액을 신고하지 않거나 적게 신고한 경우	해당 과세표준의 1%
신고불성실 가산세	예정 · 확정신고를 하지 않았거나, 신고한 납부세액이 신고할 납부세액에 미달한 경우	신고하지 아니한 납부세액이나 초과 신고한 환급세액의 10%에 상당하는 금액
납부불성실 가산세	납부하지 아니하거나 납부한 세액이 납부할 세액에 미달한 경우	무납부·미달납부세액×3/10,000×기간(납부기한의 익일부터 납세고지일까지의 일수)

자료 : 부가가치세법(제22조)

11-2. 소득세 실무

1. 소득세의 의의

소득세법은 개인의 소득에 대하여 소득의 성격과 납세자의 부담능력 등에 따라 적정하게 과세함으로써 조세부담의 형평을 도모하고 재정수입의 원활한 조달을 목적으로 하는 조세이다.[4] 소득이란 일정 기간의 총수입금액에서 필요경비(원가와 비용)를 제공한 금액이다.

우리나라의 소득세제도는 개인별로 소득을 종합하여 개인의 인적사정, 즉 배우자, 부양가족 또는 장애자의 유무 등을 고려한 인적공제제도를 적용하는 종합과세제도를 채택하고 있다.

2. 소득의 종류

우리나라 소득세법에는 소득의 종류를 ① 종합소득과 ② 퇴직소득 ③ 양도소득으로 구분한다.

종합소득은 이자소득, 배당소득, 사업소득, 근로소득, 연금소득, 기타소득으로 구분하며 합산하여 과세한다.

퇴직소득은 퇴직으로 발생하는 소득으로 국민연금법 또는 공무원연금법 등에 따라 지급받는 일시금이다.[5)]

양도소득 자산의 양도로 발생하는 소득이다.

창업하여 사업을 개시하는 경우 사업소득에 해당되어 소득세의 납세의무를 지게 된다.

3. 과세기간

소득세의 과세기간은 1월 1일부터 12월 31일까지 1년으로 하며

거주자가 사망한 경우의 과세기간은 1월 1일부터 사망한 날까지로 한다.

거주자가 주소 또는 거소를 국외로 이전하여 비거주자가 되는 경우의 사업을 운영하게 되면 기업에 결손이 발생되지 않는 한 사업소득에 대한 소득세를 납부하여야 한다. 그리고 소득세를 납부하기 위해서는 회계기록에 의한 장부를 작성하여 소득이 얼마인가를 정확히 계산하여야 한다. 무기장시에는 사업이 부진하여 결손금이 발생되어도 이를 인정받지 못하게 된다. 실질소득을 인정받기 위해서는 장부를 기장하여야 한다.

4. 납세의무자

소득세의 납세의무자는 개인에 한정된다. 법인으로 사업을 하게 되면 그 소득에 대하여 법인세가 부과되지만 개인으로 사업을 하게 되면 소득세를 납부하여야 한다.

사업소득계산에 있어서 소득이 발생하지 않고 결손이 발생하는 경

우도 있다. 기장에 의한 회계처리가 적법하게 되고 관련 증빙서류가 비치된 경우에는 세금납부를 하지 않아도 된다.

5. 신고와 납부

소득에서 과세기간은 매년 1월 1일부터 12월 31일까지이다. 소득이 있는 자는 누구나 매년 1월 1일부터 12월 31일까지 1년간의 종합소득・퇴직소득・양도소득에 대하여 그 다음연도의 5월 1일부터 5월 31일까지 주소지 관할세무서에 신고・납부 하여야 한다.

개인 사업주는 지난 1년 동안 사업을 한 경영성과를 결산하여 산정된 과세소득을 계산, 세금을 신고・납부하게 된다. 결손금이 발생하는 경우 결손금을 세무당국에서 인정받기 위해서는 반드시 신고를 필하여야 한다.

6. 소득세 계산방법

1) 소득금액 계산방법

사업활동에서 발생한 소득은 연간 총수입금액에서 필요경비를 공제하여 계산한 소득금액(이자소득, 배당소득, 부동산 소득, 사업소득, 근로소득, 기타소득 합계액)에서 소득공제를 차감하여 과세표준을 계산하고 다시 과세표준에 기본세율을 곱하여 계산한다.

총수입금액 − 필요경비 = 소득금액
소득금액 − 소득공제 = 과세표준
과세표준 × 세율 − 누진공제액 = 산출세액
산출세액 − (세액공제 + 감면세액) = 결정세액
결정세액 − 이미 납부한 세액 = 내야 할 세액

2) 소득세의 세율

소득세의 세율은 과세표준금액에 따라 달라지는데 과세표준금액이란 소득금액에서 소득공제금액을 뺀 것이다.

사업자가 납부하게 되는 종합소득세의 경우 세율은 초과누진세로 다음과 같다.[6]

[표 11-5] 소득세의 과세표준

종합소득 과세표준	세 율
1천200만원 이하	과세표준의 100분의 6
1천200만원 초과 4천600만원 이하	72만원+(1천200만원을 초과하는 금액의 100분의 15)
4천600만원 초과 8천800만원 이하	582만원+(4천600만원을 초과하는 금액의 100분의 24)
8천800만원 초과	1천590만원+(8천800만원을 초과하는 금액의 100분의 35)

11-3. 법인세 실무

1. 법인세의 의의

법인세는 법인을 납세의무자로 하여 국내에 본점을 둔 내국법인과 외국에 본점 또는 주사무소를 둔 외국법인으로서 국내에 사업장을 둔 법인에게 귀속되는 소득에 대해 부과되는 세금이다.

법인은 매사업연도가 종료되면 그 종료일로부터 60일 내에 결산을 확정해야 하며, 이 기한 내에 결산이 확정되지 않으면 60일이 되는 날을 결산확정일로 보게 된다. 납세의무가 있는 내국법인은 정부에 제출하는 대차대조표의 내용을 법인세 신고기한 내에 일간신문에 공고하여야 한다.

2. 법인세의 신고와 납부

법인세 과세표준 및 세액을 신고·납부함에 있어서 기업회계와 세무회계와의 차이를 조정하기 위해, 기업회계기준에 따라 작성한 결산서류(대차대조표, 손익계산서, 이익잉여금처분계산서, 세무조정계산서, 기타 서류)를 기초로 세무회계 내용과 부합되도록 세무조정 절차를 거치게 된다. 그리고 법인은 각 사업연도의 결산확정일로부터 15일(외부조정계산서를 첨부하는 법인은 30일)안에 법인세 과세표준신고서를 관한 세무서에 제출하고 세액을 납부하여야 한다.

내국법인으로서 각 사업연도의 기간이 6개월을 모든 회사는 그 사업연도 개시일로부터 6개월간의 법인세를 사업연도 중간에 신고·납부하는 중간예납을 해야 한다.

그리고 법인세 과세표준신고를 법정신고 기한 내에 제출한 범인이 그 기재사항에 누락 또는 오류가 있어 과세표준금액이 증감되는 경우에는 수정신고 기한 내에 과세표준의 수정신고서를 제출하고 추가로 납부하여야 할 세액이 있는 경우 이를 납부해야 한다.

3. 세율

법인세의 세율은 법인 종류별로 2단계의 초과누진세율이 적용된다. 비영리법인에 대해서는 영리법인보다 낮은 세율은 적용하고 있다.[7)]

[표 11-6] 법인세의 과세표준

과세표준	세 율
2억원 이하	과세표준의 100분의 10
2억원 초과	2천만원+(2억원을 초과하는 금액의 100분의 22)

4. 가산세

법인이 법인세 과세표준 및 세액을 성실하게 신고·납부하지 않는 경우에는 무거운 가산세를 물게 되며 세무조사를 받게 된다.

[표 11-7] 법인세의 가산세

가산세 구분	가 산 세 율
무신고, 무기장 가산세	무신고 소득금액이 50억 이하인 경우 ① 산출세액 × 20%와 ② 수입금액 × 7/10,000 중 큰 금액 무신고 금액이 50억 이상인 경우 ① 산출세액 × 30%와 수입금액 × 10/10,000 중 큰 금액
과소신고 가산세	과소신고 과세표준금액 × 10%
납부불성실 가산세	미납부(또는 미달납부)세액 × 기간 × 3/10,000

5. 법인세의 계산

법인세의 세액계산은 기업회계기준상 기간손익에서부터 시작하여, 법인세법이 가산 또는 차감하도록 규정한 항목들은 가감하여 각 사업연도 소득을 계산한다.

법인세의 과세표준은 각 사업연도에서 이월결손금, 비과세소득, 소득공제를 차감하여 계산한다. 과세표준에다 세율을 적용하면 산출세액이 나오고, 여기에 세액공제와 세액감면을 차감하고 가산세를 더하면 결정세액이 나온다.

결정세액에서 기납부세액을 차감하면 납부할 법인세액이 산출된다.

[표 11-8] 법인세의 계산구조

당기순이익	+	가산 조정: 익금산입 손금불산입	-	차감 조정: 익금불산입 손금산입	=	각 사업연도 소득
각 사업연도 소득	-	이월결손금 비과소득세 소득공제액			=	과세표준
과세표준	×	세　율			=	산출세액
산출세액	-	세액공제 세액감면	+	가산세	=	결정세액
결정세액	-	기납부 세액: 중간예납 원천납부 수시부과			=	자진납부세액

11-4. 중소기업 및 창업자 조세지원 제도[8)]

1. 중소기업 조세지원 제도의 의의

창업기업 및 중소기업에 대한 우리나라의 조세지원제도는 매우 다양하다. 그 이유는 중소기업이 국민경제에서 차지하는 비중이 높다는 점도 있지만, 무엇보다도 중소기업이 경제활력의 원천이 되고 있다는 것과 경제적 약자라는 두 가지 면이 동시에 고려되기 때문이다. 특히, 중소기업은 고용창출 측면에서 막중한 역할을 하고 있다.

중소기업에 대한 조세지원은 창업지원, 자금조달, 투자촉진, 경영안정, 구조조정 등 단계별로 구분이 가능하다.

2. 조세지원 제도의 내용

창업의 경우, 창업을 활성화하기 위해 제조업, 유통업 등의 특정 분야에서 국세와 지방세에 걸쳐 각종 세금을 감면하고 있다. 구체적인 내용은 등록세 및 취득세가 면제되고, 법인세 및 소득세, 가산세, 재산세, 종합토지세는 50% 감면하고 있다.

자금조달이 중요한 벤처기업을 위하여 창업투자회사, 투자회사, 투자조합 등 자금 제공자에 대한 각종 조세지원이 행해지고 있다. 구체적으로는 투자자의 주식양도차익, 양도소득세, 배당소득 등이 비과세되고, 투자회사가 투융자 함으로 인해 발생하는 손실을 보전하기 위해서 투자융자손실준비금을 손금에 산입하는 혜택을 제공하고, 개인에 대해서는 투자금액의 15%를 소득공제 하도록 하고 있다.

중소기업의 경영안정을 위하여 제조업은 물론 부가통신업 및 엔지니어링 사업 등을 영위하는 중소제조업의 발생소득에 대한 조세감면이 이루어지고 있으며, 접대비의 손비인정의 경우에는 대기업보다 더 높은 수준의 한도를 인정하고 있다.

구조조정을 지원하는 제도도 다양한데 구체적으로 살펴보면 다음과 같다.

먼저 제조업, 광업을 영위하는 중소기업이 기존 업종을 폐지하고 사업을 전환하는 경우에는 소득세와 법인세를 면제하고 있으며, 자산양도차익에 대해서도 양도소득세를 감면하고 있다. 또한, 제조업, 광업 등의 분야에서 개인기업을 법인으로 전환하는 경우와 합병장려업종을 영위하는 중소기업 사이에 합병이 있는 경우에는 양도소득세 및 지방세를 면제하고 있다. 중소기업의 투자를 촉진하기 위한 제도로는 제조업, 건설업 등의 특정 분야에서 중소기업의 투자준비금 설정을 인정하고 있으며, 중소기업이 신규 취득한 설비투자에 대해 세액공제를 적용하고 있다.

[표 11-9] 중소기업 지원세제

지원방법	지 원 세 제
세액감면 (4)	• 창업중소기업 등에 대한 세액감면 • 중소기업에 대한 특별세액감면 • 수도권 과밀억제권역 외 지역이전
세액공제 (6)	• 중소기업투자세액공제 • 기업의 어음제도개선을 위한 세액공제 • 연구 및 인력개발비에 대한 세액공제 • 신용카드 등의 사용에 따른 세액공제 • 기장세액공제
비과세 (4)	• 중소기업창업투자 등의 주식양도차익 등에 대한 비과세 • 중소기업창업투자 등에의 출자에 대한 과세특례 • 주식매수선택권에 대한 과세특례 • 영세중소기업에 대한 사업소세의 면제
준비금의 손금산입 (4)	• 중소기업투자준비금의 손금산입 • 중소기업 정보화지원사업에 대한 과세특례 • 주권상장중소기업 및 협회등록중소기업에 대한 사업손실준비금의 손금산입 • 투융자손실준비금의 손금산입
기타 (7)	• 중소기업간 통합에 대한 양도속득세의 이월과세 • 법인전환에 대한 양도소득세의 이월과세 • 접대비한도액 계산시 중소기업 특례 • 결손금의 소급공제에 의한 환급 • 법인세 분납기간의 연장 • 소규모사업자에 대한 소득세 원천징수 납부특례 • 최저한세율 우대 적용

또한, 생산성향상, 에너지절약, 공해방지, 근로복지 증진 등의 목적으로 설비 및 시설투자를 하는 경우에 적용할 수 있는 별도의 투자세액공제가 운영되고 있다.

중소기업의 적극적인 기술 및 인력개발을 촉진하고, 보다 원활한 기술이전이 가능하도록 하기 위해 대기업에 적용되는 감면보다 높은 수준의 혜택을 중소기업에 부여하고 있는데, 기술·인력개발비 세액공제의 경우, 대기업은 평균비용을 초과하는 경우에만 세제혜택을 주고 있으나, 중소기업은 연구개발비에 대한 지출비용의 일부를 선택할 수 있도록 하고 있으며, 또한 연구개발과 관련된 설비투자 및 준비금에 대한 조세지원도 있다.

과밀억제권역 및 대도시권 내의 공장 및 법인의 분산을 도모하기 위하여 지방이전에 따른 양도세 및 취득세·등록세 감면 등 다양한 조세혜택도 가능하도록 되어 있다.

최저한세도 대기업은 13%인 반면, 중소기업은 10%로 낮으며, 감면받지 못한 세액공제는 이월할 수 있도록 하고 있고, 어음제도 개선을 위한 조세지원도 있다.

3. 기타 조세지원 제도

1) 벤처기업에 대한 세무조사 면제

벤처기업에 대하여 법이 허용하는 한 세금에 대한 애로 없이 회사경영에만 전념할 수 있도록 세정상 최대한 지원함으로써 창업·벤처기업의 활성화와 첨단기술의 발전을 지원한다.

2) 창업 중소·벤처기업에 대한 조사특례

중소·벤처기업의 창업활성화를 위하여 창업기업에 대해 법인세. 소득세 등의 국세감면과 취득세·등록세 등의 지방세를 감면받을 수 있도록 함으로써 창업보육센터 사업자를 포함하여 창업중소·벤처기업의 창업비용을 절감하는 등 기술집약형 창업중소·벤처기업에 대한 세제지원을 강화한다.

창업기업에 대한 조세지원 내용을 요약하면 다음과 같다.

[표 11-10] 창업중소기업의 조세지원 내용

구 분	지 원 내 용
법인세 (소득세)감면	- 수도권 과밀억제권역외의 지역에서 창업한 중소기업 등에 대하여 창업 후 소득발생연도부터 4년간 매년 납부할 법인세(소득세)의 50% 감면
등록세 면제	- 창업 후 2년내 취득한 사업용 재산에 대한 등록세 면제 - 창업중소기업의 법인설립등기에 대한 등록세 면제 (창업중에 벤처기업으로 확인받은 경우 6월내 행하는 법인설립등기 포함)
취득세 면제	- 창업 후 2년내 취득한 사업용 자산에 대한 취득세 면제
인지세 면제	- 창업 후 2년간 금융기관의 융자관련문서에 대하여 인지세 면제
재산세	- 창업 후 5년간 재산세 50% 감면
창업기업 투자에 대한 소득공제 등	- 중소기업창업투자조합 및 벤처기업 등에 출자한 금액의 15% 소득공제 - 벤처기업에 출자한 주식을 5년 이상 보유하다가 양도하는 경우 양도세 비과세

자료 : 국세청, 중소기업창업과 알기 쉬운 세금, 2007.

3) 창업 중소기업의 공장설립시 조세특례

(1) 개요

창업 중소기업의 공장설립시 부과되는 부담금 부과대상에서 제외하며 공장 설립을 원활하게 지원한다.

(2) 세금감면 내용

① 개발이익부담금 감면

중소기업창업지원법에 의한 창업사업계획의 승인을 받은 창업자는 개별부담금 부과대상에서 제외

② 농지전용부담금 감면

중소기업창업지원법에 의한 창업사업 계획의 승인을 받은 창업자는 건설교통부가 고시하는 공시지가의 20%에 해당하는 농지전용부담금 중 50% 감면

③ 산림전용부담금 감면

중소기업창업지원법에 의한 창업사업계획의 승인을 맡은 창업자는 건설교통부가 고시하는 공시지가의 20%에 상당하는 산림전용부담금 중 50% 감면

성공한 프랜차이즈 창업가들

꽃배달 전문업체 - "굿데이굿플라워"

특별한 날 배달된 꽃을 받는다면 아마 누구나 기쁨의 탄성이 흘러나 올 것이다. 이렇게 사람들의 기쁨과 즐거움을 줄 수 있는 꽃을 전문적으로 취급하는 곳이 굿데이굿플라워다.

(주)굿데이굿플라워는 정보산업화와 도시화에 지친 현대인의 삶에 꽃을 통해 생활에 활기를 불어넣어 주고 각박해지는 인심과 자연에 메말라 가는 현대인의 마음속에 여유와 아름다움을 제공하기 위해 설되었다. 그런 취지에 맞게 꽃바구니, 꽃다발, 축하 및 근조화환, 관엽 등의 전국 꽃 배달서비스는 물론, 체인사업도 운영하고 있다.

(주)굿데이굿플라워는 꽃 전문가맹점포를 개발하고 그에 맞는 컨설팅을 해준다. 주로 서울 및 수도권, 지방 6대도시 및 중소도시 중점 가맹점이 운영되고 있으며 전국 군단위 이상으로 가맹점포 개발을 통해 굿데이 플라워 네트워크가 형성되어 있다.

또한 인터넷사업도 활발하다. Flower&Gift 전문쇼핑몰을 비롯하여 Back office 사업을 실시하고 있다. 이는 가맹점의 네트워크화를 실현한 오프라인의 주문처리를 온라인으로 옮긴 시스템개발사업이다. 그 외에도 전남 보성군에 확보된 60만평의 직영농장을 운영하여 화훼재배 및 유통사업도 펼치고 있다.

굿데이굿플라워는 현재 MBC에서 제작되는 드라마의 생화협찬을 하고 있으며 MBC 프로덕제작 영화인 '꽃을든남자'의 영화제목을 공동브랜드로 독점계약을 맺는 등 가맹점을 위한 광고와 홍보에 노력을 기울이고 있다.

(주)굿데이굿플라워는 97년 5월에 설립되어 전국으로 이어진 가맹점망을 통해 동일한 가격과 전문 FLORIST의 디자인에 의한 상품을 고객 이 원하는 시간과 장소에 정확하게 배송하고 있다.

고품격 꽃 배달서비스업체인 굿데이굿플라워는 최진섭대표가 창업했다. 그는 대기업 유통회사 출신답게 그간의 노하우를 살려 프랜차이즈 사업형태의 아이템을 찾고 있던 중, 일본 도쿄에서 열린 산업전시회를 관람할 기회가 있었는데 여기서 지금의 사업아이템을 찾게 되었다.

꽃 배달로 프랜차이즈형식의 가맹점사업을 도입한 것은 굿데이굿플라워가 처음이며, 현재 전국으로 이어지는 방대한 네트워크를 갖고 있다.

굿데이굿플라워는 자영점포와는 달리 본사에 생화와 부자재를 공급 해주기 때문에 가맹점 운영에 대한 점주의 영업노하우 등의 부담이 적은편이다.

그리고 처음 꽃을 접하는 예비창업자를 위한 꽃꽂이 아카데미를 운영하고 있으며 매출 제고를 위한 신상품개발에 적극적이다. 이것은 가맹점 영업에 직접 도움을 주기 위한 것이며 여러 상품군개발을 바탕으로 LG 카드, 국민카드, 외환카드 등 주요 카드사와 CJ몰, 한솔 CSN 등 대형 홈쇼핑사와 통신판매계약을 체결해 전국 꽃배달서비스를 대행하고 있다.

최대표는 “꽃배달사업은 단순히 꽃을 판다기보다 아름다움과 사랑을 판매하는 사업”이라며 “꽃을 사랑하는 마음이 있으면 누구나 어렵지 않게 가맹점을 운영할 수 있다”고 설명한다.

현재는 인터넷사업을 통한 전자상거래가 활성화 되어 있어 GIFT문화를 이끌어가는 선두역할을 담당하고 있다. 또한, 국내 최대사이버쇼핑몰인 한솔CSN과 전략적 독점제휴를 통해 꽃배달 서비스시장의 새로운 유통혁신을 꾀하고 있으며 더불어 프랜차이즈 체인사업을 재구축하여 네트워크를 통한 매출신장에 기여하고 있다.

굿데이굿플라워는 가맹점이익을 최우선으로 생각하는 기업정신과 업계발전에 기여한 공로를 인정받아 매일경제신문사·동아일보, 매일경제신문사·상공회의 여러 상을 수상하기도 했다.

성공요인을 분석해 보면 다음과 같다.

첫째, 창업을 준비하고 있는 초보자라도 창업 전 본사에서 지원하는 교육을 통해 얼마든지 사업을 해 나갈 수 있다. 특히 자영점포와는 차별화된 지원시스템이 확고하기 때문에 가맹점 운영에 대한 부담이 적은 것이 특징이다. 예를 들면, 생화와 부자재를 본사가 농장직거래를 통해 대량구매하여 가맹점에 주3회 공급해 주기 때문에 가격은 물론 직접 조달시 발생하는 시간과 노동의 문제를 말끔히 해결해 주고 있다.

둘째, 굿데이굿플라워는 가맹점운영에 필요한 무료 꽃꽂이 교육은 물론이며 가맹점의 매출 증대를 위한 신상품 및 디자인개발에 노력을 기울이고 있다. 이로 인해 안정된 사업영위가 가능한 것이 특징이다. 또한 매출형태가 현금판매(소매)와 통신판매(일반주문 및 백화점, 카드사), 그리고 기업체영업(은행, 관공서, 단체주문) 등 다양화되어 있어 노력여하에 따라 고수익을 기대할 수도 있다.

셋째, 인터넷을 통한 사업의 다양화이다. 이제 선물은 대부분 온라인을 통해 주문을 한다. 이런 네트워크시대에 맞춰 온라인쇼핑몰을 강화한 굿데이플라워는 소비자가 직접 매장으로 나오지 않아도 자신의 집에서나, 사무실에서 주문을 할 수 있어 손쉽게 이용할 수 있다. 그로 인한 매출의 증대가 이루어지며 결재방식의 다양화도 이런 이용률을 높이고 있다.

가마고을

(주)큰들에프앤비는 한식 · 일식 프랜차이즈 전문기업으로 95년 기업 설립 이래 지속적인 브랜드개발 및 성공적인 사업을 전개해오고 있다.

가마고을은 (주)큰들에프앤비의 대표적 브랜드이자 가장 주력상품이다. 96년 최초로 수타식 우동 전문점 '후지 우동' 브랜드를 만들어 국내에 일본식 우동시장을 개척했고, 재래식 솥밥을 업그레이드한 '가마고을', 99년 순살돈까스 전문점 '하루야', 2003년 국내 최초 일본요리 홈서비스 배달전문점 '홈벤토' 등의 브랜드를 출시하였다. 그 중 가마고을은 한식의 대표적인 프랜차이즈 브랜드로 자리 잡고 있다.

가마고을은 전통 재래식의 현대적인 방식으로 가마솥 밥맛을 느낄 수 있는 시스템을 구상하였다. 이 시스템은 전통상차림과는 달리 1인 1상을 중심으로 위생과 청결함으로 상차림을 구성하고 이용자의 기호에 따라 음식의 토핑을 선택할 수 있도록 하여 그 종류에 따라 맛과 기호가 달라질 수 있다.

이런 이유로 솥밥의 소스개발에 더욱 신경을 써 전통밥맛의 느낌을 색다르게 하기위한 노력을 기울였다. 또한 일정한 밥맛을 공급하기 위해 디지털식 솥밥 기계를 개발하여 표준메뉴얼화 시키고 디지털방식으로 혁신을 이루었다. 솥밥의 표준화와 기계화에 따라 1인의 밥이 14분 만에 완성함으로써 주방의 작업량을 현저히 감량할 수 있었다.

가마고을의 인테리어는 옛날 주거양식의 특징인 황토빛을 사용하고 처마를 갖춘 전통가옥의 형식을 빌어 시골집에 방문한 듯한 느낌을 주고 전통가옥의 포근함과 안정감을 느낄 수 있도록 특별히 디자인했다.

현재는 각 점포별로 슈퍼바이저(점포지도경영요원)를 지정하여 가맹점을 체계적이고 과학적으로 집중 경영 지도하고 있으며, 각 지역적 특색이나 가맹점의 위치 환경에 맞는 효과를 다양하게 하여 높은 판촉 및 광고 효과를 보고 있다.

(주)큰들에프앤비는 자체적인 물류시스템인 Cold System을 통하여 전국적으로 원·부재료들을 매일 신선한 상태로 배송함으로써 신선함이 유지되도록 하고 있으며, 2003년 8월 충북 보은에 준공한 직영공장은 본사의 상품 가공률을 높여서 가맹점에 양질의 상품을 공급하고 있다.

한식을 체인화시키는 것이 어려운 이유는 맛의 통일성과 주방의 효율성이 떨어진다는 것이다. 하지만 (주)큰들에프앤비는 이런 한식의 단점을 극복하여 메뉴 조리법, 계량화, 양념의 소스화, 전자동 솥밥 기계화를 이뤄냈다.

(주)큰들에프앤비의 전신은 (주)삼도하이네트로 1995년 9월 설립됐다. 주로 수산물 유통과 수산가공 물류를 공급하던 삼도하이테는 1996년 일본의 후지식품과 함께 수산물 엑기스 원액을 공동으로 개발해왔다.

이 공동개발 사업을 인연으로 일본 후지식품과 라이선스를 체결하여 우동전문점인 후지우동을 개발 출발함으로써 우동 프랜차이즈 사업의 시초가 되었다.

그 후 1998년 7월에는 한식을 메뉴로 한 국내 최초의 가마솥밥류의 브랜드인 '가마고을'을 개발하였다. 가마고을 캐릭터 및 상표, 서비스표를 등록하고 일산 등지에 1호점을 개설함으로써 본격적인 한식의 대표 입맛인 가마솥밥 프랜차이즈사업이 본격화 되었다.

가마고을 체인 개설 후 산업의 현대화를 위하여 표준화의 필요성을 느끼고 1인분씩 밥을 지어 제공할 수 있는 시스템을 개발하기 위해 노력하였고 또한 재료에 따라 해물솥밥, 낙지솥밥, 장어솥밥 등 다양한 맛을 낼 수 있는 솥밥 메뉴 개발에 지속적인 투자를 쏟아왔다.

또한 디지털식 전자동 솥밥 기계 개발로 전 과정을 자동화함으로써 외식산업 특히 한식업 운영에서 가장 큰 비중을 차지하는 인건비 문제 해결에 큰 도움이 되었고 특히 가맹점에 전문 주방장이 없어도 주방운영에 무리가 없도록 하는 조리·메뉴의 매뉴얼화를 확립하였다.

또한 구인문제 해결 및 현대식 주방시스템을 정착시켜 가맹점 사업자들의 인력에 대한 고민을 덜어주었다.

아울러 체계적인 교육훈련시스템이 운영되고 있어 처음 체인을 운영하려는 사람도 기초과정교육을 이수하면 능숙하게 운영할 수 있도록 시스템이 구축되어 있다.

(주)큰들에프앤비는 한식의 세계화를 내세우며 (주)큰들에프앤비 USA 해외법인을 LA에 설립하여 가마고을 프랜차이즈 사업을 전개하고 있다. 이를 통해 글로벌 비즈니스 전략을 전개, 세계에 한식문화의 우수함을 알리기 위해 노력을 기울이고 있다.

또한 '가맹점이 살아야 본사도 산다'라는 기치아래 경영시스템과 브랜드시스템 등 가맹점이 알아야 할 기본적 권리를 오픈하고 있다.

가마고을은 좋은 외식문화 정착을 위해 노력한 공로를 인정받아 1999년, 2000년 2회 연속 한국능률협회 선정, 한국 베스트 우수 프랜차이즈 대상을 수상하였으며 2000년, 2001년, 2002년 한국 프랜차이즈협회 3년 연속 우수 프랜차이즈 대상 수상, 대한상공회의소에서 2000년, 2001년 선정 한국프랜차이즈 대상을 2년 연속 수상하였다. 2003년에는 한국프랜차이즈협회, 한국경제신문, 대한상공회의소와 산업자원부 선정 '2003년 한국프랜차이즈대상 외식부문 산업자원부 장관상'을 수상하기도 했다.

첫째, 이색적인 분위기

가마고을은 전통적인 가마솥밥을 통해 전통문화에 대한 향취를 느낄 수 있도록 인테리어를 구상했다. 주로 가마고을의 가맹점을 이용하는 사람들은 도심에서 옛 맛과 함께 전통의 향취를 느낄 수 있도록 고풍스런 인테리어와 토속적인 소품으로 정겨운 장소가 될 수 있도록 마련하였으며 전통가옥의 이미지인 황토색과 전통적인 처마 형식을 갖춰 포근함과 안정감을 주어 짧은 시간동안이나마 방문객이 전통을 느낄 수 있도록 하고 있다.

둘째, 계절을 타지 않는 매출 금액

가마고을은 '가맹점이 살아야 본사도 산다'는 기치를 가지고 본사의 모든 경영시스템과 브랜드 시스템을 공개하고 있다. 이렇게 본사와 가맹점이 모든 사업의 전체를 공유할 수 있고 본사의 역할과 가맹점의 역할을 나누어 가맹점들이 자신의 일에만 충실할 수 있도록 하고 있다.

이로 인한 가맹점들의 마진율이 65%에 이르고 있어 가맹점 사업자들의 이윤을 크게 할 수 있다. 또한 메뉴의 전반적인 구성에 전문적인 계절 메뉴가 존재하고 있어 사계절 내내 특징적인 메뉴로 고객에게 서비스하고 있다. 이런 이유로 일년 낸 내 수익의 안정이 보장된다는 특징을 가지고 있다.

셋째, 음식은 귀족, 가격은 중저가

한식 음식은 대부분 1만원대의 가격대가 많은 것에 비해 가마고을의 시골 가마솥밥은 4천원과 5천원대의, 저렴한 가격으로 제공하고 있다. 이런 저렴한 가격이 남녀노소 다양한 이용자 계층에게 부담없이 재방문할 수 있는 요소를 제공하는 것이다. 하지만 저렴한 가격에도 불구하고 영양적인 면과 질적인 면에서도 절대 뒤떨어지지 않는데다 다양한 메뉴로 소비자들의 선택의 폭을 넓혔다. 다양한 첨부재료에 따라 '해물솥밥', '낙지솥밥', '김치불고기솥밥', '장어솥밥', '뚝배기불고기' 등을 개발하여 사용되는 재료에 의해 맛의 다양화를 추구할 수 있는 특징을 살렸다.

넷째, 초보자도 쉽게 배울 수 있도록 가맹점포 운영 지원시스템

가마고을이 운영하고 있는 체계적인 교육시스템은 가맹점운영이나 사업경영에 초보자라고 하더라도 기초 교육과정만 이수하면 가맹점 운영을 손쉽게 할 수 있도록 운영지원시스템을 구축했다. 또한 각 점포별로 Supervisor(점포지도경영요원)를 지정하여 체계적이고 과학적으로 가맹점을 집중 경영지도하고 있으며, 각 가맹점별 지역별 특성에 맞는 다양하고도 효과 높은 판촉 및 광고를 실실하고 있다.

이런 본사의 교육과 관리 시스템이 가맹점 사업자로부터 하여금 운영 면에서 심적·물적으로 뒷받침을 하고 있는 것이다. 따라서 솥밥의 형식을 표준화하여 주방기술을 따로 갖고 있지 않아도 매뉴얼에 따라 실속 있게 운영이 가능하다. 이런 든든한 후원과 주방의 매뉴얼화로 인해 실속 운영이 가능할 수 있는 것이다.

또한 무점포 창업자에게 본사에서 직접 전문가가 상권을 분석하여 좋은 점포 입지를 선정해줘 매장을 편안하게 운영하여 매출의 극대화를 꾀하도록 한 것이 가마고을의 경쟁력이라 할 수 있다.

학습문제

1. 창업시 고려해야 할 조세관련 제도에 대하여 설명하시오.

2. 부가가치세의 일반과세자와 과세특례자의 차이점에 대하여 설명하시오.

3. 부가가치세의 가산세의 종류에 대하여 설명하시오.

4. 종합소득세의 소득종류에 대하여 설명하시오.

5. 소득세의 과세표준 계산절차에 대하여 설명하시오.

6. 법인세의 계산구조에 대하여 설명하시오.

7. 창업자의 조세지원에 제도에 대하여 설명하시오.

참고문헌 및 자료

1) 부가세법(영) 제1조
2) 부가세법(영) 제2조
3) 법인세법 제25조
4) 소득세법 제1조
5) 소득세법 제4조
6) 소득세법 제55조
7) 법인세법 제55조
8) 중소기업연구원(2005), 「중소기조세지원제도의 합리적 개편 방향」, pp.32~35.

부 록

중소기업창업 관련 법령

중소기업기본법

[시행 2009.3.27] [법률 제9184호, 2008.12.26, 일부개정]

중소기업청 (정책총괄과), 042-481-4541

□ **제1조 (목적)** 이 법은 중소기업이 나아갈 방향과 중소기업을 육성하기 위한 시책의 기본적인 사항을 규정하여 창의적이고 자주적인 중소기업의 성장을 지원하고 나아가 산업 구조를 고도화하고 국민경제를 균형 있게 발전시키는 것을 목적으로 한다.

□ **제2조 (중소기업자의 범위)** ① 중소기업을 육성하기 위한 시책(이하 "중소기업시책"이라 한다)의 대상이 되는 중소기업자는 다음 각 호의 요건을 모두 충족하는 기업(이하 "중소기업"이라 한다)을 영위하는 자로 한다.

1. 다음 각 목의 사항을 고려하여 그 규모가 대통령령으로 정하는 기준에 해당할 것
   가. 업종의 특성
   나. 상시 근로자 수
   다. 자산규모
   라. 매출액 등
2. 소유와 경영의 실질적인 독립성이 대통령령으로 정하는 기준에 해당할 것

② 중소기업은 대통령령으로 정하는 구분기준에 따라 소기업(소기업)과 중기업(중기업)으로 구분한다.

③ 제1항을 적용할 때 중소기업이 그 규모의 확대 등으로 중소기업에 해당하지 아니하게 된 경우 그 사유가 발생한 연도의 다음 연도부터 3년간은 중소기업으로 본다. 다만, 중소기업 외의 기업과 합병하거나 그 밖에 대통령령으로 정하는 사유로 중소기업에 해당하지 아니하게 된 경우에는 그러하지 아니하다.

④ 중소기업시책별 특성에 따라 특히 필요하다고 인정하면 「중소기업협

동조합법」이나 그 밖의 법률에서 정하는 바에 따라 중소기업협동조합 이나 그 밖의 법인·단체 등을 중소기업자로 할 수 있다.

□ **제3조 (정부 등의 책무)** ① 정부는 이 법의 목적을 달성하기 위하여 기본적이고 종합적인 중소기업시책을 세워 실시하여야 한다.

② 지방자치단체는 제1항에 따른 중소기업시책에 따라 관할 지역의 특성을 고려하여 그 지역의 중소기업시책을 세워 실시하여야 한다.

□ **제4조 (중소기업자 등의 책무)** 중소기업자와 그 사업에 관하여 중소기업과 관련되는 자는 정부 및 지방자치단체의 중소기업시책의 실시에 협력하여야 한다.

□ **제5조 (창업 촉진)** 정부는 중소기업의 설립을 촉진하고 중소기업을 설립한 자가 그 기업을 성장·발전시킬 수 있도록 필요한 시책을 실시하여야 한다.

□ **제6조 (경영 합리화와 기술 향상)** ① 정부는 중소기업 경영 관리의 합리화와 기술 및 품질의 향상을 위하여 경영 및 기술의 지도·연수, 기술 개발의 촉진 및 표준화 등 필요한 시책을 실시하여야 한다.

② 정부는 중소기업의 생산성을 향상시키기 위하여 생산 시설의 현대화와 정보화의 촉진 등 필요한 시책을 실시하여야 한다.

□ **제7조 (판로 확보)** ① 정부는 정부, 지방자치단체, 공공단체 및 정부투자기관 등이 물품 또는 용역을 조달(조달)할 때에는 중소기업자의 수주(수주) 기회를 증대시키기 위하여 필요한 시책을 실시하여야 한다.

② 정부는 중소기업 제품의 판로(판로) 확대를 위하여 유통 구조의 현대화와 유통 사업의 협동화 등 유통의 효율화에 필요한 시책을 실시하여야 한다.

□ **제8조 (중소기업 사이의 협력)** 정부는 중소기업의 집단화 및 협동화 등 중소기업 사이의 협력에 필요한 시책을 실시하여야 한다.

□ **제9조 (기업 구조의 전환)** 정부는 중소기업의 구조를 고도화하기 위하여 중소기업의 법인 전환, 사업 전환이나 중소기업 사이의 합병 등을

원활히 할 수 있도록 필요한 시책을 실시하여야 한다.

□ **제10조 (계열화의 촉진)** ① 정부는 중소기업자와 중소기업자 외의 자가 분업화를 통하여 서로 이익을 증진할 수 있도록 계열화(계열화)를 촉진하기 위하여 필요한 시책을 실시하여야 한다.

② 정부는 제조·가공 또는 수리(수리)를 위탁받은 중소기업자의 공정한 이익을 보호하기 위하여 수탁 및 위탁 거래 관계의 적정화 등 필요한 시책을 실시하여야 한다.

□ **제11조 (사업 영역의 보호)** 정부는 중소기업자의 사업 영역이 중소기업 규모로 경영하는 것이 적정한 분야에서 원활히 확보될 수 있도록 필요한 시책을 실시하여야 한다.

□ **제12조 (공제제도의 확립)** 정부는 중소기업자가 서로 도와 도산을 막고 공동 구매 및 판매 사업 등의 기반을 조성할 수 있도록 하기 위한 공제(공제)제도의 확립에 필요한 시책을 실시하여야 한다.

□ **제13조 (중소기업자의 조직화)** 정부는 중소기업자가 서로 도와 그 사업의 성장·발전과 경제적 지위의 향상을 기할 수 있도록 중소기업협동조합 등 단체의 조직 촉진과 그 운영의 합리화에 필요한 시책을 실시하여야 한다.

□ **제14조 (국제화의 촉진)** ① 정부는 중소기업의 국제화를 촉진하기 위하여 중소기업의 수출입 진흥과 외국 기업과의 협력 증진 등 필요한 시책을 실시하여야 한다.

② 정부는 중소기업이 국내외 경제 환경의 변화에 능동적으로 대응할 수 있도록 중소기업에 대한 정보 제공 등 필요한 시책을 실시하여야 한다.

□ **제15조 (근로 환경의 개선 등)** 정부는 중소기업의 안정적 성장을 위하여 근로 환경의 개선과 고용의 안정 등 필요한 시책을 실시하여야 한다.

□ **제16조 (소기업 대책)** 정부는 소기업에 대하여 그 경영의 개선과 발전을 위하여 필요한 시책을 실시하여야 한다.

□ **제17조 (지방 소재 중소기업의 육성)** 정부는 중소기업을 지역의 특성에

따라 육성하기 위하여 필요한 시책을 실시하여야 한다.

□ **제18조 (법제 및 재정 조치)** 정부는 중소기업시책을 실시하기 위하여 필요한 법제 및 재정(재정) 조치를 하여야 한다.

□ **제19조 (금융 및 세제 조치)** ① 정부는 중소기업자에 대한 자금 공급을 원활히 하기 위하여 재정 및 금융자금 공급의 적정화(적정화)와 신용보증제도의 확립 등 필요한 시책을 실시하여야 한다.

② 정부는 중소기업시책을 효율적으로 실시하기 위하여 조세에 관한 법률에서 정하는 바에 따라 세제상의 지원을 할 수 있다.

□ **제20조 (연차 보고)** ① 정부는 매년 중소기업시책의 추진 실적과 중소기업의 동향(동향)에 관한 보고서를 국회에 제출하여야 한다.

② 정부는 매년 다음 연도의 중소기업시책을 세워 예산과 함께 국회에 제출하여야 한다. 〈개정 2008.2.29〉

□ **제21조 (중소기업 실태조사)** ① 정부는 중소기업의 활동현황, 자금, 인력 및 경영 등 실태를 파악하기 위하여 매년 정기적으로 실태조사를 실시하고 그 결과를 공표하여야 한다. 이 경우 정부는 해당 실태조사와 유사하거나 관련 있는 사안에 필요한 경우에는 다음 각 호의 실태조사를 통합하여 실시할 수 있다.

1. 「중소기업인력지원 특별법」 제7조에 따른 중소기업 인력실태조사
2. 「여성기업지원에 관한 법률」 제7조에 따른 실태조사
3. 「장애인기업활동 촉진법」 제7조에 따른 실태조사
4. 「소기업 및 소상공인지원을 위한 특별조치법」 제10조의3에 따른 실태조사
5. 그 밖에 대통령령으로 정하는 실태조사

② 정부는 제1항에 따른 실태조사를 중소기업중앙회, 중소기업 관련 단체 또는 중소기업 관련 기관에 위탁할 수 있다.

③ 정부는 제1항에 따른 실태조사를 위하여 필요한 때에는 중소기업자 또는 관련 기관 등에 대하여 자료의 제출이나 의견의 진술 등 협조를 요청할 수 있다. 이 경우 협조요청을 받은 자 또는 기관은 특별한 사

유가 없는 한 이에 따라야 한다.

④ 제1항에 따른 실태조사의 방법 및 절차 등에 필요한 사항은 대통령령으로 정한다.

[전문개정 2008.12.26]

□ **제22조 (중소기업 옴부즈만의 운영)** ① 중소기업에 영향을 주는 기존규제의 정비 및 규제 관련 민원처리의 원활한 지원을 위하여 중소기업청장 소속으로 중소기업 옴부즈만을 둔다.

② 중소기업 옴부즈만은 중소기업 및 규제 분야의 학식과 경험이 많은 자 중에서 중소기업청장의 추천과 「행정규제기본법」 제23조에 따른 규제개혁위원회(이하 "규제개혁위원회"라 한다)의 심의를 거쳐 국무총리가 위촉한다.

③ 중소기업 옴부즈만은 중소기업에 영향을 주는 기존규제의 정비 활동 등에 관한 보고서를 매년 1월 말과 7월 말에 작성하여 규제개혁위원회와 중소기업청장에게 보고하여야 하고, 규제개선이 필요한 과제에 대하여는 규제개혁위원회 및 관계 중앙행정기관의 장에게 건의할 수 있다.

④ 중소기업 옴부즈만의 업무수행과 관련한 조사 및 의견청취, 법적지위 등에 대하여는 「행정규제기본법」 제30조 및 제32조를 준용한다. 이 경우 "위원회" 또는 "위원회의 위원"은 "중소기업 옴부즈만"으로 본다.

⑤ 중소기업 옴부즈만의 설치 및 운영 등에 필요한 사항은 대통령령으로 정한다.

[본조신설 2008.12.26]

□ **제23조 (의견제출)** ① 중소기업자·이해관계자와 관련 단체의 장은 중소기업에 영향을 주는 불합리한 규제의 개선 및 행정기관의 규제집행에 따르는 애로사항 등에 관하여 중소기업 옴부즈만에게 의견을 제출할 수 있다.

② 제1항에 따른 의견제출의 방법 및 처리절차에 관하여는 「행정규제기본법」 제17조 및 「행정절차법」 제44조를 준용한다.

[본조신설 2008.12.26]

□ **제24조 (행정지원 등)** ① 중소기업청장은 중소기업 옴부즈만의 활동 지원을 위하여 필요하다고 인정하면 국가기관, 지방자치단체, 「공공기관의 운영에 관한 법률」 제4조에 따른 공공기관 또는 관련 법인·단체에 그 소속 공무원이나 직원의 파견을 요청할 수 있다.

② 중소기업청장은 제1항에 따른 중소기업 옴부즈만의 운영에 필요한 행정적·재정적 지원을 할 수 있다.

[본조신설 2008.12.26]

⊞□ 부칙 〈제8360호, 2007.4.11〉

① (시행일) 이 법은 공포한 날부터 시행한다.

② (다른 법령과의 관계) 이 법 시행 당시 다른 법령에서 종전의 「중소기업기본법」 또는 그 규정을 인용한 경우에 이 법 가운데 그에 해당하는 규정이 있으면 종전의 규정을 갈음하여 이 법 또는 이 법의 해당 규정을 인용한 것으로 본다.

⊞□ 부칙 〈제8852호, 2008.2.29〉 (정부조직법)

제1조 (시행일) 이 법은 공포한 날부터 시행한다. 다만, … 〈생략〉 …, 부칙 제6조에 따라 개정되는 법률 중 이 법의 시행 전에 공포되었으나 시행일이 도래하지 아니한 법률을 개정한 부분은 각각 해당 법률의 시행일부터 시행한다.

제2조부터 제5조까지 생략

제6조 (다른 법률의 개정) ①부터 〈733〉까지 생략

〈734〉 중소기업기본법 일부를 다음과 같이 개정한다.

제20조제2항 중 "중소기업특별위원회의 심의를 거쳐"를 삭제한다.

〈735〉부터 〈760〉까지 생략

제7조 생략

⊡□ 부칙 〈제9184호, 2008.12.26〉

이 법은 공포 후 3개월이 경과한 날부터 시행한다.

중소기업기본법 시행령

[시행 2009.3.27] [대통령령 제21368호, 2009.3.25, 일부개정]

중소기업청 (정책총괄과), 042-481-4541

□ **제1조 (목적)** 이 영은 「중소기업기본법」에서 위임된 사항과 그 시행에 필요한 사항을 규정함을 목적으로 한다.

□ **제2조 (정의)** 이 영에서 사용하는 용어의 뜻은 다음과 같다.

1. "창업일"이란 다음 각 목의 구분에 따른 날을 말한다.
   가. 법인인 기업 : 법인설립등기일
   나. 「소득세법」 제168조나 「부가가치세법」 제5조에 따라 사업자등록을 한 사업자인 기업(법인이 아닌 사업자를 말한다. 이하 이 조에서 같다) : 사업자등록을 한 날
2. "합병일"이란 다음 각 목의 구분에 따른 날을 말한다.
   가. 법인인 기업 : 합병으로 설립된 법인의 설립등기일이나 합병 후 존속하는 법인의 변경등기 일
   나. 「소득세법」 제168조나 「부가가치세법」 제5조에 따라 사업자등록을 한 사업자인 기업 : 공동 사업장에 대한 사업자등록을 한 날

□ **제2조 (정의)** 이 영에서 사용하는 용어의 뜻은 다음과 같다. 〈개정 2009.3.25〉

1. "창업일"이란 다음 각 목의 구분에 따른 날을 말한다.
   가. 법인인 기업 : 법인설립등기일
   나. 「소득세법」 제168조나 「부가가치세법」 제5조에 따라 사업자등록을 한 사업자인 기업(법인이 아닌 사업자를 말한다. 이하 이 조에서 같다) : 사업자등록을 한 날
2. "합병일"이란 다음 각 목의 구분에 따른 날을 말한다.
   가. 법인인 기업 : 합병으로 설립된 법인의 설립등기일이나 합병 후 존속하는 법인의 변경등기 일

나. 「소득세법」 제168조나 「부가가치세법」 제5조에 따라 사업자등록을 한 사업자인 기업 : 공동 사업장에 대한 사업자등록을 한 날

3. "관계회사"란 개인 또는 「주식회사의 외부감사에 관한 법률」 제2조에 따라 외부감사의 대상이 되는 기업(이하 "외부감사대상기업"이라 한다)이 제3조의2에 따른 지배 또는 종속의 관계에 있는 기업의 집단을 말한다. 다만, 「자본시장과 금융투자업에 관한 법률」 제9조제15항에 따른 주권상장법인으로서 「주식회사의 외부감사에 관한 법률」 제1조의2 제2호 및 같은 법 시행령 제1조의3에 따라 연결재무제표를 작성하여야 하는 회사 또는 연결재무제표에 포함되는 회사는 제3조의2에 따른 지배 또는 종속의 관계에 있는 기업의 집단으로 본다.

[시행일 : 2011.1.1] 제2조제3호

☐ **제3조 (중소기업의 범위)** 「중소기업기본법」(이하 "법"이라 한다) 제2조 제1항에 따른 중소기업은 다음 각 호의 기준을 모두 갖춘 기업으로 한다.

1. 해당 기업이 영위하는 주된 사업의 업종과 해당 기업의 상시 근로자 수, 자본금 또는 매출액의 규모가 별표 1의 기준에 맞는 기업. 다만, 다음 각 목의 어느 하나에 해당하는 기업은 제외한다.

가. 상시 근로자 수가 1천명 이상인 기업

나. 자산총액(직전 사업연도 말일 현재 대차대조표에 표시된 자산총액을 말한다)이 5천억원 이상인 법인

2. 소유와 경영의 실질적인 독립성이 별표 2의 기준에 맞는 기업

☐ **제3조 (중소기업의 범위)** 「중소기업기본법」(이하 "법"이라 한다) 제2조 제1항에 따른 중소기업은 다음 각 호의 기준을 모두 갖춘 기업으로 한다. 〈개정 2009.3.25〉

1. 해당 기업이 영위하는 주된 사업의 업종과 해당 기업의 상시 근로자 수, 자본금 또는 매출액의 규모가 별표 1의 기준에 맞는 기업. 다만, 다음 각 목의 어느 하나에 해당하는 기업은 제외한다.

가. 상시 근로자 수가 1천명 이상인 기업

나. 자산총액(직전 사업연도 말일 현재 대차대조표에 표시된 자산총액을 말한다)이 5천억원 이상인 법인

다. 자기자본이 5백억원 이상인 기업

라. 직전 3개 사업연도의 평균 매출액이 1천5백억원 이상인 기업

2. 소유와 경영의 실질적인 독립성이 다음 각 목 모두에 해당하는 기업

가. 「독점규제 및 공정거래에 관한 법률」 제14조제1항에 따른 상호출자제한기업집단에 속하지 아니하는 회사일 것

나. 제1호나목에 따른 법인이 발행주식(「상법」 제370조에 따른 의결권 없는 주식은 제외한다) 총수의 100분의 30 이상을 직접 또는 간접적으로 소유하고 있는 기업이 아닐 것. 이 경우 발행주식의 간접소유 비율에 관하여는 「국제조세조정에 관한 법률 시행령」 제2조제2항을 준용한다.

다. 관계회사에 속하는 기업의 경우에는 제7조의2에 따라 산정한 상시근로자 수, 자본금, 매출액, 자기자본 또는 자산총액(이하 "상시근로자수등"이라 한다)이 제1호에 따른 기준을 초과하는 기업이 아닐 것

[시행일 : 2011.1.1] 제3조제2호다목

[시행일 : 2012.1.1] 제3조제1호다목, 제3조제1호라목

□ **제3조의2(지배 또는 종속의 관계)** ① 지배 또는 종속의 관계란 기업 또는 개인이 해당 사업연도 말일 현재 다른 기업을 다음 각 호의 어느 하나와 같이 지배하는 경우 그 기업 또는 개인(이하 "지배기업"이라 한다)과 그 다른 기업(이하 "종속기업"이라 한다)의 관계를 말한다.

1. 지배기업, 지배기업과의 관계가 다음 각 목의 어느 하나에 해당하는 자가 단독으로 또는 합산하여 종속기업의 의결권 있는 발행주식 총수 또는 출자총액(이하 "주식등"이라 한다)의 100분의 50 이상을 소유하는 경우

가. 지배기업의 의결권 있는 주식등의 100분의 30 이상을 소유하고 있는 자로서 그 지배기업의 최대주주 또는 최다지분 소유자(이하 "최다출자자"라 한다)

나. 가목에 해당하는 자의 친족[배우자(사실상 혼인관계에 있는 자를 포함한다), 8촌 이내의 혈족 및 4촌 이내의 인척을 말한다]

2. 지배기업, 지배기업과의 관계가 제1호 각 목의 어느 하나에 해당하는 자가 단독으로 또는 합산하여 종속기업의 의결권 있는 주식등의 100분의 30 이상 100분의 50 미만을 소유하면서 그 종속기업의 최다출자자인 경우
3. 지배기업과 제1호 또는 제2호의 관계에 있는 종속기업(이하 이 조에서 "자회사"라 한다)이 단독으로 또는 그 지배기업의 다른 자회사와 합산하여 종속기업의 의결권 있는 주식등의 100분의 30 이상을 소유하면서 그 종속기업의 최다출자자인 경우
4. 지배기업과 자회사가 합산하여 종속기업의 의결권 있는 주식등의 100분의 30 이상을 소유하면서 그 종속기업의 최다출자자인 경우
5. 지배기업과 제1호 각 목의 어느 하나에 해당하는 관계에 있는 자가 자회사와 합산하거나 지배기업과 자회사와 공동으로 합산하여 종속기업의 의결권 있는 주식 등의 100분의 30 이상을 소유하면서 그 종속기업의 최다출자자인 경우

② 다음 각 호의 어느 하나에 해당하는 자가 다른 기업의 의결권 있는 주식 등을 소유하고 있는 경우에는 그 기업과 그 다른 기업은 제1항에 따른 지배기업과 종속기업으로 보지 아니한다.

1. 「중소기업창업 지원법」에 따른 중소기업창업투자회사
2. 「여신전문금융업법」에 따른 신기술금융사업자
3. 「벤처기업육성에 관한 특별조치법」에 따른 신기술창업전문회사
4. 「산업교육진흥 및 산학협력촉진에 관한 법률」에 따른 산학협력기술지주회사
5. 그 밖에 제1호부터 제4호까지의 규정에 준하는 경우로서 중소기업 육성을 위하여 중소기업청장이 정하여 고시하는 자

[본조신설 2009.3.25]

[시행일 : 2011.1.1] 제3조의2

□ **제4조 (주된 사업의 기준)** 하나의 기업이 둘 이상의 서로 다른 사업을 영위하는 경우에는 제7조에 따라 산정한 매출액 중 매출액의 비중이 가장 큰 사업을 주된 사업으로 본다.

□ **제5조 (상시 근로자)** ① 제3조제1호에 따른 상시 근로자는 「근로기준법」 제2조제1항제1호에 따른 근로자 중 다음 각 호의 어느 하나에 해당하는 자를 제외한 자를 말한다.

1. 일용근로자
2. 3개월 이내의 기간을 정하여 근로하는 자
3. 「기술개발촉진법」 제7조제1항제2호에 따른 기업부설연구소의 연구전담요원

② 제1항에 따른 상시 근로자 수는 다음 각 호의 방법에 따라 산정한다.

1. 직전 사업연도의 사업기간이 12개월 이상인 기업 : 직전 사업연도의 매월 말일 현재의 상시 근로자 수를 합하여 12로 나눈 인원
2. 전년도 또는 해당 연도에 창업하거나 합병한 기업으로서 제1호에 해당하지 아니하는 기업 : 다음 각 목에 따라 산정한 인원
   가. 창업하거나 합병한 지 12개월 이상인 기업 : 산정일이 속하는 달부터 소급하여 12개월이 되는 달까지의 기간의 매월 말일 현재의 상시 근로자 수를 합하여 12로 나눈 인원
   나. 창업하거나 합병한 지 12개월 미만인 기업 : 창업일이나 합병일이 속하는 달부터 산정일까지의 기간의 매월 말일 현재의 상시 근로자 수를 합하여 해당 월수로 나눈 인원

□ **제6조 (자본금)** ① 제3조제1호에 따른 자본금은 다음 각 호의 구분에 따라 정한 금액으로 한다. 〈개정 2009.3.25〉

1. 외부감사대상기업 : 「주식회사의 외부감사에 관한 법률」 제13조에 따른 회계처리기준(이하 "기업회계기준"이라 한다)에 따라 작성한 직전 사업연도 말일 현재 대차대조표상의 자본금과 자본잉여금을 합한 금액
2. 외부감사대상기업이 아닌 기업 : 직전 사업연도 말일 현재 자산에서 부채를 뺀 금액과 기업회계기준에 따라 작성한 직전 사업연도 말일

현재 대차대조표상의 자본금에 해당하는 금액 중 많은 금액

② 창업하거나 합병한 기업의 자본금은 제1항에도 불구하고 창업일이나 합병일 현재의 자본금으로 한다.

☐ **제7조 (매출액)** ① 제3조제1호에 따른 매출액은 외부감사대상기업은 기업회계기준에 따라 작성한 손익계산서상의 매출액을 말하고, 외부감사대상기업이 아닌 기업은 세법에 따라 작성한 회계장부에 기재된 매출액을 말한다.

② 제1항에 따른 매출액은 다음 각 호의 구분에 따른 방법에 따라 산정한다.

1. 직전 사업연도의 사업기간이 12개월 이상인 기업 : 직전 사업연도의 매출액
2. 전년도나 해당 연도에 창업하거나 합병한 기업으로서 제1호에 해당하지 아니하는 기업 : 다음 각 목의 구분에 따라 산정한 금액

가. 창업하거나 합병한 지 12개월 이상인 기업 : 산정일이 속하는 달의 전달부터 소급하여 12개월이 되는 달까지의 기간의 매월 매출액을 합한 금액

나. 창업하거나 합병한 지 12개월 미만인 기업 : 창업일이나 합병일이 속하는 달의 다음달부터 산정일이 속하는 달의 직전 달까지의 기간의 매월 매출액을 합하여 해당 월수로 나눈 금액에 12를 곱한 금액. 다만, 다음 중 어느 하나에 해당하는 경우에는 창업일이나 합병일부터 산정일까지의 기간의 매출액을 합한 금액을 해당 일수로 나눈 금액에 365를 곱한 금액으로 한다.

(1) 산정일이 창업일이나 합병일이 속하는 달에 포함되는 경우

(2) 창업일이나 합병일이 속하는 달의 다음달 초일부터 산정일까지의 기간이 1개월 미만인 경우

☐ **제7조의2(관계회사의 상시근로자수등의 산정)** ① 관계회사에 속하는 지배기업과 종속기업의 상시근로자수등의 산정은 별표 2에 따른다.

② 제1항에 따른 지배기업과 종속기업이 상호간 의결권 있는 주식 등을

소유하고 있는 경우에는 그 소유비율 중 많은 비율을 해당 지배기업의 소유 비율로 본다.

③ 제1항에 따른 상시근로자수 등은 관계회사에 속하게 된 사업연도의 직전 사업연도의 지배기업과 종속기업의 상시근로자수 등에 따른다.

[본조신설 2009.3.25]

[시행일 : 2011.1.1] 제7조의2

□ **제8조 (소기업과 중기업의 구분)** 법 제2조제2항에 따른 소기업(소기업)은 다음 각 호의 어느 하나에 해당하는 기업을 말하고, 중기업(중기업)은 중소기업 중 소기업을 제외한 기업을 말한다.

1. 광업 · 제조업 · 건설업 · 운송업을 주된 사업으로 하는 경우 : 상시 근로자 수가 50명 미만인 기업
2. 제1호 외의 업종을 주된 사업으로 하는 경우 : 상시 근로자 수가 10명 미만인 기업

□ **제9조 (유예 제외)** 법 제2조제3항 단서에서 "그 밖에 대통령령으로 정하는 사유"란 다음 각 호의 어느 하나에 해당하는 사유를 말한다.

1. 법 제2조제3항 본문에 따라 중소기업으로 보는 기간 중에 있는 기업과 중소기업이 합병하는 경우
2. 창업한 중소기업이 창업일이 속하는 달부터 12개월이 되는 달 말일 이전에 제3조제1호의 기준을 초과하게 되는 경우
3. 중소기업이 제3조제2호에 해당되지 아니하는 경우

□ **제9조 (유예 제외)** 법 제2조제3항 단서에서 "그 밖에 대통령령으로 정하는 사유"란 다음 각 호의 어느 하나에 해당하는 사유를 말한다. 〈개정 2009.3.25〉

1. 법 제2조제3항 본문에 따라 중소기업으로 보는 기간 중에 있는 기업과 중소기업이 합병하는 경우
2. 창업한 중소기업이 창업일이 속하는 달부터 12개월이 되는 달 말일 이전에 제3조제1호의 기준을 초과하게 되는 경우
3. 중소기업이 제3조제1호 각 목의 어느 하나에 해당하는 경우

4. 중소기업이 제3조제2호에 해당되지 아니하는 경우

[시행일 : 2012.1.1] 제9조제3호

□ **제10조 (확인 요령)** ① 중소기업청장은 중소기업 해당 여부를 확인하기 위하여 필요하다고 인정하면 그 확인에 관한 사항을 따로 정하여 고시할 수 있다. 〈개정 2009.3.25〉

② 중소기업청장은 매년 관계회사에 속하는 기업 중 제3조제2호다목에 해당하는 기업의 명단을 고시할 수 있다. 〈신설 2009.3.25〉

□ **제11조 (통합실태조사의 범위)** 법 제21조제1항제5호에서 "대통령령으로 정하는 실태조사"란 다음 각 호의 조사를 말한다.

1. 「중소기업 사업전환 촉진에 관한 특별법」 제7조에 따른 사업전환 실태조사
2. 「중소기업기술혁신 촉진법」 제8조에 따른 중소기업 기술통계를 작성하기 위한 조사
3. 그 밖에 중소기업의 활동현황, 자금, 인력 및 경영 등의 실태를 파악하기 위하여 중소기업청장이 실시하는 조사

[본조신설 2009.3.25]

□ **제12조 (실태조사의 방법 및 절차 등)** ① 법 제21조제1항에 따른 중소기업 실태조사에는 다음 각 호의 사항이 포함되어야 한다.

1. 중소기업의 지역별 · 업종별 · 규모별 경영일반에 관한 사항
2. 중소기업의 공장보유 여부, 자재 구매, 설비투자, 재무구조에 관한 사항
3. 중소기업의 제품판매, 수탁거래 · 위탁거래, 고용 및 정보화에 관한 사항
4. 그 밖에 중소기업의 실태를 파악하기 위하여 필요한 사항

② 정부는 법 제21조제1항 후단에 따라 중소기업 실태조사를 통합하여 실시하는 때에는 중소기업자, 중소기업 관련 단체 및 기관, 관계 중앙행정기관, 통계 관련 전문가 등의 의견을 수렴하여 매년 중소기업 실태조사 통합 실시계획을 수립하여 이에 따라 실태조사를 하여야 한다.

③ 제2항에 따른 중소기업 실태조사 통합 실시계획을 수립할 때에는 다음 각 호의 사항을 종합적으로 고려하여야 한다.
1. 조사의 목적, 성격, 내용, 방식 및 조사주기 등에 관한 사항
2. 조사대상의 공동 활용, 조사항목의 단순화, 조사시기의 단일화, 조사결과의 대표성·신뢰성 확보, 조사결과의 공표 등에 관한 사항
3. 조사기획, 표본설계, 결과분석 등에 필요한 인력 및 비용에 관한 사항
4. 조사기관의 지정에 관한 사항
5. 그 밖에 조사대상 중소기업의 부담을 줄이기 위한 사항
[본조신설 2009.3.25]

□ **제13조 (중소기업 옴부즈만의 임기 및 자격 등)** ① 법 제22조제1항에 따른 중소기업 옴부즈만의 임기는 3년으로 하되, 한 번만 연임할 수 있다.
② 법 제22조제2항에서 "학식과 경험이 많은 자"란 다음 각 호의 어느 하나에 해당하는 사람을 말한다.
1. 중소기업의 대표자나 상근 임원의 직에 5년 이상 있거나 있었던 사람
2. 중소기업 또는 행정규제 관련 단체에서 10년 이상 근무한 경력이 있는 사람
3. 「정부조직법」 제2조에 따른 중앙행정기관의 장, 「지방자치법」 제2조제1항제1호에 따른 지방자치단체의 장 또는 이에 상당하는 공무원의 직에 있거나 있었던 사람
4. 「고등교육법」 제2조(같은 조 제7호는 제외한다)에 따른 학교나 공인된 연구기관에서 부교수 이상의 직 또는 이에 상당하는 직에 있거나 있었던 사람
5. 판사, 검사 또는 변호사의 직에 10년 이상 있거나 있었던 사람
6. 그 밖에 중소기업 및 규제분야의 학식과 경험이 많다고 중소기업청장이 인정하는 사람
③ 중소기업 옴부즈만은 다음 각 호의 어느 하나에 해당하는 경우를 제외하고는 그 의사에 반하여 해촉되지 아니한다.

1. 직무수행과 관련하여 금품이나 향응을 받은 사실이 확인된 경우
2. 금고 이상의 형의 선고를 받은 경우
3. 장기간의 심신쇠약으로 직무를 수행할 수 없게 된 경우
4. 고의로 업무수행을 게을리하거나 기피하는 경우 등 그 밖에 직무를 수행하기 어려운 중대한 사유가 발생한 경우

④ 중소기업 옴부즈만은 국회의원 또는 지방의회의원의 직을 겸할 수 없다.

[본조신설 2009.3.25]

□ **제14조 (중소기업 옴부즈만의 직무 등)** ① 중소기업 옴부즈만은 다음 각 호의 업무를 독립하여 수행한다.

1. 불합리한 규제에 따른 중소기업의 고충처리
2. 관계 행정기관에 대한 중소기업 관련 규제의 개선 건의
3. 중소기업 관련 규제의 조사·분석
4. 중소기업 관련 규제의 완화에 대한 평가 및 분석
5. 중소기업에 영향을 주는 기존 규제의 정비 등에 관한 보고서 작성 및 보고
6. 중소기업 관련 규제에 관한 법규·제도 및 고충처리 사례의 조사·연구
7. 그 밖에 중소기업 관련 규제의 개선에 필요한 사항

② 중소기업 옴부즈만은 제1항의 업무 수행의 내용과 그 처리결과를 공표할 수 있다. 다만, 「공공기관의 정보공개에 관한 법률」 제9조에 따른 비공개 대상에 해당하는 경우에는 그러하지 아니하다.

③ 중소기업청장은 제1항에 따른 중소기업 옴부즈만의 원활한 업무 수행에 필요하다고 인정하면 그 소속 공무원 또는 법 제24조제1항에 따라 파견받은 공무원이나 직원으로 사무 처리를 지원하거나, 예산의 범위에서 수당, 여비, 그 밖에 필요한 경비와 사무실 등을 지원할 수 있다.

[본조신설 2009.3.25]

□ **제15조 (전문위원 및 전문연구기관의 운영)** ① 중소기업청장은 제14조

제1항에 따른 중소기업 옴부즈만의 업무 수행에 필요한 전문적인 조사 및 연구를 지원하기 위하여 학계, 중소기업 관련 기관 및 단체 등의 전문가를 전문위원으로 두거나 전문연구기관을 지정·운영할 수 있다.

② 제1항의 전문위원은 중소기업청장이 중소기업 옴부즈만의 의견을 들어 임명하거나 위촉한다.

③ 중소기업청장은 제1항의 전문위원 또는 전문연구기관이 각각의 업무를 적극적으로 수행하는 데 필요한 수당 및 여비, 연구조사비 등 필요한 경비를 예산의 범위에서 지원할 수 있다.

[본조신설 2009.3.25]

부칙 〈제20260호, 2007.9.10〉 (개정 2009.3.25)

제1조 (시행일) 이 영은 공포한 날부터 시행한다.

제2조 (중소기업의 범위에 관한 경과조치) 2005년 12월 27일 당시 대통령령 제19189호 중소기업기본법 시행령 일부개정령 부칙 제2항에 따라 중소기업에 해당하는 것으로 보는 기업은 2008년 12월 31일까지 이를 중소기업으로 본다. 〈개정 2009.3.25〉

제3조 (다른 법령의 개정) 소기업 및 소상공인 지원을 위한 특별조치법 시행령 일부를 다음과 같이 개정한다.

제2조제2항 중 "중소기업기본법시행령"을 "「중소기업기본법 시행령」"으로 한다.

제4조 (다른 법령과의 관계) 이 영 시행 당시 다른 법령에서 종전의 「중소기업기본법 시행령」의 규정을 인용한 경우에 이 영 가운데 그에 해당하는 규정이 있으면 종전의 규정을 갈음하여 이 영의 해당 규정을 인용한 것으로 본다.

부칙 〈제21368호, 2009.3.25〉

제1조 (시행일) 이 영은 2009년 3월 27일부터 시행한다. 다만, 다음 각 호의 개정규정은 각각 다음 각 호의 구분에 따른 날부터 시행한다.

1. 제2조제3호, 제3조제2호다목, 제3조의2, 제7조의2 및 별표 2의 개정규정: 2011년 1월 1일
2. 제3조제1호다목 · 라목 및 제9조제3호의 개정규정: 2012년 1월 1일

제2조 (경과조치) 이 영 시행 당시 종전의 규정에 따라 중소기업에 해당하는 기업이 이 영 시행으로 중소기업에 해당하지 아니하게 되는 경우에는 2011년 12월 31일까지는 중소기업으로 본다. 다만, 제2조제3호, 제3조제2호다목, 제3조의2 및 제7조의2의 개정규정에 따라 중소기업에 해당하지 아니하게 되는 경우에는 그러하지 아니하다.

- ⊞ [별표 1] 중소기업의 업종별 상시 근로자 수, 자본금 또는 매출액의 규모기준(제3조제1호 관련)
- ⊞ [별표 2] 관계회사의 상시근로자수등의 산정기준(제7조의2 관련)

[별표 1] 〈개정 2009.3.25〉

중소기업의 업종별 상시 근로자 수, 자본금 또는 매출액의 규모기준

(제3조제1호 관련)

해 당 업 종	분류부호	규모기준
제조업	C	상시 근로자 수 300명 미만 또는 자본금 80억원 이하
광업	B	상시 근로자 수 300명 미만 또는 자본금 30억원 이하
건설업	F	
운수업	H	
출판, 영상, 방송통신 및 정보서비스	J	상시 근로자 수 300명 미만 또는 매출액 300억원 이하
사업시설관리 및 사업지원서비스업	N	
보건 및 사회복지사업	Q	
농업, 임업 및 어업	A	상시 근로자 수 200명 미만 또는 매출액 200억원 이하
전기, 가스, 증기 및 수도사업	D	
도매 및 소매업	G	
숙박 및 음식점업	I	
금융 및 보험업	K	
전문, 과학 및 기술 서비스업	M	
예술, 스포츠 및 여가관련산업	R	
하수처리, 폐기물 처리 및 환경 복원업	E	상시 근로자 수 100명 미만 또는 매출액 100억원 이하
교육 서비스업	P	
수리 및 기타서비스업	S	
부동산업 및 임대업	L	상시 근로자 수 50명 미만 또는 매출액 50억원 이하

※ 해당 업종의 분류 및 분류부호는 「통계법」 제22조에 따라 통계청장이 고시한 한국표준산업분류에 따른다.

[별표 2] 〈개정 2009.3.25〉

관계회사의 상시근로자수등의 산정기준(제7조의2 관련)

1. 관계회사에 속하는 지배기업, 자회사(지배기업의 종속기업을 말한다. 이하 이 표에서 같다), 손자회사(자회사의 종속기업을 말하되, 지배기업의 종속기업으로 되는 경우를 포함한다. 이하 이 표에서 같다)와 증손회사(손자회사의 종속기업을 말하되, 지배기업 또는 자회사의 종속기업이 되는 경우를 포함한다. 이하 이 표에서 같다)의 상시근로자수등은 다음 각 목에 따라 산정한다.
   가. 지배기업의 상시근로자수등은 그 상시근로자수등에 제2호 각 목 및 제3호 각 목에 따라 산정한 종속기업의 상시근로자수등을 모두 합산한다.
   나. 종속기업의 상시근로자수등은 그 상시근로자수등에 제2호 각 목 및 제3호 각 목에 따라 산정한 지배기업의 상시근로자수등을 모두 합산한다.
   다. 다음의 어느 하나에 해당하는 경우에는 지배기업, 자회사, 손자회사 및 증손회사의 상시근로자수등은 해당 기업 또는 회사의 상시근로자수등에 다른 기업 또는 회사의 상시근로자수등을 모두 합산한다.
      1) 제2호나목의 경우 지배기업과 자회사가 소유한 손자회사 주식등의 소유비율을 합산하면 손자회사에 대하여 실질적 지배(의결권 있는 주식등의 100분의 50 이상을 소유한 것을 말한다. 이하 이 표에서 같다)를 하는 경우
      2) 지배기업과 자회사의 관계 및 자회사와 손자회사의 관계가 각각 제2호나목의 관계인 경우 지배기업, 자회사 및 손자회사가 소유한 증손회사 주식등의 소유비율을 합산하여 증손회사에 대하여 실질적 지배를 하는 경우
      3) 제3호나목의 경우 지배기업이 손자회사의 지분을 100분의 50 이상 소유하는 경우
      4) 제3호다목의 경우 지배기업이 손자회사의 지분을 100분의 50 미만 소유하는 경우
2. 지배기업이 자회사를 직접 지배(지배기업이 자회사의 의결권 있는 주식등

을 직접 소유하는 것을 말한다)를 하는 경우 상시근로자수등은 다음 각 목에 따라 산정한다.

가. 지배기업이 자회사를 형식적 지배(의결권 있는 주식등의 100분의 50 미만을 소유한 것을 말한다. 이하 이 표에서 같다)를 하는 경우

1) 지배기업의 상시근로자수등 = Σ(자회사의 상시근로자수등 × 지배기업이 소유한 자회사 주식등의 소유비율)

2) 자회사의 상시근로자수등 = Σ(지배기업의 상시근로자수등 × 지배기업이 소유한 자회사 주식등의 소유비율)

나. 지배기업이 자회사를 실질적 지배를 하는 경우

1) 지배기업의 상시근로자수등 = Σ자회사의 상시근로자수등

2) 자회사의 상시근로자수등 = 지배기업의 상시근로자수등

3. 지배기업이 손자회사를 간접 지배(손자회사의 주주인 자회사의 의결권 있는 주식등을 직접 소유하고 있는 것을 말한다)를 하는 경우 상시근로자수등은 다음 각 목에 따라 산정한다.

가. 지배기업이 자회사를 형식적 지배를 하고, 자회사가 손자회사를 실질적 지배를 하는 경우

1) 지배기업의 상시근로자수등 = Σ(손자회사의 상시근로자수등 × 지배기업이 소유한 자회사 주식등의 소유비율)

2) 손자회사의 상시근로자수등 = Σ(지배기업의 상시근로자수등 × 지배기업이 소유한 자회사 주식등의 소유비율)

나. 지배기업이 자회사를 실질적 지배를 하고, 자회사가 손자회사를 형식적 지배를 하는 경우

1) 지배기업의 상시근로자수등 = Σ(손자회사의 상시근로자수등 × 자회사가 소유한 손자회사 주식등의 소유비율)

2) 손자회사의 상시근로자수등 = Σ(지배기업의 상시근로자수등 × 자회사가 소유한 손자회사 주식등의 소유비율)

다. 지배기업이 자회사를 실질적 지배를 하고, 자회사가 손자회사를 실질적 지배를 하는 경우

1) 지배기업의 상시근로자수등 = Σ손자회사의 상시근로자수등

2) 손자회사의 상시근로자수등 = 지배기업의 상시근로자수등

중소기업창업 지원법

[시행 2009.5.8] [법률 제9584호, 2009.4.1, 타법개정] 시행예정법령

중소기업청 (창업진흥과), 042-481-4409

제1장 총칙

□ **제1조 (목적)** 이 법은 중소기업의 설립을 촉진하고 성장 기반을 조성하여 중소기업의 건전한 발전을 통한 건실한 산업구조의 구축에 기여함을 목적으로 한다.

□ **제2조 (정의)** 이 법에서 사용하는 용어의 뜻은 다음과 같다.

1. "창업"이란 중소기업을 새로 설립하는 것을 말한다. 이 경우 창업의 범위는 대통령령으로 정한다.
2. "창업자"란 중소기업을 창업하는 자와 중소기업을 창업하여 사업을 개시한 날부터 7년이 지나지 아니한 자를 말한다. 이 경우 사업 개시에 관한 세부 사항은 대통령령으로 정한다.
3. "중소기업"이란 「중소기업기본법」 제2조에 따른 중소기업을 말한다.
4. "중소기업창업투자회사"란 창업자에게 투자하는 것을 주된 업무로 하는 회사로서 제10조에 따라 등록한 회사를 말한다.
5. "중소기업창업투자조합"이란 창업자에게 투자하고 그 성과를 배분하는 것을 주된 목적으로 하는 조합으로서 제20조에 따라 등록한 조합을 말한다.
6. "중소기업상담회사"란 중소기업의 사업성 평가 등의 업무를 하는 회사로서 제31조에 따라 등록한 회사를 말한다.
7. "창업보육센터"란 창업의 성공 가능성을 높이기 위하여 창업자에게 시설·장소를 제공하고 경영·기술 분야에 대하여 지원하는 것을 주된 목적으로 하는 사업장을 말한다.

□ **제3조 (적용 범위)** 이 법은 창업에 관하여 적용한다. 다만, 숙박 및 음식점업과 부동산업 등 대통령령으로 정하는 업종의 중소기업에 대하

여는 적용하지 아니한다.

□ **제4조 (창업지원계획의 수립 등)** ① 중소기업청장은 창업을 촉진하고, 창업자의 성장·발전을 위한 중소기업 창업지원계획을 세워 고시하여야 한다.

② 정부는 창업자 및 대통령령으로 정하는 창업지원에 관한 사업을 하는 자에 대하여 필요한 자금을 투자·출연·보조·융자하거나 그 밖에 필요한 지원을 할 수 있다.

□ **5조 (창업 정보의 제공)** 정부는 창업자에 대하여 창업 및 중소기업의 성장과 발전에 필요한 자금, 인력, 기술, 판로, 입지 등에 관한 정보를 제공하기 위하여 필요한 시책을 강구하여야 한다.

□ **제6조 (창업보육센터사업자의 지정 등)** ① 창업보육센터를 설립·운영하는 자(설립·운영하려는 자를 포함한다. 이하 "창업보육센터사업자"라 한다)로서 이 법에 따른 지원을 받으려는 자는 다음 각 호의 요건을 갖추어 중소기업청장의 지정을 받아야 한다. 〈개정 2008.2.29〉

1. 다음 각 목의 시설을 갖출 것
   가. 창업자가 이용할 수 있는 시험기기나 계측기기 등의 장비
   나. 10인 이상의 창업자가 사용할 수 있는 500제곱미터 이상의 시설
2. 경영학 분야의 박사학위 소지자, 「변호사법」에 따른 변호사, 그 밖에 대통령령으로 정하는 전문인력 중 2명 이상을 확보할 것
3. 창업보육센터사업을 수행하기 위한 사업계획 등이 지식경제부령으로 정하는 기준에 맞을 것

② 국가나 지방자치단체는 「국유재산법」, 「지방재정법」, 그 밖의 다른 법령의 규정에도 불구하고 창업보육센터에 입주한 자에게 국·공유재산의 임대료를 대통령령으로 정하는 바에 따라 감면할 수 있다.

□ **제7조 (창업 교육)** 중소기업청장은 창업 저변을 확충하기 위하여 청소년, 대학생 및 창업자 등에게 창업 교육을 할 수 있다.

□ **제8조 (창업대학원의 지정 등)** ① 중소기업청장은 「고등교육법」 제29조

제1항에 따른 대학원 중에서 창업 분야 전문인력 양성을 목적으로 하는 대학원(이하 "창업대학원"이라 한다)을 지정하여 예산의 범위에서 그 운영 등에 필요한 경비를 출연하거나 그 밖에 필요한 지원을 할 수 있다.

② 중소기업청장은 창업대학원의 지정 · 지원 등에 관하여 필요한 사항을 고시하여야 한다.

□ **제9조 (기금의 우선 지원)** 「중소기업진흥 및 제품구매촉진에 관한 법률」 제63조에 따른 중소기업창업 및 진흥기금(이하 "중소기업창업 및 진흥기금"이라 한다)을 관리하는 자는 중소기업창업투자회사 또는 중소기업창업투자조합에 대하여 중소기업창업 및 진흥기금을 지원할 때 투자 실적 등이 대통령령으로 정하는 기준에 해당하는 자에게 먼저 지원할 수 있다. 〈개정 2008.12.19〉

제2장 중소기업창업투자회사

□ **제10조 (등록)** ① 다음 각 호의 어느 하나에 해당하는 사업을 영위하는 회사로서 이 법에 따른 지원을 받으려는 자는 지식경제부령으로 정하는 바에 따라 중소기업청장에게 중소기업창업투자회사로 등록하여야 한다. 중소기업창업투자회사가 등록한 사항 중 회사명과 소재지 등 지시경제부령으로 정하는 중요 사항을 변경하려는 경우에도 또한 같다. 〈개정 2008.2.29〉

1. 창업자에 대한 투자
2. 「벤처기업육성에 관한 특별조치법」에 따른 벤처기업에 대한 투자
3. 중소기업창업투자조합 및 「벤처기업육성에 관한 특별조치법」 제4조의 3에 따른 한국벤처투자조합의 결성과 업무의 집행
4. 해외 기업의 주식 또는 지분 인수 등 중소기업청장이 정하는 방법에 따른 해외투자
5. 제1호부터 제4호까지의 사업에 딸린 사업으로서 중소기업청장이 정하는 사업

② 중소기업창업투자회사는 다음 각 호의 요건을 모두 갖추어야 한다. 〈개정 2007.8.3〉

1. 「상법」에 따른 주식회사로서 납입자본금이 대통령령으로 정하는 금액 이상일 것
2. 임원이 다음 각 목의 어느 하나에 해당하지 아니하는 자일 것. 이 경우 사목과 아목은 대표이사에게만 적용한다.
   가. 미성년자 · 금치산자 또는 한정치산자
   나. 파산 선고를 받고 복권되지 아니한 자
   다. 금고 이상의 실형을 선고받고 그 집행이 끝나거나(집행이 끝난 것으로 보는 경우를 포함한다) 집행이 면제된 날부터 5년이 지나지 아니한 자
   라. 금고 이상의 형의 집행유예를 선고받고 그 유예기간 중에 있는 자
   마. 「유사수신행위의 규제에 관한 법률」이나 그 밖에 대통령령으로 정하는 금융 관련 법령을 위반하여 벌금 이상의 형을 선고받고 그 집행이 끝나거나(집행이 끝난 것으로 보는 경우를 포함한다) 집행이 면제된 날부터 5년이 지나지 아니한 자
   바. 이 법에 따라 등록이 취소된 중소기업창업투자회사의 취소 당시의 임원이었던 자(그 등록취소 사유의 발생에 관하여 직접 책임이 있거나 이에 상응하는 책임이 있는 자 또는 창업 투자 업무에 적합하지 아니하다고 판단되는 자로서 각각 대통령령으로 정하는 자만 해당한다)로서 등록이 취소된 날부터 5년이 지나지 아니한 자
   사. 금융거래 등 상거래에서 약정한 날짜 이내에 채무를 갚지 아니한 자로서 대통령령으로 정하는 자
   아. 다른 중소기업창업투자회사의 대주주(대통령령으로 정하는 출자자를 말한다) 또는 임직원
   자. 제12조에 따라 말소하기 전에 제43조에 따른 취소 사유가 있었던 경우에는 그 말소 당시의 임원(제43조에 따른 등록취소 사유에 직접 책임이 있거나 이에 상응하는 책임이 있는 자로서 대통령령으로 정하는 자만 해당한다)에게 그 사유를 통보한 후 그 통보를 받

은 날부터 5년(등록 말소일부터 7년을 초과하는 경우에는 등록 말소일부터 7년으로 한다)이 지나지 아니한 자

3. 대통령령으로 정하는 기준에 따른 상근하는 전문인력과 시설을 보유할 것
4. 창업투자회사와 투자자 간, 특정 투자자와 다른 투자자 간의 이해상충을 방지하기 위한 체계를 갖출 것(제47조의2제1항에 따른 공모창업투자조합을 결성하고자 하는 창업투자회사에 한한다)

□ **제11조 (권리·의무의 승계)** ① 중소기업창업투자회사가 그 영업을 양도하거나 합병을 하면 그 영업을 양수한 자 또는 합병한 후 존속하는 법인이나 합병으로 설립되는 법인은 이 법에 따른 중소기업창업투자회사로서의 지위를 승계한다. 다만, 그 영업을 양수한 자 또는 합병한 후 존속하는 법인이나 합병으로 설립되는 법인이 제10조제2항 각 호의 요건을 모두 갖추지 아니한 경우에는 그러하지 아니하다.

② 제1항에 따라 중소기업창업투자회사로서의 지위를 승계한 자는 승계한 날부터 30일 이내에 지식경제부령으로 정하는 바에 따라 중소기업청장에게 이를 신고하여야 한다. 〈개정 2008.2.29〉

□ **제12조 (신청에 따른 등록의 말소)** ① 중소기업창업투자회사는 제10조제1항 각 호의 사업을 영위하기가 불가능하거나 어려운 경우에는 지식경제부령으로 정하는 바에 따라 그 등록의 말소를 신청할 수 있다. 〈개정 2008.2.29〉

② 중소기업청장은 중소기업창업투자회사가 제1항에 따른 등록 말소신청을 하면 지체 없이 그 등록을 말소하여야 한다.

□ **제13조 (등록 등의 공고)** 중소기업청장은 중소기업창업투자회사가 다음 각 호의 어느 하나에 해당하면 지체 없이 그 내용을 관보에 공고하고 컴퓨터 통신 등을 이용하여 일반인에게 알려야 한다.

1. 제10조제1항에 따라 등록을 한 경우
2. 제12조제2항에 따라 등록을 말소한 경우
3. 제43조제1항에 따라 등록을 취소한 경우

□ **제14조 (중소기업창업투자회사의 공시)** ① 중소기업창업투자회사는 다음 각 호의 사항을 공시(公示)하여야 한다.

1. 조직과 인력에 관한 사항
2. 재무와 손익에 관한 사항
3. 중소기업창업투자조합의 결성 및 운영 성과에 관한 사항
4. 제42조에 따라 시정명령과 경영개선 등의 조치를 받은 경우 그 조치에 관한 사항

② 제1항에 따른 공시의 시기 및 방법 등에 필요한 사항은 중소기업청장이 정한다.

□ **제15조 (중소기업창업투자회사의 행위 제한)** ① 중소기업창업투자회사는 다음 각 호의 어느 하나에 해당하는 행위를 하여서는 아니 된다. 다만, 중소기업창업투자회사의 자산 운용의 건전성을 해칠 우려가 없는 경우로서 대통령령으로 정하는 경우에는 그러하지 아니하다.

1. 제3조 단서에 따른 업종을 영위하는 기업에 투자하는 행위
2. 「독점규제 및 공정거래에 관한 법률」 제9조에 따른 상호출자제한기업집단에 속하는 회사에 투자하는 행위
3. 대통령령으로 정하는 금융기관의 주식을 취득하거나 소유하는 행위
4. 창업보육센터 등 대통령령으로 정하는 범위의 업무용 부동산을 제외한 부동산(이하 "비업무용부동산"이라 한다)을 취득하거나 소유하는 행위. 다만, 담보권의 실행으로 비업무용부동산을 취득하는 경우에는 그러하지 아니하다.
5. 그 밖에 설립 목적을 해치는 것으로서 대통령령으로 정하는 행위

② 중소기업창업투자회사는 제1항제4호 단서에 따라 담보권의 실행으로 비업무용부동산을 취득한 경우에는 1년의 범위에서 지식경제부령으로 정하는 기간에 이를 처분하여야 한다. 〈개정 2008.2.29〉

□ **제16조 (중소기업창업투자회사의 투자 의무)** ① 중소기업창업투자회사는 등록 후 3년이 지난 날부터 대통령령으로 정하는 기간에 납입자본금의 100분의 50의 범위에서 대통령령으로 정하는 비율의 금액을 제

10조제1항제1호부터 제3호까지의 사업에 사용하여야 한다. 이 경우 같은 항 제1호와 제2호의 사업에 사용한 금액을 산정할 때 신규로 발행되는 주식 또는 무담보전환사채의 인수 등 지식경제부령으로 정하는 용도로 사용한 금액에 한하여 이를 포함하여 산정한다. 다만, 중소기업창업투자회사가 대통령령으로 정하는 일정 규모 이상의 중소기업창업투자조합을 결성하여 운영하는 경우에는 그러하지 아니하다. 〈개정 2008.2.29〉

② 중소기업창업투자회사가 투자회수 · 경영정상화 등 중소기업청장이 인정하는 사유로 제1항에 따른 투자의무비율을 유지하지 못하면 중소기업청장은 1년 이내의 범위에서 투자의무 이행 유예기간을 줄 수 있다.

□ **제17조 (중소기업창업투자회사의 해외투자 요건)** ① 중소기업창업투자회사는 납입자본금의 100분의 10 이상의 금액을 제16조제1항에 따라 지식경제부령으로 정하는 용도로 제10조제1항제1호 및 제2호에 따른 사업에 사용한 경우에는 그 사업에 사용한 금액의 범위에서 같은 항 제4호에 따른 해외투자를 할 수 있다. 다만, 등록한 지 3년이 지난 중소기업창업투자회사는 제16조제1항에 따른 중소기업창업투자회사의 투자의무비율을 달성한 경우에 해외투자를 할 수 있다. 〈개정 2008.2.29〉

② 제1항에 따른 해외투자 한도는 납입자본금의 100분의 40의 범위에서 대통령령으로 정하는 비율로 한다.

□ **제18조 (자금의 차입 등)** ① 중소기업창업투자회사는 그 사업 수행을 위하여 필요하면 정부, 정부가 설치한 기금, 국내외 금융기관, 외국정부 또는 국제기구로부터 자금을 차입할 수 있다.

② 중소기업창업투자회사는 그 사업 수행에 필요한 재원을 충당하기 위하여 자본금과 적립금 총액의 10배의 범위에서 사채를 발행할 수 있다.

□ **제19조 (결산 보고)** 중소기업창업투자회사는 대통령령으로 정하는 바에 따라 회계연도마다 결산서를 중소기업청장에게 제출하여야 한다.

제3장 중소기업창업투자조합

□ **제20조 (조합의 결성 등)** ① 중소기업창업투자회사와 중소기업창업투자회사 외의 자가 출자하여 중소기업창업투자조합을 결성하는 경우에는 대통령령으로 정하는 바에 따라 중소기업청장에게 등록하여야 한다. 등록 사항을 변경하는 경우에도 또한 같다.

② 중소기업창업투자조합은 조합의 채무에 대하여 무한책임을 지는 업무집행조합원 1명과 출자액을 한도로 하여 유한책임을 지는 유한책임조합원으로 구성한다. 이 경우 출자자 중 업무집행조합원은 중소기업창업투자회사가 되고, 중소기업창업투자회사 외의 자는 유한책임조합원이 된다.

③ 조합원은 조합 규약에서 정하는 바에 따라 출자금액의 전액을 한꺼번에 출자하거나 나누어 출자할 수 있다.

④ 중소기업창업투자조합의 출자금액, 조합원 수 및 존속 기간 등 등록 요건과 그 운영 등에 필요한 사항은 대통령령으로 정한다.

□ **제21조 (업무의 집행 등)** ① 중소기업창업투자조합의 업무는 업무집행조합원이 집행한다.

② 업무집행조합원은 선량한 관리자의 주의로 제1항에 따른 업무를 집행하여야 한다. 이 경우 자기 또는 제삼자의 이익을 위하여 중소기업창업투자조합의 재산을 사용하여서는 아니 된다.

③ 중소기업창업투자조합은 등록 후 3년이 지난 날부터 대통령령으로 정하는 기간에 출자금의 100분의 50의 범위에서 대통령령으로 정하는 비율의 금액을 제16조제1항에 따라 지식경제부령으로 정하는 용도로 제10조제1항제1호 및 제2호에 따른 사업에 사용하여야 한다. 다만 중소기업창업투자조합이 투자회수 등 중소기업청장이 인정하는 사유로 대통령령으로 정하는 기간 이내에 대통령령으로 정하는 비율의 금액을 달성하지 못하면 중소기업청장은 1년 이내의 범위에서 투자의무 이행 유예기간을 줄 수 있다. 〈개정 2008.2.29, 2009.1.30〉

④ 업무집행조합원은 중소기업창업투자조합의 업무를 집행할 때 자금차

입, 지급보증 또는 담보제공을 하여서는 아니 된다.

⑤ 업무집행조합원의 중소기업창업투자조합 업무의 집행에 관하여는 제15조를 준용한다. 이 경우 "중소기업창업투자회사"는 "중소기업창업투자조합"으로 본다.

⑥ 중소기업창업투자조합의 해외투자에 관하여는 제17조를 준용한다. 이 경우 "중소기업창업투자회사"는 "중소기업창업투자조합"으로, "납입자본금"은 "출자금"으로 본다.

□ **제22조 (중소기업창업투자조합 재산의 관리와 운용)** ① 업무집행조합원은 중소기업창업투자조합 재산을 다음 각 호에서 정하는 바에 따라 관리하여야 한다. 〈개정 2007.8.3〉

1. 중소기업창업투자조합 재산의 보관을 「자본시장과 금융투자업에 관한 법률」에 따른 신탁업자에 위탁할 것
2. 신탁업자를 변경하는 경우에는 조합원 총회의 승인을 받을 것

② 제1항에 따른 수탁회사는 다음 각 호의 업무를 한다.

1. 중소기업창업투자조합 재산의 보관 및 관리
2. 업무집행조합원의 중소기업창업투자조합 재산 운용 지시에 따른 자산의 취득 및 처분의 이행

③ 업무집행조합원은 중소기업창업투자조합 재산으로 「자본시장과 금융투자업에 관한 법률」 제9조제13항에 따른 증권시장에 상장된 법인의 주식을 취득하는 경우에 출자금 총액의 100분의 20을 초과하여 투자할 수 없다. 〈개정 2007.8.3, 2009.1.30〉

□ **제23조 (결산 보고)** 제21조제1항에 따른 업무집행조합원은 대통령령으로 정하는 바에 따라 해마다 중소기업창업투자조합의 사업연도가 끝난 뒤 3개월 이내에 그 결산서를 중소기업청장에게 제출하여야 한다.

□ **24조 (업무집행조합원의 탈퇴)** 업무집행조합원은 다음 각 호의 어느 하나에 해당하는 경우가 아니면 중소기업창업투자조합에서 탈퇴할 수 없다.

1. 중소기업창업투자회사의 등록이 취소된 경우

2. 중소기업창업투자회사가 파산한 경우
3. 중소기업창업투자조합 조합원 전원의 동의가 있는 경우

□ **제25조 (해산)** ① 중소기업창업투자조합은 다음 각 호의 어느 하나에 해당하는 사유가 있는 때에는 해산한다.
1. 존속기간의 만료
2. 유한책임조합원 전원의 탈퇴
3. 업무집행조합원의 탈퇴
4. 업무집행조합원인 중소기업창업투자회사의 등록의 말소
5. 그 밖에 대통령령으로 정하는 사유

② 중소기업창업투자조합에 제1항제3호 및 제4호에 해당하는 사유가 발생하면 유한책임조합원 전원의 동의로 대통령령으로 정하는 바에 따라 그 사유가 발생한 날부터 3개월 이내에 업무집행조합원을 가입하게 하여 중소기업창업투자조합을 계속할 수 있다.

③ 중소기업창업투자조합이 해산하는 경우에는 그 업무집행조합원이 청산인이 된다. 다만, 해당 조합의 규약에서 정하는 바에 따라 업무집행조합원 외의 자를 청산인으로 선임할 수 있다.

④ 중소기업창업투자조합의 해산 당시에 출자금액을 초과하는 채무가 있으면 업무집행조합원이 그 채무를 변제하여야 한다.

□ **제26조 (청산결과 보고와 등록의 말소)** ① 제25조제3항에 따른 청산인이 청산사무를 끝마친 경우에는 지식경제부령으로 정하는 바에 따라 지체 없이 그 결과를 중소기업청장에게 보고하여야 한다. 〈개정 2008. 2.29〉

② 중소기업청장은 제1항에 따른 보고를 받으면 지체 없이 그 중소기업창업투자조합의 등록을 말소하여야 한다.

□ **제27조 (조합 재산의 보호)** 중소기업창업투자조합 조합원의 채권자가 조합원에 대하여 채권을 행사할 때에는 「민법」 제704조와 제712조에도 불구하고 그 조합원이 중소기업창업투자조합에 출자한 금액의 범위에서 이를 행사할 수 있다.

□ **제28조 (수익처분)** 중소기업창업투자조합은 업무집행조합원인 중소기업창업투자회사에 조합 규약에서 정하는 바에 따라 투자수익에 따른 성과보수를 지급할 수 있으며, 성과보수 지급을 위한 투자수익의 산정방식 등에 필요한 사항은 대통령령으로 정한다.

□ **제29조 (조합의 공시)** 업무집행조합원은 다음 각 호의 서류를 사무소에 갖추어 두고 누구든지 열람할 수 있도록 하여야 한다.

1. 해당 중소기업창업투자조합의 규약
2. 매 회계연도의 결산서
3. 그 밖에 조합의 운영에 관한 서류로서 중소기업청장이 고시하는 것

□ **제30조 (「민법」의 준용)** 중소기업창업투자조합에 관하여 이 법에 규정한 것 외에는 「민법」 중 조합에 관한 규정을 준용한다.

제4장 중소기업상담회사

□ **제31조 (중소기업상담회사의 등록)** ① 다음 각 호의 사업을 영위하는 회사로서 이 법에 따른 지원을 받으려는 자는 지식경제부령으로 정하는 바에 따라 중소기업청장에게 중소기업상담회사로 등록하여야 한다. 중소기업상담회사가 등록한 사항 중 회사명과 소재지 등 지식경제부령으로 정하는 중요 사항을 변경하려는 경우에도 또한 같다. 〈개정 2008.2.29〉

1. 중소기업의 사업성 평가
2. 중소기업의 경영 및 기술 향상을 위한 용역
3. 중소기업에 대한 사업의 알선
4. 중소기업에 대한 자금의 알선
5. 창업 절차의 대행
6. 창업보육센터의 설립·운영
7. 제1호부터 제6호까지의 사업에 딸린 사업으로서 중소기업청장이 정하는 사업

② 제1항에 따른 중소기업상담회사는 다음 각 호의 요건을 모두 갖추어

야 한다.

1. 「상법」에 따른 회사로서 납입자본금이 대통령령으로 정하는 금액 이상일 것
2. 임원이 다음 각 목의 어느 하나에 해당하지 아니하는 자일 것
   가. 미성년자 · 금치산자 또는 한정치산자
   나. 파산선고를 받고 복권되지 아니한 자
   다. 금고 이상의 실형을 선고받고 그 집행이 끝나거나(집행이 끝난 것으로 보는 경우를 포함한다) 집행이 면제된 날부터 3년이 지나지 아니한 자
   라. 금고 이상의 형의 집행유예를 선고받고 그 유예기간 중에 있는 자
   마. 금융거래 등 상거래에서 약정한 날짜 이내에 채무를 갚지 아니한 자로서 대통령령으로 정하는 자
3. 대통령령으로 정하는 기준에 따른 전문인력 및 시설을 보유할 것

□ **제32조 (용역비의 지원)** 중소기업청장은 중소기업상담회사가 창업자에게 용역을 제공하면 대통령령으로 정하는 바에 따라 그 용역 대금의 일부를 지원할 수 있다.

제5장 창업 절차 등

□ **제33조 (사업계획의 승인)** ① 창업자는 대통령령으로 정하는 바에 따라 사업계획을 작성하고, 이에 대한 시장 · 군수 또는 구청장(자치구의 구청장만을 말한다. 이하 같다)의 승인을 받아 사업을 할 수 있다.

② 시장 · 군수 또는 구청장은 제1항에 따른 사업계획의 승인을 할 때에는 그 공장의 건축면적이 「산업집적활성화 및 공장설립에 관한 법률」 제8조에 따른 기준공장면적률에 적합하도록 하여야 한다.

③ 시장 · 군수 또는 구청장은 제1항에 따른 사업계획의 승인 신청을 받은 날부터 20일 이내에 승인 여부를 알려야 한다. 이 경우 20일 이내에 승인 여부를 알리지 아니한 때에는 20일이 지난 날의 다음 날에 승인한 것으로 본다.

④ 중소기업청장은 창업에 따른 절차를 간소화하기 위하여 제1항에 따른 사업계획 승인에 관한 업무를 처리할 때 필요한 지침을 작성하여 고시할 수 있다.

☐ **제34조 (사전 협의)** ① 창업자는 제33조제1항에 따른 사업계획의 승인을 신청하기 전에 시장·군수 또는 구청장에게 사업계획의 승인 가능성 등에 관하여 사전 협의를 요청할 수 있다.

② 제1항에 따른 사전 협의 절차 등에 필요한 사항은 대통령령으로 정한다.

☐ **제35조 (다른 법률과의 관계)** ① 제33조제1항에 따라 사업계획을 승인할 때 다음 각 호의 허가, 인가, 면허, 승인, 지정, 결정, 신고, 해제 또는 용도폐지(이하 이 조에서 "허가등"이라 한다)에 관하여 시장·군수 또는 구청장이 제4항에 따라 다른 행정기관의 장과 협의를 한 사항에 대해서는 그 허가등을 받은 것으로 본다. 〈개정 2007.12.27, 2008.3.21, 2009.1.30〉

1. 「산업집적활성화 및 공장설립에 관한 법률」 제13조제1항에 따른 공장설립 등의 승인
2. 「사방사업법」 제14조에 따른 벌채 등의 허가와 같은 법 제20조에 따른 사방지(砂防地) 지정의 해제
3. 「공유수면관리법」 제5조에 따른 공유수면의 점용·사용의 허가 및 같은 법 제8조에 따른 실시계획의 승인 또는 신고
4. 「공유수면매립법」 제9조에 따른 공유수면 매립의 면허
5. 「하천법」 제30조에 따른 하천공사의 허가와 같은 법 제33조에 따른 하천의 점용허가
6. 「산지관리법」 제14조 및 제15조에 따른 산지전용허가, 산지전용신고 및 같은 법 제21조에 따라 산지전용된 토지의 용도변경 승인과 「산림자원의 조성 및 관리에 관한 법률」 제36조제1항 및 제4항에 따른 입목벌채 등의 허가와 신고
7. 「사도법」 제4조에 따른 사도(私道)의 개설허가

8. 「국토의 계획 및 이용에 관한 법률」 제56조제1항에 따른 개발행위의 허가, 같은 법 제86조에 따른 도시계획시설사업의 시행자 지정, 같은 법 제88조에 따른 실시계획의 작성 · 인가 및 같은 법 제118조에 따른 토지거래계약의 허가
9. 「농지법」 제34조제1항에 따른 농지의 전용허가, 같은 법 제35조제1항에 따른 농지의 전용신고 및 같은 법 제40조제1항에 따른 용도변경의 승인
10. 「초지법」 제23조에 따른 초지의 전용허가 또는 전용 신고
11. 「국유재산법」 제30조에 따른 국유재산의 사용허가 및 같은 법 제40조에 따른 도로, 하천, 도랑 및 제방의 용도폐지
12. 「도로법」 제38조제1항에 따른 도로의 점용허가
13. 「환경정책기본법」 제25조에 따른 사전환경성검토 협의
14. 「농어촌정비법」 제22조제1항 본문에 따른 농업기반시설의 목적 외 사용의 승인
15. 「장사등에 관한 법률」 제23조제1항에 따른 타인의 토지 등에 설치된 분묘 개장(改葬)의 허가
16. 「공유재산 및 물품 관리법」 제20조제1항에 따른 행정재산과 보전재산의 사용허가 · 수익허가 및 같은 법 제11조에 따른 행정재산 및 보전재산의 용도폐지

② 제33조제1항에 따라 사업계획의 승인을 받은 공장에 대해 「건축법」 제11조에 따른 건축허가를 할 때 해당 시장 · 군수 또는 구청장이 다음 각 호의 허가, 인가, 승인, 동의 또는 신고(이하 이 조에서 "승인등"이라 한다)에 관하여 제4항에 따라 다른 행정기관의 장과 협의를 한 사항에 대하여는 그 승인등을 받은 것으로 본다. 〈개정 2007.5.17, 2008.3.21〉

1. 「도로법」 제38조제1항에 따른 도로의 점용허가
2. 「하수도법」 제24조에 따른 점용허가와 같은 법 제27조제3항 및 제4항에 따른 배수설비의 설치신고

3. 「하수도법」 제34조제2항에 따른 개인하수처리시설설치의 신고
4. 「소방시설설치유지 및 안전관리에 관한 법률」 제7조제1항에 따른 건축허가등의 동의, 「소방시설공사업법」 제13조제1항에 따른 소방시설공사의 신고와 「위험물안전관리법」 제6조제1항에 따른 제조소등의 설치허가
5. 「대기환경보전법」 제10조, 「수질 및 수생태계 보전에 관한 법률」 제33조, 「소음·진동규제법」 제8조 및 「가축분뇨의 관리 및 이용에 관한 법률」 제11조에 따른 배출시설의 설치허가 또는 설치신고
6. 「폐기물관리법」 제29조제2항에 따른 폐기물처리시설의 설치승인 또는 설치신고
7. 「수도법」 제52조와 제54조에 따른 전용수도설치의 인가
8. 「전기사업법」 제62조에 따른 자가용전기설비의 공사계획 인가 또는 신고
9. 「총포·도검·화약류 등 단속법」 제25조제1항에 따른 화약류 간이저장소 설치의 허가
10. 「건축법」 제11조제1항에 따른 건축허가, 같은 법 제14조제1항에 따른 건축신고, 같은 법 제20조제1항과 제2항에 따른 가설건축물의 건축허가 또는 건축신고 및 같은 법 제83조제1항에 따른 공작물 축조의 신고
11. 「토양환경보전법」 제12조에 따른 특정토양오염관리대상시설 설치의 신고
12. 「액화석유가스의 안전관리 및 사업법」 제3조에 따른 가스용품제조사업의 허가와 같은 법 제6조에 따른 액화석유가스저장소의 설치허가
13. 「고압가스 안전관리법」 제4조에 따른 고압가스의 제조허가와 고압가스저장소 설치의 허가, 같은 법 제5조제1항에 따른 용기, 냉동기 및 특정설비의 제조등록, 같은 법 제20조제1항에 따른 특정고압가스 사용신고
14. 「축산물가공처리법」 제23조제1항에 따른 도축업·축산물가공업의 조

건부허가 및 같은 조 제3항에 따른 조건이행의 신고

③ 제33조제1항에 따라 사업계획의 승인을 받은 공장에 대하여 「건축법」 제22조에 따라 건축물의 사용승인을 할 때 해당 시장·군수 또는 구청장이 다음 각 호의 검사, 신고, 동의 또는 신청(이하 이 조에서 "검사등"이라 한다)에 관하여 제4항에 따라 다른 행정기관의 장과 협의를 한 사항에 대하여는 그 검사등을 받은 것으로 본다. 〈개정 2007.5.17, 2008.3.21〉

1. 「하수도법」 제37조에 따른 준공검사
2. 「소방시설설치유지 및 안전관리에 관한 법률」 제7조제1항에 따른 사용승인의 동의, 「소방시설공사업법」 제14조에 따른 소방시설공사의 완공검사와 「위험물안전관리법」 제9조에 따른 제조소등의 완공검사
3. 「폐기물관리법」 제29조제4항에 따른 폐기물처리시설 사용개시의 신고
4. 「대기환경보전법」 제14조제1항, 「수질 및 수생태계 보전에 관한 법률」 제37조 및 「소음·진동규제법」 제13조에 따른 배출시설 등의 가동개시 신고
5. 「총포·도검·화약류 등 단속법」 제43조에 따른 완성검사
6. 「먹는 물 관리법」 제23조제1항에 따른 먹는샘물제조업의 조건부 영업허가
7. 「전기사업법」 제63조에 따른 자가용전기설비의 사용 전 검사
8. 「액화석유가스의 안전관리 및 사업법」 제18조제2항에 따른 저장소설치와 가스용품제조시설의 완성검사
9. 「고압가스 안전관리법」 제16조제3항에 따른 고압가스의 제조, 저장소 설치, 용기 등의 제조시설 설치공사의 완성검사 및 같은 법 제20조에 따른 특정고압가스시설의 완성검사
10. 「국토의 계획 및 이용에 관한 법률」 제62조제1항과 같은 법 제98조제2항에 따른 준공검사
11. 「지적법」 제3조제2항에 따른 토지 이동 등의 등록 신청

④ 시장·군수 또는 구청장이 제33조에 따른 사업계획의 승인 또는 「건축법」 제11조제1항 및 같은 법 제22조제1항에 따른 건축허가와 사용

승인을 할 때 그 내용 중 제1항부터 제3항까지에 해당하는 사항이 다른 행정기관의 권한에 속하는 경우에는 그 행정기관의 장과 협의하여야 하며, 협의를 요청받은 행정기관의 장은 대통령령으로 정하는 기간에 의견을 제출하여야 한다. 이 경우 다른 행정기관의 장이 그 기간에 의견을 제출하지 아니하면 의견이 없는 것으로 본다. 〈개정 2008.3.21〉

□ **제36조 (법령 제정·개정 시의 협의)** 관계 행정기관의 장은 제33조에 따른 사업계획의 승인, 창업자의 공장에 대한 「건축법」 제11조제1항의 건축허가나 같은 법 제22조제1항의 사용승인과 관련되는 사항을 법령으로 제정하거나 개정하려면 미리 중소기업청장과 협의하여야 한다. 〈개정 2008.3.21〉

□ **제37조 (사업계획 승인의 취소 등)** ① 시장·군수 또는 구청장은 사업계획의 승인을 받은 자가 다음 각 호의 어느 하나에 해당하면 사업계획의 승인과 공장 건축허가를 취소하거나 해당 토지의 원상회복을 명령할 수 있다.

1. 사업계획의 승인을 받은 날부터 대통령령으로 정하는 기간이 지난 날까지 공장의 착공을 하지 아니하거나 공장착공 후 대통령령으로 정하는 기간 이상 공사를 중단한 경우
2. 사업계획의 승인을 받은 공장용지를 공장착공을 하지 아니하고 다른 사람에게 양도한 경우
3. 사업계획의 승인을 받은 공장용지를 다른 사람에게 임대하거나 공장이 아닌 용도로 활용하는 경우
4. 사업계획의 승인을 받은 후 대통령령으로 정하는 기간이 지난 날까지 공장 건축을 끝내지 아니한 경우

② 시장·군수 또는 구청장은 제1항에 따른 원상회복명령을 위반하여 원상회복을 하지 아니하면 대집행(代執行)에 따라 원상회복을 할 수 있다.

③ 제2항에 따른 대집행의 절차에 관하여는 「행정대집행법」을 적용한다.

④ 시장·군수 또는 구청장은 제1항에 따라 사업계획의 승인을 취소하려

면 청문을 하여야 한다.

□ **제38조 (창업민원처리기구의 설치)** ① 정부는 민원인의 편의를 위하여 특별시·광역시·도·특별자치도 또는 시·군·구의 창업에 관련된 민원을 종합적으로 접수하여 처리할 수 있는 기구(이하 이 조에서 "중소기업창업민원실"이라 한다)를 설치할 수 있다.

② 중소기업창업민원실의 설치 및 운영에 필요한 사항은 대통령령으로 정한다.

□ **제39조 (창업진흥전담조직의 설치)** ① 중소기업청장은 창업을 촉진하기 위한 업무를 전담하는 조직(이하 이 조에서 "전담조직"이라 한다)을 설치할 수 있다.

② 제1항에 따른 전담조직의 설치 및 운영 등에 필요한 사항은 대통령령으로 정한다.

□ **제39조의2 (부담금의 면제) 「통계법」** 제22조제1항에 따라 통계청장이 작성·고시하는 한국표준산업분류상의 제조업을 영위하기 위하여 중소기업을 창업하는 자에 대하여 사업을 개시한 날부터 3년 동안 다음 각 호의 부담금을 면제한다.

1. 「지방자치법」 제138조에 따른 분담금
2. 「농지법」 제38조제1항에 따른 농지보전부담금
3. 「초지법」 제23조제6항에 따른 대체초지조성비
4. 「전기사업법」 제51조제1항에 따른 부담금
5. 「대기환경보전법」 제35조제1항제2호의 기본부과금(대기오염물질배출량의 합계가 연간 10톤 미만인 사업장에 한한다)
6. 「수질 및 수생태계 보전에 관한 법률」 제41조제1항제1호의 기본배출부과금(1일 폐수배출량이 200㎥ 미만인 사업장에 한한다)
7. 「자원의 절약과 재활용촉진에 관한 법률」 제12조제2항에 따른 폐기물부담금(연간 매출액이 20억원 미만인 제조업자에 한한다)
8. 「한강수계 상수원수질개선 및 주민지원 등에 관한 법률」 제19조제1항에 따른 물이용부담금

9. 「금강수계 물관리 및 주민지원 등에 관한 법률」 제30조제1항에 따른 물이용부담금
10. 「낙동강수계 물관리 및 주민지원 등에 관한 법률」 제32조제1항에 따른 물이용부담금
11. 「영산강·섬진강수계 물관리 및 주민지원 등에 관한 법률」 제30조제1항에 따른 물이용부담금

[본조신설 2007.8.3]

[유효기간 2010.8.3]

제6장 보칙

□ **제40조 (보고와 검사)** ① 중소기업청장은 필요하다고 인정하면 대통령령으로 정하는 바에 따라 중소기업창업투자회사, 중소기업창업투자조합의 업무집행조합원, 중소기업상담회사 또는 창업보육센터사업자에게 업무운용 상황 등에 관한 보고를 하게 할 수 있으며, 다음 각 호의 어느 하나에 해당하는 경우에는 소속 공무원에게 사무소와 사업장에 출입하여 중소기업창업투자회사 및 중소기업창업투자조합의 감사보고서 등 대통령령으로 정하는 장부·서류 등을 검사하게 할 수 있다.

1. 제10조제2항에 따른 중소기업창업투자회사의 등록요건 유지 여부의 확인이 필요한 경우
2. 제15조에 따른 중소기업창업투자회사의 행위제한 위반 여부의 확인이 필요한 경우
3. 제16조에 따른 중소기업창업투자회사의 투자의무 준수 여부의 확인이 필요한 경우
4. 제17조에 따른 중소기업창업투자회사의 해외투자 요건 준수 여부의 확인이 필요한 경우
5. 제21조에 따른 업무집행조합원의 행위 등에 대한 위반 여부 및 투자의무 준수 여부의 확인이 필요한 경우
6. 삭제 〈2009.4.1〉

7. 그 밖에 제1호부터 제6호까지의 사항에 준하는 경우로서 대통령령으로 정하는 경우

② 제1항에 따라 검사를 하는 경우에는 검사 7일 전에 검사 일시, 검사 목적 및 검사 내용 등에 관한 검사계획을 검사받을 자에게 알려야 한다. 다만, 긴급하거나 증거인멸 등으로 검사 목적을 달성할 수 없다고 인정하는 경우에는 그러하지 아니하다.

③ 제1항에 따라 출입· 검사하는 공무원은 그 권한을 표시하는 증표를 지니고 이를 관계인에게 내보여야 하며, 출입할 때 성명·출입시간·출입목적 등이 표시된 문서를 관계인에게 내주어야 한다.

☐ **제41조 삭제 〈2009.4.1〉**

☐ **제42조 (임직원에 대한 제재 등)** ① 중소기업청장은 중소기업창업투자회사 또는 업무집행조합원이 제43조제1항 또는 제2항 각 호의 어느 하나(제1호는 제외한다)에 해당하여 중소기업창업투자회사 또는 중소기업창업투자조합의 건전한 운영을 해칠 우려가 있다고 인정되는 경우에는 다음 각 호의 어느 하나에 해당하는 조치를 할 수 있다.

1. 중소기업창업투자회사 임직원에 대한 문책의 요구
2. 해당 위반행위에 대한 시정명령

② 중소기업청장은 중소기업창업투자회사가 대통령령으로 정하는 경영과 자산 건전성 기준을 갖추지 못하여 출자자를 해칠 우려가 있다고 인정되면 자본금의 증액, 이익 배당의 제한 등 경영개선을 위하여 필요한 조치를 요구할 수 있다.

☐ **제43조 (등록의 취소 등)** ① 중소기업청장은 중소기업창업투자회사가 다음 각 호의 어느 하나에 해당하면 그 등록을 취소하거나 이 법에 따른 지원을 중단할 수 있다. 다만, 제1호에 해당하면 그 등록을 취소하여야 한다. 〈개정 2007.8.3〉

1. 거짓이나 그 밖에 부정한 방법으로 등록을 한 때
2. 제10조제2항에 따른 등록요건에 맞지 아니하게 된 때. 다만, 임원이 같은 항 제2호 각 목(같은 호 사목과 아목은 대표이사에게만 해당한

다)의 어느 하나에 해당하는 경우 3개월 이내에 그 임원을 바꾸어 임명한 경우에는 그러하지 아니하다.

3. 정당한 사유 없이 1년 이상 계속하여 제10조제1항제1호 또는 제2호에 따른 투자를 하지 아니한 때
4. 회사의 책임 있는 사유로 제10조제1항에 따른 사업수행이 어렵게 된 때
5. 제15조제1항에 따른 행위제한 의무를 위반하거나 같은 조 제2항에 따른 비업무용부동산 처분의무를 위반한 때
6. 투자비율이 제16조에 따른 비율에 미치지 못할 때
7. 제17조를 위반하여 해외투자를 한 때
8. 중소기업창업투자조합의 업무집행조합원으로서 제21조제2항을 위반하여 자기 또는 제삼자의 이익을 위하여 중소기업창업투자조합의 재산을 사용한 때
9. 「유사수신행위의 규제에 관한 법률」 제3조를 위반한 때
10. 제42조제2항에 따른 요구를 이행하지 아니한 때
11. 중소기업창업투자조합의 업무집행조합원으로서 제21조제4항 또는 같은 조 제5항에 따라 준용되는 제15조를 위반하거나 「벤처기업육성에 관한 특별조치법」 제4조의3제2항에 따른 한국벤처투자조합의 업무집행조합원으로서 같은 법 제4조의4제2항을 위반한 때(제47조의2제1항에 따른 공모창업투자조합의 업무집행조합원의 경우 「자본시장과 금융투자업에 관한 법률」 또는 같은 법에 따른 명령이나 처분을 위반한 때를 포함한다)

② 중소기업청장은 중소기업창업투자조합이 다음 각 호의 어느 하나에 해당하면 그 등록을 취소하거나 이 법에 따른 지원을 중단할 수 있다. 다만, 제1호에 해당하면 그 등록을 취소하여야 한다.

1. 거짓이나 그 밖에 부정한 방법으로 등록을 한 때
2. 제20조제4항에 따른 등록요건에 맞지 아니하게 된 때
3. 제21조제3항부터 제6항까지의 규정을 위반한 때

4. 업무집행조합원인 중소기업창업투자회사의 등록이 취소되거나 말소된 때
5. 제22조제1항 및 제3항을 위반한 때
6. 삭제 〈2007.8.3〉

③ 중소기업청장은 중소기업상담회사가 다음 각 호의 어느 하나에 해당하면 그 등록을 취소하거나 이 법에 따른 지원을 중단할 수 있다. 다만, 제1호에 해당하면 그 등록을 취소하여야 한다.

1. 거짓이나 그 밖에 부정한 방법으로 등록을 한 때
2. 제31조제2항에 따른 등록요건에 맞지 아니하게 된 때. 다만, 임원 중 같은 항 제2호 각 목의 어느 하나에 해당하는 자가 있는 경우 6개월 이내에 그 임원을 바꾸어 임명한 경우에는 그러하지 아니하다.
3. 회사의 책임 있는 사유로 제31조제1항에 따른 사업수행이 어렵게 된 때
4. 정당한 사유 없이 1년 이상 계속하여 사업을 하지 아니한 때
5. 삭제 〈2007.8.3〉

④ 중소기업청장은 창업보육센터사업자가 다음 각 호의 어느 하나에 해당하면 사업자의 지정을 취소하거나 이 법에 따른 지원을 중단할 수 있다. 다만, 제1호에 해당하면 그 지정을 취소하여야 한다. 〈개정 2008.2.29〉

1. 거짓이나 그 밖에 부정한 방법으로 지정을 받은 때
2. 지원받은 자금을 다른 목적으로 사용한 때
3. 창업보육센터 시설 및 장소를 중소기업 창업지원 외의 목적으로 사용하거나 시설 및 장소의 임대 실적이 지식경제부령으로 정하는 기준에 미치지 못할 때
4. 제6조제1항에 따른 지정 요건에 맞지 아니하게 된 때

□ **44조 (청문)** 중소기업청장은 제43조에 따라 중소기업창업투자회사, 중소기업창업투자조합 또는 중소기업상담회사의 등록을 취소하거나 창업보육센터사업자의 지정을 취소하려면 청문을 하여야 한다.

☐ **제45조 (권한의 위임·위탁)** ① 이 법에 따른 중소기업청장의 권한은 대통령령으로 정하는 바에 따라 그 일부를 소속 기관의 장이나 특별시장 · 광역시장 · 도지사 또는 특별자치도지사에게 위임할 수 있다.

② 중소기업청장은 이 법에 따른 업무의 일부를 대통령령으로 정하는 바에 따라 다른 행정기관의 장, 「중소기업진흥 및 제품구매촉진에 관한 법률」 제68조에 따른 중소기업진흥공단, 중소기업창업투자회사, 중소기업상담회사, 그 밖의 중소기업 관련 기관에 위탁할 수 있다.

☐ **제46조 (비슷한 명칭의 사용 금지)** 중소기업창업투자회사나 중소기업창업투자조합이 아닌 자는 중소기업창업투자회사와 중소기업창업투자조합의 명칭 또는 이와 비슷한 명칭을 사용하지 못한다.

☐ **제47조 (업무기준의 고시)** 중소기업청장은 중소기업창업투자회사, 중소기업창업투자조합, 중소기업상담회사 또는 창업보육센터사업자가 창업자에 대하여 효율적으로 지원할 수 있도록 창업지원 업무에 관한 기준을 정하여 고시할 수 있다.

☐ **제47조의2 (공모창업투자조합에 관한 특례)** ① 「자본시장과 금융투자업에 관한 법률」 제11조부터 제16조까지, 제22조부터 제27조까지, 제29조부터 제32조까지, 제34조부터 제43조까지, 제48조, 제50조부터 제53조까지, 제56조, 제58조, 제60조부터 제65조까지, 제80조부터 제83조까지, 제85조제2호 · 제3호 및 제6호부터 제8호까지, 제86조부터 제95조까지, 제181조부터 제183조까지, 제184조제1항 · 제2항 · 제5항부터 제7항까지, 제185조부터 제187조까지, 제218조부터 제223조까지, 제229조부터 제253조까지 및 제415조부터 제425조까지는 공모창업투자조합(「자본시장과 금융투자업에 관한 법률」 제9조제19항에 따른 사모집합투자기구에 해당하지 아니하는 창업투자조합을 말한다. 이하 같다) 및 창업투자회사(공모창업투자조합이 아닌 창업투자조합만을 결성하여 그 업무를 집행하는 창업투자회사를 제외한다)에 대하여는 적용하지 아니한다.

② 중소기업청장은 공모창업투자조합 또는 창업투자회사(공모창업투자조합이 아닌 창업투자조합만을 결성하여 그 업무를 집행하는 창업투자회사를 제외한다)를 등록하는 경우에는 미리 금융위원회와 협의하여야 한다. 〈개정 2008.2.29〉

③ 금융위원회는 공익 또는 공모창업투자조합의 조합원을 보호하기 위하여 필요한 경우에는 공모창업투자조합 및 창업투자회사(공모창업투자조합이 아닌 창업투자조합만을 결성하여 그 업무를 집행하는 창업투자회사를 제외한다)에 대하여 업무에 관한 자료의 제출이나 보고를 명할 수 있으며, 금융감독원의 원장으로 하여금 그 업무에 관하여 검사하게 할 수 있다. 〈개정 2008.2.29〉

④ 금융위원회는 공모창업투자조합 및 창업투자회사(공모창업투자조합이 아닌 창업투자조합만을 결성하여 그 업무를 집행하는 창업투자회사를 제외한다)가 이 법 또는 이 법에 따른 명령이나 처분을 위반하거나, 「자본시장과 금융투자업에 관한 법률」 또는 「자본시장과 금융투자업에 관한 법률」에 따른 명령이나 처분을 위반한 경우에는 제42조제1항 각 호, 제43조제1항 · 제2항의 어느 하나에 해당하는 조치를 취하도록 중소기업청장에게 요구할 수 있고, 중소기업청장은 특별한 사유가 없는 한 이에 응하여야 한다. 이 경우 중소기업청장은 그 조치내역을 금융위원회에 통보하여야 한다. 〈개정 2008.2.29〉

[본조신설 2007.8.3]

제7장 벌칙

□ **제48조 (과태료)** ① 다음 각 호의 어느 하나에 해당하는 자에게는 500만원 이하의 과태료를 부과한다.

1. 제10조제1항 후단 또는 제20조제1항 후단에 따른 변경 등록을 하지 아니하거나 거짓으로 변경 등록을 한 자
2. 제11조제2항에 따른 영업의 양수 등의 신고를 하지 아니하거나 거짓으로 신고한 자

3. 제14조에 따른 중소기업창업투자회사의 공시를 하지 아니하거나 거짓으로 공시한 자
4. 제19조 또는 제23조에 따른 결산서를 제출하지 아니하거나 거짓된 결산서를 제출한 자
5. 제40조제1항에 따른 보고를 하지 아니하거나 거짓된 보고를 한 자 또는 같은 항에 따른 검사를 거부·방해 또는 기피한 자
6. 삭제 〈2009.4.1〉
7. 제46조를 위반하여 비슷한 명칭을 사용한 자

② 제1항에 따른 과태료는 대통령령으로 정하는 바에 따라 중소기업청장이 부과·징수한다.

③ 삭제 〈2009.1.30〉

④ 삭제 〈2009.1.30〉

⑤ 삭제 〈2009.1.30〉

⊞ 부칙 〈제8362호, 2007.4.11〉

제1조 (시행일) 이 법은 공포한 날부터 시행한다. 다만, 부칙 제9조제4항의 개정규정은 2007년 4월 27일부터 시행하고, 제35조제2항제2호·제3호·제5호 및 같은 조 제3항제1호의 개정규정은 2007년 9월 28일부터 시행한다.

제2조 (시행일에 관한 경과조치) 부칙 제1조 단서에 따라 제35조제2항제2호·제3호·제5호 및 제35조제3항제1호의 개정규정이 시행되기 전까지는 그에 해당하는 종전의 제22조제2항제2호·제3호·제5호 및 제22조제3항제1호를 적용한다.

제3조 (중소기업창업투자조합 재산의 관리와 운용에 관한 적용례) 제22조제3항의 개정규정은 2005년 4월 1일 이후 결성된 중소기업창업투자조합부터 적용한다.

제4조 (중소기업창업투자조합 등에 대한 경과조치) ① 2000년 4월 22일 전에 결성신고를 한 중소기업창업투자조합에 대하여는 법률 제6194호 中小企業創業支援法改正法律의 시행 전 종전의 규정을 적용한다.

② 2000년 4월 22일 전에 승인을 받았거나 승인신청을 받은 사업계획에 대하여는 법률 제6194호 中小企業創業支援法改正法律의 시행 전 종전의 규정을 적용한다.

제5조 (중소기업창업투자회사의 임원의 결격사유에 관한 경과조치) 2002년 6월 26일 당시 중소기업창업투자회사에 재임 중인 임원이 2002년 6월 26일 전에 발생한 사유로 인하여 제10조제2항제2호다목부터 바목까지의 규정에 다른 결격사유에 해당하는 경우에는 그 임원의 임기가 만료될 때까지는 제10조제2항제2호다목부터 바목까지의 규정을 적용하지 아니한다. 다만, 대표이사에 대하여는 임기가 만료될 때까지는 법률 제6675호 中小企業創業支援法中改正法律의 시행 전 종전의 제7조제2항제2호를 적용한다.

제6조 (투자의무이행 유예기간에 관한 경과조치) 법률 제8086호 중소기업창업 지원법 일부개정법률의 시행일인 2007년 3월 27일 당시 중소기업청장으로부터 투자의무이행 유예기간을 부여받은 중소기업창업투자회사나 중소기업창업투자조합은 제16조제2항 및 제21조제3항의 개정규정에 따라 투자의무이행 유예기간을 부여받은 것으로 본다.

제7조 (처분 등에 관한 일반적 경과조치) 이 법 시행 당시 종전의 규정에 따른 행정기관의 행위나 행정기관에 대한 행위는 그에 해당하는 이 법에 따른 행정기관의 행위나 행정기관에 대한 행위로 본다.

제8조 (벌칙이나 과태료에 관한 경과조치) 이 법 시행 전의 행위에 대하여 벌칙이나 과태료 규정을 적용할 때에는 종전의 규정에 따른다.

제9조 (다른 법률의 개정) ① 기업활동 규제완화에 관한 특별조치법 일부를 다음과 같이 개정한다.

제8조제1항 전단 중 "中小企業創業支援法 第22條第1項 各號"를 "「중소기업창업 지원법」 제35조제1항 각 호"로 한다.

제9조제1항 중 "中小企業創業支援法 第21條 내지 第23條"를 "「중소기업창업 지원법」 제33조부터 제35조까지"로, "同法 第21條第1項"을 "같은 법 제33조제1항"으로 하고, 같은 조 제2항 중 "「중소기업창업 지원법」

제21조제4항"을 "「중소기업창업 지원법」 제33조제4항"으로 하며, 같은 조 제3항 중 "中小企業創業支援法 第22條第1項 各號"를 " 「중소기업창업 지원법」 제35조제1항 각 호"로 하고, 같은 조 제4항 전단 중 "中小企業創業支援法 第2條第2號"를 "「중소기업창업 지원법」 제2조제2호"로, "中小企業創業支援法 第21條"를 "「중소기업창업 지원법」 제33조"로 한다.

제10조제1항 중 "「중소기업창업 지원법」 제22조제4항"을 "「중소기업창업 지원법」 제35조제4항"으로 하고, 같은 조 제2항 중 "「중소기업창업 지원법」 제25조"를 "「중소기업창업 지원법」 제38조"로 한다.

② 문화산업진흥 기본법 일부를 다음과 같이 개정한다.

제2조제7호 중 "중소기업창업지원법 제11조"를 "「중소기업창업 지원법」 제20조"로 한다.

제8조제1항 각 호 외의 부분 중 "중소기업창업지원법 제7조"를 "「중소기업창업 지원법」 제10조"로 한다.

③ 벤처기업육성에 관한 특별조치법 일부를 다음과 같이 개정한다.

제4조의4제2항제5호 본문 중 "「중소기업창업 지원법」 제5조의2제1항"을 "「중소기업창업 지원법」 제6조제1항"으로 한다.

제12조 중 "「중소기업창업 지원법」 第12條 내지 第17條"를 "「중소기업창업 지원법」 제21조부터 제29조까지"로 한다.

제18조의3제1항제1호 중 "「중소기업창업 지원법」 제5조의2제1항"을 "「중소기업창업 지원법」 제6조제1항"으로 한다.

제31조 중 "「중소기업창업 지원법」 제12조의2 · 제14조의2 · 제15조 및 제17조"를 "「중소기업창업 지원법」 제23조, 제26조, 제27조 및 제29조"로 한다.

④ 법률 제8284호 벤처기업육성에 관한 특별조치법 일부개정법률 일부를 다음과 같이 개정한다.

제4조의8제6항 중 "「중소기업창업 지원법」 제8조제1항제3호의2 · 제8조의2"를 "「중소기업창업 지원법」 제15조제1항제4호와 같은 법 제16조"로

한다.

제11조의2제4항제3호 중 "제5조의2제1항"을 "제6조제1항"으로 한다.

⑤ 산업발전법 일부를 다음과 같이 개정한다.

제14조제2항 중 "中小企業創業支援法 第7條第1項"을 "「중소기업창업 지원법」 제10조제1항"으로 한다.

⑥ 산업집적활성화 및 공장설립에 관한 법률 일부를 다음과 같이 개정한다.

제13조의3제3항 중 "「중소기업창업 지원법」 第21條"를 "「중소기업창업 지원법」 제33조"로, "同法 第24條"를 각각 "같은 법 제37조"로 한다.

⑦ 소기업 및 소상공인지원을 위한 특별조치법 일부를 다음과 같이 개정한다.

제8조 중 "中小企業創業支援法 第7條"를 "「중소기업창업 지원법」 제10조"로, "同法 第11條"를 "같은 법 제20조"로, "同法 第4條"를 "같은 법 제4조"로 한다.

⑧ 아시아문화중심도시 조성에 관한 특별법 일부를 다음과 같이 개정한다.

제25조제1항제1호 중 "「중소기업창업 지원법」 제7조"를 "「중소기업창업 지원법」 제10조"로 한다.

⑨ 여성기업지원에 관한 법률 일부를 다음과 같이 개정한다.

제8조제3항 중 "「중소기업창업 지원법」 제5조의2제1항"을 "「중소기업창업 지원법」 제6조제1항"으로 한다.

⑩ 장애인기업활동 촉진법 일부를 다음과 같이 개정한다.

제8조제3항 중 "「중소기업창업 지원법」 제5조의2제1항"을 "「중소기업창업 지원법」 제6조제1항"으로 한다.

⑪ 전자거래기본법 일부를 다음과 같이 개정한다.

별표 제47호 중 "제17조"를 "제29조"로 한다.

⑫ 중소기업 사업전환 촉진에 관한 특별법 일부를 다음과 같이 개정한다.

제28조 중 "「중소기업창업 지원법」 제7조 및 제11조"를 "「중소기업창업

지원법」 제10조 및 제20조"로, "「중소기업창업 지원법」 제8조의2"를 "「중소기업창업 지원법」 제16조"로, "동법 제12조제3항"을 "같은 법 제21조제3항"으로 한다.

⑬ 조세특례제한법 일부를 다음과 같이 개정한다.

제6조제1항 중 "「중소기업창업 지원법」 제5조의2제1항"을 "「중소기업창업 지원법」 제6조제1항"으로 한다.

제10조 (다른 법령과의 관계) 이 법 시행 당시 다른 법령에서 종전의 「중소기업창업 지원법」 또는 그 규정을 인용한 경우에 이 법 가운데 그에 해당하는 규정이 있으면 종전의 규정을 갈음하여 이 법 또는 이 법의 해당 규정을 인용한 것으로 본다.

부칙 〈제8466호, 2007.5.17〉 (수질 및 수생태계 보전에 관한 법률)

제1조 (시행일) 이 법은 공포 후 6개월이 경과한 날부터 시행한다.

제2조 및 제3조 생략

제4조 (다른 법률의 개정) ①부터 〈38〉까지 생략

〈39〉중소기업창업 지원법 일부를 다음과 같이 개정한다.

제35조제2항제5호 및 동조제3항제4호 중 "「수질환경보전법」"을 각각 "「수질 및 수생태계 보전에 관한 법률」"로 한다.

〈40〉부터 〈55〉까지 생략

제5조 생략

부칙 〈제8606호, 2007.8.3〉

① (시행일) 이 법은 공포한 날부터 시행한다.

② (유효기간) 제39조의2의 개정규정은 이 법 시행일부터 3년 이내에 창업하는 자에 한하여 적용한다.

③ (「수질 및 수생태계 보전에 관한 법률」에 관한 경과조치) 제39조의2 제6호의 개정규정 중 「수질 및 수생태계 보전에 관한 법률」은 2007년 11월 17일까지 「수질환경보전법」으로 본다.

④ (「통계법」 제22조에 관한 경과조치) 제39조의2의 개정규정 중 「통계법」 제22조제1항은 2007년 10월 27일까지 같은 법 제17조제1항으로

본다.

⊞ **부칙 〈제8635호, 2007.8.3〉 (자본시장과 금융투자업에 관한 법률)**

제1조 (시행일) 이 법은 공포 후 1년 6개월이 경과한 날부터 시행한다. 〈단서 생략〉

제2조부터 제41조까지 생략

제42조 (다른 법률의 개정) ①부터 〈61〉까지 생략

〈62〉 중소기업창업 지원법 일부를 다음과 같이 개정한다.

제10조제2항에 제4호를 다음과 같이 신설한다.

4. 창업투자회사와 투자자 간, 특정 투자자와 다른 투자자 간의 이해상충을 방지하기 위한 체계를 갖출 것(제47조의2제1항에 따른 공모창업투자조합을 결성하고자 하는 창업투자회사에 한한다)

제22조제1항제1호 중 "「간접투자자산 운용업법」 제23조제1항에 따른 수탁회사"를 "「자본시장과 금융투자업에 관한 법률」에 따른 신탁업자"로 하고, 같은 항 제2호 중 "수탁회사"를 "신탁업자"로 하며, 같은 조 제3항 중 "「한국증권선물거래소법」 제2조제1항에 따른 유가증권시장이나 같은 법 제2조제2항에 따른 코스닥시장"을 "「자본시장과 금융투자업에 관한 법률」 제9조제13항에 따른 증권시장"으로 한다.

제43조제1항제11호 중 "위반한 때"를 "위반한 때(제47조의2제1항에 따른 공모창업투자조합의 업무집행조합원의 경우 「자본시장과 금융투자업에 관한 법률」 또는 같은 법에 따른 명령이나 처분을 위반한 때를 포함한다)"로 하고, 같은 조 제2항제6호 중 "위반한 때"를 "위반한 때(제47조의2제1항에 따른 공모창업투자조합의 경우 「자본시장과 금융투자업에 관한 법률」 또는 같은 법에 따른 명령이나 처분을 위반한 때를 포함한다)"로 한다.

제6장에 제47조의2를 다음과 같이 신설한다.

제47조의2 (공모창업투자조합에 관한 특례) ① 「자본시장과 금융투자업에 관한 법률」 제11조부터 제16조까지, 제22조부터 제27조까지, 제29조부터 제32조까지, 제34조부터 제43조까지, 제48조, 제50조부터 제

53조까지, 제56조, 제58조, 제60조부터 제65조까지, 제80조부터 제83조까지, 제85조제2호·제3호 및 제6호부터 제8호까지, 제86조부터 제95조까지, 제181조부터 제183조까지, 제184조제1항·제2항·제5항부터 제7항까지, 제185조부터 제187조까지, 제218조부터 제223조까지, 제229조부터 제253조까지 및 제415조부터 제425조까지는 공모창업투자조합(「자본시장과 금융투자업에 관한 법률」 제9조제19항에 따른 사모집합투자기구에 해당하지 아니하는 창업투자조합을 말한다. 이하 같다) 및 창업투자회사(공모창업투자조합이 아닌 창업투자조합만을 결성하여 그 업무를 집행하는 창업투자회사를 제외한다)에 대하여는 적용하지 아니한다.

② 중소기업청장은 공모창업투자조합 또는 창업투자회사(공모창업투자조합이 아닌 창업투자조합만을 결성하여 그 업무를 집행하는 창업투자회사를 제외한다)를 등록하는 경우에는 미리 금융감독위원회와 협의하여야 한다.

③ 금융감독위원회는 공익 또는 공모창업투자조합의 조합원을 보호하기 위하여 필요한 경우에는 공모창업투자조합 및 창업투자회사(공모창업투자조합이 아닌 창업투자조합만을 결성하여 그 업무를 집행하는 창업투자회사를 제외한다)에 대하여 업무에 관한 자료의 제출이나 보고를 명할 수 있으며, 금융감독원의 원장으로 하여금 그 업무에 관하여 검사하게 할 수 있다.

④ 금융감독위원회는 공모창업투자조합 및 창업투자회사(공모창업투자조합이 아닌 창업투자조합만을 결성하여 그 업무를 집행하는 창업투자회사를 제외한다)가 이 법 또는 이 법에 따른 명령이나 처분을 위반하거나, 「자본시장과 금융투자업에 관한 법률」 또는 「자본시장과 금융투자업에 관한 법률」에 따른 명령이나 처분을 위반한 경우에는 제42조제1항 각 호, 제43조제1항·제2항의 어느 하나에 해당하는 조치를 취하도록 중소기업청장에게 요구할 수 있고, 중소기업청장은 특별한 사유가 없는 한 이에 응하여야 한다. 이 경우 중소기업청장은 그

조치내역을 금융감독위원회에 통보하여야 한다.

〈63〉부터 〈67〉까지 생략

제43조 및 제44조 생략

부칙 〈제8819호, 2007.12.27〉 (공유수면관리법)

제1조 (시행일) 이 법은 공포 후 6개월이 경과한 날부터 시행한다. 〈단서 생략〉

제2조부터 제7조까지 생략

제8조 (다른 법률의 개정) ①부터 〈27〉까지 생략

〈28〉 중소기업창업 지원법 일부를 다음과 같이 개정한다.

제35조제1항제3호 중 "인가"를 "승인"으로 한다.

〈29〉부터 〈43〉까지 생략

제9조 생략

부칙 〈제8852호, 2008.2.29〉 (정부조직법)

제1조 (시행일) 이 법은 공포한 날부터 시행한다. 다만, …〈생략〉…, 부칙 제6조에 따라 개정되는 법률 중 이 법의 시행 전에 공포되었으나 시행일이 도래하지 아니한 법률을 개정한 부분은 각각 해당 법률의 시행일부터 시행한다.

제2조부터 제5조까지 생략

제6조 (다른 법률의 개정) ①부터 〈738〉까지 생략

〈739〉 중소기업창업 지원법 일부를 다음과 같이 개정한다.

제6조제1항제3호, 제10조제1항 각 호 외의 부분, 제11조제2항, 제12조제1항, 제15조제2항, 제16조제1항 후단, 제17조제1항 본문, 제21조제3항 전단, 제26조제1항, 제31조제1항 각 호 외의 부분, 제43조제4항제3호 중 "산업자원부령"을 각각 "지식경제부령"으로 한다.

제47조의2제2항 · 제3항 및 제4항 중 "금융감독위원회"를 각각 "금융위원회"로 한다.

〈740〉부터 〈760〉까지 생략

제7조 생략

부칙 〈제8974호, 2008.3.21〉 (건축법)

제1조 (시행일) 이 법은 공포한 날부터 시행한다. 〈단서 생략〉

제2조부터 제12조까지 생략

제13조 (다른 법률의 개정) ①부터 〈52〉까지 생략

〈53〉 중소기업창업 지원법 일부를 다음과 같이 개정한다.

제35조제2항 각 호 외의 부분 중 "제8조"를 "제11조"로 하고, 같은 항 제10호 중 "제8조제1항"을 "제11조제1항"으로, "제9조제1항"을 "제14조제1항"으로, "제15조제1항과 제2항"을 "제20조제1항과 제2항"으로, "제72조제1항"을 "제83조제1항"으로 하며, 같은 조 제3항 각 호 외의 부분 중 "제18조"를 "제22조"로 하며, 같은 조 제4항 전단 중 "제8조제1항"을 "제11조제1항"으로, "제18조제1항"을 "제22조제1항"으로 한다.

제36조 중 "제8조제1항"을 "제11조제1항"으로, "제18조제1항"을 "제22조제1항"으로 한다.

〈54〉부터 〈70〉까지 생략

제14조 생략

부칙 〈제8976호, 2008.3.21〉 (도로법)

제1조 (시행일) 이 법은 공포한 날부터 시행한다. 〈단서 생략〉

제2조부터 제8조까지 생략

제9조 (다른 법률의 개정) ①부터 〈69〉까지 생략

〈70〉 중소기업창업 지원법 일부를 다음과 같이 개정한다.

제35조제1항제12호 및 같은 조 제2항제1호 중 "제40조제1항"을 각각 "제38조제1항"으로 한다.

〈71〉부터 〈99〉까지 생략

제10조 생략

부칙 〈제9160호, 2008.12.19〉 (중소기업진흥 및 제품구매촉진에 관한 법률)

제1조 (시행일) 이 법은 2009년 1월 1일부터 시행한다.

제2조 (다른 법률의 개정) ① 및 ② 생략

③ 중소기업창업 지원법 일부를 다음과 같이 개정한다.

제9조 중 “중소기업진흥 및 산업기반기금”을 각각 “중소기업창업 및 진흥기금”으로 한다.

부칙 〈제9379호, 2009.1.30〉

이 법은 공포 후 3개월이 경과한 날부터 시행한다.

부칙 〈제9401호, 2009.1.30〉 (국유재산법)

제1조 (시행일) 이 법은 공포 후 6개월이 경과한 날부터 시행한다. 〈단서 생략〉

제2조부터 제9조까지 생략

제10조 (다른 법률의 개정) ①부터 〈67〉까지 생략

〈68〉 중소기업창업 지원법 일부를 다음과 같이 개정한다.

제35조제1항제11호 중 “「국유재산법」 제24조에 따른 국유재산의 사용과 수익허가 및 같은 법 제30조”를 “「국유재산법」 제30조에 따른 국유재산의 사용허가 및 같은 법 제40조”로 한다.

〈69〉부터 〈86〉까지 생략

제11조 생략

부칙 〈제9584호, 2009.4.1〉 (산업발전법)

제1조 (시행일) 이 법은 2009년 5월 8일부터 시행한다.

제2조부터 제4조까지 생략

제5조 (다른 법률의 개정) ①부터 ⑧까지 생략

⑨ 중소기업창업 지원법 일부를 다음과 같이 개정한다.

제40조제1항제6호, 제41조 및 제48조제1항제6호를 각각 삭제한다.

⑩ 및 ⑪ 생략

제6조 생략

중소기업창업 지원법 시행령

[시행 2009.7.31] [대통령령 제21641호, 2009.7.27, 일부개정]

중소기업청 (창업진흥과), 042-481-4409

제1장 총칙

□ **제1조 (목적)** 이 영은 「중소기업창업 지원법」에서 위임된 사항과 그 시행에 필요한 사항을 규정함을 목적으로 한다.

□ **제2조 (창업의 범위)** ① 「중소기업창업 지원법」(이하 "법"이라 한다) 제2조제1호에 따른 창업은 다음 각 호의 어느 하나에 해당하지 아니하는 것으로서 중소기업을 새로 설립하여 사업을 개시하는 것을 말한다. 〈개정 2008.2.29〉

1. 타인으로부터 사업을 승계하여 승계 전의 사업과 같은 종류의 사업을 계속하는 경우. 다만, 사업의 일부를 분리하여 해당 기업의 임직원이나 그 외의 자가 사업을 개시하는 경우로서 지식경제부령으로 정하는 요건에 해당하는 경우는 제외한다.
2. 개인사업자인 중소기업자가 법인으로 전환하거나 법인의 조직변경 등 기업형태를 변경하여 변경 전의 사업과 같은 종류의 사업을 계속하는 경우
3. 폐업 후 사업을 개시하여 폐업 전의 사업과 같은 종류의 사업을 계속하는 경우

② 제1항 각 호에 따른 같은 종류의 사업의 범위는 「통계법」 제22조제1항에 따라 통계청장이 작성·고시하는 한국표준산업분류(이하 "한국표준산업분류"라 한다)상의 세분류를 기준으로 한다. 이 경우 기존 업종에 다른 업종을 추가하여 사업을 하는 경우에는 추가된 업종의 매출액이 총 매출액의 100분의 50 미만인 경우에만 같은 종류의 사업을 계속하는 것으로 본다. 〈개정 2007.10.23〉

③ 제2항 후단에 따른 추가된 업종의 매출액 또는 총 매출액은 추가된

날이 속하는 분기의 다음 2분기 동안의 매출액 또는 총 매출액을 말한다.

□ **제3조 (사업의 개시일)** 법 제2조제2호에 따른 사업을 개시한 날은 다음 각 호와 같다.

1. 창업자가 법인이면 법인설립등기일
2. 창업자가 개인이면 「부가가치세법」 제5조제1항에 따른 사업개시일. 다만, 법 제33조에 따른 사업계획의 승인을 받아 사업을 개시하는 경우에는 「부가가치세법」 제5조제1항에 따른 사업자등록일

□ **제4조 (창업에서 제외되는 업종)** 법 제3조 단서에서 "대통령령으로 정하는 업종"이란 다음 각 호의 어느 하나에 해당하는 업종을 말한다. 이 경우 업종의 분류는 한국표준산업분류를 기준으로 한다. 〈개정 2008.2.29, 2008.5.9〉

1. 숙박 및 음식점업
2. 금융 및 보험업
3. 부동산업
4. 무도장운영업
5. 골프장 및 스키장운영업
6. 기타 갬블링 및 베팅업
7. 기타 개인 서비스업(산업용 세탁업은 제외한다)
8. 그 밖에 제조업이 아닌 업종으로서 지식경제부령으로 정하는 업종

□ **제5조 (창업지원계획의 수립 등)** ① 법 제4조제1항에 따른 중소기업창업지원계획에는 다음 각 호의 사항이 포함되어야 한다. 〈개정 2009.5.28〉

1. 창업자의 지원에 관한 사항
2. 창업지원과 관련되는 기관·단체의 육성에 관한 사항
3. 「중소기업진흥 및 제품구매촉진에 관한 법률」 제63조에 따른 중소기업창업 및 진흥기금에서 지원하는 중소기업 창업지원자금의 운용에 관한 사항

4. 그 밖에 창업지원을 위하여 필요한 사항

② 법 제4조제2항에서 "대통령령으로 정하는 창업지원에 관한 사업을 하는 자"란 다음 각 호의 어느 하나에 해당하는 자를 말한다.

1. 법 제6조제1항에 따른 창업보육센터사업자
2. 법 제8조제1항에 따른 창업대학원
3. 법 제10조제1항에 따른 중소기업창업투자회사(이하 "창업투자회사"라 한다)
4. 법 제20조제1항에 따른 중소기업창업투자조합(이하 "창업투자조합"이라 한다)
5. 법 제31조제1항에 따른 중소기업상담회사(이하 "중소기업상담회사"라 한다)
6. 법 제39조에 따른 창업을 촉진하기 위한 업무를 전담하는 조직
7. 그 밖에 창업강좌의 개최 또는 창업정보의 제공 등 창업지원사업을 하는 자로서 중소기업청장이 고시하는 기준을 갖춘 사업자

□ **제6조 (창업보육센터사업자의 지정)** ① 법 제6조제1항제2호에서 "그 밖에 대통령령으로 정하는 전문인력"이란 별표 1의 전문인력을 말한다.

② 창업보육센터사업자의 지정을 받으려는 자는 지정신청서에 지식경제부령으로 정하는 서류를 첨부하여 중소기업청장에게 제출하여야 한다. 지정받은 사항을 변경한 경우에도 또한 같다. 〈개정 2008.2.29〉

□ **제7조 (국유재산 임대료의 감면)** ① 법 제6조제2항에 따른 국유재산의 연간 임대료는 「국유재산법 시행령」 제29조제2항에 따라 산출한 재산가액에 100분의 1 이상을 곱한 금액으로 하되, 월 단위로 나누어 계산할 수 있다. 〈개정 2009.7.27〉

② 동일한 입주자(법 제6조제2항에 따라 창업보육센터에 입주한 자를 말한다)가 동일한 국유재산을 계속하여 2개 연도 이상 임차하는 경우로서 제1항에 따라 산출한 연간 임대료가 전년도의 임대료보다 10퍼센트 이상 인상되는 경우에는 「국유재산법 시행령」 제31조에 따라 산출한 금액을 그 임대료로 한다. 〈개정 2009.7.27〉

□ **제8조 (기금의 우선지원)** 법 제9조에 따라 「중소기업진흥 및 제품구매촉진에 관한 법률」 제63조에 따른 중소기업창업 및 진흥기금을 우선적으로 지원받을 수 있는 자는 투자실적이 납입자본금의 100분의 50 이상이거나 부채비율이 중소기업청장이 정하여 고시하는 기준 이하인 창업투자회사 및 그 창업투자회사가 결성하는 창업투자조합으로 한다. 〈개정 2009.5.28〉

제2장 중소기업창업투자회사

□ **제9조 (창업투자회사의 등록요건)** ① 법 제10조제2항제1호에서 "대통령령으로 정하는 금액"이란 50억원을 말한다. 〈개정 2009.5.28〉

② 법 제10조제2항제2호마목에서 "대통령령으로 정하는 금융 관련 법령"이란 다음 각 호의 어느 하나에 해당하는 법률을 말한다. 〈개정 2008.5.9, 2008.7.29〉

1. 「금융산업의 구조개선에 관한 법률」
2. 「은행법」
3. 「자본시장과 금융투자업에 관한 법률」
4. 삭제 〈2008.7.29〉
5. 삭제 〈2008.7.29〉
6. 삭제 〈2008.7.29〉
7. 삭제 〈2008.7.29〉
8. 「보험업법」
9. 「상호저축은행법」
10. 「여신전문금융업법」
11. 「신용보증기금법」
12. 「기술신용보증기금법」
13. 「신용협동조합법」
14. 「새마을금고법」
15. 「신용정보의 이용 및 보호에 관한 법률」

16. 「외국환거래법」
17. 「금융위원회의 설치 등에 관한 법률」
18. 「자산유동화에 관한 법률」
19. 「금융실명거래 및 비밀보장에 관한 법률」
20. 「외국인투자촉진법」
21. 「기업구조조정투자회사법」
22. 「산업발전법」

③ 법 제10조제2항제2호바목 및 자목에서 "대통령령으로 정하는 자"란 다음 각 호의 어느 하나에 해당하는 자를 말한다.

1. 대표이사
2. 감사
3. 등록취소의 원인이 되는 행위를 지시한 자

④ 법 제10조제2항제2호사목에서 "대통령령으로 정하는 자"란 정당한 사유 없이 약정한 날을 3개월 이상 지난 채무가 1천만원을 초과하는 자를 말한다.

⑤ 법 제10조제2항제2호아목에서 "대통령령으로 정하는 출자자"란 다음 각 호의 어느 하나에 해당하는 자를 말한다. 〈개정 2008.5.9, 2008.7.29〉

1. 의결권 있는 발행주식총수를 기준으로 본인 및 「자본시장과 금융투자업에 관한 법률 시행령」 제8조에 따른 특수관계인(이하 "특수관계인"이라 한다)이 소유하는 주식이 가장 많고 그 주식수가 의결권 있는 발행주식총수의 100분의 10을 초과하는 경우의 그 본인
2. 누구의 명의로 하든지 자기의 계산으로 의결권 있는 발행주식총수의 100분의 30 이상의 주식을 소유한 자
3. 임원의 임면 등 해당 창업투자회사의 주요 경영사항에 대하여 사실상 지배력을 행사하고 있는 주주

⑥ 법 제10조제2항제3호에 따라 창업투자회사가 갖추어야 하는 상근하는 전문인력과 시설의 기준은 다음과 같다. 〈개정 2008.5.9, 2009.5.28〉

1. 다음 각 목의 어느 하나에 해당하는 2명 이상의 전문인력. 다만, 법 제

10조제2항제2호바목 또는 자목에 해당하는 자로서 등록이 취소된 날 또는 그 사유를 통보받은 날부터 3년(등록말소일부터 5년을 초과하는 경우에는 등록말소일부터 5년)이 지나지 아니한 자는 제외한다.

가. 「변호사법」에 따른 변호사, 「공인회계사법」에 따른 공인회계사 또는 「변리사법」에 따른 변리사

나. 「국가기술자격법」에 따른 기술사 자격을 취득한 자 또는 이공계열·경상계열 박사학위를 소지한 자

다. 「중소기업진흥 및 제품구매촉진에 관한 법률」 제50조에 따른 경영지도사·기술지도사 또는 이공계열·경상계열 석사학위를 소지한 자로서 관련 업무에 3년 이상 종사한 자

라. 이공계열 학사 이상의 학위를 소지한 자로서 국·공립연구기관, 「정부출연연구기관 등의 설립·운영 및 육성에 관한 법률」 또는 「과학기술분야 정부출연연구기관 등의 설립·운영 및 육성에 관한 법률」에 따른 정부출연연구기관, 「기술개발촉진법」 제7조제1항제2호에 따른 기업부설연구소에서 관련 업무에 4년 이상 종사한 자

마. 학사학위를 소지한 자로서 「금융위원회의 설치 등에 관한 법률」 제38조에 따른 검사대상기관(「여신전문금융업법」 제41조에 따른 신기술사업금융업을 경영하는 회사는 제외한다) 또는 창업투자회사의 업무에 준하는 업무를 수행하는 외국회사(그 계열사 및 지점을 포함한다)에서 3년 이상 투자심사업무(대출심사업무는 제외한다)를 한 경력이 있는 자

바. 창업투자회사, 「산업발전법」 제14조에 따른 기업구조조정전문회사 또는 「여신전문금융업법」 제41조에 따른 신기술사업금융업을 영위하는 회사에서 2년 이상 투자심사업무를 한 경력이 있는 자

사. 다목부터 마목까지에 따른 자격·학력기준을 충족한 자 중 경력기준에 못 미치는 자 또는 바목에 따른 경력기준에 못 미치는 자로서 중소기업청장이 인정하는 창업투자회사 전문인력양성 교육과정을 마친 자

2. 투자상담을 위한 전용공간 확보 등 중소기업청장이 정하는 기준을 충족한 사무실

□ **제10조 (창업투자회사의 행위 제한)** ① 법 제15조제1항 각 호 외의 부분 단서에서 "대통령령으로 정하는 경우"란 다음 각 호의 어느 하나에 해당하는 경우를 말한다. 〈개정 2008.5.9, 2008.7.29〉

1. 「자본시장과 금융투자업에 관한 법률」 제9조제13항에 따른 증권시장에서 주식을 취득하는 경우로서 중소기업청장이 인정하여 고시하는 경우
2. 다음 각 목의 조합의 업무집행조합원이나 회사의 업무집행사원으로 참여하는 경우
   가. 「산업발전법」 제15조에 따른 기업구조조정조합(이하 "기업구조조정조합"이라 한다)
   나. 「자본시장과 금융투자업에 관한 법률」 제9조제18항제7호에 따른 사모투자전문회사(이하 "사모투자전문회사"라 한다)
   다. 그 밖에 다른 법령에 따라 설립된 조합이나 회사로서 그 업무가 창업투자조합이나 창업투자회사의 업무로 적합함을 중소기업청장이 인정하여 고시하는 조합이나 회사
3. 창업투자회사가 인수·합병을 목적으로 다른 창업투자회사의 주식을 취득하는 경우. 다만, 최초의 주식 취득일부터 6개월 이내에 인수·합병이 이루어지지 아니하는 경우에는 취득한 주식을 최초의 주식 취득일부터 9개월 이내에 처분하여야 한다.

② 법 제15조제1항제3호에서 "대통령령으로 정하는 금융기관"이란 다음 각 호의 어느 하나에 해당하는 자를 말한다. 〈개정 2008.5.9〉

1. 「금융실명거래 및 비밀보장에 관한 법률」 제2조제1호에 따른 금융기관
2. 「산업발전법」제14조에 따른 기업구조조정전문회사 및 같은 법 제15조에 따른 기업구조조정조합
3. 사모투자전문회사

③ 법 제15조제1항제4호에서 "대통령령으로 정하는 범위의 업무용 부동산"이란 다음 각 호의 어느 하나에 해당하는 것을 말한다.

1. 해당 창업투자회사가 직접 설립한 창업보육센터
2. 제9조제6항제2호에 따른 사무실(지점을 포함한다)
3. 그 밖에 법 제10조제1항제5호에 따른 사업에 직접 필요한 부동산으로서 중소기업청장이 인정하는 것

④ 법 제15조제1항제5호에서 "대통령령으로 정하는 행위"란 다음 각 호의 어느 하나에 해당하는 행위를 말한다. 〈개정 2008.2.29, 2008.5.9, 2009.5.28, 2009.5.28〉

1. 다음 각 목의 어느 하나에 해당하는 자와 거래하는 행위
   가. 해당 창업투자회사가 결성한 창업투자조합. 다만, 창업투자회사가 창업투자조합의 해산이나 그 밖에 중소기업청장이 인정하는 불가피한 사유로 인하여 거래하는 경우는 제외한다.
   나. 해당 창업투자회사의 특수관계인. 다만, 제6호에 따라 창업투자회사가 경영지배를 목적으로 투자하는 경우에는 그러하지 아니하다.
   다. 해당 창업투자회사의 주요주주(누구의 명의로 하든지 자기의 계산으로 의결권 있는 발행주식총수의 100분의 10 이상의 주식을 소유하거나 임원의 임면 등 해당 창업투자회사의 주요경영사항에 대하여 사실상 지배력을 행사하고 있는 주주를 말한다) 및 그 특수관계인
   라. 해당 창업투자회사가 결성한 창업투자조합의 주요출자자(출자총액의 100분의 5 이상의 출자지분을 소유한 출자자를 말한다. 이하 이 목에서 같다) 및 그 특수관계인. 다만, 다음의 어느 하나에 해당하는 경우는 제외한다.
      1) 창업투자회사가 자신이 결성한 창업투자조합의 주요출자자의 특수관계인인 「벤처기업육성에 관한 특별조치법」 제4조의3에 따른 한국벤처투자조합(이하 "한국벤처투자조합"이라 한다) 중 창업투자회사 등이 보유하고 있는 주식 등의 자산 매수를 주된 목적으로 결성된 조합에 주식 등 보유자산을 매각하는 경우

2) 창업투자회사가 자신이 결성한 창업투자조합의 주요출자자 중 다음의 어느 하나에 해당하는 자의 특수관계인인 다른 창업투자조합 또는 한국벤처투자조합과 거래하는 경우

가) 「벤처기업육성에 관한 특별조치법」 제4조의2제1항에 따른 중소기업투자모태조합

나) 「국가재정법」 제8조제1항에 따른 기금관리주체로서 같은 법 별표 2에 따른 기금을 관리·운용하는 자

다) 「은행법」에 따른 금융기관(같은 법 제58조제1항에 따라 금융위원회의 인가를 받은 외국금융기관의 국내 지점·대리점 및 사무소를 포함한다)

라) 「한국산업은행법」에 따른 한국산업은행

마) 「중소기업은행법」에 따른 중소기업은행

바) 「농업협동조합법」에 따른 농업협동조합중앙회

사) 「상호저축은행법」에 따른 상호저축은행

아) 「보험업법」에 따른 보험회사

자) 「우체국 예금·보험에 관한 법률」에 따른 체신관서

차) 법률에 따라 공제사업을 경영하는 법인

3) 창업투자회사가 결성한 창업투자조합의 해산 또는 제3자에게 매각할 수 없는 투자지분의 회수를 위하여 거래하는 경우

2. 해당 창업투자회사가 결성한 창업투자조합이 다음 각 목의 어느 하나에 해당하는 조합이나 회사와 거래하는 행위. 다만, 해당 창업투자회사가 업무집행조합원 또는 업무집행사원인 조합이나 회사와의 거래인 경우만 해당한다.

가. 창업투자조합

나. 한국벤처투자조합

다. 기업구조조정조합

라. 사모투자전문회사

3. 창업투자회사의 자산으로 담보를 제공하거나 채무를 보증하는 행위

4. 해당 창업투자회사의 임직원에 대한 대출로서 지식경제부령으로 정하는 금액을 초과하는 대출
5. 창업투자회사 명의로 제3자를 위하여 주식을 취득하거나 자금을 중개하는 행위
6. 경영지배를 목적으로 투자하는 행위. 다만, 다음 각 목의 요건을 모두 갖춘 경우는 제외한다.
   가. 지식경제부령으로 정하는 경영지배의 성립일부터 6개월(그 주식이나 지분을 보유함으로써 창업투자회사나 창업투자조합의 이익을 명백하게 해칠 우려가 있음을 중소기업청장이 인정하는 경우에는 기간을 단축할 수 있다)이 되는 날까지 해당 중소기업의 주식이나 지분을 보유할 것
   나. 지식경제부령으로 정하는 경영지배의 성립일부터 7년(매각을 위한 협의가 늦어지는 등 해당 주식이나 지분을 매각하기 어려운 사유가 있음을 중소기업청장이 인정하는 경우에는 1년 안의 범위에서 기간을 연장할 수 있다) 안에 해당 중소기업의 주식이나 지분을 전부 매각할 것
7. 창업투자회사가 자신이 투자한 업체로부터 차입 또는 자산 매각 등 투자행위에 수반되는 정상적인 거래관계 외의 거래를 통하여 자금을 받는 행위
8. 그 밖에 부당한 목적으로 투자하는 행위로서 지식경제부령으로 정하는 행위

□ **제11조 (창업투자회사의 투자의무비율)** ① 법 제16조제1항 본문에서 "등록 후 3년이 지난 날부터 대통령령으로 정하는 기간"이란 등록 후 3년이 지난 다음 날까지를 말하며, "대통령령으로 정하는 비율"이란 100분의 40을 말한다. 〈개정 2009.6.30〉

② 제1항에 따른 투자의무비율을 산정할 때 납입자본금이 증액되거나 감액된 경우에는 다음 각 호의 기준에 따라 산정한다.

1. 등록 당시의 납입자본금보다 증액된 경우에는 그 증액분에 대한 투자

의무비율은 증액일(납입자본금이 증액된 후 감액된 경우로서 최근 증액된 금액에서 순차적으로 뺀 후 잔여 증액분이 있는 경우에는 잔여 증액분의 증액일)을 기준으로 연차적으로 별도로 산정한다.

2. 등록 당시의 납입자본금보다 감액된 경우에는 감액된 후의 납입자본금에 대한 투자의무비율은 등록일을 기준으로 산정한다.

③ 법 제16조제1항 단서에서 "대통령령으로 정하는 일정 규모 이상"이란 법 제20조에 따른 창업투자조합 출자금 총액이 창업투자회사 납입자본금의 100분의 200 이상인 경우를 말한다.

□ **제12조 (창업투자회사의 해외투자한도)** 법 제17조제2항에서 "대통령령으로 정하는 비율"이란 100분의 40을 말한다.

□ **제13조 (창업투자회사의 결산 보고 등)** ① 법 제19조에 따라 창업투자회사는 매 사업연도 종료 후 3개월 이내에 결산서에 「공인회계사법」 제23조에 따른 회계법인(이하 "회계법인"이라 한다)의 감사의견서를 첨부하여 중소기업청장에게 제출하여야 한다.

② 중소기업청장은 제1항에 따라 제출된 결산서를 검토한 결과 해당 창업투자회사의 투자활성화와 재무구조 건실화를 위하여 필요하다고 인정되면 회수가 불가능한 투자자산에 대하여 투·융자손실준비금과 투자손실금을 상계(相計)처리하게 하거나 대손금(貸損金)으로 처리하게 할 수 있다.

제3장 중소기업창업투자조합

□ **제14조 (창업투자조합의 등록요건 및 절차)** ① 법 제20조에 따른 창업투자조합은 다음 각 호의 요건을 갖추어야 한다. 〈개정 2008.5.9〉

1. 출자금 총액이 30억원 이상일 것. 다만, 법 제20조제3항에 따라 출자금액의 전액을 나누어 출자하는 경우에는 최초 출자금액은 10억원 이상이어야 한다.
2. 출자 1좌(座)의 금액이 100만원 이상일 것
3. 유한책임조합원의 수가 49인 이하일 것

4. 업무집행조합원의 출자지분이 출자금 총액의 100분의 1 이상일 것
5. 존속기간이 5년 이상일 것

② 창업투자회사는 창업투자조합을 결성하려면 다음 각 호의 사항이 적힌 결성계획서를 미리 중소기업청장에게 제출하여야 한다.

1. 사업 개요
2. 출자금 총액, 출자 1좌의 금액, 출자의 시기 및 방법
3. 유한책임조합원의 모집계획
4. 창업투자조합의 자산 운용 및 배분계획
5. 창업투자조합의 투자심사업무를 전담하는 전문인력의 인적사항(성명·주민등록번호·약력 및 투자경력 등을 말한다. 이하 같다)

③ 창업투자회사는 창업투자조합의 결성을 완료하면 등록신청서에 다음 각 호의 서류를 첨부하여 조합원총회 개최일부터 7일 이내에 중소기업청장에게 제출하여야 한다. 〈개정 2008.5.9, 2008.7.29〉

1. 창업투자조합의 규약
2. 조합원명부
3. 조합원의 출자금액 및 출자이행을 증명하는 서류
4. 창업투자조합의 투자심사업무를 전담하는 전문인력의 인적사항
5. 법 제22조제1항제1호에 따라 창업투자조합 재산의 보관을 「자본시장과 금융투자업에 관한 법률」 제8조제7항에 따른 신탁업자 및 신탁업을 겸영하는 금융기관에 위탁하였음을 증명하는 서류

□ **제15조 (등록원부의 비치 등)** ① 중소기업청장은 창업투자조합의 등록을 할 때에는 지식경제부령으로 정하는 바에 따라 등록원부를 갖추어 두고 다음 각 호의 사항을 적어야 한다. 〈개정 2008.2.29〉

1. 창업투자조합의 명칭 및 사무소의 소재지
2. 업무집행조합원의 명칭 및 주소
3. 조합원별 출자금액 및 출자좌수
4. 해당 조합의 존속기간
5. 창업투자조합의 투자심사업무를 전담하는 전문인력의 인적사항

② 창업투자조합의 업무집행조합원은 제1항 각 호의 사항이 변경되면 변경일부터 7일 이내에 변경된 사실을 증명하는 서류를 첨부하여 중소기업청장에게 변경등록을 신청하여야 한다.

③ 중소기업청장은 제1항이나 제2항에 따라 등록을 한 때에는 지식경제부령으로 정하는 바에 따라 그 등본을 신청인에게 내주어야 한다. 〈개정 2008.2.29〉

④ 중소기업청장은 창업투자조합의 등록원부를 갖추어 관리하고 해당 조합의 조합원이나 그 조합원이 지정한 자가 열람할 수 있도록 하여야 한다. 〈개정 2008.5.9〉

□ **제16조 (창업투자조합의 투자의무비율 등)** ① 법 제21조제3항 본문에서 "등록 후 3년이 지난 날부터 대통령령으로 정하는 기간"이란 등록 후 3년이 지난 날의 다음 날까지를 말하고, 같은 항 단서에서 "대통령령으로 정하는 기간"이란 등록 후 3년이 지난 날의 다음 날까지를 말하며, 같은 항 본문 및 단서에서 "대통령령으로 정하는 비율"이란 각각 100분의 40을 말한다.

② 제1항에 따른 투자의무비율을 계산할 때 등록 당시에 납입한 출자금보다 출자금이 증액된 경우에는 그 증액분에 대한 투자의무비율은 증액일을 기준으로 연차적으로 따로 계산한다.

③ 창업투자조합의 행위제한과 해외투자요건에 관하여는 제10조제1항제1호, 같은 조 제2항부터 제4항까지 및 제12조를 각각 준용한다. 이 경우 제10조제4항제1호가목·다목 및 라목, 같은 항 제2호 및 제7호 중 "창업투자회사"는 각각 "업무집행조합원"으로 보고, 그 밖의 규정의 경우에는 "창업투자회사"는 각각 "창업투자조합"으로 본다.

[전문개정 2008.5.9]

□ **제17조 (조합의 결산 보고 등)** ① 법 제23조에 따라 창업투자조합의 업무집행조합원은 매 사업연도 종료 후 3개월 이내에 결산서에 회계법인의 감사의견서를 첨부하여 중소기업청장에게 제출하여야 한다.

② 중소기업청장은 창업투자조합의 효율적 운영을 위하여 창업투자조합

의 표준규약을 정할 수 있다.

□ **제18조 (해산사유 등)** ① 법 제25조제1항제5호에서 “그 밖에 대통령령으로 정하는 사유”란 다음 각 호의 어느 하나에 해당하는 경우를 말한다.

1. 창업투자조합의 결성목적이 달성되었다고 조합원 전원이 동의하는 경우
2. 업무집행조합원인 창업투자회사의 등록이 취소되거나 파산 등으로 인하여 업무수행을 계속하기가 곤란한 경우
3. 조합의 자산이 잠식(蠶食)되거나 그 밖의 사유가 발생하여 중소기업청장이 조합원 보호를 위하여 필요하다고 인정하는 경우로서 조합원 총수 및 조합 총지분의 각 과반수의 동의를 받은 경우

② 법 제25조제2항에 따라 업무집행조합원을 가입하게 하여 창업투자조합을 계속하려는 자는 다음 각 호의 사항을 적은 신청서에 조합을 해산하지 아니하려는 사유서 및 유한책임조합원 전원의 동의서를 첨부하여 중소기업청장에게 제출하여야 한다.

1. 창업투자조합의 명칭 및 사무소의 소재지
2. 새로 가입하게 한 업무집행조합원의 명칭・소재지 및 대표자의 성명
3. 조합원별 출자금액 및 출자좌수

③ 제2항에 따른 신청서를 제출한 자는 제15조제2항에 따른 변경등록을 신청한 것으로 본다.

④ 창업투자조합의 업무집행조합원은 창업투자조합이 해산하면 7일 이내에 중소기업청장에게 그 사실을 알려야 한다.

□ **제19조 (투자수익의 산정 방식 등)** ① 법 제28조에 따른 성과보수 지급을 위한 투자수익은 조합자산의 평가금액에서 출자금액과 중소기업청장이 정하는 운영경비를 제외한 금액으로 한다.

② 법 제28조에 따라 투자수익에 따른 성과보수를 지급받은 업무집행조합원은 성과보수로 지급받은 금액의 범위에서 투자수익발생에 기여한 임직원에게 성과급을 지급할 수 있다.

제4장 중소기업상담회사

□ **제20조 (중소기업상담회사의 등록요건)** ① 법 제31조제2항제1호에서 "대통령령으로 정하는 금액"이란 5천만원을 말한다.

② 법 제31조제2항제3호에 따라 중소기업상담회사가 보유하여야 하는 전문인력 및 시설은 다음 각 호와 같다. 〈개정 2008.2.29, 2009.5.28〉

1. 별표 1의 전문인력 중 2명 이상이 상근할 것
2. 지식경제부령으로 정하는 부대시설을 갖춘 사무실

③ 법 제31조제2항제2호마목에서 "대통령령으로 정하는 자"란 정당한 사유 없이 약정한 날을 3개월 이상 지난 채무가 1천만원을 초과하는 자를 말한다.

□ **제21조 (용역 대금의 지원)** ① 법 제32조에 따라 용역 대금의 지원을 받을 수 있는 자는 창업투자회사를 겸업하지 아니하는 중소기업상담회사로서 그 지원금액은 해당 용역 대금의 100분의 80 이내로 한다.

② 법 제32조에 따라 용역 대금의 지원을 받으려는 자는 용역대금지원신청서에 지식경제부령으로 정하는 서류를 첨부하여 중소기업청장이 지정하는 기관이나 단체에 제출하여야 한다. 〈개정 2008.2.29〉

제5장 창업 절차 등

□ **제22조 (사업계획의 승인)** 법 제33조제1항에 따라 사업계획의 승인을 받으려는 창업자는 사업계획승인신청서에 지식경제부령으로 정하는 서류를 첨부하여 공장설립 예정지를 관할하는 시장·군수·구청장(자치구의 구청장을 말한다. 이하 같다)에게 제출하여야 한다. 사업계획의 변경승인을 받으려는 경우에도 또한 같다. 〈개정 2008.2.29〉

□ **제23조 (창업민원처리협의회의 설치)** ① 중소기업청장은 법 제33조에 따른 사업계획 승인업무의 지원 및 협의를 위하여 지방중소기업청에 창업민원처리협의회를 둘 수 있다.

② 창 업민원처리협의회의 구성 및 운영방법 등에 필요한 사항은 지식경제부령으로 정한다. 〈개정 2008.2.29〉

□ **제24조 (사업계획 승인에 관한 업무처리지침)** ① 법 제33조제4항에 따른 사업계획의 승인에 관한 업무처리지침에는 법 제35조에 따른 허가, 인가, 면허, 승인, 지정, 결정, 신고, 해제, 동의, 검사 또는 용도폐지 등에 관한 업무처리기준(이하 이 조에서 "인 · 허가등기준"이라 한다)이 포함되어야 한다.

② 관계 행정기관의 장은 제1항에 따른 업무처리지침의 작성에 필요한 인 · 허가등기준을 중소기업청장에게 통보하여야 한다. 인 · 허가등기준을 변경한 경우에도 또한 같다.

□ **제25조 (사전 협의 절차)** ① 법 제34조제1항에 따라 사업계획의 승인 가능성 등에 관한 사전협의를 신청하려는 창업자는 그 신청서에 지식경제부령으로 정하는 서류를 첨부하여 공장설립 예정지를 관할하는 시장 · 군수 · 구청장에게 제출하여야 한다. 〈개정 2008.2.29〉

② 시장 · 군수 · 구청장은 제1항에 따른 사전협의 신청을 받은 날부터 7일 이내에 사업계획의 승인 가능성 등에 관하여 알려야 한다.

□ **제26조 (다른 행정기관과의 협의기간)** 법 제35조제4항 전단에서 "대통령령으로 정하는 기간"이란 10일을 말한다.

□ **제27조 (사업계획 승인의 취소 등)** ① 법 제37조제1항제1호에서 "사업계획의 승인을 받은 날부터 대통령령으로 정하는 기간"이란 사업계획의 승인을 받은 날부터 3년(법 제35조제1항제9호에 따라 농지의 전용허가 또는 농지의 전용신고가 의제된 경우에는 사업계획의 승인을 받은 날부터 2년)을, "공장착공 후 대통령령으로 정하는 기간"이란 공장착공 후 1년을 말한다. 〈개정 2009.5.28〉

② 법 제37조제1항제4호에서 "대통령령으로 정하는 기간"이란 4년을 말한다.

③ 시장 · 군수 · 구청장은 법 제37조제1항에 따라 사업계획의 승인과 공장건축허가를 취소하려면 미리 일정한 기간을 정하여 해당 처분 대상자가 사업계획을 변경하거나 공장건축을 하도록 권고한 후 이에 응하지 아니한 경우에만 해당 처분을 하여야 한다.

□ **제28조 (중소기업창업민원실의 설치·운영)** ① 시장 · 군수 · 구청장은 창업에 관련된 민원을 접수하여 처리할 수 있도록 법 제38조제1항에 따른 중소기업창업민원실(이하 이 조에서 "중소기업창업민원실"이라 한다)을 설치하고 창업 관련 업무를 전담할 직원을 배치하여야 한다.

② 시장 · 군수 · 구청장은 중소기업창업민원실의 설치 · 운영에 필요한 사항을 따로 정할 수 있다.

□ **제29조 (창업진흥전담조직의 설치 및 운영 등)** ① 중소기업청장은 중소기업창업 관련 비영리 전문기관 또는 단체의 신청을 받아 법 제39조제1항에 따른 창업진흥전담조직(이하 이 조에서 "창업진흥전담조직"이라 한다)을 설치할 수 있다.

② 창업진흥전담조직은 다음 각 호의 사업을 수행한다. 〈개정 2009.5.28〉

1. 창업 활성화를 위한 정책연구 및 제도개선 과제 발굴
2. 창업자에 대한 자금, 인력, 판로 및 입지 등에 관한 정보제공 및 지원
3. 창업촉진을 위한 교육모델 개발 및 운영 · 보급
4. 창업 실태조사 및 분석
5. 창업 관련 국제기구 및 외국과의 교류 및 협력
6. 우수 예비창업자의 발굴 및 지원
7. 청소년 및 예비창업자 등에 대한 창업교육 등 기업가정신 제고
8. 대학 및 연구기관 등의 창업촉진
9. 그 밖에 관계 중앙행정기관의 장이 위탁하는 사업

③ 창업진흥전담조직의 설치 · 업무수행 및 운영에 필요한 그 밖의 사항은 중소기업청장이 정하여 고시한다.

제6장 보칙

□ **제30조 (업무운용 상황 등의 보고와 검사)** ① 법 제40조제1항에 따라 창업투자회사, 창업투자조합의 업무집행조합원, 중소기업상담회사 및 창업보육센터사업자는 다음 각 호의 기준에 따라 중소기업청장에게 업무운용 상황 등에 관한 사항을 보고하여야 한다.

1. 창업투자회사 및 창업투자조합의 업무집행조합원 : 월별
2. 중소기업상담회사 및 창업보육센터사업자 : 반기별

② 제1항에 따른 업무운용 상황 등에 관한 보고는 전자문서(「전자거래기본법」 제2조제1호에 따른 전자문서를 말한다. 이하 같다)로 할 수 있다. 〈개정 2007.11.16〉

③ 법 제40조제1항 각 호 외의 부분에서 "대통령령으로 정하는 장부·서류"란 다음 각 호의 어느 하나를 말한다.

1. 창업투자회사 및 창업투자조합의 감사보고서
2. 창업투자회사의 법인등기부 등본
3. 창업투자회사의 전문인력 보유현황 및 그 자격을 증명하는 서류
4. 창업투자회사의 사무실 확보현황에 관한 서류
5. 창업투자회사의 주주 명부
6. 창업투자조합의 출자자 명부
7. 창업투자회사 및 창업투자조합의 거래계약서
8. 창업투자회사 및 창업투자조합의 총계정원장
9. 창업투자회사 및 창업투자조합이 거래한 회사의 주주 명부 및 법인등기부등본

④ 법 제40조제1항제7호에서 "대통령령으로 정하는 경우"란 다음 각 호의 경우를 말한다.

1. 법 제10조제1항 각 호 외의 부분 후단에 따른 창업투자회사의 중요사항 변경등록 여부의 확인이 필요한 경우
2. 법 제42조제2항에 따른 창업투자회사의 경영 및 자산 건전성 준수 여부의 확인이 필요한 경우

□ **제31조 (경영개선을 위한 조치)** 중소기업청장은 창업투자회사의 자본잠식률(자본총계가 납입자본금에 미치지 못하는 비율을 말한다)이 100분의 50 이상이면 법 제42조제2항에 따라 경영개선을 위하여 필요한 조치를 요구할 수 있다.

□ **제32조 (업무의 위탁 등)** ① 중소기업청장은 법 제45조제2항에 따라

다음 각 호의 업무를 「민법」 제32조에 따라 중소기업청장의 허가를 받아 설립된 한국벤처캐피탈협회(이하 이 조에서 "한국벤처캐피탈협회"라 한다) 또는 「벤처기업육성에 관한 특별조치법」 제4조의2제1항에 따른 투자관리전문기관(이하 이 조에서 "투자관리전문기관"이라 한다)에 위탁한다. 〈개정 2009.5.28〉

1. 법 제10조제2항제3호에 따른 창업투자회사 전문인력 해당 여부의 확인 및 관리에 관한 업무
2. 법 제14조에 따른 창업투자회사 공시(公示)운영에 관한 업무
3. 법 제19조에 따른 창업투자회사의 결산서 및 법 제23조에 따른 창업투자조합의 결산서의 접수에 관한 업무
4. 법 제40조제1항 각 호 외의 부분에 따른 업무운용 상황 등에 관한 보고의 접수에 관한 업무

② 중소기업청장은 필요한 경우에는 한국벤처캐피탈협회 또는 투자관리전문기관에 대하여 제1항의 업무에 관한 자료의 제출을 요구할 수 있다.

③ 중소기업청장은 제1항에 따라 업무를 위탁한 때에는 수탁기관 및 위탁업무를 고시하여야 한다.

제7장 벌칙

□ **제33조 (과태료의 부과기준)** 법 제48조제1항에 따른 과태료의 부과기준은 별표 2와 같다.

[전문개정 2009.5.28]

⊞□ 부칙 〈제20262호, 2007.9.10〉

제1조 (시행일) 이 영은 공포한 날부터 시행한다.

제2조 (창업투자회사의 전문인력에 관한 경과조치) 2002년 6월 26일 당시 창업투자회사에 재직 중인 전문인력 중 2002년 6월 26일 이전에 발생한 사유로 인하여 종전(대통령령 제17791호로 개정되기 전의 것

을 말한다)의 제8조제5항제1호 단서에 해당하는 자 및 제8조제5항제1호 각 목에 적합하지 아니한 자에 대하여는 해당 회사에 계속 재직 중인 경우에 한하여 같은 항의 규정을 적용하지 아니한다.

제3조 (창업투자조합의 등록요건에 관한 경과조치) 2007년 3월 27일 당시 등록한 창업투자조합 및 2007년 3월 27일 이전에 창업투자조합 등록신청을 한 것에 대하여는 제14조제1항의 개정규정(대통령령 제20029호로 개정되기 전의 것을 말한다)에 불구하고 종전(대통령령 제19956호로 개정되기 전의 것을 말한다)의 규정에 따른다.

제4조 (다른 법령의 개정) 소기업 및 소상공인 지원을 위한 특별조치법 시행령 일부를 다음과 같이 개정한다.

제3조의3제2항 본문 중 "「중소기업창업 지원법 시행령」 제18조의 규정에 의하여"를 "「중소기업창업 지원법 시행령」 제22조에 따라"로 한다.

제5조 (다른 법령과의 관계) 이 영 시행 당시 다른 법령에서 종전의 「중소기업창업 지원법 시행령」의 규정을 인용한 경우에 이 영 가운데 그에 해당하는 규정이 있으면 종전의 규정을 갈음하여 이 영의 해당 규정을 인용한 것으로 본다.

부칙 〈제20331호, 2007.10.23〉 (통계법 시행령)

제1조 (시행일) 이 영은 2007년 10월 28일부터 시행한다. 〈단서 생략〉

제2조 (다른 법령의 개정) ①부터 〈25〉까지 생략

〈26〉 중소기업창업 지원법 시행령 일부를 다음과 같이 개정한다.

제2조제2항 중 "「통계법」 제17조제1항"을 "「통계법」 제22조제1항"으로 한다.

〈27〉부터 〈32〉까지 생략

제3조 생략

부칙 〈제20388호, 2007.11.16〉 (전자거래기본법 시행령)

제1조 (시행일) 이 영은 2007년 11월 18일부터 시행한다.

제2조 생략

제3조 (다른 법령의 개정) ① 생략

② 중소기업창업 지원법 시행령 일부를 다음과 같이 개정한다.

제30조제2항 중 “제2조”를 “제2조제1호”로 한다.

⊞ 부칙 〈제20728호, 2008.2.29〉 (중소기업청과 그 소속기관 직제)

제1조 (시행일) 이 영은 공포한 날부터 시행한다.

제2조 생략

제3조 (다른 법령의 개정) ①부터 ⑩까지 생략

⑪ 중소기업창업 지원법 시행령 일부를 다음과 같이 개정한다.

제2조제1항제1호 단서, 제4조제8호, 제6조제2항 전단, 제10조제4항제4호·제8호, 제15조제1항 각 호 외의 부분·제3항, 제20조제2항제2호, 제21조제2항, 제22조 전단, 제23조제2항, 제25조제1항 및 제33조제4항 중 “산업자원부령”을 각각 “지식경제부령”으로 한다.

⑫ 및 ⑬ 생략

⊞ 부칙 〈제20780호, 2008.5.9〉

제1조 (시행일) 이 영은 공포한 날부터 시행한다.

제2조 (창업투자회사 및 창업투자조합의 행위제한에 관한 적용례) 제10조제2항제3호, 같은 조 제4항제2호 및 제6호의 개정규정(제16조제3항의 개정규정에서 준용하는 경우를 포함한다)은 이 영 시행 후 최초로 거래하거나 투자하는 행위부터 적용한다.

제3조 (창업투자조합의 등록요건에 관한 경과조치) 이 영 시행 전에 등록하였거나 등록을 신청한 창업투자조합의 출자금에 대하여는 제14조제1항제1호의 개정규정에도 불구하고 종전의 규정에 따른다.

⊞ 부칙 〈제20947호, 2008.7.29〉 (자본시장과 금융투자업에 관한 법률 시행령)

제1조 (시행일) 이 영은 2009년 2월 4일부터 시행한다. 〈단서 생략〉

제2조부터 제25조까지 생략

제26조 (다른 법령의 개정) ①부터 〈96〉까지 생략

〈97〉 중소기업창업 지원법 시행령 일부를 다음과 같이 개정한다.

제9조제2항제3호를 다음과 같이 하고, 같은 항 제4호부터 제7호까지를

각각 삭제하며, 같은 조 제5항제1호 중 "「증권거래법 시행령」 제2조의 8"을 "「자본시장과 금융투자업에 관한 법률 시행령」 제8조"로 한다.

3. 「자본시장과 금융투자업에 관한 법률」

제10조제1항제1호 중 "「한국증권선물거래소법」 제2조제1항에 따른 유가증권시장 또는 같은 법 제2조제2항에 따른 코스닥시장"을 "「자본시장과 금융투자업에 관한 법률」 제9조제13항에 따른 증권시장"으로 하고, 같은 항 제2호나목 중 "「간접투자자산 운용업법」 제144조의6"을 "「자본시장과 금융투자업에 관한 법률」 제9조제18항제7호"로 한다.

제14조제3항제5호 중 "「간접투자자산 운용업법」 제23조제1항에 따른 수탁회사"를 "「자본시장과 금융투자업에 관한 법률」 제8조제7항에 따른 신탁업자 및 신탁업을 겸영하는 금융기관"으로 한다.

〈98〉부터 〈113〉까지 생략

제27조 및 제28조 생략

부칙 〈제21506호, 2009.5.28〉

이 영은 공포한 날부터 시행한다.

부칙 〈제21590호, 2009.6.30〉 (한시적 행정규제 유예 등을 위한 건축법 시행령 등 일부개정령)

제1조 (시행일) 이 영은 2009년 7월 1일부터 시행한다. 다만, 제8조 및 제9조의 개정규정은 2010년 1월 1일부터 시행한다.

제2조 (「농지법 시행령」 개정에 따른 유효기간 등) ① 「농지법 시행령」 별표 2 제46호란의 개정규정은 2011년 6월 30일까지 효력을 가진다.

② 「농지법 시행령」 별표 2 제46호란의 개정규정은 이 영 시행 후 최초로 농지전용허가(변경허가의 경우와 다른 법률에 따라 농지전용허가 또는 그 변경허가가 의제되는 인가 또는 허가 등의 경우를 포함한다. 이하 이 항에서 같다)를 신청하거나 농지전용신고(변경신고를 포함한다. 이하 이 항에서 같다)를 하는 것부터 적용하고, 2011년 6월 30일까지 농지전용허가를 신청하거나 농지전용신고를 하는 것에 대하여도 이를 적용한다.

제3조 (「관광진흥법 시행령」개정에 따른 적용례) 「관광진흥법 시행령」 제32조제1호의 개정규정은 이 영 시행 전에 법 제15조에 따른 사업계획의 승인을 받거나 승인을 신청한 자에 대하여도 적용한다.

제4조 (「산업입지 및 개발에 관한 법률 시행령」의 개정에 따른 적용례 등) ① 「산업입지 및 개발에 관한 법률 시행령」 제40조제2항의 개정규정은 이 영 시행 후 최초로 분양계획서를 작성하는 분부터 적용한다.

② 「산업입지 및 개발에 관한 법률 시행령」 제40조제2항의 개정규정에 따라 조례에 위임된 사항은 해당 조례가 제정 또는 개정될 때까지 종전의 규정에 따른다.

제5조 (「고용보험법 시행령」의 개정에 따른 경과조치) 「고용보험법 시행령」 제13조제1항제2호의 개정규정은 이 영 시행 후 최초로 「고용보험법 시행령」 제13조제1항에 따라 근로시간을 단축한 사업장부터 적용한다.

제6조 (「부동산개발업의 관리 및 육성에 관한 법률 시행령」의 개정에 따른 경과조치) 이 영 시행 전의 행위에 대한 과태료의 적용은 종전의 규정에 따른다.

제7조 (「신항만건설촉진법 시행령」의 개정에 따른 경과조치) 이 영 시행 당시 종전의 규정에 따라 신항만건설사업실시계획 승인 신청기간의 연장을 받아 그 기간 중에 있는 자에 대하여는 「신항만건설촉진법 시행령」 제9조제5항 후단의 개정규정을 적용하되, 같은 개정규정에 따라 1회의 연장을 받은 것으로 본다.

제8조 (「자원의 절약과 재활용촉진에 관한 법률 시행령」의 개정에 따른 경과조치) 이 영 시행 전의 행위에 대한 과태료의 적용은 종전의 규정에 따른다.

제9조 (「하수도법 시행령」의 개정에 따른 경과조치) ① 「하수도법 시행령」 제38조제2항제2호가목의 개정규정에 따른 최초의 재교육은 이 영 시행 전에 실시한 가장 최근의 재교육 완료일부터 기산하여 5년이 되는 날이 속하는 해에 실시한다.

② 「하수도법 시행령」 제38조제2항제2호나목의 개정규정은 이 영 시행 후 최초로 해당 영업정지처분을 받은 경우부터 적용한다.

부칙 〈제21641호, 2009.7.27〉 (국유재산법 시행령)

제1조 (시행일) 이 영은 2009년 7월 31일부터 시행한다. 〈단서 생략〉

제2조부터 제13조까지 생략

제14조 (다른 법령의 개정) ①부터 〈54〉까지 생략

〈55〉 중소기업창업 지원법 시행령 일부를 다음과 같이 개정한다.

제7조제1항 중 "「국유재산법 시행령」 제26조제2항"을 "「국유재산법 시행령」 제29조제2항"으로 하고, 같은 조 제2항 중 "「국유재산법 시행령」 제27조의2 및 별표"를 "「국유재산법 시행령」 제31조"로 한다.

〈56〉부터 〈65〉까지 생략

제15조 생략

[별표 1] 〈개정 2008.5.9〉

전문인력(제6조제1항 및 제20조제2항제1호 관련)

경영분야	기술분야
1. 대학에서 경영학을 강의하는 전임강사 이상의 교원 2. 전문대학에서 경영학을 강의하는 조교수 이상의 교원 3. 「공인회계사법」에 따른 공인회계사 4. 「중소기업진흥 및 제품구매촉진에 관한 법률」 제46조에 따른 경영지도사 5. 경영학 분야의 박사학위 소지자 6. 「변호사법」에 따른 변호사 7. 제1호부터 제6호까지에 정한 자와 동등한 경력이 있다고 중소기업청장이 인정하는 자	1. 자연과학 분야의 박사학위 소지자 2. 「국가기술자격법」에 따른 기술사 또는 기능장의 자격을 가진 자와 기사 1급으로서 7년 이상 실무에 종사한 자 3. 대학에서 자연과학 분야를 강의하는 전임강사 이상의 교원 4. 전문대학에서 자연과학 분야를 강의하는 조교수 이상의 교원 5. 「중소기업진흥 및 제품구매촉진에 관한 법률」 제46조에 따른 기술지도사 6. 다음 각 목의 연구기관에서 5년 이상 연구를 한 경력이 있는 자 가. 「과학기술분야 정부출연연구기관 등의 설립·운영 및 육성에 관한 법률」에 따른 정부출연연구기관 나. 「특정연구기관 육성법」의 적용을 받는 특정연구기관 다. 국·공립 연구기관 7. 제1호부터 제6호까지에 정한 자와 동등한 경력이 있다고 중소기업청장이 인정하는 자

[별표 2] 〈개정 2009.5.28〉

과태료의 부과기준(제33조 관련)

위반행위	근거법령	과태료 금액
1. 법 제10조제1항 후단 또는 제20조제1항 후단에 따른 변경 등록을 하지 아니하거나 거짓으로 변경 등록을 한 자	법 제48조제1항제1호	300만원
2. 법 제11조제2항에 따른 영업의 양수 등의 신고를 하지 아니한 자	법 제48조제1항제2호	300만원
3. 법 제11조제2항에 따른 영업의 양수 등의 신고를 거짓으로 한 자	법 제48조제1항제2호	500만원
4. 법 제14조에 따른 창업투자회사의 공시를 하지 아니한 자	법 제48조제1항제3호	300만원
5. 법 제14조에 따른 창업투자회사의 공시를 거짓으로 한 자	법 제48조제1항제3호	500만원
6. 법 제19조 또는 제23조에 따른 결산서를 제출하지 아니한 자	법 제48조제1항제4호	300만원
7. 법 제19조 또는 제23조에 따른 결산서를 거짓으로 제출한 자	법 제48조제1항제4호	500만원
8. 법 제40조제1항에 따른 보고를 하지 아니한 자	법 제48조제1항제5호	300만원
9. 법 제40조제1항에 따른 보고를 거짓으로 한 자	법 제48조제1항제5호	500만원
10. 법 제40조제1항에 따른 검사를 거부·방해 또는 기피한 자	법 제48조제1항제5호	500만원
11. 삭제 〈2009.5.28〉		
12. 법 제46조를 위반하여 비슷한 명칭을 사용한 자	법 제48조제1항제7호	500만원

중소기업창업 지원법 시행규칙

[시행 2009.6.2] [지식경제부령 제73호, 2009.6.2, 일부개정]

중소기업청 (창업진흥과), 042-481-4409

□ **제1조 (목적)** 이 규칙은 「중소기업창업 지원법」 및 같은 법 시행령에서 위임된 사항과 그 시행에 필요한 사항을 규정함을 목적으로 한다.

□ **제2조 (사업분리의 요건)** 「중소기업창업 지원법 시행령」(이하 "영"이라 한다) 제2조제1항제1호 단서에 따라 창업으로 인정되는 경우는 사업을 개시하는 자가 다음 각 호의 요건을 갖춘 경우로 한다.

1. 사업을 하던 자와 사업을 개시하는 자 간에 사업 분리에 관한 계약을 체결할 것
2. 사업을 개시하는 자가 새로 설립되는 기업의 대표자로서 그 기업의 최대주주 또는 최대출자자가 될 것

□ **제3조 (창업보육센터의 사업계획)** 「중소기업창업 지원법」(이하 "법"이라 한다) 제6조제1항제3호에 따른 사업계획에는 다음 각 호의 사항이 포함되어야 한다.

1. 창업보육센터의 명칭 · 소재지
2. 사업의 목적 및 추진일정
3. 입주자에 대한 경영 및 기술 지원계획
4. 소요자금 조달 및 집행 계획

□ **제4조 (창업보육센터사업자의 지정신청)** ① 법 제6조제1항에 따라 창업보육센터사업자로 지정을 받으려는 자는 별지 제1호서식의 지정신청서에 다음 각 호의 서류를 첨부하여 중소기업청장에게 제출하여야 한다. 이 경우 담당 공무원은 「전자정부법」 제21조제1항에 따른 행정정보의 공동이용을 통하여 법인등기부 등본(법인의 경우만 해당한다)을 확인하여야 하며, 신청인이 확인에 동의하지 아니하는 경우에는 해당 서류를 첨부하도록 하여야 한다.

1. 정관(법인인 경우만 해당한다)
2. 사업계획서
3. 전문인력 보유현황
4. 시설명세서

② 창업보육센터사업자로 지정을 받은 자는 다음 각 호의 어느 하나에 해당하는 사항이 변경되면 변경일부터 7일 이내에 별지 제1호서식의 변경신청서에 변경된 사실을 증명하는 서류를 첨부하여 중소기업청장에게 제출하여야 한다.

1. 사업자명
2. 전문인력의 보유현황
3. 법 제6조제1항제1호 각 목의 시설
4. 제3조 각 호의 사항
5. 정관에 적힌 사업목적

□ **제5조 (중소기업창업투자회사의 등록)** ① 법 제10조제1항에 따라 중소기업창업투자회사(이하 "창업투자회사"라 한다)로 등록을 하려는 자는 별지 제2호서식의 등록신청서(전자문서로 된 신청서를 포함한다)에 다음 각 호의 서류(전자문서를 포함한다)를 첨부하여 중소기업청장에게 제출하여야 한다. 이 경우 담당 공무원은 「전자정부법」 제21조제1항에 따른 행정정보의 공동이용을 통하여 법인등기부 등본을 확인하여야 하며, 신청인이 확인에 동의하지 아니하는 경우에는 해당 서류를 첨부하도록 하여야 한다.

1. 정관
2. 사업계획서
3. 임원의 이력서
4. 주주의 명부
5. 법 제10조제2항제1호에 따른 납입자본금의 납입을 증명하는 서류
6. 영 제9조제6항제1호에 따른 상근 전문인력의 보유현황 및 그 자격을 증명하는 서류
7. 영 제9조제6항제2호에 따른 사무실 확보현황에 관한 서류

② 법 제10조제1항 후단에서 "지식경제부령으로 정하는 중요사항"이란 다음 각 호의 사항을 말한다. 〈개정 2009.6.2〉

1. 회사명
2. 본점 소재지 및 지점 또는 사무소 설치현황
3. 대표자 및 임원
4. 납입자본금
5. 상근 전문인력의 보유현황
6. 정관에 적힌 사업목적
7. 의결권 있는 발행주식총수의 100분의 5 이상의 주식을 소유한 주주의 주식소유현황
8. 의결권 있는 발행주식총수의 100분의 10 이상의 주식소유현황의 변동

③ 창업투자회사는 제2항 각 호의 어느 하나에 해당하는 사항이 변경되면 변경일부터 7일 이내에 별지 제2호서식의 변경등록신청서에 변경된 사실을 증명하는 서류를 첨부하여 중소기업청장에게 변경등록을 신청하여야 한다.

④ 중소기업청장은 제1항에 따른 등록을 신청한 자 또는 제3항에 따른 변경등록을 신청한 자가 등록요건에 적합한 때에는 별지 제3호서식의 등록증을 발급하여야 한다.

□ **제6조 (지위승계신고)** 법 제11조제2항에 따라 창업투자회사의 지위 승계를 신고하려는 자는 다음 각 호의 서류를 중소기업청장에게 제출하여야 한다.

1. 제5조제1항 각 호의 서류
2. 승계한 사실을 증명하는 서류
3. 「공인회계사법」 제23조에 따른 회계법인의 감사의견서가 첨부된 결산서

□ **제7조 (등록말소신청)** 법 제12조제1항에 따라 창업투자회사등록의 말소를 신청하려는 자는 다음 각 호의 사항을 적은 서류에 제5조제4항에 따른 등록증을 첨부하여 중소기업청장에게 제출하여야 한다.

1. 회사명

2. 등록을 말소하려는 사유

□ **제8조 (창업투자회사의 행위제한)** ① 영 제10조제4항제4호에서 "지식경제부령으로 정하는 금액"이란 5천만원을 말한다. 〈개정 2009.6.2〉

② 영 제10조제4항제6호가목 및 나목에서 "지식경제부령으로 정하는 경영지배"란 각각 다음 각 호의 어느 하나에 해당하는 경우를 말한다. 〈신설 2009.6.2〉

1. 창업투자회사(그 특수관계인을 포함한다)가 투자기업의 의결권 있는 주식 또는 출자지분의 100분의 50을 초과하여 소유하는 경우
2. 창업투자회사가 계약 등에 따라 투자기업의 이사회 또는 이에 준하는 의사결정기구의 구성원의 과반수 이상을 임면할 수 있는 권한을 가진 경우
3. 창업투자회사가 계약 등에 따라 투자기업의 주주총회 또는 이에 준하는 의사결정기구에서 과반수 이상의 의결권을 행사할 수 있는 경우
4. 창업투자회사의 임직원(창업투자회사의 특수관계인을 포함한다)이 투자기업의 대표이사를 겸직(창업투자회사와 투자기업이 각각 공동대표이사를 선임한 경우는 제외한다)하거나 투자기업의 이사회 구성원의 과반수 이상을 차지하는 등 창업투자회사가 투자기업의 재무 또는 영업에 관한 중요한 사항을 단독으로도 결정할 수 있는 경우

③ 영 제10조제4항제8호에서 "지식경제부령으로 정하는 행위"란 투자에 관한 계약서에 적힌 사항외에 별도의 조건을 설정하여 투자하는 행위를 말한다. 〈개정 2009.6.2〉

④ 법 제15조제2항에서 "지식경제부령으로 정하는 기간"이란 1년을 말한다. 〈개정 2009.6.2〉

□ **제9조 (투자의 범위)** 법 제16조제1항 본문 후단에서 "지식경제부령으로 정하는 용도"란 「자본시장과 금융투자업에 관한 법률」 제9조제13항에 따른 증권시장(이하 "증권시장"이라 한다)에 상장되지 아니한 창업자 또는 벤처기업에 대하여 행하는 다음 각 호의 어느 하나에 해당하는 것을 말한다. 〈개정 2009.6.2〉

1. 신규로 발행되는 주식의 인수. 다만, 증권시장에 상장하기 위하여 신규로 발행되는 주식의 인수는 제외한다.
2. 신규로 발행되는 무담보전환사채 또는 무담보신주인수권부사채의 인수
3. 지분의 취득. 다만, 타인의 출자지분을 취득하는 경우는 제외한다.
4. 신제품 및 신기술의 개발과 이에 준하는 사업으로서 중소기업청장이 인정하는 사업에 대한 투자

□ **제10조 (중소기업창업투자조합의 등록원부 등)** ① 영 제14조제3항 또는 제15조제2항에 따른 중소기업창업투자조합(이하 "창업투자조합"이라 한다)의 등록 또는 변경등록신청서는 별지 제4호서식에 따른다.
② 영 제15조제1항에 따른 창업투자조합의 등록원부는 별지 제5호서식에 따른다. 이 경우 등록원부는 자기디스크 등으로 작성할 수 있다.
③ 중소기업청장은 영 제15조제3항에 따라 등록원부의 등본을 발행할 때에는 원부와 동일한 서식의 용지로 작성하고 그 끝에 등본임을 적어 중소기업청장의 관인을 날인하여야 한다.

□ **제11조 (청산결과 보고)** 법 제26조제1항에 따라 청산인은 다음 각 호의 사항이 포함된 청산결과보고서를 작성하여 중소기업청장에게 제출하여야 한다.
1. 조합원별로 창업투자조합의 재산을 배분한 명세
2. 법 제28조에 따라 업무집행조합원에게 배분한 투자수익의 명세
3. 영 제19조제2항에 따라 업무집행조합원이 임직원에게 지급한 성과급의 명세

□ **제12조 (중소기업상담회사의 등록)** ① 법 제31조제1항에 따라 중소기업상담회사로 등록을 하려는 자는 별지 제2호서식의 등록신청서(전자문서로 된 신청서를 포함한다)에 다음 각 호의 서류(전자문서를 포함한다)를 첨부하여 중소기업청장에게 제출하여야 한다. 이 경우 담당 공무원은 「전자정부법」 제21조제1항에 따른 행정정보의 공동이용을 통하여 법인등기부 등본을 확인하여야 하며, 신청인이 확인에 동의하지 아니하는 경우에는 해당 서류를 첨부하도록 하여야 한다.

1. 정관
2. 사업계획서
3. 영 제20조제2항제1호에 따른 전문인력 보유현황 및 그 자격을 증명하는 서류

② 법 제31조제1항 후단에서 “지식경제부령으로 정하는 중요 사항”이란 다음 각 호의 사항을 말한다. 〈개정 2009.6.2〉

1. 회사명
2. 소재지
3. 대표자
4. 납입자본금
5. 전문인력 보유현황
6. 정관에 적힌 사업목적

③ 중소기업상담회사는 제2항 각 호의 어느 하나에 해당하는 사항이 변경되면 변경일부터 15일 이내에 별지 제2호서식의 변경등록신청서에 변경된 사실을 증명하는 서류를 첨부하여 중소기업청장에게 변경등록을 신청하여야 한다.

④ 영 제20조제2항제2호에서 “지식경제부령으로 정하는 부대시설”이란 창업자에 대한 경영 및 기술상담을 위한 전용공간을 말한다. 〈개정 2009.6.2〉

⑤ 중소기업청장은 제1항에 따른 등록의 신청을 한 자 또는 제3항에 따른 변경등록의 신청을 한자가 등록요건에 적합하면 별지 제3호서식의 등록증을 발급하여야 한다.

□ **제13조 (용역 대금의 지원신청)** 영 제21조에 따라 용역 대금의 지원을 받으려는 중소기업상담회사는 별지 제6호서식의 신청서(전자문서로 된 신청서를 포함한다)에 다음 각 호의 서류(전자문서를 포함한다)를 첨부하여야 한다. 이 경우 담당 공무원은 「전자정부법」 제21조제1항에 따른 행정정보의 공동이용을 통하여 용역을 제공받은 창업자의 사업자등록증을 확인하여야 하며, 신청인이 확인에 동의하지 아니하는 경우에는 해당 서류를 첨부하도록 하여야 한다.

1. 용역결과보고서
2. 용역대금계산서
3. 용역계약서 사본

□ **제14조 (사업계획의 승인신청)** 창업자는 법 제33조제1항 및 영 제22조에 따라 사업계획의 승인 또는 변경승인을 받으려면 별지 제7호서식의 신청서에 다음 각 호의 서류를 첨부하여 시장 · 군수 · 구청장(자치구의 구청장을 말한다. 이하 같다)에게 제출하여야 한다.

1. 사업계획서(승인신청의 경우만 해당한다)
2. 변경계획서 및 변경사유서(변경승인신청의 경우만 해당한다)
3. 변경내용의 신 · 구 대비표(변경승인신청의 경우만 해당한다)
4. 부동산권리자의 사용동의서
5. 법 제33조제4항에 따른 지침에서 정하는 서류

□ **제15조 (창업민원처리협의회의 구성·운영)** ① 영 제23조제1항에 따른 창업민원처리협의회(이하 "협의회"라 한다)의 위원장은 지방중소기업청장이 되고, 위원은 다음 각 호의 자가 된다.

1. 사업계획의 승인과 관련되는 행정기관의 실무책임자
2. 해당 시 · 군 · 구(자치구를 말한다. 이하 같다) 및 공공기관의 실무책임자
3. 시민단체(「비영리민간단체지원법」 제2조에 따른 비영리민간단체를 말한다) 또는 중소기업 관련 단체(중소기업협동조합이나 「민법」과 「산업자원부장관 및 그 소속청장의 주관에 속하는 비영리법인의 설립 및 감독에 관한 규칙」에 따라 설립된 비영리사단법인을 말한다)에서 추천하는 자 중 지방중소기업청장이 지정하는 자

② 협의회는 다음 각 호의 사항을 협의한다.

1. 사업계획 승인업무의 지원
2. 창업 관련 사전정보의 제공 및 상담
3. 창업자로부터 접수된 민원의 일괄처리 등

③ 위원장은 사업계획 승인업무의 지원 등을 위하여 필요하다고 인정되

거나, 창업자 또는 시 · 군 · 구의 요청이 있을 경우에는 협의회를 개최한다.

④ 위원장은 제3항에 따라 협의회를 개최하려면 개최 일시 및 안건을 개최 10일 전까지 각 위원에게 알려야 한다.

⑤ 그 밖에 협의회의 운영에 필요한 사항은 위원장이 정한다.

□ **제16조 (사업계획의 사전협의 신청)** 창업자가 법 제34조제1항 및 영 제25조제1항에 따라 사업계획의 사전협의를 신청하려는 경우에는 별지 제8호서식의 사업계획 사전협의신청서에 다음 각 호의 서류를 첨부하여 시장 · 군수 · 구청장에게 제출하여야 한다.

1. 사업계획서 1부
2. 환경 관련 법령에 따른 검토가 필요한 경우에는 기계 기구류, 규모, 마력 수 등을 적은 서류 1부
3. 법 제35조제1항 각 호의 사항에 관한 서류(필요한 경우만 첨부한다)

□ **제17조 (창업보육센터사업자의 지정 취소)** 법 제43조제4항제3호에서 "지식경제부령으로 정하는 기준에 미치지 못할 때"란 해당 창업보육센터의 임대실적이 증 · 개축 등의 특별한 사유 없이 보육실 총면적의 100분의 60 미만으로 3개월 이상 임대한 때를 말한다. 〈개정 2009.6.2〉

□ **제18조 삭제 〈2009.6.2〉**

부칙 〈제417호, 2007.9.11〉

제1조 (시행일) 이 규칙은 공포한 날부터 시행한다.

제2조 (다른 법령과의 관계) 이 규칙 시행 당시 다른 법령에서 종전의 「중소기업창업 지원법 시행규칙」의 규정을 인용한 경우에 이 규칙 가운데 그에 해당하는 규정이 있으면 종전의 규정을 갈음하여 이 규칙의 해당 규정을 인용한 것으로 본다.

부칙 〈제73호, 2009.6.2〉

이 규칙은 공포한 날부터 시행한다.

[별지 제1호서식]

<table>
<tr><td colspan="3">창업보육센터사업자</td><td colspan="2">□ 지정신청서
□ 변경신청서</td><td>처리기간
30일</td></tr>
<tr><td rowspan="3">신청인</td><td>기 관 명</td><td></td><td>설 립 연 월 일</td><td colspan="2"></td></tr>
<tr><td>기관의대표자성명</td><td></td><td>주 민 등 록 번 호</td><td colspan="2"></td></tr>
<tr><td>주 소</td><td colspan="4">(전화번호 :)</td></tr>
<tr><td rowspan="8">창업보육센터</td><td>명 칭</td><td colspan="4"></td></tr>
<tr><td>소 재 지</td><td colspan="4">(전화번호 :)</td></tr>
<tr><td>대 표 자 성 명</td><td></td><td>회 사 형 태</td><td colspan="2"></td></tr>
<tr><td>규 모</td><td colspan="4">대지( )㎡, 건물( )㎡</td></tr>
<tr><td>자 산 총 액</td><td></td><td>종업원수</td><td colspan="2"></td></tr>
<tr><td>자 기 자 본 비 율</td><td></td><td>창업지원기금지원
신 청 액</td><td colspan="2"></td></tr>
<tr><td>보육센터사업의
경 험 여 부</td><td>유( )</td><td colspan="3">무( )</td></tr>
<tr><td colspan="5"></td></tr>
<tr><td colspan="2">변 경 사 항</td><td colspan="4"></td></tr>
<tr><td colspan="6">「중소기업창업 지원법」 제6조제1항, 같은 법 시행령 제6조제2항 및 같은 법 시행규칙 제4조제1항(제4조제2항)에 따라 위와 같이 □ 지정신청 □ 변경신청 합니다.

년 월 일

신청인
대표자 (서명 또는 인)

중소기업청장 귀하</td></tr>
<tr><td colspan="5">첨부서류
1. 정관 1부(법인인 경우만 해당합니다) 2. 사업계획서 1부
3. 전문인력 보유현황 1부 4. 시설명세서 1부
※ 변경신청인 경우에는 변경된 사실을 증명하는 서류 1부
[담당 공무원 확인사항]
첨부서류 외에 법인등기부 등본(법인인 경우만 해당합니다)의 내용은 담당 공무원이 「전자정부법」 제21조제1항에 따른 행정정보의 공동이용을 통하여 확인합니다. 다만, 신청인이 확인에 동의하지 아니하는 경우에는 신청인이 직접 해당 서류를 제출하여야 합니다.</td><td>수수료
없음</td></tr>
<tr><td colspan="6">본인은 이 건 업무처리와 관련하여 담당 공무원이 「전자정부법」 제21조제1항에 따른 행정정보의 공동이용을 통하여 위의 담당 공무원 확인사항을 확인하는 것에 동의합니다.

신청인
대표자 (서명 또는 인)</td></tr>
</table>

210㎜×297㎜(신문용지 54g/㎡)

[별지 제2호서식] 〈개정 2009.6.2〉

<table>
<tr><td colspan="4" rowspan="2">중소기업 □ 창업투자 / □ 상 담 회사 □ 등 록 / □ 변경등록 신청서</td><td>처리기간</td></tr>
<tr><td>14일</td></tr>
<tr><td rowspan="3">신
청
인</td><td>상호 또는 명칭</td><td></td><td>등 록 번 호</td><td></td></tr>
<tr><td>대 표 자 성 명</td><td></td><td>주민등록번호</td><td></td></tr>
<tr><td>주 소</td><td colspan="3">(전화번호 :)</td></tr>
<tr><td colspan="2">변 경 사 항</td><td colspan="3"></td></tr>
<tr><td colspan="5">「중소기업창업 지원법」 제10조(제31조), 같은 법 시행령 제9조(제20조) 및 같은 법 시행규칙 제5조(제12조)에 따라 위와 같이 □ 등 록 / □ 변경등록 을 신청합니다.
년 월 일
신청인 (서명 또는 인)
중소기업청장 귀하</td></tr>
<tr><td colspan="4">첨부서류
1. 중소기업창업투자회사의 경우
가. 정관 1부 나. 사업계획서 1부
다. 임원의 이력서 1부 라. 주주의 명부 1부
마. 납입자본금의 납입을 증명하는 서류 1부
바. 상근 전문인력의 보유현황과 그 자격을 증명하는 서류 1부
사. 사무실 확보현황에 관한 서류 1부
※ 변경등록인 경우에는 변경된 사실을 증명하는 서류 1부

2. 중소기업상담회사의 경우
가. 정관 1부 나. 사업계획서 1부
다. 전문인력 보유현황과 그 자격을 증명하는 서류 1부
※ 변경등록인 경우에는 변경된 사실을 증명하는 서류 1부

[담당 공무원 확인사항]
첨부서류 외에 법인등기부 등본의 내용은 담당 공무원이 「전자정부법」 제21조제1항에 따른 행정정보의 공동이용을 통하여 확인합니다. 다만, 신청인이 확인에 동의하지 아니하는 경우에는 신청인이 직접 해당 서류를 제출하여야 합니다.</td><td>수수료
없음</td></tr>
<tr><td colspan="5">본인은 이 건 업무처리와 관련하여 담당 공무원이 「전자정부법」 제21조제1항에 따른 행정정보의 공동이용을 통하여 위의 담당 공무원 확인사항을 확인하는 것에 동의합니다.
신청인 (서명 또는 인)</td></tr>
</table>

210㎜×297㎜(신문용지 54g/㎡)

[별지 제3호서식]

등록번호 : 제 　　　호

중소기업 □ 창업투자 / □ 상 담 회사등록증

1. 회 사 명

2. 대표자 성명

3. 대표자 주민등록번호

4. 소 재 지

「중소기업창업 지원법」 제10조제1항(제31조제1항)에 따라 위와 같이 등록하였음을 증명합니다.

년 　　월 　　일

중소기업청장 [인]

[별지 제4호서식]

<table>
<tr><td colspan="3">중소기업창업투자조합 □ 등 록 / □ 변경등록 신청서</td><td>처리기간
14일</td></tr>
<tr><td rowspan="4">신
청
인</td><td>조 합 명</td><td></td><td>납 세 고 유 번 호</td></tr>
<tr><td>업무집행조합원</td><td></td><td>유한책임조합원 수</td></tr>
<tr><td>출 자 총 액</td><td></td><td>존 속 기 간</td></tr>
<tr><td>주 소</td><td colspan="2">(전화번호 :)</td></tr>
<tr><td colspan="2">변 경 사 항</td><td colspan="2"></td></tr>
</table>

「중소기업창업 지원법」 제20조제1항, 같은 법 시행령 제14조제3항(제15조제2항) 및 같은 법 시행규칙 제10조제1항에 따라 위와 같이 □ 등 록 / □ 변경등록 을 신청합니다.

년 월 일

신청인 (서명 또는 인)

중소기업청장 귀하

첨부서류	수수료
	없음

1. 창업투자조합의 규약사본 1부
2. 조합원명부 1부
3. 조합원의 출자금액 및 출자이행을 증명하는 서류 1부
4. 투자심사업무를 전담하는 전문인력의 인적사항 1부

※ 변경등록인 경우에는 변경된 사실을 증명하는 서류 1부

210㎜×297㎜(신문용지 54g/㎡)

[별지 제5호서식] 창업투자조합 등록원부

등록번호		장수						

명칭	
	. . . 변경
	. . . 등록
	. . . 변경
	. . . 등록
존속기간 . . . ~ . . .	
. . . ~ . . .	. . . 변경
	. . . 등록
. . . ~ . . .	. . . 변경
	. . . 등록
소재지	
	. . . 변경
	. . . 등록
	. . . 변경
	. . . 등록
출자약정총액 금 원	
금 원	. . . 변경
	. . . 등록
금 원	. . . 변경
	. . . 등록
업무집행조합원의 명칭	
	. . . 변경
	. . . 등록
	. . . 변경
	. . . 등록
출자 1좌의 금액 금 원	
최초등록년월일 년 월 일 등록	

명칭 · 출자액란(　　장) 확인

[별지 제6호서식]

<table>
<tr><td colspan="4" rowspan="2">용역대금 지원신청서</td><td>처리기간</td></tr>
<tr><td>21일</td></tr>
<tr><td rowspan="3">신
청
인</td><td>중소기업상담회사명</td><td colspan="3"></td></tr>
<tr><td>대 표 자 성 명</td><td></td><td>등 록 번 호</td><td></td></tr>
<tr><td>주 소</td><td colspan="3">(전화번호 :)</td></tr>
<tr><td rowspan="3">신
청
내
용</td><td>신 청 액</td><td></td><td>용역대금총액</td><td></td></tr>
<tr><td>창 업 자</td><td></td><td>소 재 지</td><td></td></tr>
<tr><td>용 역 내 용</td><td colspan="3">(전화번호 :)</td></tr>
<tr><td colspan="5">「중소기업창업 지원법」 제32조, 같은 법 시행령 제21조제2항 및 같은 법 시행규칙 제13조에 따라 위와 같이 용역대금의 지원을 신청합니다.

년 월 일

신청인 (서명 또는 인)
귀하</td></tr>
<tr><td colspan="4">첨부서류
1. 용역결과보고서 1부
2. 용역대금계산서 1부
3. 용역계약서 사본 1부
[담당 공무원 확인사항]
첨부서류 외에 용역을 제공받은 창업자의 사업자등록증의 내용은 담당 공무원이 「전자정부법」 제21조제1항에 따른 행정정보의 공동이용을 통하여 확인합니다. 다만, 신청인이 확인에 동의하지 아니하는 경우에는 신청인이 직접 해당 서류를 제출하여야 합니다.</td><td>수수료
없음</td></tr>
<tr><td colspan="5">본인은 이 건 업무처리와 관련하여 담당 공무원이 「전자정부법」 제21조제1항에 따른 행정정보의 공동이용을 통하여 위의 담당 공무원 확인사항을 확인하는 것에 동의합니다.
신청인 (서명 또는 인)</td></tr>
</table>

[별지 제7호서식]

<table>
<tr><td colspan="3" rowspan="2">사업계획 □ 승 인 □ 변경승인 신청서</td><td colspan="2">처리기간</td></tr>
<tr><td colspan="2">20일</td></tr>
<tr><td rowspan="5">신
청
인</td><td>회 사 명</td><td></td><td>사업자등록증번호</td><td></td></tr>
<tr><td>대 표 자 성 명</td><td></td><td>주 민 등 록 번 호</td><td></td></tr>
<tr><td>회 사 형 태</td><td></td><td>설 립 연 월 일</td><td></td></tr>
<tr><td>주소(법인은소재지)</td><td></td><td>회 사 자 산</td><td></td></tr>
<tr><td>대 행 상 담 회 사 명</td><td colspan="3">(전화번호:) (등록번호:)
※ 대행상담회사가 있는 경우에만 기재</td></tr>
<tr><td rowspan="4">사
업
계
획</td><td>공 장 소 재 지</td><td colspan="3">(전화번호:)</td></tr>
<tr><td>규 모</td><td>대지 ㎡</td><td>건 물</td><td>㎡</td></tr>
<tr><td>업 종 (분 류 번 호)</td><td></td><td>종 업 원 수</td><td>명</td></tr>
<tr><td>공 사 착 공 예 정 일</td><td>. . .</td><td>공 사 준 공 예 정 일</td><td>. . .</td></tr>
<tr><td colspan="5">「중소기업창업 지원법」 제33조제1항, 같은 법 시행령 제22조 및 같은 법 시행규칙 제14조에 따라 위와 같이 사업계획 □ 승 인 □ 변경승인 을 신청합니다.

년 월 일

신청인 (서명 또는 인)

시장 · 군수 · 구청장 귀하</td></tr>
<tr><td colspan="5">첨부서류
1. 사업계획서(승인신청의 경우만 해당합니다) 1부
2. 변경계획서 및 변경사유서(변경승인신청의 경우만 해당합니다) 1부
3. 변경내용의 신 · 구대비표(변경승인신청의 경우만 해당합니다) 1부
4. 부동산권리자의 사용동의서 1부
5. 「중소기업창업 지원법」 제33조제4항에 따른 지침에서 정하는 서류 1부</td></tr>
</table>

[별지 제8호서식]

<table>
<tr><td colspan="7">사업계획 사전협의 신청서</td><td>처리기간
7일</td></tr>
<tr><td rowspan="6">신청인</td><td>①회 사 명</td><td colspan="2"></td><td colspan="2">②사업자등록증번호</td><td colspan="2"></td></tr>
<tr><td>③대표자 성명</td><td colspan="2"></td><td colspan="2">④주민등록번호</td><td colspan="2"></td></tr>
<tr><td>⑤회 사 형 태</td><td colspan="2"></td><td colspan="2">⑥설 립 연 월 일</td><td colspan="2"></td></tr>
<tr><td>⑦주 소
(법인은 소재지)</td><td colspan="6"></td></tr>
<tr><td>⑧전 화 번 호</td><td colspan="6">(휴대전화:)</td></tr>
<tr><td rowspan="4">사업계획</td><td>⑨공장예정소재지</td><td colspan="2"></td><td colspan="2">⑩부 지 면 적</td><td colspan="2">㎡</td></tr>
<tr><td>⑪지 목</td><td colspan="2"></td><td colspan="2">⑫용 도 지 역</td><td colspan="2"></td></tr>
<tr><td>⑬업종(분류번호)</td><td colspan="2"></td><td colspan="2">⑭생 산 품</td><td colspan="2"></td></tr>
<tr><td>⑮공사착공예정일</td><td colspan="2"></td><td colspan="2">⑯공사준공예정일</td><td colspan="2"></td></tr>
<tr><td rowspan="2">인허가사항</td><td>건축</td><td>농지전용</td><td>산지전용</td><td>토지형질 변경</td><td>구거목적외 사용</td><td>하천점용</td><td>도로점용</td></tr>
<tr><td></td><td></td><td></td><td></td><td></td><td></td><td></td></tr>
</table>

「중소기업창업 지원법」 제34조제1항, 같은 법 시행령 제25조제1항 및 같은 법 시행규칙 제16조에 따라 위와 같이 사전협의를 신청합니다.

년 월 일

신청인 (서명 또는 날인)

시장 · 군수 · 구청장 귀하

첨부서류	수수료
	없음

1. 사업계획서 1부
2. 환경 관련 법령에 따른 검토가 필요한 경우에는 기계 기구류, 규모, 마력 수 등을 적은 서류 1부
3. 「중소기업창업 지원법」 제35조제1항 각 호의 사항에 관한 서류(필요한 경우만 해당합니다)

✍ 저자소개

이계열
李啓烈

조선대학교 법정대학 경제학과 및 동대학원(경제학 석사)
전남대학교 대학원 경제학과(경제학 박사)
전남대학교 문화사회과학대 경상학부 교수(현)
사단법인 한국산학협동연구원 부원장(역임)
여수지방선원노동위원회 위원장(현)
한국노동교육원 객원 교수(현)

여수대학교 기획연구실장, 어촌경제문화연구소장, 학생생활연구소장 역임
한국지역개발학회, 한국경제사학회, 한국도서학회, 한국중소기업학회 이사

한일은행 지점장 대리 역임
흥사단 본부 公議會 議員 역임
광주흥사단 사무국장 역임
한국산업단지공단 자문위원 역임
전남도 재정계획위원회 위원 역임
광주·전남 지방자치경영평가 대상 평가위원 역임

기업창업론

인쇄 | 2010년 2월 10일
발행 | 2010년 2월 20일

저 자 | 이계열
발행인 | 김윤수
발행처 | 전남대학교출판부

등록 | 1981. 5. 21. 제53호
주소 | 500-757 광주광역시 북구 용봉로 77
전화 | (062) 530-0571~3
팩스 | (062) 530-0579
홈페이지 | http://altair.chonnam.ac.kr/~cnup

값 15,000원

ISBN 978-89-7598-804-2 (93320)

이 도서의 국립중앙도서관 출판시도서목록(CIP)은 e-CIP홈페이지(http://www.nl.go.kr/ecip)에서 이용하실 수 있습니다. **(CIP제어번호 : CIP2010000836)**